当代作家精品系列·长篇小说卷

李世民传

张俊杰 著

中国民族文化出版社
北京

图书在版编目（CIP）数据

李世民传/张俊杰著. — 北京：中国民族文化出版社有限公司，2023.11
ISBN 978-7-5122-1714-0

Ⅰ.①李… Ⅱ.①张… Ⅲ.①李世民（599-649）—传记 Ⅳ.①K827=421

中国国家版本馆CIP数据核字（2023）第215999号

李世民传
LI SHIMIN ZHUAN

作　　者：	张俊杰
责任编辑：	赵卫平
责任校对：	张　宇
出 版 者：	中国民族文化出版社　地址：北京东城区和平里北街14号
	邮编：100013　联系电话：010-84250639　64211754（传真）
印　　装：	三河市同力彩印有限公司
开　　本：	710 mm × 1000 mm　1/16
印　　张：	26.5
字　　数：	412千字
版　　次：	2023年11月第1版
印　　次：	2023年11月第1次印刷
标准书号：	ISBN 978-7-5122-1714-0
定　　价：	89.00元

版权所有　侵权必究

代序：波澜壮阔的历史画卷

薄厚

在中国历史上开创过盛世的王朝中，大唐的声名最为显赫，这是毋庸置疑的。唐朝不仅给中华文明和人类留下了光辉灿烂的文化遗产，也留下了许多的传奇故事。我们不能不了解历史，尤其不能忽略那震撼人心的"历史之美感"。久远年代的历史事件因其厚重、深沉，或其令人景仰的价值，激发人们去想象它的美学本质，从而使人的心灵受到震撼，得到熏陶。因此，历史美学正日益被更多文学家所认可并挖掘出来。

本书正是这样的历史作品。从文学意义上，作者给我们展示了李世民的出生，助父建唐，征战四方，平定天下，登上皇位，击败突厥，开创盛世，艺术化地再现了这段历史。

本书最可贵的，是弥补了我们过去很少看到的少年时代的李世民形象。诚然，李世民"贞观之治"的辉煌成就与其少年时代受到的良好教育分不开。作者不仅用充沛的文学情感去复活这段历史，还以他极具穿透力的眼光去突破历史界限，从而将作品推向高潮，使得整部作品气质古朴而激动人心。陕西武功，是李世民的出生地，而作者是土生土长的武功人，曾就李世民的出生做过一番研究和考证，查阅过许多历史文献。比如李世民的出生地和时间、报本寺塔的修建和李世民为此题字等，从不同的角度描写开光仪式的盛况及其在民间引起的广泛影响，再写李世民十五岁随母亲李窦氏去辽东代留守府看望父亲李渊，李窦氏在途中为李世民订婚长孙无瑕和李窦氏突然病故，李世民与未婚妻长孙无瑕扶柩回武功安葬母亲，之后李世民随父亲李渊去太原留守府，以及在太原交友，从军，以奇谋解皇上杨广雁门关之围，接着又推动父亲李渊在太原起兵反隋而成就了大唐。这一部分，史书虽有记载，但文学层面的笔墨却极为匮乏。本书正以此为重点，之后再写玄武门重大历史事件。

故事围绕李世民展开，也着重描写了北周和隋朝兴衰的前因后果，反衬出李世民的"贞观之治"是汉武帝之后最成功的帝王功绩。书中也着意刻画了"贞观之治"中的重臣，诸如长孙无忌、魏徵、房玄龄、尉迟敬德等，人物形象惟妙惟肖；对长孙无瑕、徐惠妃、武才人的品质、个性也着意描摹，使之形象跃然纸上。托尔斯泰说过，艺术的最大魅力就在于有自己独特的情感。是的，这些人物都凝聚了作者特殊的情感，以及对这段历史的研究，依托生动鲜活的描写，使作品厚重的美学氛围十分突出。

作家张俊杰在写此作品之前，曾写过许多历史小说，在我记忆中曾看过的他这方面的作品就有六部，这本应是第七部。他的作品有《第一才女》《后稷》《苏武忠烈传》《追梦》《稷山彩凤》等，大都风格古朴。我以为，这部《李世民传》秉承中国传记文学的风格，作家用近乎学术研究的标准缀合成篇，非常符合情理情节的线索，将那些具有真实记载的历史碎片，织成一幅波澜壮阔的历史画卷。

张俊杰是位勤奋的作家，本人十年前读到他的第一部作品，与他相识，后又互赠作品结下友谊。凡有他新作问世，我都是第一读者。如今他又完成了这部新作，其笔耕不辍使我颇为感佩。我相信他的《李世民传》问世之后，会让读者产生兴趣。当然，历史是千百万人的历史，是大家的历史，每个人都有解读历史的权利。作为作者的友人，我期待这本书能在读者中产生反响。

是为序。

于西安清凉山下煮文斋

目 录

第一回	报本雄塔树孝道	太宗不忘亲娘恩	001
第二回	神龙门首凌空舞	渭水茅庐唐主生	011
第三回	李渊雪夜回别馆	窦氏当即躲是非	017
第四回	建成埋怨母分爱	窦氏诱其兄弟亲	027
第五回	李渊书房梦世祖	李昺梦里解心疑	033
第六回	民儿满月染疾病	慈母通宵祈祷神	041
第七回	夏收窦氏捡麦穗	树下民儿幻龙形	051
第八回	窦氏中元上祖坟	民儿石上印龙图	059
第九回	民儿生日不张扬	和尚红绳保平安	067
第十回	李渊奉旨述职事	杨广计夺太子权	077
第十一回	李渊回府求良策	窦氏审时忧虑消	085
第十二回	书生相面说福祸	刺史顿时恶念生	093
第十三回	世民问字建成辱	李母严词断是非	103
第十四回	杨广登基欲大治	李渊美梦布忧愁	111
第十五回	入学立誓苦发奋	背诵课文知正心	121
第十六回	运河南北物流畅	西苑荒淫邪念生	129
第十七回	李渊奉旨见皇上	杨广诈审强加罪	137
第十八回	杨广要挟暗恋女	芝兰以碗化情仇	145

第十九回	劫后夫妻谋对策	无为平淡郑州行	157
第二十回	携子郑州佯游逛	祈求菩萨佑世民	169
第二十一回	剿匪凯旋受赏赐	楼观求签问神灵	181
第二十二回	世民练字方法异	不用纸墨用泥沙	191
第二十三回	李渊户县求佛祖	柴李两家结良缘	199
第二十四回	客山夕照晒书卷	漆水神灵佑世民	211
第二十五回	宝意寺旁建小院	稷山窑洞苦读书	221
第二十六回	拜佛原是拜前世	赏月乃为鸣愿心	231
第二十七回	兄弟四人话志向	离奇幻景观音明	243
第二十八回	举家九九登高处	论战惜惜败北因	251
第二十九回	拜师习武张先生	箭碎飞石李世民	265
第三十回	窦氏京城遇恶棍	世民避难结良缘	277
第三十一回	世民涿州骤失恃	无瑕李府获贤名	291
第三十二回	世民拜访刘文静	言志对诗心结盟	303
第三十三回	夫妇交心情愈固	洞房花烛话宏图	311
第三十四回	杨广北巡困雁门	世民妙计解敌围	319
第三十五回	三计说服李渊反	一哭谏言破长安	327
第三十六回	太子齐王定诡计	手足相残玄武门	337
第三十七回	舍家为寺报根本	祭奠恩师筑庙堂	349
第三十八回	舍华修旧仁寿宫	报本高筑孝道塔	357
第三十九回	城隍送雨获王冠	天赐礼泉九成宫	367
第四十回	悬弧别馆捐佛寺	言宴乡亲庆善宫	377
第四十一回	皇后遗言莫游畋	太宗悔恨白兔寺	387
第四十二回	宝塔开光报本立	皇恩浩荡故乡亲	397
第四十三回	一代明君谢世去	千年青史铭传奇	407

第一回

报本雄塔树孝道　太宗不忘亲娘恩

话说，大唐贞观十六年（642）十一月九日这天上午，天气晴朗，碧空如洗；红红的太阳让这个冬日如同阳春三月。稷州府武功县民众的心更像三伏天的太阳一样火热。原来，这天武功县报本寺举行宝塔落成开光法会，前来观礼者人山人海。瞧，人们有的伸长脖子仰望着宝塔，有的在热烈议论着宝塔的雄伟。

宝塔坐落在武功县城北关中心街路西，壮丽非常。塔体青砖青石，浑然一体，坚固如铁，高约二十丈，结构呈楼阁式，分七层八面。第一层高约三丈，往上逐层高度递减。每层的出檐呈叠梁样式，柱额上置砖雕转角，衬间排列斗拱。远看砖雕图案粗犷大方，刀法严谨，每个转角雕有龙头，每个龙头口中悬挂着铜铃铛；近瞧每层四面劈四门，真假相间，变化有序。塔势挺拔雄伟，塔内中空，内有木制旋转式塔梯可供攀登远眺。此时此刻，每层转角龙头口中衔着的铜铃铛沐浴在阳光下，折射着耀眼的光芒，使宝塔显得更加雄伟壮观。这时，报本寺门口不远处有一高一矮两个汉子，他们一边仰望着宝塔一边议论，矮个的大声对高个的说：

"嘿，好家伙，这么高的塔，我还从来没见过！"

高个的把嘴撇了撇，笑着说：

"别说你没见过，我走南闯北了几十年，也没见过这么高大的塔！"

另一边，有一胖一瘦两个须眉花白的老者并排而立，胖的对瘦的说：

"嗟乎，今上真乃圣君矣！贞观以来，今上以德治国，使内安外服，四夷进贡，天下大小之国王酋长皆尊称今上为天可汗，功冠千古帝王矣！"

瘦的问：

"何为天可汗？"

"'可汗'乃西域称国王之语，'天可汗'即天下各国民众之共主哉！"

"原来如此！"

"今上以孝齐家,子孙孝顺,皇室和睦。圣主爱民如子,万民拥戴,国泰民安。今以建造不朽之宝塔为世人树立报本之典范。壮哉!伟哉!"

瘦的说:

"上古虞舜大帝之大孝,在于忍受而孝顺,而今上之大孝,不仅尽孝在报本,且尽孝在为世人高树行孝行善之榜样。善哉!美哉!"

在两位老者的旁边,一黑一白的两个中年妇人在感慨议论,面色稍黑的对肤白的说:

"听说这宝塔是圣上专门为母亲太穆皇后建造的。"

"可不是嘛,听说太穆皇后在世时,对圣上最是疼爱。"

"我听说太穆皇后对圣上不光是疼爱,更是一个心思地开导教育,比当年的孟母还用心呢!"

"看起来这宝塔不光是为做子女的树立报本尽孝的榜样,也是给咱们做人母的树立教养子女的好榜样啊!"

这两个中年妇人身后,有一老一少两个僧人在小声议论,少的问老的:

"师父,这宝塔下真的藏有舍利子吗?"

"徒儿,你记住,有寺必有塔,有塔必有舍利子。"

"天下寺院那么多,哪有这么多的舍利子?"

"傻徒儿,当年佛祖如来涅槃后,从他的骨灰中拣出一枚头顶碎骨,四枚肩胛碎骨,一枚中指中节碎骨和四万八千碎珠粒。阿育王要把这四万八千零六枚舍利子在天下建塔保存,以此弘扬我佛精神。有四万八千零六枚佛祖舍利子呀!"

"四万八千零六枚,这么多!"

"你光知道多,这四万八千零六枚还大有深意!"

"有何深意?"

"四面八方天地六合一体!"

"阿弥陀佛,原来如此,真是佛法广大呀!"小和尚又问,"师父,听说报本寺这座宝塔下的舍利子是佛祖的头顶骨。这是真的吗?"

"阿弥陀佛,这佛祖头顶骨舍利子是达摩佛从天竺国亲自带来的,岂能有假？"

"人的智慧全在头内，佛祖的头盖骨就是我佛的最高智慧呀！如此珍贵的舍利子，竟然放在这座宝塔下？"

"愚钝！愚钝！徒儿，你可知这佛塔是圣上为谁建造的？"

"听说是圣上为母亲太穆皇后建的呀！"

"如此珍贵的舍利，圣上当然要把它存放在最敬爱的母亲宝塔之下呀！"

"原来如此。听说这报本寺是圣上的故居呀！"

"可不是嘛，太穆皇后在世之时信佛，当年为了祈祷佛祖保佑幼小的圣上健康成长，还将圣上的项圈挂在佛祖神像前。正因为太穆皇后和圣上与我佛有缘，圣上登基以后，就把这座故宅捐给寺院了。"

"阿弥陀佛，师父，我还听说圣上也要给美阳县阿育王冢建座木塔。"

"圣上如此敬重我佛，为天下人敬佛开了个好头呀！看来不光要给美阳县阿育王冢建塔，恐怕日后这京城和各地也会兴起建佛塔的风气来。"

"呀，这不就又会形成当年梁武帝那样敬重我佛的好风气！"

"不可妄言，梁武帝岂能与圣上相提并论，梁武帝几次舍身佛门，那是在为寺院敛财，结果误了国也害了自己。如今圣上敬重我佛，那是在为天下人行善行孝树立榜样，大不一样，大不一样啊！"

"阿弥陀佛，徒儿知错了。"

在这一老一少僧人一旁，三个后生争论着。穿青布棉袍的说：

"我阿耶说今天圣上也要来！"

穿灰布棉袍的说：

"国事繁忙，圣上日理万机，哪有时间来这里！"

穿绯色棉袍的说：

"我听很多人说，圣上今天不仅要来，还要给宝塔赐名。我还听说有许多外国的国王酋长与几千名外国的使者、商人也要来祝贺观礼！"

穿灰布棉袍的说：

"真的？"

穿绯色棉袍的说：

"当然是真的。你看看，今天来了这么多的人，大家不仅是来看宝塔开光，更重要的是来看圣上的龙颜与那些白脸黄头发、高鼻子蓝眼睛的外国人呀！"

的确，这座宝塔是唐太宗李世民为报答他母亲太穆皇后养育之恩德建造的。这天，唐太宗李世民亲临开光法会，并请刚从天竺国取经归来的高僧玄奘大师开光，开光仪式的规格极高，不仅有三品以上的高官，还有很多异邦的国王、酋长、使者与从水、陆来中国经商的外邦商贾。前来观看开光法会的民众更多，报本寺虽然很大，但也只能容纳几千人，绝大部分的民众只能站在寺外观看。

巳时三刻，宝塔开光法会开始，塔前东广场设有开光法坛。法坛前后左右各有八百名身披青灰底色白田纹袈裟的和尚和尼姑。粗眉大眼、天生福相的报本寺方丈净空和尚身披紫红底色白田纹袈裟，双手合十，健步走到法坛中间，高声说：

"阿弥陀佛，报本寺新建宝塔开光法会现在开始，请京城弘福寺方丈玄奘大师为宝塔开光！"

玄奘大师双手合十，健步走上前，他刚一抬头，万众便发出一片惊赞声。但见玄奘大师身高七尺有余，胖瘦适中，面庞椭圆，慈眉善目，肤色白润，身披紫红底色金线白纹袈裟，面带微笑，如同菩萨降世。他先跪地朝宝塔行了大礼，再口念"阿弥陀佛"走到塔门前，用铜镜借着日光在塔身照了三圈，然后轻轻揭去塔门悬挂的大红绫，绕塔走了一周，并用拂尘在塔身轻轻拂了拂，高声说：

"阿弥陀佛！报本寺宝塔落成，吉祥洪福，佛光普照，今日开光，天护地卫，众神保佑，固若金汤！阿弥陀佛！"

玄奘大师给宝塔开光之后，双手合十，站于塔门右侧，守卫着佛塔。

净空高声说："阿弥陀佛，敬请我大唐圣上给宝塔题名！"

听到"大唐圣上"四个字，几万民众屏着气，凝着神，静得几乎能听到各自的心跳声。大家齐刷刷地把目光投向法坛，能看到的，凝神注目；看不到的，就侧耳聆听。

大唐皇帝李世民身穿龙袍，头戴冕旒，足蹬皂靴，徐步走到法坛中央，举头仰望宝塔。这一举头仰望，天地间骤然响起海啸般的呼喊声："陛下万岁！万岁万岁！万万岁！"惊天动地山呼声过后，李世民向万众挥了挥手，又是幽谷般的安静。李世民面朝宝塔，行了三叩九拜大礼之后，起身高声说：

"诗曰'哀哀父母，生我劬劳'，父母之恩，山高海阔。太穆皇后在世之时，倾心教诲朕，历尽艰辛。朕能有今日贞观之盛唐，全靠太穆皇后在世之时谆谆教诲。故而，朕自登基以来，每当想到太穆皇后山海之大恩大德就黯然心伤！而今，孝心未尽，慈母仙去，无以为报，枉为人君！为此，朕有天下十六年以来，节衣缩食，用积攒之资财筑就今日之宝塔。此宝塔乃是朕报答父母生养大恩根本之见证。将塔建于朕家旧宅报本寺内，乃是朕报本初心之见证、行孝践行之标志。如今，宝塔建于报本寺内，朕斟酌再三，还是以'报本'二字为宝塔之名为宜，此宝塔既是朕报本父母，亦是朕报本故乡之父老！故而，朕命此宝塔为'报本塔'。"

李世民把亲自题写的"报本塔"三个字展示出来。民众又发出海啸般的山呼："陛下万岁！万岁万岁！万万岁！"国人山呼之后，观礼台上的外国大小国王、酋长与使者、商贾们突然用半生不熟的汉语喊起来："天可汗万岁！万岁万岁！万万岁！"听到这喊声中半生不熟的中国话，人们不禁都把目光投向观礼台。只见观礼台上站立着几千名外国人，有与中国人长相相似的，有金黄头发雪白皮肤蓝眼睛的，有高个大鼻子大胡子的，还有浑身皮肤漆黑胖乎乎的。他们虽然长相肤色与国人相异，但都很敬重李世民。

玄奘大师走上前，跪地拜谢李世民道：

"阿弥陀佛，报本之名甚善甚善！我佛报本，报天地灵气生养万物之大根本，行普度众生之大责任；圣上报本，报父母生养之大根本，报故乡父老之大根本，为黎民百姓树立孝道之大榜样！黎民百姓报本，即报父母之恩德报天地圣皇之恩德。谢圣上为宝塔题名！阿弥陀佛！"

净空方丈和两千四百余僧尼高呼：

"阿弥陀佛，谢圣上为宝塔赐名。报本塔，报本之塔，阿弥陀佛！"

数万民众也高声呼喊：

"报本塔！报本之塔！阿弥陀佛！"

武功山川，整个天地之间也都回荡着"报本塔！报本之塔！阿弥陀佛！"的呼喊声。两千四百多名僧尼在钟鼓伴奏下吟诵起了佛经。"报本"之声融合在佛经吟诵声中，融合在人们的心里，融合进天地灵气之中。

开光法会刚结束，观礼台上的外邦国王、酋长和使者、商贾们都在小声议论。一胖一瘦的两个东瀛人在议论。胖的说：

"大唐天子真乃圣君，如此孝敬他的母亲，大大的孝顺啊！"

瘦的说：

"父母大恩大德，子女大孝大顺，看来大唐真乃大大的礼仪之邦呀！大唐天子真是我东瀛君民之榜样啊！"

一个山羊胡须与一个"八"字撇胡须的波斯国使者议论。山羊胡须使者说：

"我之前不知道天下为何有如此多的大大小小国家与部落敬服中国，称大唐皇帝为天可汗。原来大唐皇帝是这样仁德，这样受百姓拥戴，现在我才知道其中缘故！"

"八"字撇胡须使者问：

"是何缘故？"

"大唐富庶且强大，皇帝圣明孝顺仁德！"

"的确如此，如今大唐不仅偃武修文，而且与各国通使、通关、通贸、通婚、通心，四邻各国国王、酋长与民众皆很敬服，真乃不战而得天下敬服之国度与圣君呀！"

两个肤色漆黑一高一矮的使者议论着。高的说：

"奇怪，大唐的民众怎么都这样敬重这个皇上？如果在我们部落，酋长绝对不敢这样站在民众面前。"

矮的说：

"这就是大唐国！皇上爱他的民众，民众爱他们的皇上。皇上彻底改变了中国人原来鄙视我们所谓的夷狄国王与酋长的排外观念，如今他像兄弟亲人一样对待我们，我们能不敬重他吗？能不尊他为我们的天可汗吗？"

"我十分敬重这位大唐皇上！我回去以后，要向我们部落的人说说大唐国的感人之事。我敢保证，我们部落的人听了，都会想方设法来大唐国看看！"

"是呀，如今中国已经成为天下商贸的中心，各国国王与酋长都像百鸟朝凤一样依附了大唐，指望大唐的庇护。大唐皇帝是天下各国民众的天可汗！"

"天可汗，天可汗，我们天下各国民众的天可汗呀！"

看热闹的人们议论得更是热烈。几个毛头小伙子很是激动。一个愣头小子说：

"呀，圣上就是圣上，身穿龙袍，头戴冕旒，个头不高不矮，身材不胖不瘦，长得剑眉凤眼，满脸英气，你看那鼻子、那嘴巴长得多俊美！比说书先生讲的那个叫什么潘安的家伙更好看！"

一个比较有城府的说：

"潘安算个啥？你看圣上那个头，那模样，那英气，天生的真龙天子福相！"

一个深沉的小子说：

"圣上年已半百，可走路说话比年轻人还带劲儿！圣上康健，就是咱大唐百姓的福气呀！"

两个书生在小声谈论。身穿蓝绸棉袍的说：

"今日大开眼界矣！往日唯闻圣上乃龙凤之姿，天日之表，须眉之俊杰。然虽有耳闻但未曾亲见，今日一睹天颜，果真如此，亦知我等枉为男儿矣！"

身穿青绸棉袍的说：

"真乃圣君也，不仅外表堪为我等须眉之标，且治国布德行孝更是古今帝王之典范哉！"

几个老人在感叹。一个精神矍铄的说：

"圣君哉，真乃圣君矣！千古以来，男儿富贵之后，都会衣锦还乡自我炫耀，而圣上自登龙位以来，先是舍家为寺，再是六次回故乡看望家乡之父老，此次又为太穆皇后建造这座报本塔，以报答生养之大恩，堪为国之圣君、民之楷模矣！"

一个山羊胡须的说：

"呜呼，非常之人，方有非常之为！圣上乃真龙天子，自然就有天子之高见！"

一个须发花白，身穿宽袖道家棉袍山人模样的说：

"善哉善哉，天子自有天子之奇异！据吾所知，圣上从出生到而今，有许多神奇之故事矣！"

一个拄拐杖的说：

"嗟乎，天神保佑，圣上虽有七灾八难，但总能逢凶化吉！"

一旁很多人附和：

"对对，听说圣上诞生前，就有神龙在他家门前上空飞腾了三天三夜！这就是真龙天子降生之前兆，神龙送天子降生呀！"

"听说圣上幼小时，在啥地方一坐，就会留下一个龙的图案。"

"圣上聪明过人，都是神仙给他教会的。"

"是圣上看了天书，要不然打仗咋能百战百胜！"

"依我之见，其实当今圣上就是活神仙！"

人们在议论着报本塔，议论着大唐"贞观之治"，议论着圣明的大唐天子、天可汗李世民的传奇。

这正是：唐代太宗李世民，山河一统治贞观，古来皇帝谁能比，四海敬服天可汗。

唐太宗李世民身上果真如民众所说发生过那些神奇的事吗？这还得从他诞生时说起。

第二回

神龙门首凌空舞　渭水茅庐唐主生

黎明，星稀，东方渐渐泛白，须臾，万道光柱先弱后强冲天而起，光柱辐射原点处渐渐升起艳艳的血红色。隋文帝开皇十八年（598）十二月二十二日，一轮新日冉冉升起，大地顿时披上了艳丽的红纱。滔滔渭河中游的漆渭交汇处，在李渊别馆门前上空嬉闹了三天三夜的青、黄两条飞龙，还在欢腾着，舞动着。清晨，漆水、渭河在动情地演奏着华美的乐章，河岸村落里的雄鸡在此起彼伏地歌唱。此时，在渭河之北、漆水河之西，河岸不远处的茅庐里传来几个女子焦急的说话声：

"娘子，你这时感觉咋样？"

"疼痛愈厉害！"

"那就快了！"

"为何还生不出来！"

"娘子莫慌，稳住心神，好！再长吸口气，憋住气，很好！猛用力！"

"啊……嗯啊……嗯啊！"

"出来了，出来了！"稳婆一边接生婴儿一边高兴地说。

"是男还是女？"产妇用疲惫的声音问。

"是个小郎君！"

"王娘子，快抱给我看看！"

稳婆王氏整理好了婴儿的脐带，笑着说："娘子别急，我先把小郎君洗一洗。春桃，快把热水端来。"

婢女春桃正给产妇擦脸上的汗水，产妇给她使了个眼色，春桃走过去很快把热水端给王氏。王氏把婴儿洗干净之后抱到产妇面前，高兴地说：

"娘子，你看，小郎君长得多俊，多壮实！"

产妇把婴儿抱在怀里，仔细地看着，笑着。春桃在一旁边看边说：

"这脸形、这眉毛、这鼻子，多么像阿郎，这眼睛多么像娘子你呀！"

"像，很像！快称称，有多重！"

王氏把婴儿用布包裹好。春桃取来秤称了称，笑嘻嘻地说：

"呀！足足九斤五两。"

王氏笑呵呵地说：

"今年是马年，牛马年广收田，好年景；今天是十二月二十二日，一月难得三个双日，好日子；现在太阳正好冒火花，好时辰！这体重嘛，九斤五两，正合九五之尊，是个大富大贵数，小郎君一定贵不可言呀！"

春桃高兴地说：

"可不是嘛，这三天来咱家门前上空总有青、黄两条神龙在飞舞。起初大家还以为是漆水河与渭河上空现出的彩虹，但彩虹是夏日雨后才出现，冬天咋会出现彩虹？这真的是神龙，这神龙也一定是冲着咱小郎君来的！"

"春桃，慎言！咱家门前上空哪有神龙！就是有神龙，与小郎君又有何关系！这话以后对谁也不能再说！"

春桃惊觉自己失言了，赶紧低头说：

"是，婢子知错了！"

产妇又对王氏说：

"王娘子，你也对谁都不能说这孩子与龙之事！"

"是，娘子！"

这产妇姓窦，名芝兰，正是唐国公李渊之妻。李窦氏是始平郡武功县人，父亲窦毅是周武帝朝时的上柱国，母亲是周武帝的姐姐襄阳长公主。李窦氏诞生时便异于常人，一头乌黑的头发长过颈，两只眼睛明如秋水，一眨一眨的似乎会说话。长到三岁时，头发竟与她的身段一样长，美丽动人。

周武帝很喜爱这个外甥女，把她留在宫中，当作自己的女儿般抚养。李窦氏也很敬爱亲近这位舅舅。她聪明伶俐，过目不忘，博览群书，通史明理，见识卓越。当时北周势弱，周武帝为了取得外援，娶了一位突厥公主为后，但他不喜这公主，总是冷落她。李窦氏当时还小，却偷偷劝周武帝道："四边未静，突厥尚强，愿舅抑情抚慰，以苍生为念。但须突厥之助，则江南、关东不能为患矣。"周武帝听了深以为然，他娶突厥公主不就是政治联姻吗？此后，周武帝对突厥公主和气体贴了，突厥公主高兴起来。有了公主的帮助，周武帝借助突厥震慑住了江南、关东的敌对势力，北周政权日益稳固。然而，周武帝有创业治国之能，却无长寿之命。他克勤克俭励精图治，东征西讨，积劳成疾，英年早逝，其子尚幼且野心觊觎者多，最终被杨坚篡了国。对此，小芝兰满心愤慨："恨我非男子，不能救舅家！"她知道杨坚为人多疑，便劝说父母远离京城，于是，窦毅和襄阳长公主举家搬回窦毅的老家——武功县渭河北边的窦村。

小芝兰渐渐长大了，出落得端庄秀丽，光彩照人，特别是那一头秀发，人见人爱。她的美丽和才智不胫而走，很多官家大户遣媒提亲，窦毅和襄阳长公主怕把女儿嫁给一般人家屈了女儿之才，决定给女儿好好挑选夫婿。于是，他们请来一位画师，在厅堂的屏风上画了两只孔雀，约定：凡欲求婚的郎君必须亲自前来，闯过三关，才可谈婚论嫁。这三关秘密定为：一是熟背五教之典，二是写一篇论择偶的文章，三是能射中屏风上那两只孔雀的眼睛。窦毅和襄阳长公主煞费苦心设下这三关，能通过者必是文武兼备。五教之典是做人的根本，父义、母慈、兄友、弟恭、子孝。能熟背五教之典的公子必然以德修身，能写出论择偶的文章必然具有一定的文才，能箭穿孔雀之目者必然精通武道。

这三关还真绝，那些王公大户原想依权仗势讨便宜，但面对窦家这三关，他们很是尴尬：撒手吧，不甘心；闯关吧，儿子能行吗？于是，一些知趣者退却了，一些心存侥幸者也未能如愿，都是兴兴而来，扫兴而去。

年轻的唐国公谯州刺史李渊早已听闻窦家有个美丽贤淑的小娘子，他很想遣媒去提亲，但他深知窦毅和襄阳长公主为这个女儿定下的择婿条件颇高，担心碰壁，迟迟未去。如今得知窦家选婿要过三关，他欣然去应选。他袭爵唐国公，又是独孤皇后的外甥，自小便非常好学，熟读史书，岂能不知五教之典？第一关顺利闯过了。他又提笔一气呵成，作了一篇《择偶说》，文章写道：

"关关雎鸠，在河之洲。窈窕淑女，君子好逑。君子千金易得，知音佳偶一世难求。知音者应同心同志，佳偶者须休戚与共。舜帝无娥皇女英难成大器,大禹无涂山女难驯服九川之洪水。择佳偶者择之于德于才,择之于同心于同志;配偶身心一体,貌神相合,琴瑟和鸣,夫唱妇随,方能福乐鹤发百年。幸蒙今日天赐良机,淑女在即,虽有关隘相阻,然彼此心仪相知。君子不惧刀山火海,何惧关隘之阻?心在佳偶,志在知音,三关易闯,势在必得!"

窦毅看了这篇文章,连连点头;襄阳长公主看了这篇文章,很是高兴;窦芝兰看了这篇文章,脸红心跳。第二关也闯过了。也可能是天意,虽说李渊是将门之后,但箭术并未达到百步穿杨之能,然而他连射两箭,皆射中孔雀之目,第三关也顺利闯过了,一对佳偶天成了。

窦芝兰嫁到李家,不越女戒,谨遵女德,孝敬公婆,和睦妯娌弟妹。开皇八年(588)生下长子李建成,又五年生下女儿李翠平,之后四年再未有孕。一天晚上,李窦氏与丈夫李渊行房之后酣睡,忽得一梦:只见一团火向她扑来,她很是奇怪。等火团到她面前时,她定睛一看,火团中有一人,浑身是火;她再一细看,此人身上看似在冒火,其实是一圈金色的光环;再端详光环中人,很是面熟。她猛然想起来,这不就是佛祖一旁的文殊菩萨吗?只见文殊菩萨面带笑容,忽然化作一团火向她扑来。她吓得大声叫喊,醒了过来。梦醒之后,她觉得身上有一种异乎寻常的感觉,不久后便发现已身怀有孕。

日月匆匆,不觉已过十月,李窦氏今日分娩,甚感异常。她生前两个孩子时,未觉有异,但如今生这个孩子,却令她既高兴又不安。高兴的是这几天在自家门前上空有青、黄两条神龙在飞舞,附近的村民都说这里有王者之气,一定会有真龙天子出现。更奇怪的是昨天晚上她做了个梦,梦到观世音菩萨对她说:

"你曾恨自己非男儿,不能救舅家。佛祖今日赐你一贵子,圆你当年之愿。你要悉心教养此儿,使之日后能济世安民!"

观世音菩萨的话音刚落,天空乍然响起:

"送文殊菩萨下凡!"

梦醒之后,她即产下这个儿子,怎能不喜?但她又怕,她嫁与李渊的第二年，有个叫史世良的人，善于看骨相，他看了李渊的骨相后说："李公有三乳，骨相非常，日后必为人主，愿自爱。"恰好当时民间有童谣说："天星移，杨代周；斗再转，李灭杨。"还有个叫安伽陁的方士预言："李氏当为天下。"杨坚生性多疑，篡周之后，对谁都不放心，生怕谁谋他的皇位，夺他的江山，听到方士安伽陁的预言和那童谣之后，非常恼怒，借故灭了几个李姓大户人家。李窦氏怕祸及丈夫，劝李渊举家搬出京城，在娘家所在的武功县城北关置了一处宅院。

她知道杨坚崇尚节俭，于是投其所好，又在县城南边距娘家十九里处的窦村之西、漆渭交汇处搭了几间茅庐作为别馆，平时李渊在岐州刺史府，她便带个婢女住在这茅庐别馆，既靠近娘家，又能避嫌自在，倒也相安无事。但眼下这孩子出生时的异象不正合了童谣与安伽陁的预言吗？她又想起梦中观世音菩萨所说的话，看起来这孩子今后要给李家带来大富大贵了！李窦氏平时言语谨慎，行为更谨慎，她怕此儿与龙的事引起皇上杨坚的忌惮，招来灭门之灾，因此，一再叮嘱婢女春桃和稳婆王氏千万不能把门前上空飞龙与孩子诞生的事说出去。

此时天已大亮，一轮鲜艳的、红彤彤的、美丽的旭日冉冉升起，李家门前上空的青、黄两条飞龙已然消失，一切恢复了往日的平静。此时此刻，经受分娩之苦的李窦氏疲惫不堪，正想合目睡去，却突然想起一事，连忙对婢女说：

"春桃，快！"

"娘子何事？"

"快叫李安去岐州刺史府给主君报信，说上天赐了李家一个二郎，我们母子平安，请主君别担心！"

这正是：夫妻心连心，福祸相互知。要知后事如何，请听下回分解。

第三回

李渊雪夜回别馆　窦氏当即躲是非

黄昏，岐州，刺史府，书房书案前，站着一个身材中等偏高的微胖男子，他有着方而略长的脸颊，肤色白中泛红，阔额，一字秀眉，大眼睛，高鼻梁，唇红齿白；黑短须修剪得颇有艺趣，唇上呈"八"字，下巴呈三角，整个胡须呈不规则的"公"字形状；黑头发，紫巾高束，穿一身紫色便服。此人正值而立之岁，相貌英俊，举止文雅，似潘安再世，如宋玉还魂。他，就是岐州刺史李渊，李叔德。

李渊自称七世祖是凉武昭王李暠。祖父李虎，后魏朝时为左仆射，被封为陇西郡公，是当时的"八柱国"之一，魏主赐姓大野氏，周受禅，追封唐国公。父亲李昞，周朝时任安州总管，被封为柱国大将军，袭唐国公。李渊于周天和元年（566）生于京城长安，七岁时袭唐国公，成年后倜傥豁达，任性直率，宽仁容众，无论贵贱咸得其欢心。隋受禅，他也被补千牛备身。当朝独孤皇后是李渊的亲姨母。李渊英俊聪明，颇得独孤皇后喜爱，他先后做过谯州、陇州刺史，如今是岐州刺史。

眼下的岐州，虽然不是京城，但不亚于京城。自从在岐州的辖区麟游建造了仁寿宫，隋文帝便常年在仁寿宫处理国事，他这个辖区刺史，便成了不是京兆尹的京兆尹了，既要处理州衙日常政务，还要协助护卫仁寿宫的安全，忙得不可开交；故而明知妻子这几天要临盆了，却也不敢回去探望。还好，前几天，隋文帝带着百官回了京城，他才得以喘口气，安排好了下属，准备回家去看看。正在这时，侍从报家里来人了。他的心一阵猛跳，不知家里发生了什么事，急道：

"快传！"

"郎君！"家仆李安风尘仆仆走了进来，跪地行礼。未等李安说明来意，李渊急问：

"家里发生何事？"

"大喜！"

"是何喜事？"

"娘子生了！"

"娘子如何？"

"娘子平安，小郎君健壮！"

"是男孩？"

"是！娘子请郎君不要担心。"

"娘子现在何处？"

"窦村河岸茅庐。"

"噫！"

"郎君为何惊叹？"

李渊不便给下人明说自己的心思，摆了摆手说：

"你一路鞍马劳顿，先下去歇息！"

李渊得知妻子又生了个儿子，非常高兴，但听到妻子还住在窦村河岸的茅庐里，很是不安。虽然李安报说母子平安，娘子叫他别担心，但他怎能不担心呢？阿兰一向心思细腻，处事谨慎，生怕影响他李渊的仕途，自己再苦再难，也常报平安，眼下正值寒冬腊月，她产子后竟然还住在窦村河岸的茅庐里，这哪能行！想到这里，李渊一边安排好府衙的公事，一边叫来侍卫备好马，带着十名剽悍侍卫直奔武功的家。

谁知，这时突然纷纷扬扬飘起雪花来。李渊担心大雪封了路，催马疾驰，侍卫们紧随其后。好在李渊在这条路上往返过多次，路途很熟。他胯下的这匹红鬃烈马是上乘的汗血宝马，驰速快，反应快，很有灵性，比他更熟悉这条路，虽是雪光夜幕，但根本不用他辨认道路。马似乎也知道主人焦急的心情，奋蹄疾驰。李渊归心似箭，尽管马蹄疾，耳生风，山川迅速后移，他犹嫌慢，不停地催马加鞭。侍卫们都被他落在后面，他们担心李渊的安全，一边催马紧追，一边大声喊道：

"雪地路滑，李公小心！"

"无妨，快跟上！"

李渊丝毫未减速，催促侍卫加速疾驰。

雪花纷纷扬扬地飘落，马风驰电掣地疾驰，李渊的心箭也似的飞向武功的家，飞向妻子，飞向新生的幼子。越过了岐山的山川，越过了扶风的沟壑，两个时辰后，他们就进入武功县境内。为了尽快见到妻儿，李渊没回武功县城的府邸，催马直奔窦村河岸的茅庐别馆。

深夜子时，他们终于来到武功县窦村渭河岸边的茅庐别馆前。红鬃烈马来过茅庐别馆几次，它知道目的地到了，也知道主人的心思，刚一停下，就腾起前蹄冲着茅庐咴咴嘶鸣。李渊是这群人的首领，红鬃烈马自然是这群马的头儿，它一嘶鸣，其他马也都跟着咴咴嘶鸣起来。这群马的嘶鸣声，掩盖了渭河水的波涛声，划破了寂静的夜晚，也惊醒了茅庐里的人。

管家李福很是机警，一听到马叫声，就翻身起床，持剑于手。他未点亮灯，先打开自己的房门，一边轻步走到院中察看，一边贴着主母的上房门小声说：

"春桃，外边有动静，小心护好娘子！"

其实春桃更机警，她一听到马蹄声就持剑于手，贴着门缝观察院子的动静，李福的一举一动她都看得清清楚楚，她小声对李福说：

"别出声，先听听外边有何动静！"

"李福，别紧张，一定是郎君回来了！"却是李窦氏的声音，她已醒了，也听到外边的马蹄声和马的嘶鸣声。知夫莫若妻啊！她太清楚夫君李渊了，一听到她生了个儿子，岂能不立即回来？果然，还未等李福问，外边就敲起门来，随即就有人喊道：

"李管家快开门，主君回来了！"

李福赶紧走到门口，正要开门，春桃小声喊道：

"先别开门！"

春桃一边说一边抱来一抱麦草。她走到门口，轻声问道：

"门外果真是郎君？"

"春桃快开门！"李渊迫不及待地想见到妻儿，催春桃开门。

"郎君请先退后。娘子言道：'主君雪夜奔波，一路风尘，小郎君月中体弱，应先以火驱邪之后，方可神安人吉。"春桃听出确实是主君，当下一边解释一边把门打开，随手把麦草置于门口，浇了些清油，撒了些盐，然后用火点燃。

麦草燃了，因加有清油火很旺，盐在油火中叭叭作响，李渊从火上跨过之后进了大门，后边的侍卫也学着样子跨火驱了邪。李渊急急向上房走去，正准备推门进入，春桃轻声说道：

"郎君且慢！"

春桃指了指房门，李渊向门楣上一看，左上角挂有一张弓，青布门帘上挂着红布。李渊明白，这是武功乡俗，妇人坐月子，门楣上都做有标记，是男孩就在左上角挂一张弓，这叫作"悬弧"，红布主要是用来驱邪。李渊的心踏实了，阿兰果然生的是男孩。这时，春桃又抱来了一些麦草如前点燃，李渊也如前跨过火，驱了邪，心急火燎但又轻轻地推开门，蹑手蹑脚地走进房内。

屋子里灯光亮着，李窦氏躺在炕上，见李渊进来，忙坐了起来，准备下床给夫君施礼。李渊疾步走上前用手轻轻按住她，把她抱在怀里，深情地看着：鹅蛋形的粉脸更俏了，柳叶似的黛眉更俊了，如画的凤眼更美了，明亮的眸子显得更安详更富神采了，精致的琼鼻在灯光下更俊俏了，那小嘴红艳艳的就像熟透了的红樱桃。李渊用手轻轻地爱抚着这张让他魂牵梦绕的迷人脸庞。李窦氏也仔细地端详他：方而略长的白脸庞布满风霜，宽阔的额上微微地显出三条细纹，一双大眼睛更明亮更坚毅了，俊俏的短胡须长长了一些，显得更成熟更富有男子魅力了。李窦氏望着朝思暮想的夫君，一股暖流涌上心头，她微启樱唇，李渊连忙笑吟吟地用手轻轻地捂住她欲言的樱桃小嘴，冲着爱妻摇了摇头。两个人两双情绵绵的眼睛在相交，在放电；两颗意切切的心在碰撞，在倾诉。此时此刻何须言表，夫妻缠绵了一会儿，两颗激动的心平静了下来，李渊感激地说：

"阿兰辛苦了！"

"为兴旺祖宗香火，妾不敢言苦！"

李渊看着爱妻一侧襁褓中熟睡着的婴儿，轻声问：

"是男儿？"

"是男娃。"

"让我看看小儿！"

李窦氏把婴儿轻轻抱起，小心翼翼递给李渊，李渊把婴儿接过来，抱在怀里仔细地看着：方而略长的脸，红红的，剑眉清秀，丹凤眼，高鼻梁，小嘴巴，乌黑的头发，很是英俊。李渊高兴地对李窦氏说：

"眼睛鼻子很像卿，还有这乌黑的头发更像卿。"

李窦氏也笑着说：

"这眉毛、鼻子、脸形与四郎一模一样！"

李渊在婴儿额上轻轻地吻了吻说：

"这孩子长相集中你我夫妻之长矣！"

不知是被他们的谈话声惊醒，还是在梦中听到李渊的夸奖激动，婴儿突然睁开了那双俊美的丹凤眼，用晶亮晶亮的眼看着李渊，嚅动着小嘴，似乎在跟他说话。李渊兴奋地说：

"此儿真可爱！"

"四郎喜爱？"

"爱！非常喜爱！"

"但愿他日后能出人头地！"

"能，一定能！我李家儿郎个个都是虎将。"

"这孩子是福将！"

"对，是福将。感谢阿兰又给李家添了一员福将！"

"咱要好好感谢观世音菩萨！"

"感谢观世音菩萨？"

"正是！"

"喜得贵子感谢神灵，应是送子娘娘吧！"李渊甚感诧异地望着李窦氏，李窦氏神秘地说：

"送子娘娘要感谢，观世音菩萨更要感谢！"

"阿兰如此说必有缘故？"

"有！"

"请道其详。"

这时春桃端上来两杯热酪浆，李窦氏对她说：

"你先去睡，我与主君说说话。"待春桃退去，李窦氏轻声对李渊说：

"这孩子降生之前，妾曾做一怪梦。"

"阿兰也做过一个怪梦？"

李窦氏听丈夫如此说，惊讶地问：

"难道你也做了怪梦？"

"正是！"

"所梦何事？"

"阿兰所梦何事？"

"请四郎先讲！"

"请阿兰先讲！"

"四郎乃家主，理当为先！"

"好，我就将这一怪梦说与阿兰，请卿帮我解解！"李渊喝了口酪浆，不无忧虑地说道，"十二月十六日，上离开仁寿宫，十七日，我做好善后琐事，十八日我从仁寿宫返回岐州刺史府，途经周公庙，甚感疲惫，便在周公庙小憩。进了周公庙，我先给周公神像敬了一炷香，还好，庙主请我进了间静室歇息，我刚刚合上眼便做了一个怪梦！"

"所梦何事？"

"一位身材高大，圆脸美眉睿目，须发皆白，颇具仙风道骨的老者飘然而至。我惊问：'老丈如何称呼？'他笑着说：'有缘何须问名姓，老朽今日会你，是要告诉你一件事。'我忙问：'何事？老丈请讲！'他捋着胡须笑着说：'汝次子多灾多难，然慧根深厚，福运齐天。虽然汝命中富贵，但才智远不及此子，汝与汝李家大福大贵皆靠此子。汝须悉心爱护教养，不可怠慢！'当时阿兰你还没有生这个孩子，于是我笑着说：'老丈说笑矣，我与内人只有一儿一女，何来次子！'谁知老者竟然哈哈大笑说：'孺子愚钝，天机不可泄露！'说完就飘然而去。"

"此老者是谁？"

"我梦醒之后，想了想，梦中的老者很像庙中的周公神像，于是我去神殿仔细看了看，果然是他。"

"是周公旦！"

"正是！你说怪不怪？"

"周公旦忠心辅佐成王，是大圣人，他托梦指点你，看来咱这个二郎真是贵不可言！"

"阿兰所梦何事？"

"与你所梦类似。"

"也是梦见周公？"

"不是，乃观世音菩萨。"于是，李窦氏就把前几天青黄两条神龙在门前上空飞舞和她所梦怪事说了。李渊听后惊喜非常，忘乎所以地说：

"看来我李家该有天下也！"

"四郎切勿高兴过早，梦非真实，只可心领，不可信以为真！"

"神仙梦中所示，更有史世良给我看骨相所言，岂能不信？"

"今上多疑，喜怒无常。自安伽陁预言'李氏当为天下'，与那首童谣'天星移，杨代周；斗再转，李灭杨'，今上灭了多少李姓人家？幸亏有独孤皇后给咱家遮风挡雨，才免于灾祸。这些梦中所示，只可心领，千万不可当真，更不敢有只言片语外泄，以免招来灭门之祸！"

"噫！"李窦氏这一提醒，让李渊惊出了一身冷汗，当皇帝的欲望顿时吓得飞到九天云外，他胆战心惊地说，"多谢阿兰提醒！是矣，隋受禅以来，今上励精图治，国势强大，开皇九年灭了陈国，今上又利用突厥内部矛盾，使突厥内战自我削弱，不得不内附大隋。如今朝鲜、吐谷浑也臣服了大隋，大隋如日中天！何况今上奖励耕织，提倡简朴，以身作则，深得天下民众拥戴。这几年国家粮食仓满库足，足够全国民众食用二三十年。大隋富强甲天下！也正因为如此，今上一改昔日柔政，喜怒无常，疑心甚重，总怕谁谋权篡国，朝堂上动辄杀人。安伽随'李氏当为天下'的预言和'天星移，杨代周；斗再转，李灭杨'的童谣，更使他疑心加重，那几户李姓人家死得多冤多惨哉！这天子之欲咱不要也罢，保命要紧！"

谁知李窦氏听了李渊这席话之后竟然呵呵笑了。她对李渊说：

"大丈夫志在天下，有何不敢？他不也是以阴谋篡夺我舅家之江山？既然有天意神示，岂能不信！"

"阿兰方才不是在提醒于我，梦非真实？"

"我所提醒是怕郎君以梦为真，言语泄露，招灾惹祸！"

"如今又该如何做？"

李窦氏笑了笑，胸有成竹地说：

"韬光养晦，投其所好，等待时机，智图江山。卿以为如何？"

"阿兰寄居渭河茅庐即是投其所好？"

"正是！今上提倡简朴，以身示范，妾简居渭河茅庐，正是遵从今上之诏令！"

"既然如此，我也只能韬光养晦，碌碌为官矣！"

"正该如此！要让今上知道夫君胸无大志，不足为戒。"

"善！姬昌吞食亲子肉羹装愚昧，勾践忍辱假臣服，渊也要韬光养晦图谋江山！妙哉！妙哉！"

"噫，不好！"

"如何不好？"李渊惊问。

"前几日有两条神龙在咱家门前上空日夜飞腾，之后妾即生下此子，今夜郎君又赶来此地，附近村民已有传言此地必有王者之气，倘若知晓你在此，将你和二郎与那两条神龙相联系相互疯传，今上若知晓，岂不大祸临头！"

"阿兰所言极是，此屋不能再待。且此屋临河风冷，也不适合调养，天亮即搬回县城府邸。"

"不能等到天亮，此时便走！"李窦氏边说边穿好衣服下炕。

"如此又是为何？"

"如等天亮再走，附近村民必然会看到你，天之异象岂不昭然若揭？"

"阿兰虑事缜密。"李渊恍然大悟。他即刻下令：

"春桃、李福，即刻备车，速回县城府邸！"

这正是：女子虑事细，男儿贵果断。欲知后事如何，请听下回分解。

第四回

建成埋怨母分爱　窦氏诱其兄弟亲

雪，瑞雪！入冬以来，一直未降雨雪，天干物燥，田地里的禾苗干渴，靠天吃饭的农人翘首祷告，祈求天降大雪，解除干旱。昨日黄昏，天上终于飘起了雪花，但雪并不大，下了一整夜，地上的积雪只有铜钱厚。

李窦氏居住的茅庐距武功县城十九里，李渊他们一行轻车快马，不到一个时辰就到了。李渊夫妇知道这个小儿子的安全关系到他们李家未来的富贵，必须悉心保护，他们怕民间流传的预言、童谣以及那双龙异象牵连此子，引来灾祸，为了隐秘行事，他们干脆不进城，而是从城南绕道到了北关的家门口。这时，天已拂晓，突然，鹅毛大雪飞降，眨眼间地上的积雪就有一尺来厚。这突降的大雪，真是福瑞吉祥，既解除了关中大旱，也悄然隐去了李渊一行的踪迹。李渊和李窦氏心里都很明白，这个小儿子的确不同凡响，他将给李家带来福祉，且已经给关中民众带来了实实在在的福祉。李渊命婢女春桃轻声叫开门，他们悄然进了家，又关上了大门，门外恢复了平静，门内却热闹起来。

"阿娘回来了，可想死儿了！"

李窦氏走进上房，房子已经燃起了炭火炉，火炕也已经烧热了。春桃扶着李窦氏上了炕，稳婆王氏把婴儿递给李窦氏，李窦氏刚把婴儿放到炕上，女儿李翠平就喊叫着跑了进来。

原来，管家李福奉主母之命提前赶回李府，按照武功习俗，腊月二十三是小年，要敬神，祭灶。正好，李府添了人口，家人团聚，阖府喜庆。李福叫乳母李氏为主母烧热了炕，生起了火炉，叫灶房为主君和军士们做好了接风饭，翠平也被惊醒。当她得知双亲就要归家，便早早穿好衣服等着。李窦氏一进屋翠平就跑来了。

"阿娘也想死平儿了！快过来，让阿娘亲亲！"

五岁的翠平，头发虽然没有当年李窦氏的长，但长相一点儿也不比李窦氏逊色：鹅蛋形的脸蛋，细长的眉毛，水灵灵的大眼睛，小巧的嘴巴，红扑扑、粉嘟嘟的脸颊，机灵俊俏，人见人爱。她扑到母亲的怀里让母亲亲了亲，她也亲了亲母亲，笑着说：

"阿娘，我方才做了个梦！"

"所梦何事？"

"梦到下大雨刮大风，咱渭河岸边茅庐被大风吹走了，阿娘去追茅庐，儿也去追阿娘。追呀追呀，谁知脚下的一块石头把儿绊倒了，儿吓得哭着叫阿娘。阿娘返身回来抱起儿说：'我不要茅庐了，我要我的平儿！'儿笑了，阿娘也笑了。我刚刚梦醒，阿娘就回来了。"

"是呀，茅庐虽好，哪有我平儿好！"李窦氏望着满脸稚气的女儿，她虽然是个小娘子，却有一股刚勇之气，她不禁开心地笑了。翠平见母亲开心地笑了，也笑着向炕中间望了望，神秘地小声说：

"阿娘，乳母告诉我，你生下了幼弟，他在哪儿？"

李窦氏把棉被轻轻揭开了一点儿，露出了婴儿的小脸。小翠平上了炕，爬到婴儿身旁，笑嘻嘻地看着这个突然到来的幼弟。不知是这姐弟俩有缘还是这婴儿先天慧根深，他睁着一双圆溜溜的眼睛看着翠平，小脸蛋漾起了笑容。小翠平高兴地说：

"阿娘，阿弟多可爱！他在对我笑！他在对我笑！"

李窦氏也在注视着婴儿，婴儿果真在笑，她不禁又惊又喜。惊的是出生两天的婴儿耳目一般都很模糊，更无情感意识，如何能看到人？又如何会笑？喜的是这孩子果真慧根深厚！传说上古黄帝诞生不久就能说话，帝喾诞生后一开口就能说出自己的名字，以自己这个小儿的特异之能来看，这些传说也不似空穴来风。

"阿娘，我能不能亲亲阿弟？"

"轻一点儿，小心压着他！"

"不会不会，我会小心！"小翠平轻轻地在幼弟的脸蛋上亲了亲。李窦氏看着这姐弟俩亲昵的样子，笑着问小翠平道：

"平儿，喜不喜爱幼弟？"

"喜爱，很喜爱！"

"我不爱！"随着说话声，一个十岁左右的男孩子健步走了进来。但见他圆头虎目，头戴虎皮棉帽，身穿绣花红绸棉袍，脚蹬一双黑棉靴，他就是李渊的长子李建成。原来，李建成也被府内的嘈杂声惊醒了，婢女夏荷一边侍候他穿好了衣服，一边告诉他娘子回来了，并告诉他娘子生了个小郎君，很可爱。李建成听了很是生气，他自小很聪明，争强好胜，还有点儿小心眼，又是刺史府中的嫡长子，全府上下都宠着他。因此，有时候他还由着性子耍小脾气。两个多月来，阿娘不在府中，虽然府中的仆从仆妇侍候他很周到，但他总感到他们不如阿娘那样无微不至地关心他，疼爱他，觉得很委屈。以前，全家人整天都围着他转，自从有了阿妹翠平，阿娘分心了，对他关心比以前少了，他本来就很不满，如今又添了个阿弟，那阿娘不就更分了心？因此，他很是憋气。

"是成儿，快过来，让阿娘看看，是否长高了？"

知子莫如母，李窦氏很清楚长子的小心眼，也知道自己两个月不在府中长子心中的委屈，她不在乎儿子的怨气，把他搂在怀中，笑着说：

"呀，两个月不见，成儿长高了许多，吃胖了，更有男子汉气势了！"

李建成满肚子的怨气被母亲一句话化解了，但他还是噘着嘴说：

"阿娘，你为何不爱我了？"

"傻成儿，你是咱李家长子，是娘的命根子，为娘岂能不爱你？"

"阿娘为何两个多月置我不顾？我天天盼阿娘回来，阿娘为何迟迟不回来？"

"瞧，阿娘还需照管你阿弟。"李窦氏一边指着次子一边给长子解释，"快看看你阿弟！"

李建成看了看炕上的婴儿，圆圆的头，红红的小脸蛋，晶亮的小眼睛，很可爱。他正想伸手去摸这婴儿的小脸蛋，谁知这孩子看到李建成竟然哇哇大哭起来。李窦氏连忙把婴儿抱在怀里，边轻轻地摇着边柔声哄着。李建成看母亲如此疼爱幼弟，酸溜溜地说：

"自从有了阿妹，阿娘对我之爱少了许多，如今又有了这个阿弟，阿娘怎会再爱我？"

"傻儿，你们都是阿娘的儿女，阿娘都爱，岂能不爱你？只是阿娘照管不过来，不能常在你身边，但阿娘心里时刻都在想着你！"

"当真？"

"千真万确！"

"阿娘！"李建成伏在李窦氏的怀里哭了起来，哭得很伤心，很真切。李窦氏在李建成的背上、头上轻抚着。

"给娘子请安，贺喜娘子！"乳母李氏和婢女夏荷走进来，边给李窦氏问安行礼边贺喜。

李窦氏笑呵呵地说：

"你俩可好？我两个多月不在家，两个孩子让你们费心了！"

"娘子言重了，伺候小郎君、小娘子是我们的责任！"

这时，婢女春桃走了进来，对李窦氏说：

"娘子，郎君传话叫李娘和夏荷去前厅。"

李氏和夏荷听到主君传她们去前厅，顿时面色微变。

这正是：下人难做事，福祸未能知。要知后事如何，请听下回分解。

第五回

李渊书房梦世祖　李暠梦里解心疑

乳母李氏和婢女夏荷听闻主君传她们去前厅，很是心惊。这也难怪，做下人的卖身于主人，一生一世为奴，没有自由，动辄受主人打骂，甚至被打死。好在李窦氏贤惠，仁慈，善待下人，乳母婢女仆从从未受到虐待；但如今是主君传她们，不知是什么事，她们岂能不吃惊、不害怕？

李氏和夏荷战战兢兢来到前厅，仔细一看，主君正襟危坐，管家和府中的下人都俯首帖耳站在旁侧。看起来众人和李氏、夏荷的心情一样，不知府中发生了什么事，主君要说什么，要做什么；众人一个个揣着心，屏着气。李氏和夏荷轻步走到后边，与众人一个样，也是低着头，提着心，屏着气。

侯府深似海，虽然李渊当时不是王侯，但刺史也是封疆大吏，刺史府里婢子仆从本应很多。但当朝皇帝杨坚不仅提倡生活简朴，而且率先垂范，一日三餐，食不二味，宫中后妃宫女不多，平时也不穿绫罗绸缎，不佩金戴玉。李窦氏虽然对杨坚恨之入骨，但很赞赏他提倡的这种简朴生活。她平时也不穿绫罗绸缎，不佩金戴玉。在建造武功宅院时，她建议夫君李渊把宅院建在县城比较僻静的北关。宅院面积也不怎么大，面阔十一丈，进深二十八丈。前厅房三间，中寝房五间，后祖祠三间，左厢房九间，右厢房九间。用料都是青石、青砖、灰瓦，门楼简朴，一点儿也不张扬，与武功一般富户人家没有两样。李窦氏之所以这样做，并不是为了投天子所好，而是她本就崇尚简朴，因此，府中家仆不多，不过今天还多了一个人，就是稳婆王氏。李窦氏心思缜密，次子出生的时间、地点、体重和当时神龙三日欢舞门前上空的异象，稳婆王氏都知道得一清二楚，如果她将这些事传出去，会给李家招来灭门之祸。因此，李窦氏劝李渊把王氏留在府中，这既能保证不泄密，又能赡养这个孤老婆子。王氏五十来岁，是个寡妇，中等个儿，不胖不瘦，年轻时还有几分姿色，却是命途多舛：十六岁出嫁，十八岁生了个儿子，二十二岁时又生了个女儿，谁知三十岁时死了丈夫，此后几年一对儿女又先后夭亡。她寡居一人，很想改嫁，但没有人敢娶她，因为有卜者说她命硬，克夫，克子女，只有遇到贵人，才能逢凶化吉。如今，这李刺史和刺史娘子不就是贵人吗？她巴不得到李府做事，听李窦氏要她留在李府，自然乐意。这时，她也喜滋滋地站在后面等主君训话。

李渊扫视了众人一番，问管家李福：

"人都到齐了？"

"回郎主话，府中下人都到齐了。"

李渊看了看众人，威严地说：

"今天召集尔等，要说三件事：一是新年已近，按照我李府惯例，尔等每人按照管家考绩都有不同赏赐，另外娘子给尔等每人做有一身新衣。二是娘子已分娩，又生了一个小郎君。府中不能大声喧哗，以免惊扰娘子。三是娘子诞下二郎与我回府之事不能外泄，谁若外泄，严惩不贷！"

众人齐声应诺。

李福对众人说：

"我等做仆从的就要忠于主人，郎主训示，我等必须谨记，违者必罚！"言毕，他对着王氏说："新来的王氏随春桃侍候娘子，其他人各执其事，不得有误！"

"诺！"

下人们都悄然退下。这时，李氏和夏荷才把悬着的心放了下来，长长地舒了口气，走出了前厅。

安排好下人之后，李渊去祠堂书房休息。

祠堂三间，一明两暗，中间供奉着祖先神位，左边是李渊的书房，右边是李建成兄妹共用的书房。神位供奉着七世祖：凉武昭王李暠、李歆、李重耳、李熙、李天锡、李虎、李昞。李渊净了手，走到神位前，拈了七炷香，燃着之后，把香一支支插在香炉里，然后给祖先行了三叩九拜大礼。最后，他面向李暠的神位说：

"先世凉武昭王在上，从古到今，我李氏宗族数你智慧高，福气大，做了帝王！而今，相士说我骨相贵不可言，有人主之命。听到此话，我甚为高兴！多少次做梦，我梦到自己做了皇帝，头戴冕旒，身穿龙袍，危坐金殿，文武百官向我朝拜；三宫六院紧随身后，威风无比！然，梦醒之后，看到大隋江山蒸蒸日上，皇上杨坚势如中天。自安伽陁预言李氏当为天下以来，杨坚视李姓人家如仇敌，李姓人家被灭了无数！天下之人谁还敢言李姓人家？谁还敢以卵击石？世孙整天提心吊胆，唯恐被杨坚怀疑。如今我所得次子，周公梦示与我，观音亦梦告窦氏，神龙三日飞舞于我家门前上空，如此异象，世孙又该如何理解？如何作为？还请大智大勇之先世王父指点孙儿矣！"

李渊的这番话，出自真心，发自肺腑，他很想当皇帝，连做梦也想当皇帝，他恨不得杨坚立时死去，杨坚的几个儿子也一齐死去，大隋朝乱了垮了完了，他李渊才能乘乱夺取江山，做皇帝。但他为了韬光养晦，每每在皇宫大殿，在杨坚的面前，不得不装得满脸憨气地说："天下最英明之人是姨丈陛下，天下最有智慧之人是姨丈陛下，天下最勇敢之人是姨丈陛下，天下最慈善之人是姨丈陛下，天下最讲诚信之人亦是姨丈陛下！姨丈陛下是天下第一完人，第一圣人，第一伟人矣！"他当面一套，背后又一套，判若两人。

不只李渊如此，其实人都有两面性。为了生存，说话做事都要顺势而为，否则就会招惹麻烦；为了达到某个秘密目的，说话做事就要有利于目的达成，泄露了秘密，就会前功尽弃，甚至招来杀身之祸。话到口边留三分，这三分，就是保守秘密，适应生存。因此，在他人面前，在陌生人面前，特别是在别有用心者面前，不能心直口快，更不能说掏心窝子的话。比干对纣王说了掏心窝子的话，结果被纣王剜去了心；祢衡对曹操说了掏心窝子的话，结果被曹操杀了头。文王为了逃命，明知纣王要他吃的是亲子伯邑考的肉羹，他也只能装傻而吞食；曹操为了夺取刘汉江山，人前忠汉，人后灭汉。这两位打下江山的人皇尚且如此言行不一，何况村野市井的平民百姓？李渊这番祸及全族的话也只能在他李家的祠堂说说。

李渊说他的七世祖是凉武昭王，但凉武昭王的一些后裔并不认可；李渊还说他是老子李耳的后裔，年代久远，又经多朝战乱，谁能考证得清楚？若说他是李陵的后裔，倒有几分可信度。李陵归降匈奴之后，被匈奴单于封为右校王，娶了匈奴单于且鞮侯的女儿为妻，留有子孙，子孙多为匈奴诸王。

后来，东胡鲜卑人统治了原匈奴领地，原匈奴人也大多改称为鲜卑人。李陵当年是右校王，按照匈奴官职领地左东右西的惯例，李陵后裔的领地在匈奴之西，之后的凉武昭王李暠也在中国西部的陇右，正好吻合。其实，凉武昭王李暠早就自称他是西汉李广的第十六代孙。但当年汉武帝得知李陵投降于匈奴，将李陵在大汉的家灭了族，内地何来子孙？如果李暠说他是李广的十六代孙，必然就是李陵在匈奴的后裔。李渊自称祖籍是陇西狄道，是凉武昭王之后，绝口不说他是李陵的后裔，很显然，李渊和凉武昭王一样，忌讳先祖李陵投降匈奴，被世人鄙视，不愿以有污点的李陵为祖先自损身价！

李渊如此这般向李暠的神位求告一番，又虔诚地磕了三个响头，便去书房休息。

书房不甚大，一丈宽，两丈长，左右两边都摆放着高约一丈的书架。书架隔层整齐地摆满了卷册。这些卷册里既有时兴的纸张石印本，也有成捆的古竹简编册。后边临窗摆放着一张榻，前边临榻摆放着一张条形书案，书案前有一把太师椅，书房中间已经燃起了木炭火炉。虽然是数九寒天，但书房内却是暖融融的。李渊一天一夜未睡，心系妻儿与自己的仕途前程，一惊一乍，忽喜忽忧，倒也不觉困倦。此时此刻，他把眼前的事情基本安排妥当，心绪平静了下来，本想倚在榻上看看书，但谁知心一松劲，倦意来袭，上下眼皮打起了架。于是，他合眼小憩，不一会儿就睡着了。

李渊这一觉睡得很是香甜，还做了个奇怪的梦。在梦中，他正在书房看书，忽然听到一道洪亮，但颇具文气的声音响起：

"这小子倒挺认真矣！"

他抬头一看，一个身材魁梧，方脸剑眉凤目，头戴冕旒，身穿绣有金龙的丝袍，岁在古稀花甲之间的老人，用七分严厉、三分笑意的目光看着他。李渊仔细审视了一番，不认识！他奇怪地问：

"老丈是何方神圣？来寒舍又有何指教？"

"痴儿！方才还唤朕先世王父，眨眼之间，就不认识朕了！"

"莫非是先世凉武昭王陛下？"

"倒还有一点儿灵性！"

李渊知晓眼前这位身穿衮衣、头戴冕旒的老人就是他引以为荣的凉武昭王李暠，连忙俯身跪地施大礼。之后，他对李暠说：

"先世王父，孙儿思念你，崇拜你，以你为荣！孙儿很想继承你之衣钵，创建我李家江山！相师史世良说孙儿'骨相非常，日后必为人主'；方士安伽陀亦预言'李氏当为天下'；童谣也说'天星移，杨代周；斗再转，李灭杨'。然如今大隋江山稳固，皇上杨坚如日中天，孙儿岂敢飞蛾扑火，以卵击石！而今所得次子，周公入梦示孙，今后李家大富大贵就靠此子；窦氏也梦见南海观世音菩萨对她说此子乃佛祖如来所赐，日后必能济世安民。这又如何作解？孙儿又该如何作为？还请先世王父指点。"

"你小子不仅懦弱，还小肚鸡肠！眼下杨坚势如中天，中天之后，又将如何？谋大事者岂在乎十载二十载？大隋江山因何固若金汤？不就是杨坚节俭慎谋！杨坚死后，又将如何？你小子既需审时度势，枕戈待旦，又需英勇无畏。自古英雄，谁惜洒热血抛头颅？还有，相师史世良说你有人主之骨相，而今窦氏所梦南海观世音又说你所得次子日后必能济世安民，你担心此子将来会与你争夺皇位，是也不是？"

"这……"

"谋大事者，应大度，小肚鸡肠，岂能成就大谋！何况大谋未现，何况是尔亲子？又何况有益我李氏一脉之江山者！"

被李暠这几句训斥，李渊汗颜了，羞愧了。汗颜的是先世王父果然英明，洞悉了他的心思，点出了他的要害；他李渊的确想早日推翻杨隋朝廷自己当皇帝，但又十分怕死。羞愧的是他的确担心这个随异象降生的次子会与他争夺皇位。凉武昭王的训斥让他顿悟：大谋未现怎能与亲子相争！李渊真诚地对李暠说：

"先世王父，孙儿知错了！"

"孺子可教！你虽无打江山之智勇，却有坐江山之福分！你可知是为何？"

"请先世王父指教。"

"你娶了个贤妻，她为你运筹帷幄，要你韬光养晦，此乃上上之策！你还有这个次子，他将为你打江山，创建我李氏不朽之伟业！此乃天命！我只有创江山之智勇，却无弘扬伟业之后人！"李暠说到这里，很是伤感，"真羡慕你之福运矣！"

听李暠这么一说，李渊高兴了，有望当皇上了！他突然想起一件忧心的事，问李暠：

"先世王父，你到底是不是孙儿的亲世祖？"

"为何如此问？"

"有同宗之人说我不是你之后裔！"

"那一定是我前房儿子之后。他们恨我把皇位传给了你六世祖李歆，故而污蔑！兄弟尚且阋墙，何况几代同宗？不足为虑！不足为虑！但你倒要以实绩证明你有我李暠骨血之英雄霸气！"说到这里，李暠走上前在李渊的头上轻轻拍了拍，"小子，切记，杨坚多疑，切勿擅离职守！"

李暠这轻轻一拍，让李渊疼痛至极，疼得他从梦中一惊而起。李渊梦醒之后，觉得头似乎还有点儿疼，他一边揉着头一边想着所梦的事，当他想起李暠最后拍着他的头说的那句话时，吓得出了一身冷汗。"是呀，杨坚多疑，我岂可擅离职守！"李渊向窗外一看，时已黄昏。他走出书房，匆匆来到李窦氏的房内，走到炕边，看着熟睡的婴儿，爱怜地在他红扑扑的小脸蛋上亲了亲，轻声对李窦氏说：

"阿兰，皇上多疑，我须赶回岐州刺史府！"

"我已叫李福给你备好行装，侍卫也已整装待发，时已黄昏，正好夜遁，只是你还未用饭，怎能空腹而行。"李窦氏明白李渊必须尽快赶回岐州刺史府，得知他在书房酣睡，知道他劳累过度，不忍心让春桃去叫醒他，但她已经让管家李福为他启程做好了一切准备。这真是知夫莫若妻啊！

李渊感激地对李窦氏说：

"多谢阿兰，我带上食物路上吃。"

"雪天路滑，四郎多加小心！"

"阿兰保重！"

李渊正要走出房门，李窦氏轻声说道：

"四郎尚未给次子命名。"

"烦请阿兰起个名字。"

"四郎乃一家之主,妾岂能自专?"

"那就先依'成儿''平儿'乳名相沿,叫作'民儿'如何?"

"'民儿',好!以后再给他起官名。"

李渊辞别了李窦氏,带着侍卫,悄悄走出家门,连夜向岐州刺史府赶去。

这正是:仕途多险恶,丝毫不敢错!要知后事如何,请听下回分解。

第六回

民儿满月染疾病　慈母通宵祈祷神

腊月二十三日祭灶神之后,没几天就要过年。时下的杨隋天下,已是盛世。新年佳节,九州尽情欢庆。

岐州是周文王发迹之地,周礼创建之乡,风俗淳厚,民众尚礼,自晋而隋,三百多年来,百姓饱经战乱之苦,幸遇国家一统,杨隋盛世,谁能不喜?谁能不乐?更有皇帝杨坚在岐州麟游造有仁寿宫,且常年幸留,实为天下中枢,国人向往之地,福祉无限。新春将至,岐州民众喜气洋洋。从除夕到十五,爆竹响声此起彼落,大街小巷,村落旷野,处处可闻锣鼓管弦之乐,盛大的庙会,壮观的社火,热闹一个接着一个。老百姓们,无论男女老少,人人穿上新装;不分富户穷家,家家酒肉饭菜香气扑鼻。这欢乐、这富有,充分显示出了杨隋盛世的景况。

身为岐州刺史,李渊当然也与民众同欢同庆。他虽然在白天总是一脸喜色,但在夜深人静之时,就禁不住会想到娇妻李窦氏,想到刚刚出世的幼子民儿,更会想到民儿诞生时的异象,自然也会想到深藏在心里的皇帝梦。他多么想回到武功李府,与妻儿同欢共乐。但他深知杨坚法令森严,对李姓官员更是心存忌惮,一旦年节出了事,他就难辞其咎,说不定还会借此灭了他李渊全族。因此,他小心翼翼,恪尽职守。虽然隋承汉制,每逢节日官府按制放假,官员可以休沐归家,但他却不敢回家。他还要以恪尽职守表现出对杨隋的忠诚,争取杨坚的信任。他牢记李窦氏给他谋划的"韬光养晦"的妙计,一边祈祷神灵保佑他的妻儿家人平安,一边组织岐州民众在新年佳节尽情欢乐。

武功是后稷教民稼穑之地,先周文化孕育圣地,人民古朴勤劳,善良尚礼。历经夏、商、周、秦、两汉的变革,民风民俗更加淳朴,而今,杨隋盛世,国泰民安,善良尚礼的武功人民,既感谢天地神灵的赐福,又感激皇上杨坚的惠政,在这普天同庆的新年佳节,载歌载舞,尽欢尽乐。武功县古俗,小初一,大十五。新年初一这天,燃放烟花爆竹,小家庆贺而已,而在十五这一天,人们会把整个新年佳节的欢乐都释放出来,逛庙会、闹花灯,祈求新一年的福祉。其实,正月十六才是武功整个新年佳节最热闹的一天。这一天,有四件热闹之事:一是农业始祖后稷诞辰,方圆百多里甚至更远处的民众来后稷祠进香,祈求后稷神灵保佑他们五谷丰登;二是高门小户的新媳妇这一天都要向姜嫄圣母神祈求子女,天没亮姜嫄庙就聚集了成千上万的少妇佳丽;三是年老之人这一天也都要去圣母姜嫄庙祭拜,祈求圣母姜嫄祛病延寿;四是晚上各村都有扮装成神婆的妇人嘻嘻哈哈地给新媳妇"送娃娃"。这一天,从拂晓到晚上,热闹一个接着一个,社火一队接着一队,整个武功县城,爆竹声声,锣鼓喧天,热闹非凡!

新年佳节,武功城内尽管热闹喧腾,但唐国公李府却异常安静。县衙很多官员和富商大户前来送礼,都被李窦氏婉言拒之。李窦氏出身于先朝皇族豪门,非常清楚官场的凶险,送礼者必有他望,受贿如食饵。因此,逢年过节,不管是谁来送礼,李窦氏都会婉言谢绝。也正因为李渊有李窦氏这个贤内助,才在官场上赢得了清廉公正的好名声。李府内异常安静,也是因为李窦氏正在坐月子。关中风俗,女人产后坐月子期间,身体虚弱,无力抵抗病邪,一个月内不能出房门,因为怕病邪侵袭婴儿,也不允许外人进门。

李窦氏虽然是养尊处优的豪门内眷,却是女中豪杰,她的胆略和智慧绝不亚于须眉圣贤。她生活在社会动荡和政客争权夺利的时期,她不信命,也不信奉神佛。但在她生产民儿之前梦到观世音菩萨对她说的那番话,特别是知道丈夫李渊也同时梦到周公点化的事,让她对神佛的认识来了个一百八十度的大转弯,她在房中供奉起观世音菩萨神像,早晚一炷香,虔诚至极。

与其说她在虔诚敬奉神佛,不如说她在祈求神佛保佑她的民儿。人类自从有了国家和皇权,谁不想当皇帝?李窦氏当然也不例外。她把这个夙愿寄托在次子身上,民儿就是她的希望,必须全力保护。因此,新年佳节,武功城内尽管热闹至极,但她却严令全府低调行事,不得张扬。

尽管李窦氏的保密工作做得非常细致,但一场瘟疫悄然打破了李府的安静。

正月二十一日黎明，李窦氏一觉醒来，整衣净手，准备给观世音菩萨上香，突然闻到浓浓的燃烧艾草的气味。她问春桃：

"谁在燃烧艾草？"

"娘子，全城人都在燃烧艾草！"

"发生何事？"

"是……是……"春桃欲言又止。

"为何语塞？"

"这……"

"何故相瞒？"

"管家怕娘子月子体弱，严令不能惊扰夫人。"

"说！到底发生何事？"

"城里发生疫病！"

"是何疫病？"

"痘疮！"

"疫情发展到何种程度？"

"听说已经死了许多人！"

"官府如何处置？"

"全城家家户户燃烧艾草驱邪除疫。"

"快去告诉李福，多买些除疫草药，除了给府中所有人服用，还要分赠四邻贫户。"

"诺！"

春桃去后，李窦氏连忙在观世音菩萨神像前燃了一炷香，高举过头顶，深深一揖，把香端端正正地插在香炉中，然后行了三叩九拜大礼，虔诚地祷告：

"大慈大悲的观世音菩萨，请保佑我家民儿，保佑我府中老少，保佑全城民众躲过此病疫！"

李窦氏上了香，小民儿也醒了，他不知是在回味梦中所见，还是感谢母亲刚才恳求菩萨保佑他，兴奋得一个劲儿哇哇叫。李窦氏高兴地走过去抱起

小民儿,把脸轻轻地贴在他的小脸蛋上开心地笑着。这时,春桃走了进来,对李窦氏说:

"娘子,明天是二郎满月,管家问如何庆贺?"

"不庆贺,不声张。"

"诺。"

李窦氏说不庆贺,这是为了保护小民儿,更何况眼下闹瘟疫。但是,这天晚上,李窦氏以她自己独特的方式表达了对小儿子的深爱。喝罢汤之后,她给小民儿喂过奶,让春桃先去睡,她给菩萨上了香,默默地跪在菩萨神像前,一直跪到三更。春桃一觉醒来,看主母还跪在菩萨神像前,大吃一惊,慌忙下炕走上前:

"娘子,你还在月子里,身体虚弱,不能久跪啊!"

"我祈求菩萨保佑二郎,必须至尊至诚!"

"娘子请去睡吧,春桃代替娘子跪求菩萨!"

"不可!祈求菩萨保佑,岂可替代?"

"婢子陪娘子跪求!"

"清净至诚,方能心神相通,不需你相陪,你先去睡!"

春桃无奈,只好走开,但主人不睡,她这个婢子怎敢再去睡?看了看小郎君,见他在酣睡,她只好伏在他一旁假睡。

这一夜,小民儿倒也安静。

鸡叫三遍,东方泛白,春桃起来看主母还跪在菩萨神像前,很是担心,但她不敢打扰,只好去厨房打来热水,走到主母面前轻语:

"娘子,天已破晓,请梳洗!"

李窦氏点了点头,春桃忙去搀扶,谁知李窦氏已起不来了。春桃松开手,准备去抱李窦氏,她刚一松手,李窦氏侧身倒地,双腿僵硬地跪着,双手在胸前僵硬地合十。春桃看李窦氏这样,吓得心惊肉跳,忙把她抱起来,放在热炕上,给她揉搓麻木僵硬的手和腿。揉搓了一会儿,李窦氏紧紧合着的手慢慢分开了,腿也慢慢地能伸直了。春桃流泪说:

"吓死婢子了,我这就去给娘子请医者!"

"别去！我已经好了。"

"月子里得了病，不能不治呀！"

"这不是啥病，跪的时间过长，手脚麻木，揉揉就好。"

"都是婢子不好！都是婢子不好！"

"我跪求菩萨，不能不至诚至尊，与你无干！"

春桃把李窦氏扶起来，一边给李窦氏梳头，一边说：

"我方才给二郎换尿布，二郎很乖。"

李窦氏看了看熟睡的小民儿，面向菩萨，双手合十，喃喃自语：

"大慈大悲观世音菩萨，请保佑我儿民儿平平安安，无病无灾！"

春桃给李窦氏梳洗完后，倒了一杯热水，双手递给李窦氏。李窦氏喝了口水，抱起小民儿，取下尿布，小民儿果然没屙没尿，但当她仔细看小民儿的脸蛋时，发现他的脸蛋很红，有点儿异常。她把自己的脸贴在民儿的小脸蛋上，觉得火样的烫。李窦氏的心咚咚咚紧跳起来，脸上一下子冒出了冷汗。春桃看李窦氏神色骤变，不知发生了什么事，惊问：

"娘子为何惊慌？"

"二郎体热！"

"呀！"后边的话春桃不敢说，李窦氏更怕说。她们心里都清楚，眼下有痘疮疫。痘疮病发初期，大都是身体高热。春桃看主母很是惊慌，忙说：

"婢子这就去请医者！"

"快去！"

春桃匆匆去后，李窦氏抱着小民儿跪在菩萨神像前，一连磕了十个响头，淌着眼泪说：

"大慈大悲观世音菩萨，既然赐李窦氏此子，为何要他蒙受病痛？李窦氏甘愿折去阳寿十年，请菩萨保佑我儿民儿平平安安！"

"娘子！"春桃返身回来。

"要你速去请医者，为何返身回来？"李窦氏看见春桃返身回来，很是着急生气。

"宝意寺释怀和尚要见夫人。"

"告诉他家中二郎君生病，改天我亲自去宝意寺布施！"

"他说是专为二郎君看病的。"

"他如何知晓二郎有病？"

"他说见了娘子方可详告。"

"奇怪！"

"娘子，见是不见？"

"见，请他先去前厅！"

过去，李窦氏一直是敬鬼神而远之，并不去寺庙，也不认识这个释怀老和尚。他清晨前来造访，李窦氏本不想见，但听说他是专为二郎君前来看病的，李窦氏心想：自民儿出世，我命全府上下严守秘密，宝意寺老和尚如何知晓？民儿刚刚体热，这个老和尚又是如何知情？奇怪，真是奇怪！李窦氏虽然觉得怪异，但为了民儿，她必须见见这个老和尚。清晨天冷，她把民儿包裹得严严实实，由王氏抱着随她和春桃前去见释怀老和尚。

老和尚已经在前厅落座，看到李窦氏走进来，忙起身双手合十俯首行礼道：

"阿弥陀佛，清晨造访，多有打扰！"

李窦氏向老和尚望去：高个、清瘦、长脸、长寿眉，双目明亮，三绺长须，穿着赤色棉袍，披着黄袈裟，须眉染霜，满脸慈祥，颇具仙风道骨。李窦氏这一细看，知是高僧，忙说：

"大师请上坐！"

"阿弥陀佛！"

"大师清晨来寒舍，不知有何见教？"

老和尚没有直接回答李窦氏的问话，而是注视着王氏怀里的婴儿说：

"怀中所抱莫非就是二郎君？"

"大师如何知晓？"

"阿弥陀佛！老衲夜得一梦，晴空红日，一股阴霾横空而降，阴霾里哀号声凄惨。正在老衲惊恐之时，空中忽现一朵红云，红云上端，是南海观世音菩萨，老衲急忙跪拜。观世音菩萨对老衲言道：'唐国公李刺史府中二郎君染疾，你即刻前去驱邪祛病！'因此，老衲清早便来贵府看个究竟。"

听了老和尚这一席话，李窦氏大惊。生民儿前，观世音菩萨就托梦告知自己要悉心教养此子，今天民儿生病，观世音菩萨又托梦给释怀老和尚，让他前来给民儿治病。"看来我家民儿的确非凡！"想到这里，她亲自把民儿抱到老和尚面前说：

"此儿即我家次子。昨日他一切照常，不知为何，今日黎明时突然发起高热。"

"让老衲瞧瞧。"释怀老和尚接过婴儿，解开襁褓，仔细看了看婴儿，不免大惊失色，自言自语道，"果然是非凡富贵相……"

"大师，吾子所患何疾？"李窦氏怕老和尚再说出不当之话来，赶紧岔开话头。

释怀老和尚也怕言语犯戒，仔细瞧了一番婴儿后，对李窦氏说："痘疮。施主，郎君染了痘疮！"

"啊！"尽管李窦氏已经怀疑民儿得了痘疮，但听到老和尚的话，还是如遭雷击，泪水夺眶而出。是呀，民儿不仅是她的儿子，更是她的希望！如今民儿得了大病，她岂能不惊恐，不难受万分？

释怀老和尚见李窦氏泪如雨下，忙说："阿弥陀佛，施主莫不要惊慌。"

"大师，快救救我儿！"

"阿弥陀佛！"老和尚把婴儿还给李窦氏，从怀里掏出一个小木盒，打开盒子，取出一个小瓷瓶，打开瓶塞，倒出一点儿黄褐色的粉末在指尖，抹在民儿鼻孔下方，小民儿被呛得打了一个喷嚏。

"这是何物？"

"痘毒。"

李窦氏大惊，怒喝：

"怎的治病不用良药，却用毒！"

"阿弥陀佛，毒即药，药即毒，能以毒攻祛病毒，即是良药！"

"毒即药，药即毒，能以毒攻祛病毒，即是良药？"

"对，阿弥陀佛，请施主相信老衲之言！"

"我如何能相信？"

"二郎君五日之后即可痊愈。"

"何以见得？"

"此物乃痘疮癍痂之粉末，通过鼻液进入体内，驱使体内痘毒发出来，即可痊愈。"

"五日之内有何症状？"

"明日，二郎君鼻子周围会生出一些小脓包；三天后，脓包就会结痂；痂脱落就会痊愈。"

"高热何时能退？"

"一炷香之后，即可减轻，脓包出现体热尽退。施主请放宽心，二郎君痊愈，一生再也不会忧心痘疮之病。"

"当真？"

"阿弥陀佛，老衲绝无诳语。"

五日之后，民儿果然痊愈了。李窦氏把释怀老和尚请到李府，万分感恩，她知道释怀老和尚是高人，请他也给平儿和成儿点了痘，让他们也不惧痘疮侵袭。

这正是：塞翁失马焉知非福，次子染疾兄妹皆康。要知后事如何，请听下回分解。

第七回

夏收窦氏捡麦穗 树下民儿幻龙形

武功县归属岐州，县令把疫情上报了刺史府，李渊得知后，颇为武功县民众担心，也为家人担心，更为次子小民儿担心，于是，他亲自赶往武功县视察疫情。来到武功县，他看到疫情虽然已经被控制住，但死的人数很多，他很担心家里人。忙完公事，他匆匆回家，一看，家里人平安无事。当听李窦氏说宝意寺释怀老和尚受观世音菩萨梦托，专程前来为小民儿治病的事之后，很是惊讶，心想：看来我家的小民儿果真很神奇，未来的皇帝宝座一定是我李家的。于是，他看着在炕上熟睡的民儿，轻轻地抚摸着他稚嫩俊俏的小脸蛋，笑着对李窦氏说：

"某多谢细君！"

"夫君何出此言？"

"我奔波仕途，远居岐州刺史府，阿兰独立持家，面对如此可怕的疫灾，阿兰能使阖家大小平安，我甚为心安，岂能不谢？"

"阖家大小平安，并非人力所能，乃是神力相佑！"

"阿兰所言极是！疫灾如此严重，我阖家大小平安，的确是神力保佑！但更要感谢阿兰为我李家生了民儿这个小福星。"

"四郎言之有理！此次疫灾，全家大小能够平安，是托咱民儿之福！"

"但愿他日后能成就咱李家万里江山之凤愿！"李渊深深地看了看小民儿，然后望着爱妻李窦氏，两人会心地笑了。

夫妻小别胜新婚，何况经过了这场可怕的疫灾，加之李渊非常感激李窦氏给他李家生了小民儿这个神奇的儿子，高兴非常，免不了亲热。三个月后，李窦氏发现又怀孕了，她的奶水没了，只好给小民儿找了一个乳母。李窦氏本来就对小民儿偏爱，再加上强烈的妊娠反应，经常心慌、做噩梦；不是梦见民儿被匪徒绑了票，就是梦见皇上杨坚派兵来杀害小民儿。为了能清净、安下神来，她带着婢女春桃和民儿这乳母远离武功县城，又住到了渭河岸边的别馆茅庐中。

这年风调雨顺，麦子长得很好，麦穗大，颗粒饱满。杏儿黄，麦子熟，八百里秦川金浪滚滚，到处散发着麦子成熟的香气，到处能看到农人苦巴巴的脸上挂上了笑容，痴呆呆的眼神里透出了几分希望的光芒。李窦氏虽然生长在贵族家庭，但她很同情农家的疾苦，特别是居住在渭河边的茅庐之后，经常看到农人生活的艰难，耕作的辛苦，因此，她善待府里的奴仆，特别是来自农家的下人。夏收期间，是大风大雨易发时间，不及时抢收碾打，一年的艰辛耕作就会落空，到口的粮食就会在大风大雨中消失。的确，夏收正如农人所说的是在龙口夺食啊！

婢女春桃，是李窦氏在始平县买的农家小女孩。春桃家里姊妹多，父母是乡下安分守己的农人，靠着几亩旱地维持生活。因家贫，春桃八岁时就卖给李府做了婢女。李窦氏看她聪明伶俐，调教一番，让她做了自己的贴身婢女。春桃对李窦氏很忠诚，李窦氏更是把春桃当女儿一样对待。李窦氏知道夏、秋两季对农家人的重要，因此，每到夏、秋两忙时，她总会给来自农家的下人放几天假，让他们回去帮助家里人抢收。夏收到了，李窦氏叫春桃回家去帮家里人收割麦子，春桃连忙说：

"不能不能，我不能回去！"

"为何？"

"二郎君还小，再说娘子你……"

"二郎君有乳母照看，我能照管好自己，你放心回去帮家里人收麦子。"

"春桃不放心！"

"龙口夺食，快去！"李窦氏逼着春桃回去后，又对乳母刘氏说，"你家也在乡下，收割麦子缺人手，也快回去！"

"娘子，这如何使得，二郎君要吃奶呀！"

"咱家屋后的张家儿媳妇也有个吃奶女娃，如二郎君饥饿，我请她给二郎君吃奶即可！"

"这……"

"快回去！"

053

"谢谢娘子!"

春桃和刘氏都走了,李窦氏抱着民儿,走出家门。她放眼望去,目之所及,田野里到处是成熟的麦子,农人在抢收抢运。她想去田地里看看。于是,她抱着民儿往田地去,一路呼吸着麦子散发出的浓浓香气,看着农民抢收抢运的繁忙景象。大路上车来人往,有人用牛车马车,有人用手推车,也有人肩挑背驮,把割好的麦捆子往自家的打麦场里运。

李窦氏走到一户农家的地头,这家人正在收割麦子:两个小伙子光着被烈日晒得黝黑的脊背,弓着身子,挥着手中的镰刀,"嚓嚓嚓"割着麦子;两个年轻妇人,跟在小伙子后面,也挥着镰刀狠命割麦子;一个老头子,头发和胡子全白了,也握着镰刀跟在他们后边割;一个白发老婆子,背着比她的民儿还小的小男孩,带着两个五六岁的小孩子捡拾地上的麦穗。这个场面,在画家眼里,是一幅美妙的全家收获图;在诗人丰富的想象中,是一首生动的田园诗;但在李窦氏看来,却是一种未知的感受!是呀,她生活在贵族家庭,虽然也经历了朝廷更替,身份有所改变,但那只不过是在贵族层面变换了一个位置而已,依然过着衣来伸手、饭来张口的生活,何曾亲自劳作,何曾像这两个年轻妇人这般挥汗如雨地割麦子,何曾像面前这位白发苍苍的老妪背着带着小孙子捡拾麦穗。

看着眼前这家人在烈日下的劳作,她不禁想到《列女传》中记载的娥皇和女英,贵为唐尧大帝爱女,下嫁虞舜,同虞舜共同承受假姑和瞎眼亲舅的迫害,以尊事卑,经常在田间劳作,之后,终能母仪天下。姜嫄圣母,清静专一,劬劳稼穑,在儿子姬弃还小的时候,就带着他在田间荒野劳作,教弃种树桑麻,终使儿子弃成为农耕之圣,她自己也成为圣人之圣母。想到此,她猛然生出一个念头:既然神人点化我夫君与民儿日后当有天下,我如今就应该体验农家妇人之艰辛,将来才能母仪天下。于是她匆匆回家,换上农家妇人的粗布襦裙,把民儿用粗布包袱背在背后,提上篮子,去麦地里捡拾麦穗。

她走到一家已经收割了的麦地,看到地里有散落的麦穗,便弯腰捡拾。她只顾去捡拾麦穗,不想手指被麦茬狠狠刺了一下。她忙把麦穗放到篮子里，看了看手指疼痛处，居然已经流血了。她不由得一阵感慨：农家人的确艰辛，粒粒粮食皆用血汗来换！她咬了咬牙，擦去手指上的血，继续捡拾起麦穗来。

　　李窦氏腹中怀着孩子，背上背着民儿捡拾麦穗。这一天，她流了汗流了血，累得腰酸腿疼，真真切切体验到了农家田地里劳作的艰苦，粒粒粮食来之不易！这一天，民儿趴在母亲的背上，虽被烈日暴晒着，被母亲一弯腰一弯腰地颠簸着，却很兴奋，不是哇哇地叫着，就是哈哈地笑着。这是他出生以来第一次看到田间多彩的画面，第一次感受烈日的暴晒，怎能不惊奇，不兴奋？后来，他竟然在母亲的背上甜甜地睡着了。

　　篮子拾满了，李窦氏也感到很疲惫，背着民儿提着篮子回到家。她知道民儿饿了，便背着他去屋后的张家，想请张家的儿媳妇给民儿吃口奶水。谁知，走到门口一看，门上挂着锁，她想，这家人也一定都去地里收割麦子了，她只好把民儿背回家。没办法，她煮了一点儿面糊糊给民儿充饥。她刚把面糊糊煮好，民儿就醒来了。于是，李窦氏往碗里盛了一点儿面糊糊，用小勺子喂给民儿。不知是饿极了，还是第一次尝到了饭香，民儿竟然一口气吃了小半碗。小民儿吃饱了，自个儿哇哇叫着玩了起来。看民儿如此乖巧，李窦氏开心地笑了。

　　第二天，李窦氏继续去麦田地里捡拾麦穗。有了第一天的经验，为了不使民儿在自己背上受颠簸，且被烈日暴晒，也减轻自己捡拾麦穗时的负担，她来到一片收割完麦子的田地，正好地头路边有一棵盆口粗的大槐树。她把树下地面扫干净，在树荫下铺了一张席子，在席子上放了个拨浪鼓小玩具，把民儿放在席子上。民儿发育得比一般婴儿快，婴儿大都是三个月会翻身，六个月才会坐，掐指算起来，民儿出生才四个月多几天，已经会坐了。民儿坐在席子上，看到玩具拨浪鼓，高兴地玩起来。李窦氏看到民儿玩起来，才去捡拾麦穗。她并不是为了填饱肚子，迫不得已头顶烈日在田间艰辛劳作；也不是捡拾麦穗图个散心，而是为了体验农人劳作的艰苦。因此，她无怨无畏。烈日下，她被晒得大汗淋漓；在麦茬中捡拾麦穗，手被扎得生疼，这些，她并不在乎，她在乎的只是体验这种艰辛痛苦的感受和忍耐的极限。这次，她从巳时一直捡拾到午时，比昨天拾得多多了。她累了，真真正正地体会到劳作之后的累，腰疼腿酸。她由衷地感慨道："农妇苦中苦，耕织里外忙。常年是个累，唯盼饱温香。"此时，路边有人在争论。

"阿婆，你看你看，长虫！有个大长虫！"

"在啥地方？"

"你看，在树下，在那棵大槐树下边！"

"看见了！阿婆看见了！呀，那不是蛇，是大蟒！不对不对！"

"咋又不对？"

"你看，它头上还有角，不是大蟒蛇！"

"那是啥？"

"龙！是龙，又不像呀！龙很大，它只有几尺长！"

"阿婆，它到底是啥？"

"对，一定是龙子！"

"哪里有龙子？"一位中年男子路过，惊问。

"大叔，你看，在树下，树下有个龙子！"

"没有啊！"

"你看，它盘成一团了，把头仰起来了！"

"胡说，哪有龙子？"

"你这汉子，眼睛咋还不如我老婆子，那棵槐树下明明有个龙子，有三四尺长，你咋看不见？"

"大娘，你眼花了，没有啥龙子，是个小娃娃！"

"我眼睛没有花，明明是个龙子！"

"大叔，是你眼睛不好使，我和我阿婆都看得清清楚楚，槐树底下明明是个龙子，你却说是小娃娃！"

"你这娃娃，咋胡说，槐树底下明明是个小娃娃，哪有啥龙子？你阿婆老了眼睛昏花了，你眼睛也有毛病？"

李窦氏向这几个争执不休的人看去，一个是光着黑黝黝脊背、提着一篮子麦穗的八九岁男孩，一个是背着一捆麦子、五六十岁的老婆子，还有一个敞胸露肚、手拿一把镰刀、三十来岁的中年男子。李窦氏距离这几个人比较远，听不清他们在争论什么，只是看他们指着槐树争执不休，她一下子紧张起来：不好，民儿他……

李窦氏急忙向槐树跑去。当她跑到槐树前，仔细一看，见民儿还坐在席上玩耍着，她突突急跳的心才逐渐平静下来。她把篮子放下，抱起小民儿：

"民儿真乖！饿了吧，阿娘抱你回家。"

看着李窦氏抱起了孩子，那三个人又争执起来了：

"大娘，我说你眼睛花了，你还怨我！你看看，人家娃他娘不是把娃抱起来了？哪里有啥龙子？"

"奇怪，我明明看到是个小龙子！咋成了小娃娃？"

"对呀，我也清清楚楚看到是像大长虫一样的家伙，咋变成了小娃娃？"

听着这三个人的议论，李窦氏很是奇怪：人常说童言无忌，娃娃眼里见真神，难道这个小孩真的看到民儿是个小龙？更奇怪的是，当她把席子卷起来时，太阳光倏地照射下来。这时，她才记起，巳时来到槐树下，树荫在西边，她在树荫处扫净了一块地方，铺上席子，把民儿放在席子上，经过两个时辰，树荫应该倒向东边，而她抱民儿时，树荫依然在西边。当她卷起席子，树荫一下子倒向了东边。难道这树也有灵性，遮护着我的民儿！想到这里，李窦氏更加坚信次子民儿的神奇。她不禁对这棵槐树说：

"大槐树啊大槐树，感谢你保护我民儿！日后我民儿若真能得天下，他一定会封你为树神！"

后来，李世民做了皇帝，回到武功别馆，按照母亲生前的嘱托，把这棵槐树封为"树神"，享受人间香火。据当地人传说，八百年之后，这棵槐树树干特别粗，枝叶特别繁茂，在一次雷雨中起了火，大火烧过后，只留下主干，人们都说是树神涅槃升天了。此后，树神留下来的主干竟然变成了石头。当地人把它称作"石头树"。

这正是：真龙天子多奇异，大树阴凉也神奇。要知后事如何，请听下回分解。

第八回

窦氏中元上祖坟　民儿石上印龙图

"要知报娘恩，除非怀中抱子孙"，这话一点儿不假。李窦氏自从有了孩子，特别是有了次子民儿，每当她疼惜自己的孩子时，就会思念已经过世的双亲。小时候，她的头发特别长，特别黑，也特别美，别人给她梳头，母亲不放心，总是亲自给她梳头、洗头。她很聪明，也很爱学习，母亲在她三四岁时就开始教她认字、读书。她之所以爱读《女诫》《列女传》就缘于母亲的教诲和垂范。父亲虽然很忙，但总会挤出时间来陪她玩，给她讲故事，说道理。每当想起父母亲对自己的教养，她就深感自己没有尽到人女的孝道，很是愧疚，也就更加缅怀父母亲。

这年中元节，她去娘家给父母上坟。大清早，她叫春桃准备好香蜡纸钱。匆匆吃过早饭，她头缠长孝布，身穿长孝衫，把民儿用包袱背在背上，准备去娘家。

仆从李安把马车拉到门口，春桃已把马车扫净铺好，准备搀扶李窦氏上车。李窦氏摇了摇头说：

"我不坐车，步行去！"

"娘子，坐车快一点，再说你身子……"

"这里距窦村不远，马车颠簸。"李窦氏打断了春桃的话。春桃无奈，只得叫李安把马车拉走。

"娘子，我把二郎君抱上！"

"不用，我一个人去。"

"娘子，这咋行！你怀着一个，再抱一个。不行不行！"

"别说了，你与李安看好家！"

李窦氏不容春桃再说什么，背着民儿，提着装有香蜡纸钱的篮子向窦村走去。

茅庐别馆距离窦村不足六里地，隔着漆水河。李窦氏背着民儿，挎着篮子,一边看着田野里的秋苗,一边跟牙牙学语的民儿说着话。过了桥,不到半个时辰,就来到窦村的村口。

窦村,渭河北岸的一个小村庄,二三百户人家,大部分姓窦,是汉文帝窦皇后窦漪房娘家后裔的一个分支。尽管窦毅的父亲窦善、伯父窦炽,在北周时都位居高官,窦炽的女儿窦含生是宇文招的王妃,窦毅更是北周朝的"八柱国"之一,大将军,开府仪同三司,但窦氏家族依然遵循窦皇后的遗风,保持着善、勤、俭的家风,家人很少穿丝绸佩金玉。襄阳长公主虽然是周武帝的姐姐,贵为公主,下嫁窦毅,她也遵循着宇文皇室崇尚节俭的家风,从来不奢侈艳妆。李窦氏从小继承家风,更是素来勤俭。这天来娘家,不坐车,无随从,穿着粗布孝衫,背着民儿,像农家妇人一样徒步回到娘家。

七月十五中元节,是祭奠亡人的冥节,走进村里,家家户户少不了穿白戴孝。村里人都认识李窦氏,也都知道她夫君是唐国公李渊,只因这个村子虽然不太大,但历朝历代都有当官的,而且有位居柱国和当王后做公主的,故而村里人对官家并不稀奇,只是和李窦氏亲热地打打招呼。李窦氏走到娘家门前,看到熟悉的家:面阔七间,门前是高大的门楼,门楼之后是五间前厅房,之后又是五间寝房,厅房与寝房之间的两侧是厢房。曾经的高门大户,如今很是冷落。耶娘过世,阿弟窦贤带着妻妾儿女远赴他乡为官,家中冷冷清清,只留有年迈的仆人窦忠看护着家院。还好,窦忠虽然上了年纪,人却很勤快,已经把门前打扫得干干净净,诸神位也都敬了起来。李窦氏轻轻叩了叩门。

"来了来了!"门开了,露出一个高个,穿白布孝衫,红面膛、须发花白的老人。"娘子回来了!我正要去给主君主母上坟。"窦忠把备有香蜡纸钱的篮子举起来给李窦氏看。

"我回来给阿耶阿娘上坟,你就随我一同去吧。"

"娘子刚到家,先喝口水歇息一会儿再走不迟。"

"我不渴,上坟贵在早。"

听李窦氏如此说,窦忠便锁上了门,对李窦氏说:

"娘子,让我把二郎抱上。"

"不用，你上了年纪，我背着就行。"

窦忠只好要过李窦氏手中的篮子，跟着李窦氏去坟地。

窦家坟地在村北三里之处，十来亩大，有大大小小百多个坟头。窦氏祖训是厚养薄葬，坟前都没有奢华的墓建。李窦氏父母尽管生前官高位显，坟头也不过比其他人的大了一点，竖了几块石碑，栽了几棵柏树而已。

李窦氏跪在父母的坟前，先点着白色的蜡烛，再燃着香，接着烧起纸钱。她没有号啕大哭，而是看着父母的墓碑，默默地流泪。泪眼中她似乎看到四岁那年，耶娘领着她给大父大母上坟。来到坟前，阿耶先把坟头的草清除掉，点燃蜡烛，燃着香，再跪在坟前磕了头，然后把带来的用黄白黑纸做的冥币冥衣烧起来。她看着阿耶如此做，很是好奇，便问：

"阿耶，这是做啥？"

"给你大父大母送衣帛钱币。"

"我大父大母在哪里？"

"他们去了很远的地方。"

"我看阿耶并未带衣帛钱币呀。"

"你瞧，阿耶所烧这些即是。"

"这不是真的，是用纸做的！对了，阿耶为啥要把这些焚烧？"

"只有把这些纸衣纸币烧成灰烬，才能送到你大父大母那边去。"

"我知道了。"

"你知道了啥？"

"我大父大母已经去世了，阿耶阿娘焚烧这些纸钱衣帛是在纪念他们。我还知道……"

"你还知道啥？"

"人死了，身子埋在地下，魂灵升到天上！"

"嚸，我女儿多聪明！快给大父大母磕头，他们在天上看着你！"

她赶紧在阿娘一旁跪了下来。谁知，阿娘磕了头，竟然大哭起来。她看阿娘哭得很是伤心，也跟着哭了起来。之后，她问阿娘：

"阿娘，为啥你哭阿耶却不哭？"

"你阿耶是男人！"

"男人不哭女人要哭，这是为啥？"

"男人是山，女人是水。大山要顶天立地，遇事只可流血不应流泪。"

"那么，女人是水，清亮透明，能融化一切，阿娘的眼泪也能融化一切。阿娘，兰儿说得对不对？"

"对对，兰儿真聪明，能举一反三！"阿娘把她紧紧地抱在怀里。

想到这里，李窦氏把民儿从背上放了下来，抱在怀里，指着父母的坟茔对他说："这就是你外大父外大母的合葬墓，你要永远记着，每年几个冥节都要给他们烧纸祭奠，记住，百善孝为先，做人首先要孝敬祖先！"不知是听懂了母亲的教诲还是因外出而高兴，民儿一个劲儿呀呀应着声。李窦氏扶着小民儿绕着父母的坟茔转了三圈。

从坟茔回到娘家，李窦氏帮着窦忠把屋子里外整理清扫了一番，然后叫窦忠把小民儿抱出去玩，她下厨做饭。

年迈的窦忠，抱着小民儿在门前玩。村中的孩子很多，看见窦忠抱着一个小娃娃，很是奇怪，都跑了过来围着窦忠，七嘴八舌地问：

"窦翁翁，你抱的是谁家的娃娃？"

"看样子这娃娃有一岁了！"

"不，有一岁半了！"

"我看还不到一岁！窦翁翁你说是不是？"

窦忠一生为奴，也未娶妻。虽然窦毅郎主在世时主母也曾张罗为他娶一房妻室，但窦忠拒绝了。因为他知道，幼年逃荒要饭时，被狗咬残了下身，娶了妻子反倒麻烦。但如今年老，看到孩子就很喜爱，因此他经常和孩子们玩，孩子们也都很喜欢和他玩。他笑着说：

"你们说的都不对，他才刚刚过了半岁。"

一个七八岁的胖小子摸了摸小民儿的手说：

"窦翁翁，你骗谁呢？这孩子的手这么有劲儿，瞧他的眼神多机灵，哪像半岁的孩子？"

一个五六岁的瘦小子指着窦忠笑着说：

"窦翁翁怕不是偷了人家的小孩子，所以才不知道这小孩子是啥时候生的。大家说对不对？"

"对！窦翁翁没有媳妇，没有儿女，哪来的小孩子？一定是偷的，偷的！"这群小子边笑边起哄。窦忠连忙解释说：

"不敢胡说！这是我家娘子的二郎君，他阿耶是唐国公岐州刺史，再胡说，小心他阿耶来收拾你们这些浑小子！"

"窦翁翁在耍赖，吓唬人，不和他玩了，咱们走了！"这群小子边喊边叫着走了。

窦忠已经年过花甲，抱着民儿在门前转悠了一会儿，累了，坐在门前的一块石头上休息。民儿却很兴奋，他在窦忠怀里哇哇叫着，又扭又蹦，闹个不停，窦忠没办法，只好又把他抱起来转悠。转悠了一会儿，实在累得慌，他便把民儿放在门前那块石墩上。民儿很高兴，坐在石墩上玩了起来。窦忠怕民儿从石墩上掉下来，坐在一旁看着。过了一会儿，那群小子看窦忠坐在门前，又跑了过来。其中一个四五岁的小子说：

"呀，窦翁翁身旁石墩上有个蟒蛇！"

"那不是蟒蛇，是窦翁翁刚才抱的那个小娃娃！"那个七八岁的胖小子笑着说。

"对，不是蟒蛇，我刚才说错了，是庙里墙上画的龙，它头上还长着两个角！"

"胡说，你眼睛瞎了，明明是那个小娃娃！"

"你眼睛才瞎了，明明是个小龙子！"

"胡说！"

"你胡说！"两个孩子争得脸红脖子粗，其他的孩子也掺和进来，有的说是小娃娃，有的说是条小龙，吵吵嚷嚷争论不休。窦忠不知他们在争论什么，笑着说：

"臭小子们，你们在吵吵啥？"

那个五六岁的瘦小子问窦忠："窦翁翁，你身边石墩上坐的是你刚才抱的小娃娃还是一条小龙？"

"是我家娘子的二郎君，哪有啥小龙？"

"不对！你胡说，明明是条小龙！"

"明明是小娃娃！"

孩子们又争吵起来。窦忠见孩子们争吵不休，怕吓着二郎君，急忙把民儿抱在怀里。窦忠把民儿抱起来，这群孩子中说是小娃娃的都笑了，说是小龙的很是惊愕，他们不服气，走到窦忠跟前，在小民儿身上摸了摸，又走到石头前去看。这一看，这些孩子都傻眼了，石墩上竟然清晰地印有龙的图案。于是，之前说看到小龙的孩子大声反驳：

"你们看，我说是条小龙，你们不信，这儿还留着龙的图案！"

那几个说是小娃娃的看着石墩上的龙图案，也很奇怪，不过，为了维护自己刚才所说，他们坚持道：

"那是龙的图案，不是小龙，是你们看错了！"

"我们看得清清楚楚，这就是那条小龙留下的痕迹！"

"你们看错了，是一条龙的图案！"

"是龙！"

"不是！"

孩子们又激烈地争论起来。李窦氏听到门外孩子们的争吵声，不知是什么事，急忙走了出来。窦忠见惊扰了李窦氏，连忙把孩子们赶走了。窦忠走到石头跟前，果然看到石头上有一条龙的图案，他很是奇怪。李窦氏问窦忠刚才孩子们在争吵什么。窦忠看着石头上的龙图案，答非所问地说：

"怪事，真是怪事！"

"啥怪事？"

"刚才二郎在这石墩上坐着，那些孩子中有的看到石墩上有一条小龙，有的说是二郎，他们争吵起来。我把二郎抱起来后，石墩上竟有条龙的图案。咱家门前这块石头上原来并没有龙图案呀！娘子，你说这怪不怪？"窦忠这么一说，李窦氏知道刚才门前所发生的事了。她走到石墩前，看到上面果然清晰地印有一条龙图案。她也很奇怪，联想到上次捡拾麦穗时那个老婆子和小孩子看到龙的事，她更确信民儿的神奇了。于是她对窦忠说：

"这图案或是谁近日所刻，不必大惊小怪，切勿给咱李窦两家惹祸！"

"娘子说得对，这条龙是有人这几天刻上的，与咱家二郎无关！"窦忠虽然老了，但他很机灵，也知道当今皇上听信"李氏当为天下"的预言，灭了很多李姓人家的事。听李窦氏这么一说，他赶紧改口。

李窦氏接过民儿抱在怀里，对窦忠说：

"快把石墩翻过去！"

好在石墩不太重，窦忠用力翻了过去。李窦氏打来清水，洗净了上面的土。

"娘子，石墩上啥也没有了！"

"对，石墩上啥也没有！咱回家吃饭！"

吃过午饭，李窦氏在母亲当年的卧房里休息。她哄着民儿睡着了，自己也迷糊了，于是在民儿身旁睡下。酣睡中，她梦到了阿娘襄阳长公主。阿娘还是那么美丽，爱漂亮，穿着只有在节日才穿的衣装：上穿紫红底色绣凤凰图案的细丝襦，下着深绿底色描着牡丹图案的绸裙，肩披杏黄色绣有百鸟朝凤的丝霞帔。她青丝高绾，走到李窦氏面前，笑着说：

"兰儿！"

李窦氏看着母亲，高兴地撒娇道：

"阿娘，我好想你！"

"阿娘也想你！"

"阿娘，你看，这是你外孙小民儿。"

襄阳长公主看着熟睡的民儿，笑着说：

"阿娘今日即是为此子而来。"

"阿娘为民儿而来？"

"对，阿娘看此子机灵，相貌不凡，颇有你舅父当年的龙颜虎势，日后必成大器。你须细心教育，日后能从杨坚老儿手中夺回你舅家江山！"

"阿娘，观世音菩萨也曾托梦给女儿如此说过，女儿也不知可信不可信！"

"观世音菩萨乃神仙，既如此说，必然灵验。你须用心调教，不可疏忽！"母亲说完就不见了。

李窦氏惊醒之后，望着身边的小民儿，满怀希望地笑了。

这正是：凡人看山就是山，神人看山不是山。要知后事如何，请听下回分解。

第九回

民儿生日不张扬　和尚红绳保平安

开皇十九年（599）十二月二十二日，是民儿一岁生辰。民儿生辰这一天，李渊特意回家。李渊一直因未能给民儿举办满月礼而遗憾，尽管当时是怕民儿诞生时的异象被杨坚知道招来灭门灾祸，但毕竟成儿、平儿都办了满月礼，大摆筵席，热热闹闹，唯独民儿没有，作为父亲总感到对不起民儿。因此，在民儿周岁生辰这天，他特意赶回家。

他进了武功县城，这时的武功县城已经弥漫着新年的气氛。武功民俗，过年前后都附带有小节日：腊月初八吃佛粥、腊月二十三祭灶神、除夕吃团年饭、大年初一庆元旦、初五过破五、十五闹元宵、十六后稷祠进香求丰收。从腊月初八吃佛粥开始，人们就为过新年忙碌开了。明天就要祭灶神，家家户户已经清扫了灰尘，洗净了大门，准备祭灶神。

李渊走到自家门口，看到门前扫得干干净净，大门洗得焕然一新，但大门紧闭，静悄悄的。李渊点了点头，心想：阿兰果然有主见！他推开大门走了进去，迎面看到婢女春桃逗着一个小儿玩耍。但见这小儿眉清目秀，器宇不凡，穿着一身新衣服，走路小心，似乎刚刚学会走路。春桃看到李渊，连忙躬身一边行礼一边高兴地问候：

"阿郎回来了？"

听春桃叫李渊阿郎，小儿笑吟吟地向李渊走来。李渊看孩子向他走来，问春桃：

"此儿是谁？"

"阿郎，他是二郎呀！"

"嗟乎，是民儿，已经会走路！"

李渊紧走几步，来到民儿跟前，抱起民儿，激动地在他的小脸蛋上亲了起来，谁知民儿竟然喊：

"耶耶，扎，扎！"

李渊大惊，民儿刚满一岁，会走路已使他惊讶不已，又听到民儿说起话来，而且说得这么真切，这么清楚，他怎能不大惊！更惊的是他在民儿四个月时回来过一次，民儿竟会记得他，而且会这么亲切地叫他耶耶！这真是不可思议！他急忙把嘴从民儿的小脸蛋上移开，呆呆地看了民儿一会儿，然后哈哈大笑起来，说：

"民儿竟然会叫耶耶！"

"阿郎。二郎可聪明了，比与他一般大的孩子都聪明！"春桃也笑嘻嘻地夸奖民儿。

李渊把民儿放下来，在民儿的头上抚摸着，高兴地说：

"民儿极聪明，日后必成大器！"

谁知民儿也大声说：

"大器！大器！"

春桃高兴地边拍手边说：

"阿郎，您看，二郎多聪明！"

李渊激动地又把民儿抱了起来，在他的小脸蛋上再次亲了起来，扎得民儿大叫：

"耶耶，扎扎扎！"

李渊把民儿交给春桃，一边向上房走去，一边哈哈大笑。

听到李渊爽朗的笑声，李窦氏从上房走了出来。看到李渊，她一边高兴地说"郎君回来了"，一边向李渊屈身行礼。李渊连忙大步上前，扶起李窦氏说：

"阿兰身子不便，不必多礼！不必多礼！"

"听到四郎笑声，妾真是高兴，不知四郎遇何喜事？"

李渊把李窦氏搀扶进房内，让她坐下，笑着说：

"阿兰，你猜我方才见到谁？"

"必是民儿！"

"阿兰为何如此肯定？"

"民儿今日生日，郎君远路赶回，见到民儿，当然高兴！"

069

"阿兰所言极是！但让我极为高兴又是何事？"

"定是民儿之聪明。"

"嗟乎，阿兰真乃神人矣！"

"郎君过奖，知郎君者理当是妾身！"

"对对，知心莫若贴心人，阿兰所言极是！"李渊说道；不禁暗想：这真是有其母必有其子，看起来阿兰之聪慧全在民儿身上显现了出来。他喝了口妻子递给他的热酪浆，兴奋地说："咱民儿真是聪明至极！"

"他已经学会叫娘！"

"他也会叫我耶！"

"难怪你如此高兴！"

"令我更为惊异的是他看见我，便向我走来，当我抱起他亲他小脸蛋时，他竟然开口说'耶耶，扎，扎！'。没有人告诉他我是他耶，他如何知晓？真乃神童矣！"

"郎君所言极是，民儿的确神奇！不过他也应该对你有所认识。"

"应该对我有所认识？他四个月大时，我回来过一次，这么长时间，难道他还记得我不成？"

"郎君请看！"李窦氏把李渊的画像取出来，边给李渊看边说，"妾经常给民儿看郎的画像，也常跟他说这画中人就是他阿耶！"

"原来如此！"李渊在恍然大悟的同时，也深深地感受到了妻子对他的思念，他深情地说：

"渊愧对卿矣！"

"夫君宦海奔波，如履薄冰，妾不能帮顾左右，已是心中不安！只是思念良人，颇有'窗前看鸳鸯，门首盼夫君。长夜守孤灯，梦中泪洗春'之伤感耳！"

李窦氏这席话，一下子撞开了李渊对李窦氏思念情怀的大门，他紧紧地抱住李窦氏，红着眼眶说：

"我亦是昼思梦念卿！"

夫妻相拥了一会儿，心情渐渐平静了下来。李窦氏对李渊说：

"民儿今日一岁生辰，妾未告知亲邻，不知是否妥当？"

"妥当！妥当！不能因一时之乐而失大计！民儿诞生时之异象与我方才所见之聪慧堪为神奇，绝对不敢让皇上知晓！"

"妾虽然对外不言民儿今日生日，但为民儿做好新衣新帽，清早给民儿吃了长寿面，郎君亦特地赶回来为民儿过生日，民儿生日虽不张扬但也富盛情！"

"神奇之儿，当有神奇之事，民儿之异象千万不可外泄！"

"郎君还有所不知，民儿不只诞生时有异象，亦有更为神奇之异象！"

"还有更为神奇之异象？"

"然！"于是，李窦氏就把槐树如何为民儿逆时遮阴，路过的小孩与老妪望见槐树下玩耍的民儿竟然说是小龙；民儿在窦村外大父家门口石墩上玩耍时，一群小孩子又看见民儿是小龙，当窦忠把民儿抱起来之后，石墩上竟然显现出龙图案的怪事——说给李渊。李渊听后，惊喜若狂地说：

"善哉善哉！'李代杨'果然是天意，我李渊父子果真是真龙天子哉！"

"郎君，千万莫要口惹灾祸！"

"灾祸"二字如同五雷轰顶，李渊被吓得心惊肉跳，连忙用双手捂住自己嘴。这时，春桃在门外说：

"娘子，宝意寺释怀老师父要见阿郎！"

李渊犹自心惊，听春桃说释怀老和尚要见他，甚感纳闷，心想：我刚刚回到府中，这老和尚如何知晓？

李窦氏以为是释怀老师父见到李渊回府，前来化缘，便对李渊说：

"释怀老师父救过咱民儿之命，理应感谢！"

"该如何感谢？"

"郎君先去接待，妾给老师父准备些衣物银两如何？"

"如此甚好，我这就去见他。"李渊应道。他对门外的春桃说："请释怀老师父先到前厅。"

李渊换上便装，来到前厅，抬头一看释怀老和尚，不看还罢，这一看不禁肃然起敬，但见这释怀老和尚，身穿灰布长袍，肩披大红白色田纹袈裟，身材高大，须发花白，一对长寿眉梢下垂，一双慧眼闪亮，颇有仙风道骨。李渊忙拱手说："师父请坐！"

他又对家仆说："上茶果！"

再说释怀老和尚，虽然他来过李府两次，知李渊是岐州刺史，但没见过李渊。他见过几个大官，对他们的印象除了官大权重脾气大，也没看出有什么特别之处。看见李渊时，他不由得心生敬意：此人身高七尺有余，膀阔腰圆，圆脸微方，卧蚕眉，大眼睛，双眼皮，双目炯炯有神，眉宇间微微显露三横一竖，大有王者之福相和霸气。他心中暗想：此君日后必定贵不可言！释怀对着李渊双手合十躬身说：

"阿弥陀佛，老衲贸然来贵府，多有打扰！"

"老师父对小儿有救命之恩，我本当专程去宝寺致谢，实属失礼，何言打扰！"

"阿弥陀佛，救苦救难是我佛家之责任，不必言谢！不必言谢！"

"知恩必报，理当如此！"

"二郎君满月染疾，老衲夜得观世音菩萨梦托前来贵府，当时看到二郎君，老衲很是吃惊，虽是褴褓婴儿，但长相奇异，今日一见施主，更是吃惊不已……"

"李窦氏感谢老师父！"不待释怀老和尚再往下说，李窦氏忙打断了他的话。

"阿弥陀佛！"释怀和尚见李窦氏要挺着大肚子给他施礼，连忙说，"女施主身怀六甲，老衲唐突打扰，罪过罪过！"

"何言打扰！老师父有恩于我李家，家公刚刚到家，正准备专程去宝寺致谢！"

"老衲不敢讨谢，今日前来贵府，专为二郎君贺岁。"

李渊惊问：

"老师父如何知晓我家民儿今日生辰？"

"观世音菩萨梦托二郎君于老衲，二郎君与我佛势必有深厚善缘，老衲怎敢忘记！"

"谢老师父！"

"方才老衲所言只是其一。"

"还有其二？"李渊惊问。

"老衲看二郎君福相大贵，又与我佛有善缘，为此，老衲今日前来，请两位施主把二郎君托于我佛门。"

"把我家民儿托于佛门！"李渊很是吃惊。

"对！"

"如何托于？"李窦氏也吃惊地问。

"依照佛理而论，大贵之人，必有大灾大难。如果将二郎君托于我佛，佛祖必会全力护佑。"

"老师父要将我家民儿带走？"李窦氏大惊，脸一下子变得煞白，心一下子悬到了万丈高空，一双美丽的凤眼满是惊恐。李渊也惊得大睁双眼。

"阿弥陀佛！并非如此。"释怀老和尚见李渊夫妇很是吃惊，连忙解释。

"那是如何托于佛门？"李窦氏急问。

"每年二郎君生辰，女施主只需用新红布做一项圈送到本寺，挂在佛祖坐像前，老衲再诵经祈祷佛祖保佑二郎君即可。"

"每个生辰都须如此？"

"阿弥陀佛！从一岁到十二岁，年年必须如此。"

"原来如此！"李渊绷紧的心弦放松了。

"让老师父费心矣！"李窦氏高悬的心也落了地。

释怀老和尚倒是很奇怪地问：

"阿弥陀佛，二郎君今日生辰，府中为何未见贺岁之客？"

李渊与李窦氏交换了一下眼神，李渊解释说：

"山妻身子不便，我冗务缠身，未曾告知亲朋好友。"

"阿弥陀佛，俗人逢喜大宴宾客追慕虚名，我佛意在静心苦修，看起来两位施主也有心于我佛！"

李窦氏连忙说：

"我生民儿前夕曾受观世音菩萨托梦点化，自此便供奉观世音菩萨金身，早晚焚香，不敢怠慢！"

"阿弥陀佛，难怪观世音菩萨托梦予我给二郎君祛病，果然二郎君与我佛有善缘，看起来老衲今日前来也是佛意驱使！既如此，老衲还须见见二郎君才是。"

李渊看向李窦氏，见李窦氏点了点头，他便走出客厅。一会儿，李渊抱着民儿走了进来。民儿对李窦氏糯糯地叫了声娘，李窦氏高兴地把民儿从李渊手中接过来抱在怀里，指着释怀老和尚对民儿说：

"民儿，你看，这位大师是谁？"

谁知民儿竟然笑嘻嘻地说：

"师父！"

李渊和李窦氏高兴地笑了，释怀老和尚惊得目瞪口呆，心想：这小儿如何知道称我为师父？真乃神童啊！李渊看释怀老和尚很是惊讶，忙解释说：

"我方才给民儿说，有个老师父要见他，他果然叫了声师父。"

释怀老和尚仍然感叹道："阿弥陀佛，慧根深厚，慧根深厚！"他再细看民儿，黑眉如剑，眼如丹凤，鼻如悬胆，虽是小儿，但已显出美男子的英姿。不看则罢，这仔细一看，释怀老和尚既惊又喜，惊的是民儿具有龙凤之姿，天日之表，日后必成大器；喜的是观世音菩萨托梦于自己，这小儿必有佛缘。佛家讲的是随缘，看起来我释怀和尚与这小儿有着善缘。想到这里，他走到李窦氏跟前，去掉民儿头上的帽子，双手在民儿头上抚了抚，口中念念有词："阿弥陀佛，二郎君与我佛有善缘，我佛法力广大，保佑二郎君消灾避难。阿弥陀佛！"释怀老和尚给民儿摸顶之后，对李窦氏说："女施主请今日把项圈做好，送到本寺，老衲今夜就诵经祈求佛祖保佑二郎君健康成长，大器早成。阿弥陀佛！"

"多谢老师父费心！"

"阿弥陀佛，不用谢，老衲不敢打扰，这就告辞。"

李渊忙说：

"老师父冒风寒前来本府，岂能空腹而去！"他转头向厅外说："管家，准备素宴！"

释怀老和尚边向外走边说：

"不用不用！"

李窦氏连忙说：

"老师父请留步！"

"施主还有何事吩咐？"

"新年逼近，我为老师父做了一身棉衣，不成敬意。"李窦氏向厅外大声道，"将礼物呈上！"春桃走进客厅，双手端着一个大盘子，走到李窦氏面前。李窦氏接过盘子，走到释怀老师父面前，说道："一件寒衣，不成敬意，三十两纹银为佛灯添油，还请老师父笑纳。"

"阿弥陀佛，老衲愧受！善哉善哉，两位施主功德无量！"

"老师父，我与家公还有一请，望老师父应允。"李窦氏将衣物和银两用包袱包好，边递给释怀老和尚边说。

"施主请讲。"

李窦氏看了看李渊，二人交换了一下眼色，李窦氏对释怀老和尚说："老师父方才言道，我家民儿多灾，老师父可能也听说今上嫉恨李姓人家，为此，我与家公不敢为民儿过生辰。还请老师父莫要把我家民儿之事向他人言说。"

"阿弥陀佛，出家人远离俗世是非，况老衲受菩萨梦托，已知天意，请两位施主放心，二郎君之事老衲只字不会外泄！"

"万谢老师父！"

"老衲告辞！"

释怀老和尚走后，李窦氏点燃香烛，敬起菩萨，她先在菩萨像前虔诚地行了三叩九拜大礼，然后取出新红布，剪成布条，给民儿做项圈，并在项圈最里边的布条上写了几个字——"母代子灾,夙愿子承"。做成之后,李窦氏虔诚地捧着项圈,在春桃的陪伴下,亲自把项圈送到宝意寺,挂在佛祖像前,并向佛祖行了大礼。

  这正是:可怜窦氏疼儿愿,望子成龙代祸灾!要知后事如何,请听下回分解。

第十回

李渊奉旨述职事　杨广计夺太子权

话说李窦氏把给民儿做的项圈和她自己的心愿亲手挂在了宝意寺的佛祖神像前，果然民儿再也没有生什么病灾，一晃几年过去了。

开皇二十年（600），杨隋朝廷内宫发生了一次政变，晋王杨广阴谋夺权，把杨勇从太子宝座上推了下去，窃据了太子宝座。宫廷斗争是无情的、残酷的、疯狂的、丧失人性的。尽管是亲父子亲兄弟，在争夺政权上，也比虎狼还凶，比蛇蝎还毒。当年，杨坚从弱小的外孙手中窃据了皇帝宝座，现在，轮到他的儿子们和他之间残酷地争夺皇帝宝座了。

虽然杨勇是被弟弟杨广陷害才失去太子之位，但他身为太子时做的事也着实出格。杨坚提倡节俭，平时不允许宫女穿绫罗绸缎，戴金佩玉，也清退了宫中的乐师歌女，甚至吃饭食不二味，何其节俭！而杨勇则不然，他讲求奢华，其妻妾衣着华美，戴金佩玉，他还经常盛宴臣子，每次设宴必有歌舞助兴，这怎能不使杨坚反感？

独孤皇后痛恨生活奢淫，而杨勇在他的东宫声色犬马，冷落独孤皇后亲自为他选的出身前朝皇室的元妃，宠爱出身卑微能歌善舞的妃子阿云，这怎能不使独孤皇后反感？

更为出格的是，开皇十九年（599），在一年一度的冬至朝贺时，有些官员去东宫朝贺杨勇，这本应是皇上才能享受的荣耀，而杨勇竟然接受了，还盛宴招待这些官员。这些文武官员向他谄媚进贡，自然因为他是太子，未来的皇上，想为自己的未来找靠山。但作为太子的杨勇，千不该万不该公开接受他们的朝贺，更不该盛宴招待他们。这样一来，未去朝贺的官员也不敢不去，一时东宫热热闹闹，熙熙攘攘，文武百官你来我往，好不扎眼！这一下子刺疼了皇上杨坚的神经。杨坚心想：老子还在位，还未死，你竟敢如此放肆，把老子我不放在眼里，这还了得！于是，杨坚立即下了一道诏书："礼有等差，君臣不杂。皇太子虽居上嗣，义兼臣子，而诸方岳牧正冬朝贺，任土作贡,别上东宫;事非典则,宜悉停断。"这道诏书说得多明白:杨勇虽然是太子,但他是我杨坚的臣子,他怎敢享受只有我才能享受的冬至朝贺大礼?各地官员进京朝贺进贡,要恪守礼制,看清形势,只能到我这里,不能去太子那里。至此,这场百官冬至朝贺东宫太子的闹剧才停了下来。

之后,杨坚对太子杨勇更为反感。帝后都很反感他,他杨勇这个太子位能坐稳吗?再加上杨广背后作梗,他杨勇这个太子怎能不倒台?

杨广作梗,主要使用了两个手段:一是作假,二是买通。

在作假上,他仔细分析了帝后的主从关系,他的皇帝阿耶惧内,宫中的事情,一般都是皇后阿娘说了算。因此,他把切入点放在母亲身上,想尽一切办法投其所好。

独孤皇后憎恨一个男人霸占很多女人,因此她把杨坚看得很紧。后宫美女虽然多,但杨坚一个都不敢亲近。

有一年夏日,杨坚在宫中洗衣房见到一女,但见她身材高挑,亭亭玉立,鹅蛋脸,粉面白如雪,眉如春柳叶,眼似丹凤睛,回眸一笑百媚生。杨坚很是心动。他差人查此女的身世,原来她是前朝柱国大将军尉迟迥的孙女,叫尉迟秀珠。

此女不仅是名门之后,且很有才华,虽然已经进宫四年,但一直无缘靠近圣驾。娇娘有情,杨坚更是有意。他自见到此女便久久不能忘怀。

一天,杨坚趁独孤皇后午睡之时,叫内侍把尉迟秀珠传到侧殿书房。那日在洗衣房初次看到的尉迟秀珠,乃天然素面,而这天来到杨坚面前的尉迟秀珠,淡妆简修,七分天然秀色,三分粉黛美艳,说什么吴宫西施、出塞昭君、美艳貂蝉、月宫嫦娥,在杨坚面前,尉迟秀珠才是娇艳无比的绝色。看着美丽的尉迟秀珠,杨坚心痒难耐,不顾天子之尊、人主之范,抱住了尉迟秀珠,就在坐榻上与之偷情。独孤皇后虽然对杨坚很好,但已经人老珠黄,哪能与正值豆蔻年华的尉迟秀珠相比!之后,杨坚经常偷幸尉迟秀珠。没多久,尉迟秀珠身怀有孕,杨坚很是高兴,准备封尉迟秀珠为贵妃,但被独孤皇后发现了。

一天,独孤皇后趁杨坚上朝处理政务之时,派人杀了尉迟秀珠,并把尉迟秀珠的人头装在盒子里，作为礼物亲自送到杨坚面前。

当杨坚打开盒子，看到尉迟秀珠的人头时，气得半死；但他向来惧怕独孤皇后，虽气愤至极，也只是一个人骑着马从侧门出了宫苑，打马狂奔，发泄愤怒。他漫无目的地在山间转了二十多里。后来，左仆射高颎、大将军杨素好不容易在山里找到了杨坚，但杨坚怎么也不想回宫去。高颎抓住杨坚的马缰绳，苦苦劝谏。杨坚含泪叹息道："朕贵为天子，不得自由，枉为国君矣！"高颎苦谏道："陛下岂能为一妇人而轻天下？"在高颎、杨素的苦苦劝谏下，杨坚才在深夜回到宫里。

其实，杨广不仅好色，而且比他的大哥杨勇，甚至比任何男人都好色。除了有一个貌如天仙的萧王妃，他家里还有很多如花似玉的佳丽，就这还不够，只要见到漂亮女人，他就会想尽办法弄到手。

开皇九年（589），他率高颎等将领灭了陈国之后，首先寻找的不是陈国的皇帝玉玺与财宝，而是陈国皇帝陈叔宝的宠妃张丽华。当得知张丽华已被高颎所掳，杨广心中暗喜，因为高颎的儿子高德弘是他的记室参军，于是，他便派高德弘去帮他给高颎传话——"把张丽华给我晋王杨广送来"。谁知高颎认为张丽华是亡国的祸水，担心送给晋王杨广祸害大隋，竟然把张丽华杀了；气得杨广咬牙切齿骂道："老东西，竟敢杀了我朝思暮想的美人儿，此仇不报，我杨广誓不罢休！"果然，杨广在登上皇帝宝座的第二年，就借故杀掉了高颎。

尽管杨广如此好色，但为了夺得太子宝座，博得独孤皇后的欢心，他在表面装作一点儿也不好女色。每当杨坚和独孤皇后到他晋王府来时，他就只留下萧王妃一个与他一起接待父母，把其他的美人都藏了起来；而且他与萧王妃都换上葛布素色的衣服，显得很是节俭。在父皇母后面前，杨广表现得毕恭毕敬，至纯至孝。每当独孤皇后派人来晋王府时，不管是什么样的人，他都以上宾相待，人走时，他总要赠送礼物。一次，独孤皇后派了一个宫婢到晋王府，杨广不仅将其看作上宾，晚上还让萧王妃陪这个宫婢同床而睡，走时，又赠送贵重礼物，感动得这个宫婢逢人便说晋王夫妇和睦专情，对待下人如同亲人，是诸亲王子中最好的人。杨广的假象，不仅迷惑了杨坚和独孤皇后身边的人，博得了这些人的赞誉，也渐渐得到了杨坚和独孤皇后的赞赏。

杨广除了主动与文武百官亲近，还重点买通了两个人，其中一个便是相师来和。一天，杨坚叫仪同三司的韦鼎把当时善于看面相的相师来和秘密请进东宫，让来和分别见了他的几个儿子：太子杨勇、晋王杨广、秦王杨俊、蜀王杨秀、汉王杨谅。之后，杨坚问来和："朕五位皇子中谁人面相富贵？"来和诡秘地说："五位王爷面相皆大富大贵，唯独晋王……"他有意卖了个关子，笑了笑没有说下去。杨坚忙问："晋王又如何？"来和小声说："恭喜皇上，唯独晋王眉上双骨隆起，贵不可言哉！"杨坚思虑了片刻，回身小声问站在他身旁的韦鼎："韦爱卿，以你之见，朕五位皇子中谁人可承继大统？"韦鼎非常清楚，皇上已经有废太子之意，否则既立有太子，皇位当属太子，何必如此问臣下？他也清楚皇上和皇后都对太子很反感，他更清楚晋王杨广已经买通了文武百官，大家都说诸皇子中晋王英俊威武，聪慧睿智，沉着稳重，谦虚好学，诗文堪比三曹，敬接朝士，礼极卑屈。如今相师又如此说，皇上又是如此问他，他还能如何说？于是，他对杨坚说："嗣皇祚者，自然是皇上与皇后最喜爱者。此等大事，我等臣下之人岂敢妄言！"其实，韦鼎已经猜到晋王杨广早已买通了相师来和。

杨广买通的另一个人就是杨坚最信任的权臣杨素。杨素有个弟弟叫杨约，善于谋略，杨素每遇大事总要征求杨约的意见，但此人好赌贪财。杨广与心腹——安州总管宇文述筹谋好，先结交杨约，再由杨约说通杨素。于是，杨广给宇文述很多金银珠宝，让宇文述与杨约赌博。宇文述与杨约赌博时有意每赌必输，很快，就把杨广给他的金银珠宝都输给了杨约。杨约看宇文述输了这么多的金银珠宝，很是过意不去。宇文述这才说明这些财宝都是晋王送给他杨约的。杨约大惊，问晋王为何如此。宇文述对杨约严肃地说："自古贤人君子，莫不与时消息以避祸患。公之兄弟，功名盖世，当途用事有年矣，朝臣为足下家所屈辱者，可胜数哉！又，储后以所欲不行，每切齿于执政；公虽自结于人主，而欲危公者固亦多矣！主上一旦弃群臣，公亦何处取庇！今太子失爱于皇后，主上素有废黜之心，此公所知也。今若请立晋王,在贤兄之口耳。诚能因此时建大功,王必永铭骨髓,斯则去累卵之危,成太山之安也。"杨约听了宇文述这席话,仔细思量了一番,觉得很有道理,便答应了宇文述。之后,杨约把晋王杨广的心意告诉杨素。其实,杨素对太子杨勇也很不满,废了太子杨勇,由他杨素出面请立晋王杨广,这岂不是盖世之大功?杨素很清楚杨坚惧内。他先去打探独孤皇后的意思。知道独孤皇后决意废太子杨勇的心思之后,杨素联合群臣上表请废太子杨勇改立晋王杨广为太子。杨坚虽然对太子杨勇不满意,但改立晋王杨广为太子,他一时下不了决心;看到杨素与百官的联名上表,他才下了狠心,不但把杨勇的太子位废了,而且把杨勇子女的封号都废了。

杨广做了太子,为了进一步收买人心,对文武百官愈加亲善。杨广与李渊是姨表兄弟,独孤皇后是独孤信的第七个女儿,李渊的母亲是独孤信的第四个女儿,姐妹俩的关系还挺不错。李渊的母亲在世时,逢年过节,两家还频繁来往;李渊的母亲谢世之后,两家的来往便少了。李渊为了自己的前程,当然要紧紧依附独孤皇后这门亲戚,也常去看望这位姨母。杨广小李渊三岁,与李渊很少往来。

仁寿元年(601)秋末,李渊奉命进京述职。杨坚对李渊在岐州的政绩还比较满意,不免赞许了几句,李渊很是高兴。李渊准备回岐州时,碰见了太子杨广。杨广见到李渊,一反常态,很是亲热,把李渊请进他的东宫,嘘寒问暖。当得知李渊未带家小去岐州刺史府时,笑着说:

"听闻令阁令小之时,就享有美发才女之誉,千万莫要冷落于她!"

"谢殿下关心!"

对于杨广的这种示好,李渊不仅未受宠若惊,反倒忐忑不安。杨勇做太子,李渊倒还有觊觎杨隋天下的几分野心;因为李渊知道,杨勇性格直爽,待人宽厚,做事任性,贪图享乐,若是杨勇当上皇上,他李渊是有机会的。李渊清楚杨广的为人,他表面看上去谦和、懦弱、节俭、不好色,但实际上工于心计,文韬武略,且争强好胜,生活奢靡,最好女色。最令李渊担心的是杨广从来就看不上他李渊,如果杨广当上皇上,他李渊能有好日子过吗?如今这杨广一反常态,如此关心他李渊,是何居心?如此关心他李渊的内人，又是何意？想到这里，李渊不免心慌。他忽然想到独孤皇后，对，应该去看看姨母，有姨母的庇护，杨广也不能把他李渊怎么样！

独孤皇后，芳名伽罗，是独孤信的小女儿。她十四岁时，就出落得美丽动人，身材高挑，亭亭玉立，柳眉凤目，粉面桃腮，光彩照人。嫁给才貌双全的杨坚之后，小两口互敬互爱，很是投缘。一天晚上，二人房事欢愉之后，独孤伽罗显得很是忧虑。杨坚惊问何故如此，独孤伽罗说出了她心中的担忧，是怕杨坚日后纳妾冷落自己。杨坚非常喜爱独孤伽罗，决心与独孤伽罗恩爱一生。他对独孤伽罗发誓："我杨坚一生一世唯爱独孤伽罗，绝不移情他人，如果失信，必遭天罚！"见杨坚如此立誓，独孤伽罗很是高兴，全心全意地照料他。

独孤伽罗对杨坚不但体贴入微，而且以她过人的聪明才智为杨坚的前程把关导航。在杨坚遭到东床周宣帝宇文斌猜忌被外放时，独孤伽罗得知宣帝酒醉病危，立刻劝夫君不要离开京城，叫杨坚的好友刘昉、郑译草拟诏书，策命杨坚入朝辅政，都督内外军事，同时劝皇后女儿把草拟的诏书读给宣帝——此时的宣帝已昏迷不能言语——算是宣帝口授的诏书。不几日，宣帝驾崩。杨坚先是辅佐七岁的外孙宇文阐登基，而后干脆废了外孙静帝宇文阐，把宇文周朝变为他杨隋的天下。杨坚窃取了宇文周朝的万里江山，四分是杨坚的机运天命，六分是独孤皇后的聪明才智。因此，杨坚对独孤皇后是既感恩又钟情，更敬畏。杨坚做皇帝二十一年，后宫佳丽数千，但常年伴驾者唯有独孤皇后一人。

而今的独孤皇后，虽然依旧牢牢地掌控着杨隋后宫，但她年事已高，加之操劳过度，颇显憔悴。

李渊跪拜了独孤皇后，看到她面带病容，关切地说：

"儿不孝，久未拜望姨母，儿有罪！"

"你恪尽职守，保一方平安，便是孝敬吾，何罪之有？"

"不知姨母近日贵体可安好？"

"唉！"独孤皇后叹了口气，"偶染风寒，稍有不适。"

"太医可曾用药？"

"年老力衰,恐药力不及。"

"姨母青春常驻,不老不老!"

独孤皇后微微一笑:"你小子就是嘴甜,半百之岁,何言不老?"须臾,她又正色问李渊:"今日来朝,有何事?"

"一是述职,二为恭贺太子殿下!"

独孤皇后略显忧虑地说:"勇儿不才,不得不废;广儿孝顺,胸怀大志,可昌盛我杨隋。"独孤皇后双目直视李渊说:"而后,你应忠心辅佐太子,不得离心!"

"臣谨记于心!"李渊俯首说。

独孤皇后颇显无奈地说:

"吾已是风烛残年,恐难再庇佑于你,日后你须小心谨慎才是!"

李渊本来是想借独孤皇后这棵大树庇护,谁知被独孤皇后如此告诫,顿感遍体生寒,黯然离宫。

李渊在独孤皇后处未得到安慰,在回岐州刺史府时,顺路回到武功的李府,欲问计策于李窦氏。

这正是:靠亲靠友终难靠,同床共枕贴心人!欲知后事如何,请听下回分解。

第十一回

李渊回府求良策　窦氏审时忧虑消

初夏，这天上午，蓝天上飘浮着几朵白云，红日放射着光彩，武功县城北郊李府后院的小花园里，充满了生机：几丛刺玫瑰盛开，数百朵鲜花，红得耀眼，美得醉人，香得扑鼻，引得几只蝴蝶在花朵间欢舞。几株海棠树，绿的叶、红的花、甜的蕊，惹得一群蜜蜂边吟唱边贪婪地吮吸花蜜。一树树石榴花开，朵朵笑红了脸，树树迷醉了心。鲜花之中伫立着一座八卦亭，雕梁画栋，兽脊飞檐，俨然花间仙阁。亭栏八角处筑有木凉椅，亭中心放有一张八角石桌，桌周围置有几个石鼓。一个石鼓上坐着民儿，民儿面前石桌上放有一本书。说是书，其实是李窦氏手书的大字，每页一个字，民儿正翻到"人"字这一页。李窦氏在民儿身后教：

"此字读'人'。"

"人！人！"民儿大声读着。

厅外婢女春桃领着一个小男孩玩耍。这个小男孩是民儿的弟弟，叫玄儿。如今，李窦氏已有三子一女，腹中还怀有胎儿。李窦氏虽然身子不便，却仍坚持亲自给民儿启蒙。民儿会读"人"字之后，李窦氏给民儿讲"人"字的意思：

"何为人者？长有手，能用手拿工具，能用工具创造财富，能用语言相互交流，能用头脑思考解决问题者，谓之人也。"

"像阿娘、阿耶、咱家与城里之人？"

"然也，凡是像你我一样者皆谓人。人长相虽相似，但人品分善恶。与人为善者称之为好人、善人、伟人；作恶者，如偷人、害人、杀好人者，谓之小人、恶人、坏人。"

"民儿要做好人、善人、伟人！"

"对，做好人、善人、伟人，方为真正之人，流芳万世之人！"

"民儿一定做阿娘一样的好人、善人、伟人，流芳万世之人！"

正在李窦氏教民儿认字之时，李渊缓步走到亭前，听了李窦氏与民儿的对话，笑着说：

"嗬，民儿竟能识字！"

"阿耶回来矣！"民儿高兴地跑到李渊面前，举着书对父亲说，"阿娘已教民儿认识了许多字！"

李渊看着李窦氏，李窦氏笑望着李渊，二人会心地笑了。李渊笑着说："民儿好聪明！"他抱起民儿，在民儿的小脸蛋上亲了亲："民儿须用心读书识字，日后方能成为善文善武之人！"李渊放下民儿，走到玄儿跟前，抱起玄儿："玄儿在此做何事？"

玄儿笑着边比画边说：

"儿捉蝴蝶！"

"是否捉到？"

"蝴蝶真坏，飞走了！儿怎么也捉不到！"

"蝴蝶如同玄儿一样，要自由自在地玩，不想被谁捉住！"

"那行，儿不捉，只看蝴蝶玩！"

"玄儿真懂事！"

李窦氏笑着说：

"玄儿非常聪明，听话。"

"我李家孩儿皆聪明伶俐！"说到"李家"二字时，李渊放下玄儿，脸上显出了几分忧虑。细心的李窦氏马上意识到他有心事，对春桃说：

"春桃，仔细看护两位郎君！"

"诺！"

李窦氏对李渊说：

"四郎一路鞍马劳顿，先回房歇息！"

李窦氏陪着李渊到了房内，婢女夏荷端来饮子、小食，李渊端起饮子，喝了一口，看夏荷退出去之后，放下杯子，叹了口气。李窦氏问：

"四郎为何叹息？"

087

"唉，圣上不该！"

"圣上何事不该？"

"圣上不该以为太学人才不精，就废去州县官学！"

"大臣为何不谏？"

"许多大臣苦谏，圣上刚愎自用，拒不纳谏！"

"妾已知圣上废除州县官学之事，前日叫管家去聘请曾在县学教书的陈先生，但陈先生已在自己家里开馆授学；妾便送成儿、平儿去陈先生的家学馆上学。"

"如此甚好！如此甚好！我正为建成与翠平上学之事发愁，还是阿兰处事细心！"李渊脸上的忧虑减去了几分，随后又长长地叹了口气。

"四郎还有何事不快？"

"如今杨广做了太子。娘子应知此子为人虚伪，诡计多端，又与我素来不睦，日后国将不太平，我李渊亦难顺心矣！"

"四郎是为此事忧虑？"

"正是！故而我专程回家，与娘子共谋良策！"

李窦氏紧锁双眉，沉思了一会儿，须臾，舒眉笑着说：

"四郎不必为此忧虑！"

满脸忧虑的李渊忙问：

"娘子有何妙计？"

"不需妙计！不需妙计！"

"不需妙计？"李渊很是失望。

李窦氏看着李渊满脸失望的样子，一字一句地给李渊分析：

"杨广用计夺取了太子位，既结怨废太子杨勇，亦必将引起众皇子不满。比如秦王杨俊、蜀王杨秀、汉王杨谅，几个皇子本来就与杨广有宿怨。杨广如今做了太子，这几个皇子心中既不安，怕日后亦遭杨广谋害；亦不平，太子即可废长立幼，他等亦可与杨广争夺太子位。杨坚五子阋墙，必自损自弱。即使杨广日后为帝，此人虽有勇有谋，然为人虚伪，好大喜功，奢淫无度,必将乱国。四郎不必忧虑。"

李渊听了李窦氏审时度势的一番话,脸上的忧虑渐渐消失了,紧锁着的双眉也完全展开了,他长长地出了一口气,余悸未消地对李窦氏说:

"娘子一席话,解去我多日忧虑。但日后杨广若寻衅于我,又如何是好?"

李窦氏笑着说:

"杨广做了太子,必先暗算他几个兄弟,暂时不会为难朝中重臣,只会收买,笼络群臣。尽管如此,为防患于未然,四郎仍需韬光养晦才是!"

"这个自然!这个自然!"李渊心中的忧虑完全解除了,眉飞色舞地满口答应。

正在这时,管家李福来报:

"阿郎,有个自称刘文静的人求见。"

"刘文静!"

李窦氏见李渊一脸吃惊的样子,问道:

"刘文静何许人?"

"此人大有根基,先祖刘懿用,本朝名将,位同三司,战殁疆场。其父刘韶,袭父爵位。如今这刘文静,乃是始平郡令。"

"始平郡令!"

"始平藏龙卧虎,亦是鱼龙混杂,前几位郡令治理无果,圣上颇为不满。刘文静上任未及两年,如今百姓安居乐业,颇有创建一方乐土之功绩。"

"此人竟有如此才干?"

"不仅如此,他还善于广交贤达,颇有独见,小有诸葛之才名。我与他只有一面之交,今日来府,不知何故。"

"郎君要成大事,如此能人,不可不交!"李窦氏提醒丈夫李渊。

"对对,不可慢待,我去大门迎接!"

李渊来到大门口,见来人果然是刘文静。李渊细细打量,但见刘文静一表人才:七尺开外身躯,方脸庞,剑眉虎目,三绺短须,既有关云长之英气，亦不失潘安之俊逸，举止文雅而雄健。李渊拱手道：

"不知刘郡令前来，有失远迎！"

刘文静拱手说：

"某贸然拜谒，打扰李公了！"

"难得一见，求之不得！"李渊走到刘文静跟前，热情地抓住刘文静的手，与之携手来到前厅。李渊虽知刘文静不是平庸之辈，但与他没有私交，也不知其来意，只是请其落座，命婢女为贵客奉上冰饮、水果。刘文静坐定，喝了几口冰饮便起身拱手说：

"某与李公虽是同乡，然从未登门拜访，深感不安！今日迟来拜访，还望李公海涵！"

"不敢当，不敢当！"

"李公乃皇亲国戚，德高望重，某得李公相见，荣幸之至！"

"渊无德无才。倒是刘郡令才智过人，不及两载，将始平治理成一方乐土，难得难得！"

"李公如此过誉，在下无地自容！"

李渊十分清楚，刘文静前来不只是同乡拜访，必有其目的，于是，他直入话题：

"刘郡令今日莅临寒舍，恐怕不仅仅是同乡之会吧？"

刘文静见李渊直问来意，笑了笑说：

"一是真诚拜访大人，二是听闻大人奉诏进京述职，故此前来请教！"

"历年述职皆是治理方略，何谈请教？"

刘文静不再敷衍虚词，直接说：

"今年入朝，必有新意，太子易位，关中地震，不知朝中诸位大人如何理论？"

李渊注视着刘文静，心想：这小子原来是打探这等事！他哈哈一笑说：

"刘郡令对此有何高见？"

刘文静知道李渊很有谋略，更清楚民间风传的"杨灭周，李代杨"的谶

090

语。经过多方观察，他认为，如果天意果真会"李代杨"，这个"李"只有李渊这门李姓。他也略知方士史世良对李渊看骨相时说的话，也隐约知道李渊所居住渭河岸茅庐别馆上空青、黄二龙飞腾三日之传言。刘文静不仅有谋有略，还通阴阳占卜之术，他曾悉心观测武功这个地方，四水一川，川口直向终南，乃风水宝地。当年后稷在此地创造农耕，之后，这里圣贤才子辈出。宇文周朝就看好这块风水宝地，在此筑造武功神龟城，李渊置府邸于北门神龟利爪之间，恰好有驾云登天之象。而今杨隋初盛，却逢太子易位，关中大地震。这是人怨滋生所致天怒之象，不正和民间童谣"杨灭周，李代杨"吻合吗？因此，刘文静专程来到李渊家，以拜访同乡之由结识李渊，好给自己找个日后的靠山。现在，听李渊如此问他，便直言不讳地说：

"太子乃储君，未来之皇上。太子易位，恰逢关中大地震；大地震，乃不祥之征兆。如今民间风传：晋王以诡计夺取太子位，长幼颠倒，真假倒置，世风日下，国将祸乱！在下惶恐，故前来请教李公。"

"渊一介武夫，唯朝廷诏命是听，不曾理论此等传闻。"李渊与刘文静无私交，虽然刘文静说得很直白，但他怕祸从口出，佯装懵懂。

"李公乃皇家近亲，岂能不知宫中之秘？如此也难怪，此等民间传闻，我等官场之人，不可妄议！不可妄议！"刘文静知道李渊对他存有戒心，但他已经明显地看到李渊的眼里流露出幸灾乐祸的神情。仅此眼神，刘文静已知李渊的心意——他李渊不仅知道这些民间传闻，而且对此传闻极感兴趣；他李渊非常希望杨隋兄弟父子相残，他好伺机夺下杨隋江山。今日他故作懵懂，只是时机未到罢了。

刘文静已经洞悉李渊的心思，也获取了李渊的好感，既然已达到了目的，就没有必要再闲聊。于是，他对李渊说：

"在下莽撞，多有打扰，就此告辞。"

"不可，既是同乡相聚，就应把酒言欢，岂可匆匆而去。"李渊高声喊道，"管家，速速备酒宴！"

刘文静拱手说：

"李公前脚进府，在下后脚拜访，阁下与家人尚未欢聚，在下不敢再打扰。告辞，告辞。"

留不住刘文静，李渊只好把他送出李府。谁知刚送走了刘文静，又来了一位书生。这书生大有来头，几句话就把李渊心中的火点旺，同时也使李渊心下顾忌动了杀人灭口的恶念。

这正是：心知谜底莫点破，点破必然遭祸灾。这书生是谁，他到底说了些什么？请听下回分解。

第十二回

书生相面说福祸　刺史顿时恶念生

话说李渊送走了刘文静，回到上房，把刘文静问的话说给了李窦氏。李窦氏听后，连连点头说：

"郎君如此说甚好！刘文静虽是我武功同乡，但与郎君素无深交。害人之心不可有，防人之心不可无。皇上与太子杨广很是忌讳'天星移，杨代周；斗再转，李灭杨'之童谣与安伽陁'李氏当为天下'之预言。郎君如若说今年关中大地震不是因太子易位所致、天怒人怨乃贼人妄言，刘文静就会对郎君心生戒备，郎君也就会失去一个难得的朋友；若赞同这种传言，刘文静不外泄则罢，一旦传与他人，皇上与太子听闻，岂不祸及我李家！"

李渊听了李窦氏这几句赞扬的话，心里很是舒服，眉飞色舞地说：

"此人果然敏思睿智，见解独到。日后起事，可聘作谋士。不过，他在今日杨隋盛世之时，敢如此议论朝政，似乎过于狂妄任性。"

李窦氏听李渊如此说，不以为然：

"自古恃才者傲物，任性，汉代张良、韩信，三国诸葛孔明、周瑜不也如是？马易驯难驰千里，千里奔驰之马无不任性。善用人者取人之长。刘文静虽然恃才傲物，但睿智善谋，郎君可用其良谋，抑其任性，有何不可？"

经李窦氏这么一开导，李渊点头称赞。

"阿耶回来了！阿耶回来了！"平儿放学回家，进门看到李渊，高兴地跑到李渊跟前。

李渊把平儿抱起来，说：

"平儿长高了，为何不见你兄？"

"阿耶偏心，抱妹不抱儿！"建成走进来，看父亲把平儿抱了起来，酸溜溜地抱怨。

李渊看到建成，放下平儿，走到建成跟前，摸了摸他的头，看着比自己矮不了多少的建成，抱了起来。

"嚄，如此之沉！"

建成放声大笑：

"儿已经十四岁，自然体重！"

"成儿已长大！"李渊放下建成，问，"陈先生学馆如何？"

"比原县学略小。"

"陈先生授学如何？"

"甚严。"

"严者好，严者好，严师出高徒！你须刻苦学习，少壮不努力，老大徒伤悲！"

"儿甚是刻苦！"

"学馆开设何科目？"

"书学、算学，与原县学类似。"

"书学教何内容？"

"习帖、《孔子家语》。"

"算学学何内容？"

"《九章算术》。"

李渊问过建成之后，对李窦氏说：

"看起来县学虽废，并未误我子女。"

李窦氏叹息说：

"私塾学费甚贵，平民子弟入学甚少。嗟乎，朝廷不该废去州县之官学哉！"

"废与不废，乃皇上旨意，谁人敢逆！"李渊叹道。他转头对建成说：

"上学不易，成儿千万莫贪嬉戏，须刻苦努力，不负耶娘心愿！"

"儿谨记！"

"可否给阿耶背诵一节《孔子家语》？"

"儿遵命！"建成双手背后高挺胸脯，朗声背诵，"曾子曰：'敢问何谓七教？'孔子曰：'上敬老则下益孝，上尊齿则下益悌，上乐施则下益宽，上亲贤则下择友，上好德则下不隐，上恶贪则下耻争，上廉让则下耻节，此之谓七教。七教者，治民之本也。政教定，则本正也。凡上者，民之表也，表正则何物不正？是故人君先立仁于己，然后大夫忠而士信，民敦俗璞，男悫而女贞。六者，教之致也，布诸天下四方而不怨，纳诸寻常之室而不塞，等之以礼，立之以义，行之以顺，则民之弃恶如汤之灌雪焉。'"

李渊见建成背诵得很熟，高兴地拍手说：

"成儿果然善学，背诵如此流畅。但不知对此如何理解？"

建成很自信地说：

"七教乃治民之根本。治民须以身垂范，上行而下效。是故人君应先立仁于己，方能治政于国民。"

"理解甚好！成儿乃我李家长子，有否以身为弟妹立范？"

"这……"建成一下子愣住了。

"大兄昨日还欺负我！"平儿立刻指着建成说。建成狠狠地瞪了平儿一眼。平儿又对李渊说："阿耶，大兄又瞪我！"

李渊对建成严肃地说：

"学以致用，方是心学。心学者意通神会。当年颜回、子路等七十二贤，正因为心学孔夫子之言行，是故成就大贤。成儿聪慧，不难学圣人之言，亦应效圣人之行，为弟妹以身立范才是！"

建成满脸愧疚地说：

"儿知错了。"

"知错即改，亦是以身立范。"

"阿郎，有一书生求见。"管家李福来报。

"书生？"

"他自称云游者。"

"奇怪！"

"阿郎不见？"李福看李渊面色不悦，试探着问。

李窦氏对李渊说：

"自称云游者，势必异人方士，不可不见。"

李渊沉思了片刻，对李福说：

"请入厅堂！"

在李窦氏的提示下，李渊准备见见这个来访的书生。在北方民族内迁几百年战乱影响下，社会已经形成了重武轻文的现象。虽然杨坚已经统一了大江南北，励精图治，但杨坚出自将门世家，对读书人从骨子里就看不起，他竟然以太学人才不精为由，废去了州县官学。李渊也出自将门世家，看重的自然也是军功和权势，怎能把一个无名书生放在眼里。但他倒是对方士相师很感兴趣。听书生自称云游者，这才答应李窦氏去看个究竟。当他来到厅堂，看到来访的书生，不禁愕然。只见这个书生身躯伟岸，头戴黑绸软双耳儒冠，身穿白绸交襟右衽蓝袍，腰束黑绸嵌白玉带，足蹬黑皮厚底靴；再细看长相：圆白面孔，黑眉嵌慈善，凤眼含智慧，七分儒雅书生之气度，三分异人之癫狂。不看则罢，这一细看，李渊暗自称奇，不免生出几分敬意。书生也对李渊审视了一番，然后起身拱手说：

"某贸然造访，多有打扰！"

李渊也拱手还礼说：

"足下前来寒舍，不知有何见教？"

书生倒也直爽，说：

"昨日来到贵地，看到贵地风水极佳：一川润四水，凤岗衔两塬，土沃水富，人气兴旺。这小县城建造得亦极为奇异：背靠凤岗，三面环水；状如神龟，形似腾云；背驮稷山，头饮漆水。稷山乃是富足，漆水即为荣华。神龟卧盆地，福寿无疆啊！此乃风水宝地也！是故流连未去。今日路过贵府，见贵府上空祥云霭霭，颇有蓬莱祥瑞之仙气，不免好奇，故而贸然前来贵府看个究竟。"

"足下言笑乎，僻乡寒舍，何来如此气象。"李渊虽嘴上如此说，但他心里特别高兴。当年，为了免遭皇上杨坚加害，他听从了李窦氏的建议，把家搬到始平郡武功县北郊。建造宅院时，他也请风水先生看过这块地。风水先生说这块地风水好，但并没有这书生说得这么玄乎。李渊并不全信。

"如今看到阁下，不才方知缘故矣。"

"是何缘故？"李渊笑吟吟地问。

"看阁下面相不仅富贵,且有大贵!"书生边注视着李渊边说。

"如何大贵?"李渊兴致勃勃地问。

"贵不可言,阁下心中自然明白!"

听书生如此说,李渊大惊,书生这番话与当年史世良给他看骨相时的说法一模一样。李渊心中暗想:此人不同凡响,一下子就揭开了我心中的秘密,不可不防!他勃然色变,厉声说:

"不可妄论!如今皇上忌讳李姓之人,足下不可妄论!"

"不是妄论,乃天意。"书生并不在乎。

"天意,天意,天意难违也!"李渊虽然害怕皇上杨坚忌讳,也忌讳这个书生一下子揭开了他心中隐藏的秘密,却情不自禁地陶醉在书生预言的天意之中。

"有如此大贵之父,必有大贵之子。阁下能否让某见见令郎?"

李渊正想知道几个儿子的面相怎样,于是,他答应了书生。他先把长子建成领来。书生看了建成的面相之后,默然不语。李渊等建成走了之后,问书生:

"此儿是我长子,他面相如何?"

"贵而不测。"书生言辞含糊地说。

"贵而不测,何解?"李渊不解地问。

"身处富贵,如若妄为,恐有不测。"

"此话怎讲?请足下明言。"李渊有点儿着急。

"处静可保富贵,甚或贵不可言,如有闪失,则会身遇凶险。"

李渊听书生如此说,黯然心忧。他又把玄儿叫来。玄儿很是调皮,看到书生,以为是与他玩,一边跑来跑去,一边拽着书生的衣服嘻嘻笑。书生跟着玄儿看了一会,又抱起玄儿,边与玄儿逗笑,边仔细地观玄儿的面相。之后,李渊叫春桃领走了玄儿,问书生:

"我这小儿面相如何?"

"聪明过人。"

"福运如何?"

"贵而伏厄。"

"有何之厄？"

"天机不可泄露。"

李渊面色沉沉。书生看李渊没有再叫来孩子，问道：

"阁下只有二子？"

李渊没有回答书生的问话，把李窦氏请了进来，对书生说：

"这是内人，足下可知内人腹中是男是女？"

李窦氏看到书生，有点似曾相识，但一时记不起来。

书生没有回答李渊的问话，向李窦氏拱手说："某见过娘子。"他注视了李窦氏少许，愕然说："娘子之面相乃大贵哉！"

李窦氏对自己是否大贵不甚在意，但很想知道腹中孩子是男是女，迫不及待地问书生：

"请先生告知腹中孩子是男是女？"

在李渊夫妇迫切目光注视下，书生拱手说：

"恭喜李公，恭喜娘子，是男孩。"

"男孩！当真？"

"千真万确！"书生又仔细地看了李窦氏一会儿，不无疑惑地说，"看娘子面相，有四子一女，为何只见两位郎君？"

李渊与李窦氏对视了一下，李窦氏向李渊点了点头，李渊走出客厅，把民儿领了进来。书生看见民儿，两眼发亮，注视了一会儿，连连点头。民儿见书生如此看他，很是奇怪，问李窦氏：

"娘，这位先生是谁？"

"贵客！"

"先生慈眉善眼，文质彬彬，像阿娘供奉的南海观世音菩萨，是耶娘为民儿请来的教书先生乎？"

民儿这几句话，说得书生很是吃惊，说得李渊夫妇眉开眼笑。李窦氏向李渊看了看，李渊点了点头，李窦氏对书生说：

"先生能否屈就，做我府中西席？"

099

书生摇了摇头说：

"云游者心如浮云，且在下才疏学浅，不敢误人子弟！"

书生这席话，使李窦氏很失望，民儿却笑着说：

"民儿非常喜爱母亲教我读书识字，民儿只是担心母亲太过劳累。既然先生不愿为民儿之师，民儿就自己读书认字去！"民儿说罢，头也不回地向后院走去。

书生看着民儿的背影，点头微笑。李渊看书生如此高兴，问书生：

"这是次子民儿，他面相如何？"

"哈哈！"书生朗声笑道，"小生云游四方，看面相万千，唯有此子面相叹为观止哉！"

"先生所言何意？"李渊不解地问。

"步履稳健，行若飞鸿，乃为龙凤之姿；剑眉凤目，英英俊气，乃是天日之表；思敏言简，慧根深厚。大贵哉大贵！"

听了书生这番话，李渊大吃一惊，心想："这书生所说，与我梦中所梦凉武昭王李暠和周公所说类似。这人看起来的确不同凡响，他到底是人还是鬼？"想到这里，李渊冷笑说：

"先生说我大贵，内人大贵，又说我次子民儿大贵。看起来先生看面相唯以甜言蜜语讨人喜爱而已。"

书生见李渊如此奚落他，反而大笑起来：

"哈哈！李公之大贵，且贵不可言，但不及令郎之慧根！娘子之大贵，贵为相佐李公。正是有娘子之相佐有二郎君之慧根，李公方能大富大贵，且贵不可言！"

听书生如此说，引出了李渊小肚鸡肠的毛病，他勃然大怒：

"先生言下之意我是靠内人与次子相佐才能大贵？"

"正是！二郎君不仅福惠大人全家，且有济世安民之才。大人把二郎君唤作民儿，何不称作'世民'？"

李窦氏听到"济世安民"这四个字，猛然想到梦中观世音菩萨对她说的话。想到这里，她仔细端详这个自称云游者的书生。不看还罢，这一细看，她恍然大悟：初见这位书生，就有似曾相识的感觉，难怪民儿说这先生像菩萨神像，这一细看，这位书生与她梦中所见的观世音菩萨极为相似。她不禁说：

"济世安民！给民儿起名'世民'。"

"'世民'，既合李公和娘子之心愿，又合天意，常呼之则自醒，必成大器也！"书生说罢，自吟道，"云游四海知山水，阅尽万人识凤龙。今日已知明日事，何愁世乱无人平。"书生吟罢大笑。须臾，他对着李氏夫妻抱拳一揖说："多有叨扰，告辞！"说罢，扬长而去。

李窦氏望着离去的书生，双手合十，口中小声说："阿弥陀佛！"李渊把书生送到大门口，回头向身旁的仆从李忠招了招手。李忠走到李渊跟前，李渊向李忠耳语了几句。李忠先是一惊，后来在李渊冷厉眼神的逼视下只得点了点头。李忠手持一把利剑，匆匆向书生追去。李渊看着匆匆追去的李忠，冷笑一声，负手走回厅堂，李窦氏问：

"先生离去？"

"不识抬举！"李渊很生气。

"这位先生不同寻常，可惜不愿为民儿当先生！"李窦氏很是惋惜。

"江湖骗子，狂妄至极，不愿也罢！"

"先生所说之言，与我生民儿时所梦观世音菩萨说的话极为相似，先生相貌与我梦中所见观世音菩萨亦极为相似。难怪我一看见这位先生就有一种似曾相识的感觉，民儿也说此先生像我供奉之观世音菩萨，这位先生莫非就是观世音菩萨？"

"娘子一向聪明，今日却如此糊涂！"李渊不免嘲笑起李窦氏来。

李窦氏并没有理会李渊的嘲笑，还沉浸在沉思中。忽然，她自言自语：

"对对，古书所载南海观世音菩萨一二世是男身，如今这三世观世音菩萨成为女身。这位先生必是前世观世音菩萨！我真是有眼无珠，供奉观世音菩萨而不识观世音菩萨，罪过罪过！阿弥陀佛！"

这时，李忠慌张地走进客厅。李渊见李忠如此慌张，急忙问：

"是否办妥？"

李忠摇了摇头，遗憾地说：

"奴无能，追无踪迹。"

"此人未除，祸患无穷！"

"奴再去追寻。"

李渊向李忠摆了摆手：

"追无踪影，再去也是枉然。此事日后莫要再提。"

"诺！"李忠退了出去。

李窦氏听李渊对李忠如此说，惊问：

"四郎莫非是叫李忠杀人灭口？"

李渊看了李窦氏一眼，气愤地说：

"竖子如此多嘴，如外泄岂不祸及我李家！"

"如此之异人，怎可加害？四郎糊涂！当年曹孟德逃亡之时屠杀恩人吕伯奢一家，遗臭千年。四郎莫非要步曹孟德之后尘？"

"竖子狡猾伶俐，逃之夭夭，想灭其口，亦是枉然！"

"此乃天意！"李窦氏见他执迷不悟，心知多说无益，只回了这四个字便气愤地走出了客厅。

李窦氏来到她供奉的观世音菩萨像前，净了手，给观世音菩萨上了炷香，然后虔诚地跪在观世音菩萨像前说：

"观世音菩萨，李窦氏有眼无珠，多有失敬！夫君鲁莽，菩萨慈悲，请勿怪罪。若须责罚，李窦氏甘愿代夫君受罚！求菩萨保佑夫君与子女平安！"

尽管李窦氏甘愿代丈夫李渊受罚，但人在做，天在看，谁都要为自己的言行负责。天是公正的，神是清楚的，不会容忍作恶的人，也绝不允许李代桃僵的事。李渊一时的恶念，不仅使他受到了天罚，也祸及他的妻儿。

这正是：只因一念差，祸害一家人。要知后事如何，请听下回分解。

第十三回

世民问字建成辱　李母严词断是非

"从小看大",这是一句老话,也是一句富含哲理的话。把这句话用在幼年李世民身上,那是再贴切不过的。自从书生云游者拒绝做他先生之后,幼小的李世民知道了学习的艰难、知识的可贵。每当母亲教会他一个字时,他就在地上写,在母亲给他特制的沙盘上写,晚上睡觉时在他手心上或肚皮上写,写熟了,还要照着母亲手书的字用笔墨练习;每当母亲教会他读一篇文章时,他就读十遍百遍,一直读背得滚瓜烂熟。

孔子在论学习的方法时说:"学之者不如好之者,好之者不如乐之者。"这就是说知道学习的人,不如爱好学习的人;爱好学习的人,不如以学习为乐的人。要说幼年的李世民对学习知识非常喜爱,那是不可能的。他之所以如此刻苦学习,是因为他从母亲讲的名人故事里知道了知识的可贵;有了丰富的知识,长大才能有所作为。苏秦,之所以"锥刺股"发奋学习,是因为他在多年游说谋求仕途的四处碰壁中明白了"学术不精,误人误己,难以立足于人世"的道理。正是有了"锥刺股"刻苦学习钻研,他才博学广识,才弄懂了《阴符》一书的奥妙,才以此想出了联合六国抵御强秦的战略构想,才取得了燕、赵等六国国君的信任,才组建了"合纵大联盟",才担当起了合纵联盟的"从约长",才能胸挂六国相印衣锦回乡。以此而论,孔老夫子的"学之者不如好之者,好之者不如乐之者"之后应再加上一句,"乐之者不如志之者",如此才完整才更合乎学有成就者的学习心理和方法。幼年李世民对学习产生浓厚的兴趣和毅力,还有一个原因,就是母亲李窦氏所说给他起名为"世民"的缘由。

当年,那云游书生建议李渊夫妇给民儿起名为"世民"。其实,李渊在给民儿起乳名时,就是听李窦氏说了她梦中观世音菩萨说次子有济世安民的能力,因此才给他起乳名为民儿。云游书生的这个建议,正合他们夫妻的心愿。当民儿问母亲为何将他的大名定为世民时,李窦氏对他说:"耶娘都希望你日后成才,能济世安民,以此光宗耀祖,成为伟人。"李世民虽然年幼,但他慧根深厚,有超常的理解能力,领悟到父母对他的期望,领悟到光宗耀祖的意义。于是,他稚嫩的心灵里便有了坚定的志向,求知若渴。

虽然李世民求知若渴,但当时李渊远在岐州当刺史,李窦氏又生了四子元吉,两人都没有时间教他读书识字。尽管如此,也没有难住李世民。每当姐姐平儿从学堂回来,他就请姐姐教他认字。平儿很喜爱这个阿弟,当然也喜欢教他识字。

"阿姊,这个字如何读?"小世民指着一个字,问刚刚回家的平儿。如今,平儿已经九岁了,已在陈先生学馆学习了两年。她很聪明,也很爱学习。隋朝初年,有官家开办的学校,但不收女学生。皇上杨坚废了州县官学之后,私塾学馆兴起。私塾学馆收女学生,这倒给了平儿学习机会。平儿看着小世民给她指的字,原来是个"囚"字。平儿认识这个字,但她没有直接教,而是问小世民:

"这个字的中间部分你可认识?"

"认识!"

"如何读?"

"人。"

"外边这个框如何读?"

"口。"

"这个框在这里不可理解为口,它是表示四边都是高墙。把人关押在四面封着的高墙里,你说这人是什么人?"

"犯罪之人。"

"对呀!"

"那这个字是读作'罪'?"小世民猜测说,平儿摇了摇头。

"读作'犯'?"平儿又摇了摇头。

"那到底如何读?"小世民着急地问。

平儿笑了笑说:

"这个字是会意字,意思一看就知道,是被关押之人,但它不读'罪',

亦不读'犯',而是读作囚徒之'囚'。"

"这个字很有趣!"

"当年仓颉造字时,有四种方法:一是象形,二是指示,三是会意,四是形声。这个囚字是会意字,一看它的形状,就知其意。"

"呀,阿姊懂得真多!"

"阿姊哪懂这些,阿姊是听陈先生所讲。"

"我也要去陈先生学馆上学!"听平儿这么一说,小世民很想去陈先生学馆去上学。

"你还小,陈先生不会收你这么小的学生。"

"唉!"小世民很是失望。

一天,平儿放学回家,刚走进府门,小世民就走到跟前:

"阿姊,这个字如何读?"

平儿仔细一看,是个"馱"字,说:

"左边是个'马',右边是个'大',读作……读作……唉,我也不认识!"

"姐姐也不认识?"

"我没学过这个字。对了,你去问大兄,他一定知道!"

去问大兄!小世民有点犯难了,他很害怕大兄李建成。李建成是长子,总认为是弟妹分走了父母本应只给他一人的爱。因此,每当看到父母关爱弟妹时,他总有一种说不出的怨气。平时,他对几个弟妹也总是盛气凌人、吆五喝六的,尤其对小世民。因为他看得出,父母对二弟世民特别爱护,经常夸他聪明、听话。一听父母夸赞世民,他就满肚子气。昨天,他还背着父母无端斥责小世民,骂小世民是个大滑头,专门在阿娘面前卖乖取宠。小世民想:该不该去问大兄?他是否愿意教我?他犹豫了一会儿,求知欲驱使他向大兄李建成走去。

李建成贪玩,放学之后,总是要和同学们玩耍,因此总是在平儿之后回家。小世民看到大兄回来了,硬着头皮小心翼翼地走到他跟前:

"大兄,这个字如何读?"

李建成瞥了小世民一眼,看了看小世民指给他的字,冷笑说:

"阿娘不是说你很聪明，很有天赋，如此简单之字，你也来问我？"

小世民嘻嘻一笑：

"咱家最聪明、最有天赋之人当然是大兄你，我当然应该来问大兄。"

"小滑头！"一听小世民如此捧他，李建成感到很舒服，笑着骂了句。

"这个字如何读，大兄？"

看小世民如此迫切，李建成问：

"这个字左边是个啥？"

"马。"

"你趴在地上！"

"为何？"

"叫你趴你就趴，不趴我就不告诉你！"

望着李建成一脸严肃的样子，加之迫切想知道这个字到底如何读，小世民迟疑了一会儿，趴在了地上。

李建成看小世民趴在了地上，把右腿一跷，骑在了小世民的脊背上，顺手在小世民的屁股上拍了一巴掌，口中喊"驾！"，然后问小世民："如此该知道此字如何读矣？"

"大兄尚未说明！"

"愚笨！"李建成干脆一屁股坐在了小世民的脊背上，压得小世民直龇牙。

李建成嬉笑着问小世民：

"感觉如何？该知此字之意乎？"

"大兄重！"小世民痛苦地说。

"阿娘说你聪明，有天赋，原来你是个大笨蛋！"

"建成，你为何欺负世民？！"李窦氏恰好走了过来，怒斥建成。李建成看母亲来了，站了起来，但并未从小世民脊背上离开，对李窦氏说：

"孩儿在教世民认字。"

"胡闹，哪能如此教人认字？"

"世民问我'驮'字。此字左边是马，右边是大，是会意字。我让他当

107

马，骑在他背上。如此启发他，他自然就会知道此字之读音。但孩儿未曾想到，世民其实并不聪明，亦无天赋，只是一个大蠢蛋而已！"李建成说罢，一抬腿从小世民背上离开。

李窦氏把小世民扶了起来，给他拍去了身上的土，斥责建成：

"世民小，未识几个字，哪知仓颉造字之法？你如此骑在他身上，他如何受得了！"

李建成辩解：

"如此教他，他会感受深刻，记得牢！"

"狡辩！"

小世民已经知道这个字读作"驮"，看母亲如此愤怒，嘻嘻一笑说：

"大兄所说甚对，这个字我永远不会忘记。左'马'右'大'，会意字，马大健壮者善驮，读作驮，马驮货物之'驮'。"虽然小世民如此说，但李窦氏依然满脸愤怒，对李建成说：

"你还记得我给你讲的《卜式牧羊》吗？"

"儿熟记！"李建成看着母亲李窦氏，挺胸说，"西汉时，卜式父母亡故，其弟尚小，卜式善待其弟。其弟成年，卜式将地亩房产皆予弟，独往深山牧羊。其弟依赖家产好逸恶劳，数年穷困，不得不卖去房屋田产。卜式得知弟困，出资为弟再次置田造房。世人皆誉卜式乃兄友之典范。汉武帝招贤，封卜式为郎，其终为宰相。"

"既熟知卜式善待其弟，你为何苛待世民？"

"这……"李建成一时语塞。

小世民看母亲怒斥大兄，对母亲说：

"大兄教我识字，并未苛待世民。儿亦知《孔融让梨》之故事。"小世民挺胸背诵，"孔融，字文举，鲁国人，孔子二十世孙。高祖父孔尚，钜鹿太守。父亲孔宙，泰山都尉。孔融四岁时，与兄弟食梨。孔融只取小者。母问其故。融曰：'我年小，理当食最小者。'父母点头笑赞：'吾儿虽小而知大义，可成大器矣！'阿娘，儿所说可对？"

被小世民这一逗，李窦氏满肚子的气消了。她对李建成说："兄弟齐心,其利断金,你须与弟妹和睦相处,发奋学习,方可兴家耀祖。若像曹丕妒忌其弟曹植,同根相煎,只能败家毁名,遭世人唾骂。"

李窦氏语重心长的几句话,说到了李建成的病根上,让他无地自容。他红着脸,对母亲说:

"儿知错!"

看着李建成认了错,李窦氏才长出了一口气,对他说:

"你是长兄,须善待弟妹,要为弟妹以身立范,日后方能兴盛家门!"

李建成内疚地说:

"儿谨记在心!"

影响人成长的第一因素是遗传,李建成的小心眼自然是李渊的遗传。知夫莫若妻,李渊的小心眼李窦氏自然清楚,因此她才经常提醒开导李渊,李渊才能在仕途上一帆风顺。知子莫若母,李窦氏自然也知道李建成与其父有着同样的毛病——小心眼,也经常开导教育他。李建成的小心眼一旦发作就会受到母亲的遏制。孟母断机杼成就了亚圣孟子,是因为孟子本身有着良好的聪慧天赋。教育并不是万能的,如果孟子没有良好的智慧天赋,即使孟母再三迁,再断机杼,又有何用?所谓"朽木不可雕也",李建成就是如此。少儿时,有母亲李窦氏的开导教育,他的小心眼一露头就会被母亲纠正,这种小心眼就会受到遏制,但一旦离开了母亲的开导教育,他的小心眼遇到合适的环境影响,自然就会膨胀,疯长,惹出灾祸。事实也的确如此,李窦氏去世后,李建成的小心眼很快膨胀,惹出了弥天大祸。要知后事如何,请听下回分解。

第十四回

杨广登基欲大治　李渊美梦布忧愁

杨广登基做了皇上，他的雄才大略和执政气魄也发挥到了极点，使隋朝上下官员和举国民众颇为振奋。人们似乎看到了隋朝的鼎盛，看到了自己美好的希望。但是，李渊看到这种景象十分沮丧；因为，隐藏在他心底里的皇帝美梦快要惊醒。他开始怀疑史世良给他看骨相所说的"贵不可言"和云游书生所说的话。他怎能不怀疑呢？这几年来杨隋宫廷所发生的大事像流星锤一样，一个接着一个砸向他，几乎把他的皇帝梦砸得粉碎。

开皇二十年（600）之前，李渊一直沉浸在他的皇帝美梦中。当时，杨勇是太子。他很了解杨勇，此人头脑简单，性格直爽，做事不计后果。李渊心想，日后杨勇当上了皇上，他李渊就可以依仗姨母独孤皇后的关系，亲近杨勇，得到重用，逐渐扩大自己的势力，再寻找机会夺取杨隋天下。但谁知，杨广这个家伙用阴谋诡计取代了杨勇。这无疑给了李渊当头一棒。因为，李渊对杨广也很了解：他头脑灵活，心思缜密，有勇有谋。早在开皇九年（589），南伐陈国时，杨广便是主帅，他善于谋略，很快灭了陈国，使南北一统。为了夺取太子之位，杨广先是观察父母的心思，投其所好，再以阴谋诡计，把杨勇置于不孝、不仁、不义的是非中，使父母对杨勇产生反感、厌恶。最后，杨广买通父母最信任的大将军杨素从中作梗，轻而易举地将杨勇取而代之。这些足以说明杨广善于谋略，城府极深，是他李渊的克星。

仁寿元年（601），独孤皇后突然病故，李渊非常伤心，比独孤皇后的亲儿子杨广还要伤心。李渊之所以如此伤心，是因为他失去了独孤皇后这棵护身大树。李渊的母亲临终时，嘱托妹妹独孤皇后照顾儿子李渊。独孤皇后也很喜爱李渊这个外甥，觉得他机灵，做事麻利。当然，李渊对这个拥有杨隋天下主导大权的姨母也很孝顺，年年贺寿，每逢佳节重礼进贡。独孤皇后这个女人，是非常了不起的女中豪杰。她与杨坚成婚不久，就让杨坚对她言听计从，自愿发了毒誓："二人相爱厮守一生，不能有二心，谁若背叛，必遭天罚。"在杨坚篡位的关键时刻,她出谋划策,助杨坚顺利地夺取了宇文周的江山。杨坚做了皇帝,独孤皇后更是寸步不离丈夫,与杨坚同辇共驾。每当廷议大事,杨坚在前殿听政,她在殿后析理是非,为杨坚持舵把关。杨坚之所以能在短短二十年中,将从宇文周接过来的烂摊子建设成杨隋盛世,不仅缘于他自己的过人智慧,更因为他有独孤皇后的鼎力辅佐。当时,文武百官称杨坚与独孤皇后为"二圣"。这种称呼就是对独孤皇后的认可。独孤皇后一死,杨坚不会再因她而厚待李渊,李渊失去了这棵遮风挡雨的大树,怎能不难受,不伤心?

仁寿四年(604),杨坚身故。独孤皇后在世时,杨坚虽然不能纳妃,但在保护江山社稷方面,却有着运筹帷幄的主心骨。独孤皇后一死,杨坚似乎一下子感到满朝文武大臣,与其说是他的忠臣谋士,倒不如说是谋他杨坚江山社稷的强盗贼子。他越看这些大臣心中越怀疑,怀疑他们在搞阴谋诡计,怀疑他们藏着祸心,怀疑他们在觊觎他杨坚的江山社稷。他原本就疑心重,如此一来,更加多疑,整天神经兮兮的。杨坚在大殿上置有鞭、棒、刀、剑等刑具,看谁不顺眼,就以鞭棒刑罚。有时候,他看武士打不解气,还会亲自拿着皮鞭抽。他以这种变态心理怀疑和刑罚大臣,使大臣们人人自危,谁还敢在他面前说个"不"字,都提心吊胆,噤若寒蝉。大臣一个个俯首帖耳,唯唯诺诺,他觉得更为可疑、可怕!

为了自我麻痹,杨坚开始在女人身上找安慰。他下令在全国搜罗美女,在后宫广置妃嫔。顿时,后宫美女如云,一个个媲美争宠。在杨坚面前左一句"万岁",右一句"圣上",不尽的甜言蜜语,不尽的献媚献爱,使他如醉如痴。他一下子打开了几十年来一直被限制的欲望闸门,一发不可收拾。一个晚年体弱的老头,哪经得起一众美女的争宠,很快就被掏空了。他不行了,可是他的儿子太子杨广却正值壮年,杨广早已瞄上了他父亲最宠爱的宣华夫人陈氏。杨坚还在重病时,杨广就乘机勾引宣华夫人,好在宣华夫人对杨坚还有点情义,当即逃走了。之后,宣华夫人把此事告诉杨坚。杨坚气得半死,这时他才明白:他整天防备满朝文武大臣觊觎他的江山社稷,他的亲儿子太子杨广却比那些人下手更快、更狠、更毒!事到如今,他已是奄奄一息之人了，又能将杨广怎么样？只能仰天长叹"独孤误我！"。

其实，并不是独孤皇后误了他，而是他色迷自误！试想：他杨坚如果不下旨到处搜罗美女，广置妃嫔，他何以不到三年就被这些美女掏空了？杨广又怎么会瞄上宣华夫人陈氏？他如果善待文武百官，文武百官岂能不忠于他，岂能发现太子杨广有异心而不向他揭发？他如果严教太子，杨广岂敢不孝敬他，岂敢染指他杨坚的宠妃？尽管是独孤皇后建议他废了太子杨勇，但杨勇的确远逊于杨广。他怨独孤皇后误了他，独孤皇后误了他杨坚什么？他怨恨的只能是他失去了洞若观火、有主见、有能力驾驭群臣和儿子的独孤皇后。

杨坚死了，李渊的皇帝美梦中少了一个对手，他应该高兴才是；但他未曾想到，杨广登基不久便在满朝文武大臣面前厉声说道："朕正当壮年，励精图治。史有周武秦皇之大统，商汤汉武之盛世，朕欲使我大隋天下成千秋万代之极盛！众爱卿须恪尽职守，尽忠尽心立功晋爵。如有逆旨存二心觊觎我大隋江山社稷者，杀无赦！"当时，李渊就在群臣之中，听杨广如此说，他犹如五雷轰顶。他希望杨隋势弱，杨广却如此胸有成竹地要使杨隋盛于周武、商汤、秦皇、汉武之朝。如果杨广的话成为事实，他李渊哪有机会可乘？那只能老死于杨广皇权之下了！杨广最后这句话，像千斤重锤，狠狠地砸到李渊的心上；他不禁打了个冷战，出了一身冷汗，既害怕又失望。

惊惧失望的李渊正要离京去岐州刺史府，刚准备动身，皇上的圣旨就到了，免去了他岐州刺史之职，改封他为郑州刺史。这一锤把李渊砸蒙了，不知是福还是祸。杨广是信任他还是在怀疑他？虽然都是州刺史，但岐州离京城近，郑州离京城远，况且李渊的家在始平郡武功县，离京城更近，由近处调到远处，这又意味着什么？杨广是在削弱他李渊的势力，还是给他李渊挖坑？

李渊百思不得其解。但他很幸运，在他惊慌时，总会有人给他安慰；在他失望时，总会有人给他鼓励；在他遇事迷茫时，总会有人给他出谋划策。这个人就是他的妻子李窦氏。遇到难事，他自然想到李窦氏："对，回家，回家去请教娘子！"

李渊匆匆回到武功的李府，刚走进大门，眼前的景象让他一下子感受到了家的温暖。这种温暖，淡化了他心中的不快，他珍惜这种感受。他命随从不要声张，在大门外等候，自己站在大门内照壁一侧静静地注视着，沉浸于眼前的情景：照壁之后客厅之前的庭院内，李窦氏与小元吉正在玩拍手游戏。母子俩面对面坐着，边拍手边唱"拍手乐，拍手笑，时刻不忘父母教。学穿衣，学盥洗，生活自理不娇气。敬父母，敬师长，兄弟姊妹相处好。学知识，练武艺，能文能武本领高"。这是李窦氏给子女编的儿歌，建成、翠平、世民、玄霸都是唱着这首儿歌成长的，如今小元吉也唱着这首儿歌在李窦氏用心抚育下成长。

　　小元吉已经两岁多了，他用小手与母亲相互拍着，感受着母亲的体温与爱心，用稚嫩的童声与母亲唱着，在母亲的期望呵护下开心地笑着。看到李窦氏如此不辞辛劳地养育子女，李渊内心震动，对李窦氏的感激之情油然而生——是娘子辛苦操持着这个家，为他李渊教养子女；这些子女之所以能健康成长，功在娘子！

　　正在李渊感慨之时，只见另一处的玄霸手持一把小木剑，一边挥舞着，一边在"杀！杀！"地喊着。看到玄霸，李渊很是高兴。这小子，在几个子女中长得最壮实，他性子直，胆子大，天不怕，地不怕，而且很聪明，有过目不忘的能力。你瞧，他把手中那把小木剑挥舞得像模像样。要说这几个子女中，李渊最看重的还是玄霸这小子。李渊在梦中听周公旦与凉王李暠说次子世民日后有济世安民的能力，但他总认为玄霸比世民强。玄霸比世民小一岁，两人长得一样高，也很像，如同孪生。因此，李渊怀疑梦中有错，不可全信。

　　李渊喜滋滋地看了玄霸一会儿，再看梧桐树下的世民。世民已经六岁多了，虽然还未去学馆上学，但已认了很多字，已经会读好多文章。瞧，他这时正在背诵孔子的《学而》篇："学而时习之，不亦说乎？有朋自远方来，不亦说乎？人不知，而不愠，不亦君子乎？"他神情专注，旁若无人，背诵完之后，还负手踱步回味。世民抬头时，看到玄霸爬到了院中的卧虎镇宅石上，很是担心，一边向玄霸走去，一边说：

"三弟，小心！"

谁知，玄霸非但不听，反而纵身从石头上跳了下来。世民走到玄霸面前，正想责备他，玄霸嘻嘻一笑说：

"没事没事！"

"如此之高，摔伤如何是好？"

"二兄不用担心，我从这石头上已经往下跳了多次，没事！"

"还是小心为好！"

谁知玄霸非但不听，反而嘲笑世民道：

"二兄天天背书有何用，与我一起练武才是！"

"少而不学，长无能也。来，与二兄一起读书！"

"不！大兄说得好，'伟人从来都是马上夺天下，刀下守社稷'，我要练好武艺，长大谁也不怕！"

"错了错了，你把这句话说错了！"

"如何错了？"

"娘说是：'马背夺江山，笔头治天下！'"

"此话如何讲？"

"此话之意，是用武功夺取江山，用文才治理国家。你我都要悉心学文才是！"

"既然如此，你就读你的文章，我还是练武为好！"

"我不仅如今要学文，日后亦要练武，我要做个能文能武之人！"

谁知，这时玄霸趁世民不备，竟然把他一下子抱了起来，大笑道：

"二兄，你现在看，是学文好，还是学武好？"

世民突然指着大门口说：

"瞧，阿耶回来矣！"

玄霸听说父亲回来了，赶紧把世民放下来。他朝门口看去，但并没有看到父亲，气愤地说：

"二兄骗人！"

世民对玄霸笑着说：

"此乃计谋，以才智取胜。哈哈哈！"

李渊看到兄弟俩一个勇武一个善谋，很是高兴。他大步走向玄霸说：

"玄儿，你看，阿耶真的回来也！"

玄霸看到李渊很是高兴，但世民却大吃一惊，心想：我是在用计骗玄霸，谁知阿耶竟然真回来了，如此凑巧！

李渊抱起玄霸，在他的脸蛋上亲了亲，高兴地说：

"玄儿又长高许多。你是否想阿耶？"

"想，很想很想！"

世民走近李渊：

"阿耶！"

李渊摸了摸世民的头，笑着说：

"民儿能背诵文章？"

"阿娘教会儿许多字，儿已会背好多文章。"

"要听你阿娘话，照顾好阿弟！"

"儿谨记在心！"

李窦氏看到李渊，便抱着元吉走到李渊面前。李渊把元吉从李窦氏怀里接了过来，高兴地在元吉的小脸蛋上亲了起来。李窦氏叫婢女夏荷照看着几个孩子，她陪李渊走进上房。进到房内，李渊不自觉地面露忧虑。李窦氏看出李渊有心事，轻声问：

"四郎因何忧虑？"

"唉！"李渊叹了口气，把杨广说的那些话说给了李窦氏。之后，他担心地说：

"杨广如此说，莫非已知道我心事？"

李窦氏沉思了一会儿，笑了笑说：

"四郎多虑！谋杨隋江山者何止一人？但又有几人有机会，有能耐？杨坚篡位，是趁我舅家势弱，杨广夺位，是用阴谋诡计。他父子都是以阴谋诡计夺取江山社稷，害怕他人也以阴谋诡计夺他杨隋江山，因而处处怀疑文武大臣。杨广说这番话，无非是在鼓吹他有治国之雄才大略，威吓臣子而已。

他怎会知四郎心思？"

李窦氏这番话，搬走了多日来压在李渊心头上的巨石，他长长出了口气：

"阿兰所说极是！还有一事，不知是福是祸。"

"何事？"

"杨广免去我岐州刺史，改封我为郑州刺史，不知这是何意？"

李窦氏略一思忖，对李渊说：

"四郎不必多虑，历代新君登基稳定政权之后，都会按照自己意愿调动地方官员，杨广当然也会如此。岐州距离京城近，郑州距离东都近，两个州地位不差上下。虽然离家比较远，但远亦有远的好处，皇上鞭长莫及，阿渊少受挟制。"

"阿兰所说甚是！嗟乎，日后又该如何防备杨广多疑之心矣！"

"杨坚多疑，四郎可以韬光养晦，等待时机。杨广心思缜密，且好大喜功，四郎应在韬光养晦等待时机中再做好两件事。"

"是何两件？"

"随缘杂善，投其所好。"

"随缘杂善，投其所好？"

"对，韬光养晦，随缘杂善，投其所好，等待时机。"

李渊沉思了一会儿，点了点头说：

"夫人是说在杨广面前，依然要装作平平庸庸，俯首帖耳，随着时势变化而变化，说些杨广爱听之话，做些杨广喜见之事，不盲动，耐心等待时机？"

"对，杨广不同杨坚，他年轻气盛，初登皇位，不可一世，且心思缜密，好大喜功。然好大者必有一疏，喜功者必有一迷，四郎应在杨广这一疏一迷上做文章，一旦机会到来，四郎即可大有作为！"

忧虑消失了，皇帝梦又复苏了，李渊的脸上有了笑容，眉梢也扬了起来，他痴痴地注视着李窦氏。见李渊如此神情，李窦氏惊问：

"四郎还有何忧虑？"

"我并非忧虑，而是万分遗憾！"

"有何遗憾？"

"上天不该矣！"

"上天不该何事？"李窦氏不解地问。

"上天不该把阿兰生为女儿之身！"

"此话怎讲？"

"阿兰如若是男子，堪比当年姜尚、诸葛，我李渊何愁不能灭杨隋，夺天下！"

听李渊如此说，李窦氏嫣然一笑：

"四郎言笑，妾庸庸愚愚，怎有姜尚诸葛之能！"

"在我眼里，娘子确实如此！"

"既然如此，我为四郎运筹帷幄，岂不甚好？"

"甚好甚好！我李渊感谢上苍，赐予我如此足智多谋的夫人！"李渊笑嘻嘻走近李窦氏，情不自禁地抱起她，在李窦氏脸上狂热地亲了起来。

这正是：夫妻贵相慕，相慕情愈浓。要知后事如何，请听下回分解。

第十五回

入学立誓苦发奋　背诵课文知正心

小世民要上学了，李窦氏为他选定了陈先生的学馆。县城里有几家私塾，比较起来陈先生的学馆更好一点。陈先生原来在官府办的学校里教书，人品正，治学严，颇有名气。李窦氏为小世民选定陈先生的学馆，也因长子李建成和女儿翠平都在陈先生的学馆上学，兄弟姊妹几个在一处上学能相互照应。

李窦氏亲自送小世民去学馆报名。陈先生的学馆在县衙东侧，坐北面向街道，门前是三间铺面。陈先生祖上经商，财旺丁不旺，代代单传，到了陈先生这一代，他无意经商，却看重儒学。杨隋一统江山后，官府开办官学，陈先生才学好，被聘为夫子。前几年，杨坚认为国子监人才不精，废去州县的官办学校。官府不办学了，陈先生便自己办起了私塾。

李窦氏领着小世民，走进陈先生家。院子虽然只有三间宽，但很深，足有二十几丈。院中间有道青砖花墙，把院子分成前后两截，前半截住着陈先生的家小，青砖花墙后是三间上房，一明两暗，左边是陈先生的卧房，右边是陈先生的书房。上房东侧有四间厢房，是两个大教室：一个是蒙学教室，教初入学的学生；一个是明经教室，有一定基础的学生在这里学习四书五经和算学。李窦氏和小世民走进陈先生的书房时，陈先生正在备课。李窦氏见陈先生生得圆脸庞、卧蚕眉、双眼皮、大眼睛，眼袋显露，悬胆鼻，三绺胡须花白，花白头发裹着黄鞑头，插白银簪，身穿黑宽交领蓝色儒袍，颇有几分孔老夫子风度。李窦氏不免对陈先生心生敬意，施礼道：

"拜见先生！"

陈先生虽然知道学生李建成和李翠平的父亲李渊是岐州刺史，但从未见过李渊，更不认识李窦氏。李建成和李翠平入学是管家李福送来的，看到眼前这位妇人青丝平绾，银钗无花，桃红布襦，绿绸长裙，无金玉佩戴；虽然衣着朴素，但姿容不凡：眉如春柳叶，眼似丹凤睛，面若桃花艳，素面不修，天然秀色。陈先生连忙起身还礼：

"娘子有何事？"

"送子上学。"

陈先生低头看到站在李窦氏身旁的小世民，不看还罢，仔细一看，很是惊奇。但见小世民身穿蓝色交领小儒袍，头扎红绸黄线鞑头，银簪闪闪发光，双眉似利剑，凤眼如电闪，一脸机灵俊秀气。陈先生很是喜爱，问：

"你叫啥名字？"

"先生，我姓李名世民。"小世民很是懂事，一面向陈先生行礼，一面自报家门。

"今年几岁？"

"六岁三个月。"

"年龄还小，上学尚早！"

"先生，王羲之四岁学书，甘罗十二岁做宰相，与之相比。我上学已晚！"

"嗟乎，小小年纪已知先贤典故，看起来有上学之志气。不过，男孩入学不自由，小错则罚站罚跪，大错则戒尺打手打屁股，你可愿意？"

"愿意！严师出高徒，世民一心求学，如果懒学犯戒，愿打愿罚。"

听小世民如此说，陈先生很是高兴，问李窦氏：

"娘子家居何处？"

"城北门外，香山之下。"

"孩子上下学可有人护送？"

"我有兄姊相伴，不用阿娘接送！"小世民抢先说。

"你哥哥姐姐是谁？"

"李建成、李翠平。"

听到这两个学生的名字，陈先生大吃一惊，他万万没有想到眼前这位中年妇人竟然是李刺史的夫人。难怪她衣着朴素，却有雍容华贵之气。陈先生忙向李窦氏行礼道：

"原来是唐国公娘子，失礼失礼！"

李窦氏一边向陈先生还礼，一边说：

"先生不必多礼，还望先生费心，从严教育我这几个儿女。"

"理当如此，娘子请放宽心！"

李窦氏交了束脩，陈先生便让小世民行入学礼。

陈先生书房中间置有孔老夫子的画像，画像前有"先师尼父"的神位。陈先生按照学生入学的惯例，指导小世民先给孔夫子的神位上了炷香，行了三拜九叩的大礼，之后对小世民说：

"你必须向先师孔老夫子神像起誓，上学之后该如何学习！"

小世民对上学胸有成竹，他庄重地面对孔老夫子神像说：

"世民上学，定当勤奋刻苦，以圣贤为范，自励不息！如若逃学犯戒，愿受惩罚！"

最后，李窦氏让小世民给陈先生磕了头，行了拜师大礼。

第一天上课，陈先生给学生每人发了一本书。这本书是识字课本，是陈先生以日常生活常用字编写的。内容是"日月星辰，天地山水，花草树木，你我他人，衣食住行……"小学童们拿上书很是高兴，翻着，看着，念着。小世民把这本书翻看了几遍，默默地记着。他数了数共有三百六十个字。这些字他都认识，也都会写了。陈先生在给学生教"日"字时，小世民已经把这本书全看完了，也记熟了。陈先生领着学生用手指在空中书写"日"字，小世民没事可做，想起母亲昨天教的"麒麟"二字，于是他也举起手指书空起来。陈先生教学生一笔一画书空着，他仔细看着学生书空，看着看着，发觉小世民书空得不对，于是走到小世民跟前，给小世民提醒道：

"李世民，你书空得不对。"

小世民沉浸在对"麒麟"两个字的书空和字义想象中，陈先生走到他面前，他并未察觉。陈先生这么一提醒，他吃了一惊。以为陈先生说他把"麒麟"两个字写错了，一愣神说：

"先生，我书空得没错！麒麟的麒左鹿右其，一共十九画；麒麟的麟左鹿右粦，一共二十四画。两个字都是形声字。"

听小世民如此答非所问，同窗们都大笑起来。陈先生倒是很吃惊，说：

"我教的是日月的'日'，你为何画这两个字？"

陈先生这么一问，小世民反应了过来，忙解释说：

"先生，对不起，我没有画日月之'日'。"

"你为何不书空？"

"这字我认识，也会写。"

"书中有很多字，你认写会了'日'字，就应该认写后边之字才是。"

"书中这些字我都会认写。"

"你都会认写？"陈先生很是吃惊。

"都会认写。"小世民平静地说。

"你先给我读读！"

"是，先生！"小世民并没有看书，昂首挺胸把课本中的三百六十个字全背了出来。

听小世民背得一字不差，陈先生奇怪地问：

"你以前读过此课本？"

"没有。"

"那你如何会背诵？"

"方才我看过，内容很有趣，我便记了下来。"小世民解释。

"你过目不忘？"

"不是，我看了好几遍。"

"这些字是谁教你的？"

"我阿娘！我阿娘也给我编有一本识字课本。先生这本识字课本是按日常生活常用字编写，我阿娘是按人们活动规律常用字编写。"

"你阿娘所编写识字课本内容你可记得？"

"记得。"

"能否背诵出来？"

"能！"小世民双手背在身后，挺起胸脯，朗声背诵道，"上天造人，头身手脚，口眼鼻舌，耳发牙唇。服装护体，上衣下裳……"

小世民背诵得清晰流利，滚瓜烂熟。陈先生惊得目瞪口呆，同窗们都为小世民拍手叫好。一个比小世民大几岁的小胖子大声说：

125

"先生，李同窗还会背诵文章！"

陈先生看着小世民，问：

"你会背诵文章？"

"会。"

"可否背诵一篇？"

"诺！"小世民继续昂首挺胸，朗声背诵，"古之欲明明德于天下者，先治其国；欲治其国者，先齐其家；欲齐其家者，先修其身；欲修其身者，先正其心；欲正其心者，先诚其意；欲诚其意者，先致其知；致知在格物。物格而后知至，知至而后意诚，意诚而后心正，心正而后身修，身修而后家齐，家齐而后国治，国治而后天下平。自天子以至于庶人，壹是皆以修身为本。其本乱而末治者，否矣。其所厚者薄，而其所薄者厚，未之有也。"

小世民把这篇文章背诵得很熟、很自然，还摇头晃脑起来。同窗们都看着小世民，有的张着口在笑、有的瞪着眼在想。张口在笑的是笑话小世民摇头晃脑很有趣，瞪着眼在想的是想小世民很聪明，自己也要像他那样学很多字，学很多知识。陈先生看李世民背诵得如此熟练，既吃惊又兴奋。吃惊的是，这一篇《大学》的文章，是他给有一定学习基础、一定学习能力的学生教授的课文，刚刚入学的李世民竟然背诵得如此熟练！看他摇头晃脑的自信样子一定对这篇文章的大意有所了解。李世民的天赋竟然如此之高！兴奋的是，自己虽然教书多年，却未曾遇到李世民这样聪慧的学生，他教书多年，没有什么成就，李世民有如此学习天赋，慧根如此之深，如果悉心教导，势必成才，说不定会成为国之大器；如果日后李世民能成为国之大器，他陈先生岂不就是名人之师吗？想到这里。陈先生看着小世民说：

"背诵颇好！但不知你还会背诵哪些文章？"

李世民没有说什么，只是开口朗声背诵道：

"所谓修身在正其心者，身有所忿懥，则不得其正；有所恐惧，则不得其正；有所好乐，则不得其正；有所忧患，则不得其正。心不在焉，视而不见，听而不闻，食而不知其味，此谓修身在正其心。"

陈先生看小世民背诵得很自信，含笑问他：

"这篇文章大意你可知晓？"

"母亲教我说，君子要使自己有所修养，就必须端正自己之心思。心思无杂念，方能有所成就。此大意是否正确，先生？"

陈先生点了点头：

"大意即是如此。看起来你学习很是专心，专心者即是修身，修身者即是正心。学习是如此，做任何事亦是如此。日后你无论是学习或做任何事情，都要修身正心才是。"

"学生谨记先生教诲！"

陈先生走上讲坛，对学生们说：

"你们都看到了，方才李世民背诵文章如此熟练，这是他用心学习之结果，专心学习之结果。今后，你们大家都要像李世民一样，在课堂上必须专心，不能东张西望，不能人在课堂而心不在学习上。心不在焉，岂能听好先生讲课？心不在焉，岂能把学习搞好？凡事都要专心、正心才是！"

"是，先生！"

"大家跟我书空日月之'月'。撇——横折勾——横——横。"

"撇——横折勾——横——横！"

小学童们被李世民的学习天赋和陈先生的激励感染，一边大声读着"月"字的笔画名称，一边跟着陈先生用手指书空。蒙学教室里，小学童们的学习情绪很高，陈先生教得很自信，很兴奋。是呀，多少年来，陈先生教学生很少如此激情，也从来没有如此之兴奋，倒是常常为一些顽皮学生不快、生气，甚至发怒。陈先生教书虽然从来不误人子弟，但他人子弟不是娇生惯养，就是不知学习，有时还给他恶作剧，他何曾遇到过像李世民这样听话、懂事、有志学习的学生！私塾学校教学形式，不是以年级授课，而是以学生的学习基础、学习能力因材施教。有志学习的学生自制能力强，学得好；智力好的学生，学得快；而一些顽皮学生，则因贪玩嬉戏而荒废学习，学习成绩自然不会好。孔老夫子学生三千，成材者也只有七十二人。而其他学生，心怀杂念，不修身正心，自然学无成就。陈先生当然想把李世民教成颜回、子路那样的人才。因此，他不仅喜爱李世民，而且决心把李世民培养成才。

这正是：都道名师出高徒，谁知高徒捧名师。要知后事如何，请听下回分解。

第十六回

运河南北物流畅　西苑荒淫邪念生

上回说，杨广坐上皇帝宝座之后，信誓旦旦要励精图治，要使杨隋天下兴盛胜过商汤周武、秦皇汉武。他如此说，也的确如此在做。

首先，他果断地剪除了敢与他争夺皇帝宝座的势力。当时，敢与他杨广争夺皇帝宝座的人，无非就是他的几个亲兄弟。杨坚在世时，经常向群臣炫耀："朕五个皇子，皆一母所生，无嫡庶隔阂，日后不会相互恶争。"谁知，他尸骨未寒，五个一母所生的儿子，就为了争夺皇帝宝座残酷厮杀起来，而且比历史上任何一个朝代的皇子夺位都惨烈。长子杨勇的太子位，被次子杨广用阴谋诡计取而代之。杨广再施毒计，不仅杀了杨勇本人，而且把杨勇的几个儿子全杀了，断了杨勇的根。老三秦王杨俊还没有等杨广动手，就被吓死了。老四蜀王杨秀不服气，干脆起兵反了。其实杨广早已谋划好，等的就是杨秀起兵造反。杨秀一起兵造反，杨广便名正言顺地灭了他。老五汉王杨谅虽然很有心计，手中也握有兵权，自认为他比杨广厉害，更想当皇帝，他发动了几路兵马直取杨广的性命，但他也不是杨广的对手，被杨广三下五除二就收拾了。杨广将敢与他争夺皇帝宝座的几个亲兄弟斩尽杀绝，稳固了皇位。

稳固了皇位之后，杨广又挥师北境。诏令通事谒者韦云起率军征伐经常犯境的契丹。韦云起巧施妙计，利用突厥势力，一举消灭了契丹，威慑镇服了东西北境的大小敌国。杨广镇反、御敌这两步棋下得干脆果断，很有成效。自此，内再无国人敢逆他杨广，外再无异族敢犯中原之境，杨隋一时间国泰民安。

杨坚一世节俭，做了二十四年皇帝，励精图治，重奖耕织；在生活上，他不仅自己坚持食不二味，平时不穿绸缎，还下诏臣民厉行节约。在杨坚的率先垂范下，社会已经形成了崇尚节俭的良好风气，国库积攒了大量财富。单说存粮，就足够全国军民食用五十年。杨广也很看重这些粮食，在东都洛阳修建了大小两个储粮仓城。大的建在巩县东南塬上，叫作"洛口仓城"，占地方圆二十多里，建有三千粮窖，每窖存粮八千石以上。小的叫作"回洛仓城"，占地方圆十里，建有三百粮窖，每窖同样存粮八千石。

人常说，仓廪实而知礼节。杨广有如此丰富的粮食和财富，底气怎能不足？胆子怎能不大？于是，他做了历代帝王谁也不敢想、谁也不敢做的壮举——开凿大运河。他调集百万民夫把南北水路凿通，把海河、黄河、淮河、长江和钱塘江五大河流连接起来。大运河途经河北、山东、河南、安徽、江苏、浙江的广大地区，成为南北水上交通的大动脉；不仅使得南北物流畅通，商贸便利，更重要的是便于统治全国。凿通大运河这一旷世工程，杨广做成了，而且做得很好。杨广很是高兴，高兴得几乎发了狂。

作为帝王，为了巩固政权，抵御外敌，修建储粮仓城，开凿大运河，尽管动用了百万劳工，耗费了大量资财，带有浓烈的血腥味，但利国利民，善良的百姓是理解的，支持的。满朝的百官都是拥护的，赞誉的。杨广在百姓的理解支持和百官的拥护赞誉中，飘飘然了，不可一世了。他认为他的功绩远比商汤、周武、秦皇、汉武大，他比历代任何帝王都英明伟大。他更是自认为天下没有他杨广做不成的事。杨广产生了这种谬误的心理，变得狂妄自大，刚愎自用，听不进任何忠言直谏了。

任何帝王，一旦听不进忠言直谏，就必然被小人的甜言蜜语所左右。有个叫宇文贵的内侍，杨广很是宠爱。这个宇文贵，虽然不是女子，但比女子更迷人；他有着白皙如脂的肌肤，一头油黑的秀发，一张迷人的瓜子脸，又细又长的眉毛，双眼皮，俏丽的鼻子，美如成熟红樱桃的小嘴。特别是这张小嘴，说话如黄鹂般清脆，如春风般暖人，真是人见人爱。当时，萧皇后虽然貌若天仙，但毕竟已是半老徐娘；虽然后宫美女众多，但毕竟都是女人，都是一个韵味、一个情调。唯有这宇文贵别有一番韵味，别有一番情趣。杨广被这个宇文贵引入了歧途。

一天晚上，杨广命宇文贵侍驾。宇文贵趁着杨广高兴，对他说：

"陛下常说江都很美，如今大运河已开通，陛下何不造些大船，带上宫里美人去江都玩玩？"

杨广巩固了政权，开拓了疆域，国库充盈，如今又凿通了大运河，正得意得不得了，听宇文贵如此说，捏了捏他的脸蛋，哈哈一笑说：

"这有何难，朕明日就命人去造大船！"

果然，杨广次日便下旨造游船。他造的这些游船可不一般：杨广乘坐的游船叫作"龙舟"，长二百丈，宽二十丈，高四十五尺，上层有正殿、内殿，左右是朝堂，全部用黄金美玉装饰。萧皇后乘坐的游船叫作"翔螭舟"，比杨广乘坐的大龙舟稍小一点儿，也是用黄金美玉装饰。另有"浮景舟"九艘，充当杨广出游的水上离宫、别馆，比"翔螭舟"小一点儿，有三层。妃嫔、皇子和文武百官乘坐的游船分别叫作"漾彩""朱鸟""苍螭""白虎""玄武""飞翔""青鸟""陵波""五楼""道场""玄坛""板䑽""黄篾"等，计有数千艘。

造了如此华贵、如此多的游船，杨广犹嫌不足，还规定了礼仪朝服的颜色和等级：唯有他杨广才可以身穿浅黄色绣有日月星辰的细丝龙袍，头戴金冕珠旒；三品以上身穿紫丝大花图案袍，腰束美玉挂钩带；五品以上身穿朱红细丝小花图案袍，腰束黄金挂钩带；六品身穿柠檬黄绸双钏图案袍，腰束犀牛角挂钩带；七品身穿绿绸小花图案袍，腰束白银挂钩带；八品及以下身穿青色丝布杂绫袍，腰束瑜石挂钩带。杨广还组建有三万六千人的仪仗队，仪仗队人人身穿锦绣花袍，头戴羽毛装饰的头盔，手持羽毛装饰的旗幡。要满足这三万六千名仪仗队员所用的羽毛，必然要从老百姓家中榨取。老百姓谁敢逆旨？只好全家出动，四处逮鸟拔羽毛。一时间，千里少飞鸟，万村多吏号！

当时流传着一个故事：有一只美丽的白鹤，在一棵十多丈高的梧桐树上筑了个大鸟巢。这只美丽的白鹤在巢里下了几个蛋，好不容易孵出几只小白鹤。为了养活小白鹤，这只美丽的大白鹤不得不外出觅食，谁知被逮鸟的人们发现了，穷追不舍，一直追到梧桐树下。这些人想爬上树去逮，但树很高，十丈之下没有枝杈，爬不上去。他们找来木梯，但上到木梯顶也够不到鸟巢。这些人最后用了最歹毒的办法，用斧头砍树。这只美丽的白鹤，看到人们疯狂地用斧头砍树，梧桐树在颤抖着，小白鹤吓得吱吱哭叫。美丽的白鹤很是难受，它很清楚，人们砍倒了这棵梧桐树，它这几个可怜孩子就没命了。白鹤也很清楚，人们之所以追它，之所以砍树，是要逮住它，取它身上美丽的羽毛。为了几个孩子，它忍受着钻心的剧痛，用嘴巴把自己身上的羽毛一根一根拔下来扔给树下的人们。逮鸟的人得到了美丽的羽毛便不再砍树了。小鸟得救了，而这只美丽的白鹤失去了一身美丽的羽毛，全身染血。

当时，有个文人看到这种情景，竟然还作了两句诗赞美道："天子造羽仪，白鹤献羽毛！"

游船造好了，华丽的服装做好了，壮观的仪仗队组建好了，杨广下诏游江都。先不说杨广带有多少后妃宫女、文武大臣、内侍卫兵，单说一路给杨广撑船拉纤的民夫就有八万多，就连这些拉纤撑船的民夫，也都必须身穿艳丽的锦袍，何其扎眼！何其奢华！再加上两岸御道上几十万大军护卫，总共上百万人的吃喝都要沿途五百里内的官府民众供给。在杨广的屠刀下，地方的官员和百姓谁敢不送好吃的？谁敢不多送？送的食物不好，就会受到重罚，送的食物不够吃，就会被杀头。而那些宫女、内侍和官兵，吃饱喝足之后，把吃不了的饭菜干脆倒掉。倒在地上的饭菜太多了，就挖坑埋在土里。如此浪费，金山银山也不堪挥霍！如此靡费，国岂能不穷？民岂能不反？

最初开凿大运河，杨广并不是为了游江都，但宇文贵一席话引出了杨广的邪念，邪念一生，就会变态，人变态了，就必然做出傻事来。作为皇帝的杨广，就是去游江都，也无可厚非，只是他带着百多万人如此奢华地去游江都，有失人君之仁，人君之范！更不该如此游过一次犹嫌不足，还二次三次地游！如此去游玩，岂不背离了他开凿大运河之初衷！

当时，朝中有两个能工巧匠，一个是宇文恺，一个是封德彝。杨广奢华游江都犹不满足，又诏令宇文凯和封德彝修建东都显仁宫。

这显仁宫并不比当年杨坚修建的仁寿宫差，规模极大：南接皂涧，北跨洛滨；规格极高：搜罗大江之南、五岭以北的奇石珍材送到洛阳，又征集天下的嘉木异草、珍禽奇兽，养在园苑内。为了把长安京城与东都显仁宫连接起来，开通济渠，自西苑引谷水、洛水达于黄河；又自大梁以东引汴水入泗水到淮河；又开凿邗沟河渠，自山阳至扬子入长江。渠宽四十步，渠旁都筑有御道，道旁都植有柳树，自长安到显仁宫，千里之间建有离宫四十多所。

在显仁宫一侧又建有西苑。西苑方圆二百多里。苑南部修有大泽，被称为"海"。水阔十余里。水中建有方丈山、蓬莱山、瀛洲山。三座山都高出水面百余尺，山上遍布楼台宫殿。海北凿有龙鳞渠，渠水萦绕流入海内。顺着龙鳞渠建了十六所美人院。每院常住着一位四品夫人。这十六院的嫔妃，都是万中选一的美人。这十六院的宫房，也都是金玉装饰。秋冬草木花去叶落，便用彩缎做成花、叶悬挂在树木上。彩缎做的红花绿叶一旦褪色，就换成新的。冬天水中没有荷叶莲花，便用彩绸做成荷叶莲花置于水中，以假乱真。这西苑十六院的美人日日换新装，夜夜摆盛宴；花草树木四季常鲜艳！

有个读书人被征去做了民夫，曾在西苑劳役，看到西苑如此华美，如此金碧辉煌，如此挥金如土，他感慨地作了一首诗：

"未见神仙境，但闻西苑宫。终年花草艳，昼夜管弦鸣。六院美人笑，三山海水腾。琼楼金玉殿，尸骨民脂成！"

是呀，西苑琼楼金殿虽然无比华美，但都来自民脂民膏。然而，杨广却并不这样想，总认为这是他杨广英明伟大。当时有个方士叫夏澈，谄媚说杨广是神仙下凡，无所不能。这话正合杨广的心意，之后，他便以神仙自誉。他经常带着后妃和千余名宫女，在月色下或乘船或骑马浪游西苑，以天宫的玉皇大帝自比，寻找做玉皇大帝的感觉，陶醉于这种月色下的醉生梦死。

当年，秦始皇一统六国之后，便以六国之资财修建阿房宫，圈养六国美女供他享乐，其规模之宏伟，耗费之巨大，成旷古之最。然而，阿房宫尚未建成，秦始皇便一命呜呼，成了历史上的笑柄，遭千古唾骂。而杨广不仅建成了比阿房宫更宏伟更华丽的西苑，而且拥有了天下万千美女。真是人心不足蛇吞象啊！尽管杨广拥有了这一切，但他还不满足，还在不断地猎色，甚至无耻地觊觎臣下的妻女！

一天，杨广突然想起李渊的妻子窦芝兰来。他早就听闻窦芝兰有不凡的美色，特别是她那一头秀发，长得出奇，美得迷人，还听说窦芝兰很有个性，且有才学，是个奇女子。当初他就想把窦芝兰弄到手，碍着父母，他不敢。如今，自己是皇帝，何不了却心头夙愿！想起窦芝兰，他就想到李渊。

这个东西，貌似平庸，心藏奸诈，虽是表兄，但让人生厌。更何况安伽陁有"李氏当为天下"预言。最近，正好有人密报说李渊有个儿子出生前后门前上空有两条龙在飞腾。如果此话属实，岂不应了安伽陁的预言？对，何不趁此机会，来个一石二鸟，既灭了李渊父子，又把窦芝兰弄到手。想到这里，杨广当即下诏："郑州刺史李渊携妻带子速速进京面圣！"

李渊接到诏书，心惊胆战，吓出了一身冷汗。他心想：皇上突然下旨要我去京城，还要我带着妻子和儿子去见他，这是何意？这分明就是鸿门宴！我李渊能去吗？敢去吗？但在传旨内侍的催促下，他不得不动身，不得不回家带上妻儿进京去面见皇上杨广。

途中，李渊沮丧地对李窦氏悄声说：

"娘子，圣上是否对我起了疑心？"

"今上对谁放心！"李窦氏看着李渊沮丧的样子，她平静地安慰李渊。

"此去面圣，凶多吉少！是不是给咱摆的鸿门宴？如若前去，岂不是飞蛾扑火？"

"是福不是祸，是祸躲不过！福也好，祸也罢，只能面对！"

"我怕此去……"李渊很是害怕。

"不去就是抗旨，抗旨的后果岂不更惨？"

"娘子有无良策？"

"有。"

"是何良策？"

"郎君可请辞归田。"

"请辞归田？"

"对，今上忌讳李姓官员，郎君请辞归田，岂不去了今上心头之患？"

李渊沉思了良久，点了点头，痛苦地说：

"眼下保命要紧，不当这刺史也罢！"

李窦氏看李渊很是痛苦，微微一笑说：

"郎君请求辞官归田，但今上是否恩准，另当别论。"

"那如何是好？"

"此次面圣,须慎言静观上意。倘若今上对你怀有疑心,你即可请辞归田;如另有所图,随机应对便是。"

"另有所图?"李渊猛然想起杨广曾经色眯眯地问起李窦氏,莫非杨广对窦氏有非分之想?不然他为何要我带上窦氏去见他?但他又想,如今杨广后宫美女如云,岂在乎窦氏?他又为何要见我几个儿子?莫非他已知道世民奇异之事?

李渊越想越害怕。他着急地说:

"他到底有何企图?"

"四郎莫慌,上之所图,妾已经猜知几分。四郎只要佯装平庸即可。其他之事,妾自有对策。"

见李窦氏如此淡定,李渊恐慌的心渐渐平静下来。

这正是:任凭风云多变化,自有贤内过人谋。要知后事如何,请听下回分解。

第十七回

李渊奉旨见皇上　杨广诈审强加罪

上回说李渊接到皇上杨广的诏令，不得不带着妻子和几个儿子上京面圣。李渊心里很明白，杨广已经对他起了疑心，此去一定是凶多吉少，这令他很是害怕；经李窦氏宽心壮胆，李渊忐忑不安的心才渐渐平静下来。

到了京城，李渊一行刚住进吏部的驿馆，就被软禁起来。一看这阵势，李渊的心又狂跳起来，他知道自己和家人已经成了笼中的鸟、网里的鱼、案板上的肉，任凭杨广宰割了，很是沮丧和绝望。李渊七岁袭爵唐国公，福里生福里长，几十年来何曾受过这样的待遇，他怎能不怕？怎能不沮丧？怎能不绝望？人常说"难中念亲人"，不过，李渊这时思念的人并不是他已经去世多年的双亲，而是他的姨母独孤皇后。李渊初做谯州刺史时，经验尚不足，对谯州的治理也不到位，一时不能很好地驾驭谯州的官员。

当时，有一个叫上官崇的官员，是谯州府的长史。他在谯州做官多年，深谙谯州府的典故，在谯州织了一道关系网，是一个地道的官痞。历任谯州刺史，不得不对上官崇另眼宽待，不然就会遭其暗算。李渊初到谯州，不知道这个潜规则，认为对下属公正公平即可，没有对上官崇特别照顾。上官崇很不满，认为李渊对他不恭，就鼓动同党给李渊找茬。当时李渊年轻气盛，对上官崇加以斥责，这更引得上官崇不满。他广搜李渊对谯州治理中的小失误，吹毛求疵，大做文章，串通朋党向吏部联名告发李渊。一时间，李渊在谯州官场成为众矢之的。

李渊很是害怕，不得不向独孤皇后说明情况，求独孤皇后解围。独孤皇后把李渊在谯州的情况说给杨坚。其实杨坚对谯州的情况心知肚明，也听到上官崇的一些事，把吏部尚书叫来问明了情况，便命吏部下了一道公文，把上官崇调到一个偏远的州降为九品司马。这不仅是釜底抽薪，更是敲山震虎，一下子震慑住了谯州的地方官吏，给李渊解了大围。此后，李渊在谯州当刺史一帆风顺，他也把谯州治理得很好，在官场上也逐渐有了名气。多年来，李渊在官场顺风顺水，就是因为有姨母独孤皇后这个大靠山、皇家的保护伞。如今姨母去世了，他的靠山倒了，保护伞没了，李渊失了势，而今竟然成了待宰的羔羊，他怎能不思念独孤皇后！眼下，他不敢再做称帝的美梦了，只求上苍能保住他的性命，保佑他妻子和几个儿子平安。

李窦氏想的比李渊更多。她想到杨坚以卑鄙的手段篡夺了宇文舅家的江山。她从小就恨自己是女儿身，不能纵马横枪杀了杨坚。自从嫁给李渊，知道相师史世良看李渊骨相贵不可言，很是高兴，心想，虽然自己不能手刃杨坚老贼，但如果夫君日后当了皇上，岂不是替自己完成了心愿？因此，多年来，她任劳任怨，尽心孝敬服侍脾气暴劣的婆母，一直到婆母去世；尽心辅佐丈夫李渊，使李渊在官场顺风顺水；悉心抚育五个儿女，使李家后世兴旺。生次子小世民时，她遇到很多异象，更有云游书生不仅说丈夫李渊骨相贵不可言，而且说小世民日后有济世安民的能力。这使她更为振奋。杨坚老贼篡夺了我舅家宇文周的江山，我夫君与儿子再夺了他杨隋的天下，这岂不是上天注定一还一报吗？李窦氏怀揣着这个愿望，天天给神佛上香，时时口念阿弥陀佛，求神佛保佑夫君和儿子平平安安，心想事成。多年来丈夫李渊官场得意，几个儿子都很聪明，特别是小世民天资聪慧，她很是开心，单等梦圆的那一天早日来到。谁知，杨广这道诏命搅碎了她的美梦，使她既恐慌又愤恨。

几天来，她认真分析杨广这道诏命的用心：不难看出，杨广是对她窦芝兰生了邪念，为了逼她就范，用她的夫君李渊和几个儿子相要挟；如果是如此，她是有办法对付的。李窦氏很清楚，杨广这个皇上，色欲永远不会满足，尽管宫中美女如云，但他犹嫌不足。独孤皇后在世时，反对诸王子奢淫，杨广表面只有萧妃一个，但暗中却养了很多美女，供其淫乐。杨广一登上皇上的宝座，下的第一道圣旨就是举国选秀女充实后宫。当年，他率军征伐陈国，最大的目的就是夺取陈国皇帝陈叔宝的宠妃张丽华。因为，他知道张丽华被誉为"江南第一美人"。谁知这个美人张丽华却被高颎杀了。为此，他对高颎恨得要命，当上皇上以后，就把高颎置于死地。杨广去游江都，虽然带着万千美女，但他还在江都大肆选美，为的就是弥补当年他没有把江南第一美女张丽华弄到手,报复性地在江南大选美女。杨广在东都西苑有很多美女,他昼夜与这些美女淫乐。

杨广喜爱的女人很多,但他最喜爱的马却只有一匹,这匹马叫"乌龙",全身的毛黑亮黑亮的,没有一根杂色毛,是上乘的汗血宝马,是杨广用珠宝从西域换回来的。这匹马很有灵性,眷恋故土,最爱吃西域一种带有清香味的苜蓿。西苑十六院中有一个院主夫人是西域大宛国的公主,她知道乌龙马的食好,把西域那种带有特别清香的苜蓿放在院门前。每当杨广骑马在西苑游览时,乌龙马闻到这种苜蓿的清香,就直奔大宛公主的院子。大宛公主不但人长得美,舞也跳得特别好,杨广很是喜爱。既然乌龙马把他驮到大宛公主的院子,他干脆就宿在了这里。大宛公主用一把香苜蓿,轻而易举地在万千美人中得到了杨广的宠爱。后来,大宛公主的这个秘密被其他院中的美人发现了,也暗中效仿,果然也得到了杨广的宠幸。

杨广玩在美女中,也乐在美女中。李窦氏知道杨广如此荒淫,非但不气愤,反而很是高兴。她非常清楚,杨广如此荒淫下去,必然会迷色丧志,荒废朝政,离心离德于臣民,这将给她夫君李渊和儿子夺取杨隋江山提供大好机会。想到这里,李窦氏心里很踏实,也想出了对付杨广的好办法。

这天晚上,小世民突然腹泻,一个晚上就泻了十一次。李窦氏要请医者给小世民看病,但驿馆大吏不允许,挨到天亮,小世民两个眼窝青黑,脸色蜡黄,脸蛋塌陷,往日那种天日之表、龙凤之姿荡然无存了。李窦氏和李渊很是害怕,苦苦哀求驿馆大吏,好不容易请来医者给小世民治病。医者给小世民平了脉象,没发现什么大病,只是腹泻,但看小世民如此病容,很是谨慎,很快给小世民开了一剂止泻大补汤。小世民喝了药,腹泻果然止住了。李窦氏为小世民担惊受怕,整整一夜没有合眼,眼中满是血丝,眼圈也发青了。早饭后,圣旨下来,命李渊一个人进宫面圣,李窦氏又为夫君李渊的生死忐忑不安起来。

李渊跟在传旨内侍徐仁身后进了宫,徐仁让李渊在大兴殿门前等候。这一等,从日上三竿一直等到日斜西天,足足三个时辰。李渊虽然又饥又渴,但他既不敢怨也不敢怒,更不敢离开半步。直到申时三刻,徐仁才领他进了东仪殿。李渊走进东仪殿，抬头一看，大吃一惊：殿阔九丈许，进深六丈左右，中间置有一张两三丈见方的紫檀木大床，大床周围镶嵌着黄金美玉的图案。杨广似乎午睡初醒，穿着雪色细丝中衣坐在床中间，左右有两个十七八岁美若天仙的宫女，正在给他揉腿捶背。杨广的眼中含着恶虎般的凶厉，狠狠地瞪了李渊一眼。李渊顿时吓得打了个冷战，赶紧低头跪地颤声说道：

"陛下万福，郑州刺史李渊叩见陛下！"

"大胆李渊，你可知罪？"

"微臣愚钝，不知身犯何罪，请陛下明示！"

"哼！你李渊愚钝？表面佯装愚钝，心藏奸诈。朕平生所恨的就是虚伪之徒！"

"微臣对陛下忠心不二！"

"哼，哼！你对朕忠心不二？先皇先后在世时，你以假亲假孝骗得先帝后重用庇护你。废太子当权时，你拜倒在他门下，与之来往密切。如今是朕做了皇上，你心中不服不满，是不是？"

听杨广如此说，李渊知道杨广对他只是怀疑猜测而已，并无什么证据，恐慌害怕的心绪逐渐平静了下来，他对杨广说：

"姨丈姨母在世时，对微臣提携庇护，微臣铭刻于心，岂能不尽孝心？而今每当想起姨丈姨母对微臣之恩惠就深感不安，犹恨自己，姨丈姨母在世时未能多尽孝心。废太子比微臣长两岁，儿时一起玩耍，对微臣多有庇护，微臣知恩图报，来京城时，只是为之送些许土产之物，别无他意。此乃微臣愚钝，并无非分之想。陛下登基以来，内安外定，筑仓城，凿通大运河，使大江南北物流通畅，天下百姓无不拥戴，无不高呼陛下万岁。微臣虽是愚钝，但亦知良禽择木而栖，贤臣择主而事之道理，岂敢对陛下心存不满？陛下把今日之大隋治理得远比当年商汤周武、秦皇汉武强盛，微臣心中岂有不服之理？陛下对微臣之疑心，定是奸佞之辈之诬告耳！"

"奸佞诬告！你可请相师看过骨相？"

李渊大惊，他如何知晓史世良给我看骨相之事？莫非是史世良向他告密！但仔细一想，不可能。杨广未做皇上之前史世良就已经去世，他如何告密。再说，民间请相师看骨相者比比皆是，相士所言岂可相信？想好之后李渊平静地对杨广说：

"有。"

"相师如何说？"

"相师说微臣前半生富贵，后半生贫困，如若能遇上贵人相助，即可富贵终生。"

"果真如此说？"

"果真。为此，微臣很是不安。但陛下继承大位以来，微臣很是高兴！"

"为何高兴？"

"陛下是微臣姨表兄弟，当然是微臣的大贵人，微臣有陛下相助，何愁晚年穷困？是故微臣天天烧香拜佛，祷告神佛保佑陛下万寿无疆！"

"巧言令色！"

"微臣对陛下之忠心上天可鉴！"

"有人传相师说你骨相贵不可言。"

"陛下慧目识天下。微臣如此愚钝，岂有如此骨相！但不知如此大逆之言是何人胡诌？"

杨广质问李渊的这些事，都是杨广自己的猜测，就这样被李渊一一应付过去，令杨广很是恼怒。他恶狠狠地对李渊说：

"大胆逆贼，你那个儿子出生时有两条飞龙在你家门前上空飞腾？说，有无此事？"

李渊的心顿时狂跳起来：呀，这个秘密居然也被杨广知道了！但他又仔细一想，龙凤之说，自古以来就有，但又有几人亲眼得见？不过多是想象之臆说罢了。想到这里，李渊镇定地对杨广说：

"陛下，微臣与内子育有四子一女，内子生产四个儿子时，微臣均不在家，也未听闻任何人说微臣家门前上空有龙飞腾。古往今来，书画中虽然有传说之飞龙但并无人亲见。不知是何人向陛下说知此事？不知陛下可曾问过此人，两条飞龙是何颜色？多粗多长？有无飞羽？是如何吼叫？"

李渊这样一问，杨广语塞，此事他是听一个宫女说的。一天，杨广在西苑散步，偶然听两个宫女闲聊，其中一个说她在进宫之前听到这么一个传闻。杨广追问这事的始末，但这个宫女并不知情。杨广立即命人去查，也没有查出什么结果。前几日，他命人把李渊府中的稳婆王氏悄悄押到京城拷问，但什么也没问出来。为了出这口恶气，他把这个老婆子斩了，这事也就不了了之了。其实，民间此类传闻颇多，谁又能说得清楚？杨广虽然如此追问李渊，但他心里并没谱，又怎能把大智若愚的李渊难住？可是，杨广哪肯放过李渊，他冷笑道：

"你如此狡辩，朕愈知你包藏祸心，你自以为骨相贵不可言，儿子亦有龙腾之预兆，难怪有人预言'李氏当为天下'。所谓预言，要么是他人胡诌，要么就是你李渊妖言惑众！"

杨广愈说愈气，大声道：

"千牛何在！"

宫门前有两个御前侍卫应声走进大殿。杨广对侍卫说：

"将李渊这逆贼关进天牢！"

李渊被侍卫押走时大声喊叫：

"陛下，微臣冤枉！"

不管李渊如何喊冤，杨广把手一挥，他还是被押去天牢。

这正是：桀纣荒淫天地怒，杨广恶念夺臣妻。欲知后事如何，且听下回分解。

143

第十八回

杨广要挟暗恋女　芝兰以碗化情仇

话说杨广下旨把李渊关进天牢，李渊大叫冤枉。大叫冤枉有用吗？没有，一点儿也没有！这是天牢，是皇上专门关押重罪高官的特殊监狱，一旦关进了天牢，他李渊又算什么？官场上有一句话："走进京城，方知官小。"李渊在郑州是长官，他唾一口唾沫，就能把郑州地面砸个坑，但是在这天子之都，他李渊算老几？李渊喊叫了一阵，没有谁理他，他自觉没趣，不再喊叫了，也慢慢平静下来。他仔细看着阴森森犹如地狱的监狱，凶狠狠如同魔鬼的狱卒，很是绝望。在绝望中，他不免想到妻子李窦氏。想到李窦氏，他一下子就想到在来京路上李窦氏叮嘱他，在危险的时候向皇上请辞归田。呀，他忘记了，忘得一干二净！他再仔细回想面圣时的情景，当时，杨广一见到他，就劈头盖脸地斥责他有不臣之心，他只是一味辩解，却没有请辞归田。李窦氏说得很有道理，皇上斥责他的话都是怀疑他李渊有不臣之心，自己请辞归田，就能从根本上消除杨广对他的猜忌；但若留恋官场，就会性命难保。想到这里，他请求面见掌狱大吏，说明要向皇上上书谢罪，请求掌狱大吏给他笔墨纸砚。其实，皇上也未说李渊犯有何罪，只是下令把李渊收监。大吏也知道这是皇上给李渊的警示，于是命狱卒给他取来了笔墨纸砚。

　　李渊深思熟虑一番，提笔写道：

　　"吾皇万岁，罪臣李渊叩书：空穴来风，无影而寒；暗箭伤人，防不胜防。李渊七岁袭爵，补千牛备身。成年之后，承蒙先皇荫庇，历任谯州、岐州刺史。为报先皇恩惠，李渊恪尽职守，寝不敢高枕，食不敢重味，兢兢业业治理一方百姓，耿耿弘扬圣皇隆恩惠泽。感恩天道酬勤，所任地方，官廉民顺，百姓乐业，民众拥戴我大隋圣皇王道。却不料空穴邪风突起，伤人暗箭忽至，奸佞之辈诬告李渊莫须有之罪。民间请相师看骨相面者比比皆是。如若相师果真能以骨相面相测出吉凶祸福，世人又何患贫穷病灾凶险？如若人之富贵福禄生于骨相面相，世人又何须早起晚睡日日辛劳？相师预言李渊不能富贵终老，李渊为此惶惶不安。如今，每每想起当年相师之预言，李渊犹感愚钝，亦痛恨不已！古来龙凤之说虽有，但谁又能将龙与凤之真身展示于世人之面？所告李渊门前上空有飞龙腾舞者，可让其说出龙之形状，见之于何时何地，旁观为其作证者又是谁？综上空穴邪风，暗箭所指，不过是官场之诬陷，仕途之陷阱！为此，恳请吾皇罢去我李渊之官职，放归乡野田间！罪臣李渊叩首谢主隆恩！"

李渊写好之后，恳请大吏代呈皇上。天牢大吏，姓张，单名一个正字，人如其名，行事公正。他对皇亲国戚颇为熟悉，当然清楚李渊与皇上是姨表兄弟，也知道皇上把李渊关到天牢的意图，爽快地答应了李渊的请求。

再说驿馆中的李窦氏，她看着夫君被内侍徐仁带去觐见皇上，一直忐忑不安，从上午等到下午，又从下午等到天黑，李渊还是未归。晚上，她安顿几个孩子睡了之后，坐等夫君，又是整整一个晚上没有合眼。她虽然向来遇事镇定，但这次不一样，关系到夫君的生死，关系到全家人的生死，她怎能不急，怎能不愁！伍子胥逃亡时，一夜愁白了头发，李窦氏先是为小世民的病着急，整整一个晚上没合眼，后是为夫君李渊着急，又是整整一个晚上没合眼。李窦氏两天两夜没合眼，虽然没有愁白了头发，但眼圈发青，双眼充血，憔悴不堪。早饭之后，徐仁前来口传圣旨，叫李窦氏领着四个儿子进宫觐见皇上。李窦氏领着四个儿子，跟徐仁进了宫。徐仁叫李窦氏在御书房门前等候，由他带四个孩子先去觐见皇上。李窦氏看着四个儿子，对他们说：

"觐见圣上，必须行礼问好，不可贪玩乱说！"

"儿谨记，阿娘！"

"建成，你是长兄，一定要带好几个阿弟！"李窦氏知道杨广这一手：先是以她的夫君李渊相要挟，再是以她的四个儿子相要挟。虽然她之前已经叮嘱过四个儿子，但还是不放心，不由得再次嘱咐李建成。

"娘，儿知道！"李建成已经十七岁了，很聪明，读了很多书，对官场凶险、世态炎凉也略知一二。他虽是官宦子弟，但在母亲的严格教育下，比同龄的官宦子弟要懂事得多。他知道自家眼下危机重重，自己是家中长子，必须担起保护几个阿弟的责任。他攥紧三弟玄霸和四弟元吉的手，信心十足地答应母亲。

李建成四兄弟被带进皇上的御书房。李建成抬头一看，书房两侧是两排书架，书架上整整齐齐摆放着很多书；中间是一张很大的条形书案，书案一角摆放着文房四宝。书案后坐着一人，身穿黄丝袍，头戴坠有十二串玉旒，且每串缀有十二颗宝珠的冠冕。一看此人的穿戴，李建成知道这就是当今的大隋皇帝杨广，他赶紧叫几个弟弟都跪下，领着他们说：

"吾皇万岁！李建成四兄弟叩见陛下！"

杨广向这四兄弟看去，大的尚未成年，小的不过四岁左右，一个个倒也长得眉清目秀。杨广不咸不淡地问：

"尔等都是李渊之子？"

"是！"

"谁是长子？"

"小子是长子！"

"报上名来！"

"小子是长子，叫李建成，今年一十七岁。"

李建成说得干脆，简明扼要。杨广仔细看去，此子圆脸微方，一字浓眉，一双大眼炯炯有神，口齿伶俐，言简意赅，是个人才。杨广审视过李建成之后，问：

"谁是次子？"

"小子是次子，叫李世民，今年七岁。"

杨广向李世民看去，长脸清瘦，剑眉无锋，凤眼无神，眼轮塌陷且青，面色蜡黄，病态十足。杨广看李世民如此模样，禁不住好笑，心想：李渊仪表堂堂，颇有美男子盛誉，窦芝兰乃是大美人，怎生养了这么个无光无彩的儿子！他不屑一顾地瞥了一眼，继续问：

"谁是三子？"

"小子是三子，叫李玄霸，今年六岁。"

杨广向李玄霸望去，但见此子双眉似利剑，两眼如明珠，鼻梁若玉山，耳垂像秤锤；虽然只有六岁，却长得虎虎生威。杨广不看还罢，这一看，禁不住倒吸一口冷气，心想：这小子不同凡响，如若说李渊有一子出生时有两条龙在其家门前上空飞腾传言属实，当是此子无疑。他死死盯着李玄霸问：

"你是李渊第三子？"

"是！"

"叫李玄霸？"

"是！"

"听说你母亲生你时，你家门前上空有两条龙在飞舞？"

"小子不知！"

"你母亲没告诉你？"

"没有！"

"村邻之人没有告诉你？"

"没有！"

"此乃吉祥荣幸之事！如若属实，朕重赏你如何？"

"无功不受禄，小子既不知也未有之事，不敢领陛下重赏！"

杨广看李元霸长相俊朗，口齿伶俐，反应灵敏，慧根深厚，暗暗思忖：安伽陁预言"李氏当为天下"，看来李姓觊觎我杨隋天下者，必定是此小儿。我何不趁他羽翼未丰将其除掉，以绝后患。但他又一想：不妥，如此小儿，乳臭未干，他能奈我何？杀了这小儿，一是会引起天下人耻笑我杨广害怕一个乳臭未干的小儿；二是窦芝兰必然怨恨于我，这岂不是把将要到手的美人儿逼走。他仔细斟酌一番，想出了个好办法：我叫人死死盯住这小子，如果这小子有一丝越轨行为，杀无赦！拿定主意之后，他继续往下问：

"谁是四子？"

"小子是四子，叫李元吉，今年四岁。"

杨广向李元吉望去，这小子长得眉清目秀，还有一点儿女儿相，于是笑着问：

"你是男儿？"

"是！"

"长没长小牛牛？"

149

"小子长有小牛牛！"

"我不相信！"

李元吉见皇上不相信他的话，急了，对杨广说：

"陛下如果不信，小子这就给陛下看！"李元吉边说边脱下了裤子。

"大胆，不可在陛下面前失仪！"徐仁急忙斥责李元吉。

"哈哈哈！童言无忌！童言无忌！既然你小子真长着小牛牛，朕不看也罢！"杨广向徐仁使了个眼色，徐仁走近杨广。杨广给徐仁耳语道："给朕把李渊第三子死死盯住。这小子有反骨，如有不轨，杀无赦！"徐仁小声问："就是那个叫李玄霸的？"杨广恶狠狠地说："对！这小子名字就大逆不道，他要霸，朕就叫他霸不成！给朕牢牢记着他！"徐仁点头说："诺！"杨广看着李建成四兄弟，对另一个内侍说："把这四个小子领到御花园玩去！"

"诺！"内侍领着李建成四兄弟去了御花园。

杨广对徐仁说：

"宣李窦氏！"

"诺！"

不大一会儿，徐仁把李窦氏领到杨广面前。李窦氏跪在杨广面前说：

"陛下万福，妾李窦叩见陛下！"

多年来，杨广听到许多有关李窦氏的传闻：漂亮，有才，长着一头奇美的秀发，不仅识文断字，还写得一手好字，敢与时下书法高手争锋，酷爱读《女诫》《列女传》，并以之为范。杨广好色，闻其极美，念念不忘；杨广也是一代才子，闻其多才，更对其倾慕不已。今天，他设了这个局，不仅是要见到挂念多年的美人，还想让这美人做他杨广的囊中物、口中食。杨广并不是饥渴的色狼，他身边不乏美女，他所倾慕的是窦芝兰传奇的美与才。当窦芝兰迈进御书房时，杨广就专注地看着，细细地品着：个儿高矮适中，身材苗条，上穿紫色交领宽袖绸襦，下着绿色无花长裙，手腕没戴金，腰间未佩玉，虽衣着简朴，但光彩照人；秀发三重压头顶，银钗一枚绾发髻，眉如柳叶露俏，目似丹凤传神；步履轻盈，声似黄鹂，虽是半老徐娘，但风韵堪比西施貂蝉。杨广越看越着迷，越品越心痒。见窦芝兰已跪在面前，他连声说：

"平身！平身！"

"谢陛下！"

"赐座！"

徐仁赶紧给李窦氏放了一把椅子，李窦氏谢恩道：

"谢陛下！"

"嘻嘻！百闻不如一见，今日一见，果然堪比巫山神女！"杨广再次细细地欣赏着李窦氏。当他看到李窦氏眼窝肿胀，眼内布满血丝时，不禁心生怜悯；虽然他明知这是因李窦氏担心李渊而长夜难眠所致，但还是问："为何眼眶肿胀，眼带有血丝？"

"妾李窦本来丑陋！"

"素而不饰，颇具天然秀色，远胜我后宫一众佳丽；带几分忧愁倦意，堪比西施病态娇美，何丑之有？"杨广又对徐仁说，"快去把朕的百年人参灵芝汤取来，给窦氏补补身子！"

看杨广如此举动，李窦氏确认了杨广此次诏命自己一家进京面圣的真正意图，便直接质问杨广：

"敢问陛下，诏命妾李窦一家来京觐见，所为何事？"

"叙旧，叙旧！朕与你家乃是姨表亲戚，朕继承大位以来，忙于朝政，无暇关心尔等亲戚，故而诏命你来宫里，一是叙叙亲情，二是见识见识你这声名在外的奇女子！"

"谢陛下眷顾！既是亲戚叙旧，家公李渊昨日奉旨进宫觐见，为何至今未归？"

"李公乃朝廷命官，身负重任，另有公干，你不必为他担心。"

"方才妾李窦四子随徐内官进宫来，为何不见他兄弟四人？"

"朕命内侍带他们四兄弟去御花园玩耍，你就不要为他们操心了！"

"陛下召见，不知有何话要问？"

"听闻你貌美非常，今日一见，果然貌若天仙，朕大饱眼福矣！"

"陛下取笑，羞煞臣妾！家公虽是朝廷命官，然臣妾居家乡野，不过是乡野村妇，如今儿女五个，已是土埋半截之身，何谈天仙貌美！"

"但你在朕眼中,乃是素而不饰之神女仙子!"这时徐仁把百年人参灵芝汤端到杨广面前,杨广亲自端起汤碗,捧到李窦氏面前,说:"请喝了这碗百年人参灵芝汤!"

"臣妾不敢!"

"朕喂你如何?"

李窦氏看杨广色眯眯地看着她,知道汤中不会有毒,只好说:"既然陛下命臣妾喝,臣妾岂敢不喝!"李窦氏接过杨广手中的汤碗,喝了这碗汤。这百年人参灵芝汤之功效果然了得,李窦氏喝下之后,浑身发热,面庞泛红,容光焕发,神采奕奕,愈显美艳灵动。李窦氏屈身向杨广致谢:

"谢陛下!"

杨广对徐仁说:

"把百年人参与灵芝各取三枚,送予窦氏!"

"诺!"徐任领命退下。

杨广对李窦氏说:

"这百年人参灵芝汤挺管用。日后需要,尽管来宫中拿!"

李窦氏想尽快脱身,婉言说:

"谢陛下!陛下日理万机,臣妾不敢打扰,请陛下开恩让臣妾与四子出宫。"

杨广微微一笑:

"莫急莫急,朕尚未与你谈及正事,岂可匆匆而去。"

"不知陛下要与臣妾谈何事?"

"听闻你貌美非常,朕今日一见,果然美如天仙。又听闻你聪慧多才,朕尚不知,与你对诗几首如何?"

"臣妾天生愚钝,不会作诗!"

"如你能作诗,即为才女,倘若谣传,朕要追究你欺世盗名之罪责!"

"臣妾不善诗作,恐有污圣聪!"

杨广不容李窦氏再说什么,赋诗一首:

"巫山云雨楚王醉,钩弋村姑汉武成。自古英雄爱美女,敢惜皇冠一腔情。"

李窦氏很清楚，杨广这是在向她示爱。她沉思了一会儿，也即兴吟出一首：

"巫山艳遇终为梦，钩弋无故被残杀。已做人妻身半老，莫将野草当奇葩！"

听李窦氏吟出这首诗，杨广大惊：果然是个才女，我以楚王梦游巫山和汉武帝巧遇村姑钩弋的故事挑逗她，她却以这两个故事的结果回绝我。对得如此巧妙，说得如此婉转却又坚决。既然以礼不成，那就只好以兵相逼了。于是，杨广冷冷一笑，一字一顿道：

"万里皆王土，举国赖我生。怜香玉不碎，妒美花难红。"

李窦氏见杨广动了杀机，莞尔一笑说：

"万里皆王土，举国赖圣生。莫学桀纣孽，失去祖先荣！"

杨广大惊：这窦芝兰不仅有才，竟还如此大胆，敢以桀纣之恶名谴责我。但他又一细想：窦芝兰说得也对，桀纣荒淫无度，丧失了江山，成为华夏历史上的笑料，我杨广登上皇帝大位才几年，岂能因一个半老徐娘的窦芝兰而败坏名声。但是，他见喝了百年人参灵芝汤的窦芝兰，容光焕发，神采奕奕，后宫佳丽三千，无一比得上眼前才貌双全的窦芝兰；真是欲强求不能，想罢手又不舍。他沉思了片刻，对徐仁说：

"让御膳房为朕做两碗莲子羹！"

"两碗？"徐仁颇感意外。

"对，两碗！"

徐仁去了御膳房，不大一会儿，便领着两个宫婢端来两碗莲子羹。当宫婢把莲子羹摆放在杨广面前时，两个碗闪闪发光。李窦氏仔细看去，两个碗都用羊脂玉雕刻而成，碗口与底座都用黄金镶嵌，碗外边描绘着龙凤图案，珠光宝气，灿灿夺目。杨广见李窦氏注视着镶金玉碗，心想：你没见过吧！如若遂了朕之意，何愁金玉之食？于是，他含笑说：

"陪朕一同用膳如何！"

"臣妾不敢！"

"朕要你一同用膳，有何不敢？"

李窦氏看着玉碗与莲子羹，心生一计，笑着走到杨广面前，徐仁赶紧把另一碗莲子羹端放在李窦氏面前。李窦氏对杨广说：

"臣妾有一请求，不知陛下能否应允？"

杨广看李窦氏满面喜悦，以为李窦氏有意于他，爽快地说：

"何事？请讲！"

"能否再取一个粗碗来？"

"你面前有金玉之碗，为何要粗碗？"

"取来便知！"

杨广看李窦氏很是郑重其事，对徐仁说：

"速去取来！"

"诺！"

很快，徐仁拿来一个小粗碗，放在李窦氏面前。李窦氏把她面前玉碗中的莲子羹往小粗碗里倒了一半，放在一边，她便与杨广一同吃起玉碗中的莲子羹。杨广吃了几口，李窦氏问：

"这莲子羹味道如何？"

杨广见李窦氏关心他的食欲，以为她已经顺从，很是开心，笑着说：

"味道挺不错！"

李窦氏把小粗碗中的莲子羹端到杨广面前说：

"陛下，请尝尝这碗中的莲子羹味道如何？"

杨广虽不知李窦氏有何用意，但为了讨好李窦氏，便吃起粗碗中的莲子羹来。李窦氏看杨广吃得津津有味，笑着问：

"陛下，这碗中的莲子羹味道又如何？"

"甚好！甚好！"

"这粗碗中的莲子羹与玉碗中的莲子羹味道有何不同？"

"相同，相同！都是一个味道！"

"陛下，臣妾能否以此作首诗？"

"善哉！才女诗兴大发，不可不作，你尽管作来，让朕欣赏欣赏！"

"遵旨！"

李窦氏微微一笑，开口道：

"一锅莲子羹，两个不同碗。已知滋味同，何必结仇怨！"

听了李窦氏这首诗，杨广不禁愕然，震惊，钦佩。这首诗道理浅显易懂，诗言明白如话，不愧为才女。杨广不禁陷入沉思：是呀，我杨广后宫万千美女，不过就是那么回事，还不都是女人。唉！杀了李渊给他胡乱编造个罪名，倒也能掩盖群臣之耳目，但惹怒了颇负盛名的窦芝兰，不但会与李、窦两家结仇，且会积怨举国民众。我杨广登基几年来，已经取得了盖世功绩，如果为这个女人积怨民众，岂不是因小失大，划不来！何况李渊已经写下辞官归田的请求，看起来他并无不臣之心，杀有何益？虽然谣传李渊有个儿子出生时有两条龙在他家门前上空飞舞，即便有，我已命人死死盯住那小子，一旦有不轨之为，即杀无赦。既然窦芝兰不可相逼，李渊杀无益，何必坏了我杨广的名声。尽管李窦氏很有才，但普天下有才的女人多得是，况且她窦芝兰已是半老徐娘，哪能与豆蔻年华的小娘子相比。

想到这里，杨广多年来觊觎窦芝兰的心结立时化解了，他长长叹了口气，对徐仁说：

"传旨下去，释放李渊及其四子，礼送窦芝兰出宫！"

这正是：贪恋难求结宿怨，一羹两碗释情仇。要知后事如何，且听下回分解。

第十九回

劫后夫妻谋对策　无为平淡郑州行

李窦氏得到皇上杨广放她出宫的口谕,像出了樊笼的鸟,挣脱渔网的鱼,匆匆走出大兴宫。出了宫门,她不禁回头看了看这座杨隋皇城:高大的宫阙,雄伟的宫门,皇城内一座座馆堂楼阁,深宫大殿,皆是雕梁画栋,镶金嵌玉,房顶色彩斑斓的琉璃瓦在阳光下反射出耀眼的光彩。这宏伟的建筑群,这富丽堂皇的皇城,不是天堂,胜似天堂,在多少人的眼里,是梦寐以求的地方;但此时此刻在李窦氏的眼里,这杨隋的大兴皇城就是一座十足的魔窟鬼城,杨广就是这座魔窟鬼城的阎王,这些内侍和御林军就是阎王身边的判官、黑白无常、牛头马面和小鬼。此时此刻,李窦氏后怕至极,刚才只要一句话说错,惹怒了杨广,她李窦氏,还有她的夫君和四个儿子,都会命丧杨广的屠刀之下,她想夺回舅家的江山也会成为泡影。她怎能不后怕?怎能不对杨广的大兴宫产生阴森森的恐怖感?想起杨广刚才那荒淫无耻的丑态,她在心中骂道:禽兽!

"阿娘,你在看何物?"李建成知道皇上这次叫他们一家人来京城进宫面君的用心,母亲要他带好几个阿弟,他也知道身为长兄的责任。进宫时,他对阿弟们都很照顾。他很清楚,皇宫是个很美的地方,但也是令普通民众非常害怕的地方,这里的人都是皇上的亲信,在这些人面前说错一句话,就会招来灾祸。在觐见皇上时,他们兄弟四个,除了回答皇上的问话,谁也没有多说一句。后来跟那个内侍去御花园,他也很清楚,这不是皇上在关心爱护他们兄弟四个,而是别有用心,因此,他对三个阿弟说只能看花,不要说话。果然,那个内侍问了他们父亲李渊是否请相师看过骨相,那个相师如何说;还问父亲李渊是否请相师给他们兄弟四个看过面相,又是如何说;又问他们兄弟谁出生时家门前上空有龙在飞腾。他们四兄弟都回以"不知道",或"我年龄小,耶娘没有告诉过我"。当时,兄弟四个虽然身在御花园,但都担心着双亲的安危。因此,对御花园那些名花异草、奇石华亭并不在意,直到见到母亲无碍，他们才放下了心。现在李建成看母亲怒视着这大兴皇城，不知何意，便关心询问。

李窦氏回头看着四个稚气的儿子，不便告诉他们自己的心事，收敛了憎恨的眼神，没有直接回答李建成的问话，反而平静地问李建成：

"皇上方才如何问你们？"

"皇上问我们兄弟叫什么？几岁了？对，还问三弟出生时是否有两条龙在咱家门前上空飞腾？"

"玄儿是如何说？"李窦氏问李玄霸。

"阿娘，我说我不知道。皇上问我耶娘与邻人有没有告诉过我。我说没有。阿娘，儿如此说是否妥当？"

"妥当！玄儿很聪明。这些都是谣传，你们都没有亲眼看到，不能信谣传谣。"

"阿娘，儿知道！阿娘告诉过儿，孔夫子说过'知之为知之，不知为不知'，儿既然没有见过此事，当然就说不知道，特别是对皇上。对了，阿娘，皇上这次好像是专门找咱家的麻烦？"

"不管皇上是何用心，你们千万不可在他面前乱说，不然就会给咱家惹来灾祸！"

"诺！"几个孩子都很听话。

"民儿，皇上是如何问你的？"李窦氏很是关心小世民。

"阿娘，儿当时觉得很难受，只回皇上说我叫李世民，今年七岁，其他啥事也没说。"李世民有气无力地说。

"皇上当时如何看你？"

"他好像对我不屑一顾，脸上还带着冷笑。"

"哼，他是在笑你生病！"听小世民如此说，李窦氏放心了。接着，李窦氏不禁心想：民儿这次生病，来得如此突然，病得如此厉害，脸色如此难看，却躲过了杨广的怀疑。看起来民儿这次大病倒是给自己解了围，这莫非是天意？她又问李建成：

"那个带你们去御花园的内侍又问了什么？"

159

李建成冷笑道：

"我知道那个内侍是想从我们口里问出点儿事来，不管他如何问，我们都说不知道。"

"你们都很聪明，说得也都很好！记住，你们今天都来过这大兴宫，这大兴宫不是咱们的家，皇上也不是你们的亲人。今后，这里的人问你们任何事情，你们都要像今天这样，任何事情都不能向这里的人说。如果在这些人面前说错一句话，就会给你们自己和咱家惹来灾祸，甚至会被杀了头！"

几个孩子都吓得吐舌头。李窦氏又对几个儿子说：

"皇上今天就是给咱家找麻烦，幸亏阿娘今天暂时化解了皇上对咱家的歹念。唉！还不知道你们阿耶如何，咱们快回驿馆去，看你们阿耶是否也回来了！"

李窦氏带着几个孩子匆匆赶回驿馆，一看，李渊还未回来。李窦氏和几个孩子都很担心，一直等到了傍晚，正在他们母子焦急之时，驿馆门前突然有车马的响声，李窦氏和几个孩子都跑出去看，从车上下来的正是李渊。李渊看到妻儿，三步并作两步，急急走到妻儿面前，先是张开双臂抱住李窦氏，再是弯下腰把四个儿子都搂到怀里，一句话不说，泪水却汩汩地往下淌。李窦氏仔细查看李渊，衣冠还算整齐，可是紫色官服上却有些许脏污，她知道夫君这一天一夜受了罪，心里一阵酸痛，泪水也夺眶而出。她对李渊说：

"四郎，回房里说话！"李渊拉着小儿子李元吉和李玄霸的手，与李窦氏回到房里。进了房，李窦氏让李建成打来一盆水，她亲自给李渊洗净手脸。李渊什么也没说，李窦氏什么也不问；两人心里都很清楚，他们都险些遭了杨广的毒手。李建成、李世民和李玄霸也都猜到父亲遭了不少罪，不忍心问。只有李元吉还小，睁着大大的双眼，看着耶娘和几个阿兄与往日不同的表情，很是不解，但他似乎也知道家里发生了大事，站在一旁看着耶娘和几个阿兄，不说话也不乱跑动。李窦氏帮李渊洗了手脸，叫仆从上街买来饭菜。李窦氏把饭菜摆放在桌面上，李渊默默走上前，李建成兄弟四个也围坐在饭桌前，李窦氏给大家盛好饭，于是，大家便默默地吃起饭来。

这顿饭，是他们一家劫后的团圆饭，各自都有着不同寻常的感触，李窦氏和李渊以过人的谋略逃过了杨广的迫害，他们的沉默，是感受到了问题的严重，日后必须小心应付杨广。李建成四兄弟的沉默，是看到耶娘都很苦恼，都沉默着不说话，明白家里遭难，他们也不敢说话。这也难怪，自从他们懂事以来，父亲经常不在家，每当父亲回到家来，全家人团聚在一起，那真是其乐融融。父亲问这问那，他们也争着抢着回答父亲的话，争着抢着问父亲这事那事，父亲也总是不厌其烦地给他们讲解。而今天，父亲回来时，身上的衣服竟然有脏污！父亲一看到他们，竟然流泪。看父亲如此，他们诧异，也很害怕。因此，父母亲沉默，他们也不敢问，只是默默地看着双亲的脸色，就连平时爱说爱笑的小元吉也不敢说话，不敢乱动乱跑了。一家人都默默地吃着饭，突然，李渊对李建成说：

"建成，日后咱家无论发生何事，你都须带好弟妹。记住，长兄如父！除阿耶与你阿娘，咱家你就是老大！"

"阿耶，儿记住了！"李建成忙应道。见父亲终于说话了，他又问道："阿耶今天回来，衣裳带有脏污，究竟发生何事？"

"唉，一言难尽！"李渊看着四个儿子说，"皇上对阿耶起了疑心，日后你们说话，千万不要把咱家任何事讲给外人！"

"儿记住了！"几个孩子齐声答应。

李窦氏很是庆幸，史世良给李渊看骨相时所说的话与小世民出生时发生的种种异象，她从未对他们提过只言片语，孩子们确实毫不知情；如果孩子们知道这些事情，今日说漏了嘴，那就大祸临头了。这时，她看大家都把饭吃完了，便对李建成说：

"建成，你带阿弟先去睡！"

"阿娘，我帮你收拾！"李建成很懂事，他看母亲这几天很劳累，想帮帮母亲。

"不用！"李窦氏言罢便走到小世民跟前，摸了摸他的头，感觉他的体温很正常，便问道："还难受不难受？"

小世民皱着眉头但很是坚强地说：

"阿娘，我已经不太难受了，你不用操心！"

"晚上睡觉盖好被子，不敢再着了凉！"

"阿娘，儿知道！"

李建成带着几个弟弟去另一间房睡觉了。李窦氏收拾完毕，去查看几个孩子。几天来，孩子们跟着父母颠簸，今天又是担惊受怕，也累了，很快都睡着了。李窦氏看小元吉没有盖好被子，轻轻地给他把被子盖好；看小世民的胳臂露在被子外，轻轻地把他的胳膊塞进被子里。看着四个熟睡的孩子，她叹了口气，轻声道："唉，何年何月你们才能长大成人，实现耶娘之心愿！"安顿好了四个儿子，李窦氏回到她与李渊的房间。李渊吃饱了饭，安定了神，精神也恢复起来了，此时正坐在椅子上闭目养神。李窦氏又去水房打了一盆热水，放到李渊跟前，脱去李渊的鞋袜，给他洗脚。李窦氏把这一切收拾好了，夜已经深了，驿馆里静悄悄的。李窦氏看李渊还坐在椅子上，知道李渊想同她说什么，便问道：

"杨广欲如何加害四郎？"

"他果然怀疑我对他存有二心。不知他如何知晓史世良给我看了骨相，也不知他如何知晓世民出生时咱家门前上空有两条龙在飞腾。他对这些事情非常愤怒，不容我分辩，就把我关进了天牢。"

"关进了天牢！难道四郎受了刑罚？"

"倒也未受刑罚。在天牢里我想到夫人曾说，若陷入危险便请求辞官归田，于是我给他上书，请求罢去我官职，放归乡野田间。还好，今天下午他放我出了天牢。"

"未被刑罚就好，留得青山在，不怕没柴烧！"

"唉，几十年仕途苦心经营，今日竟然落得黄粱一梦！"李渊虽然逃过了一劫，但还是不甘心。他不甘心又能如何，面对杨广的愤怒与屠刀，在生与死面前，他只能舍死求生，权作苟且而已。此时他也想知道妻子与四个儿子今日的境况，便问李窦氏："杨广可曾召见阿兰与孩子们？"

"他既然下旨要咱们一家面圣，岂能不召见？"

"有没有为难你们？"

"岂能不为难我，他要拿你与孩子要挟我。"

"阿兰你？"李渊大惊。

"四郎放心，对付此淫贼，妾自有办法！我以桀纣失德丧国之典故晓之以理。这淫贼还算聪明，他对妾并未加害。再说，这淫贼如今有举国之美色，岂在乎我这半老村妇？他只是听一些传闻对妾好奇而已。不过，经过这一劫，你我日后须注意两点。"

"哪两点？"

"一是不要把我等所谋之事说与孩子们。幸亏我等没有把世民的一些异象说与孩子们，若他们知道，今日说漏嘴，那咱家就会有灭族之灾！你请史世良看骨相，杨广如何知晓？那还不是之前家里人将此事说与了他人，他人风传给了杨广。幸亏他觉得那只是传闻，如果是从郎君口中说出，那他岂能放过你！郎君须切记，今上最忌讳李姓之人，我李家事事处处须谨慎小心才是！二是他今日问玄霸出生时是否家门前上空有龙在飞腾，看来是对玄儿有所注意，日后我等须提防他加害玄儿。"

"他对玄儿有所注意？"李渊很是吃惊。

"民儿这几天有病，脸色憔悴，看起来是躲过了他的怀疑。唉，玄儿却被盯上，妾很是为他担心！"

"玄儿聪明伶俐，长相英俊，被注意到，也在所难免。不过玄儿还小，杨广暂时不会加害他！"

"唉，但愿上苍保佑玄儿！日后要叫他在陌生人面前低调行事，不可尽露锋芒！"

李渊点了点头，对李窦氏说：

"如若杨广罢去我官职，咱一家干脆远离京城，回到武功老家，像陶渊明那样，'采菊东篱下，悠然见南山'；如若他不罢去我官职，我想日后把建成带在身边。这孩子很聪明，是可塑之才，我须好好教他武功，慢慢历练他，使他早日成大器。"

李窦氏沉思了一会儿，点头说：

"四郎所说极是，今日虽遭此劫，然雄图大志不可丢弃，建成逐渐成人，很懂事,应尽早培养才是。今日见杨广,妾仔细观察,他虽雄心博大,亦有两大致命之弱。"

"他有致命之弱?弱在何处?"李渊眼睛一亮,急切地问。

"荒淫无度,举国选美,犹嫌不足,还在暗中渔色臣下妻女。如此下去,自然会激起臣下共愤,此为一弱。好大喜功,强征百万民夫开凿运河,名为开通南北水运,实则为了他游览享乐。如此耗费民力,犹胜当年之秦始皇。当年,秦始皇自认为功盖历代帝王,不可一世,大肆修建万里长城与阿房宫,民不堪重负,揭竿而起,强大的秦国又如何?而今,杨广显然在步秦始皇之后尘,其结果也必然如秦始皇一样。此为二弱。妾今日虽然遭要挟,却直面看出其两大弱点,甚为高兴,此乃塞翁失马,焉知非福!"

"阿兰所言极是!如此看来,我李家要夺取杨隋江山还有望!"李渊听李窦氏如此分析,想到自己当皇上还是大有希望的,不免兴奋起来!

"四郎,切勿声张,驿馆人杂,隔墙有耳,况且你我仍在樊笼之中!"李窦氏赶紧提醒李渊。

"噫!"李渊一下子惊悟,赶紧用双手捂住自己的嘴,不禁出了一身冷汗。

李窦氏对李渊说:"睡矣,不知明日是灾是福!"她吹灭了灯火,夫妻二人带着忧愁与希望进入了梦乡。

第二天上午,杨广的圣旨来了:李渊仍任原职,并严命李渊立即回郑州,不得在京城停留。接到这道圣旨,李渊几天来悬在心里的巨石终于落了地。他想起李窦氏那时叮嘱他,若身陷危险须向皇上请辞归田,他还担心一旦请辞皇上会真的免了他的官;李窦氏却笑着对他说这只是自保之计,皇上不会罢免他,他当时很怀疑;如今看来,自家娘子的确有先见之明。想到这里,李渊看着李窦氏,不无敬佩地说:

"娘子真是料事如神,我上书请求辞官归田,果然消除了他对我的怀疑,保留我之官职。"

"他怕郎君势大,怀有二心。郎君请辞归田,表明并不在乎官位权势,他自然就会消除疑心,自然也就恢复郎君之官位。"

"感谢娘子又助我躲过一劫！"

"你我夫妻，生死与共，何言感谢？"

李渊深情地对李窦氏说：

"阿兰与我一同去郑州如何？"

"好，妾与四郎一同去郑州！"

"果真？"李渊受宠若惊。他在岐州做刺史多年，李窦氏只去过岐州一次。自从他调任郑州，多次请她去郑州，她总是以孩子小而推脱；今日只是微微一邀请，她竟然满口答应，他怎能不高兴？

"妾理当带孩子回武功之家，但遭此一劫，妾明白杨广之用心，他只是要你做听话之庸官，并不想要你有所作为。既然他如此用心，郎君何必徒劳建树！故而，妾便陪郎君一同去郑州，让他知道你我夫妻只是庸庸之辈而已。以此消除他对我李家之疑心！"

李窦氏如此一番话，让李渊很是汗颜。李窦氏所做的一切，都是为了帮助他李渊。于是，李渊命随行的家仆返回武功，告诉管家李福管好府中之事，照顾好女儿翠平。当天，他就同李窦氏带着四个儿子离开了京城长安，东向郑州。路上，李渊与李建成骑着马，李建成冲在前，李渊断于后，中间是马车，马车里坐着李窦氏和世民、玄霸、元吉。一路行进，一路春光明媚，一路花红柳绿，一路莺歌燕舞，一家人倒也心情畅快。李渊一家行了几日，不觉来到东都洛阳。

人的心境决定着感受，同样身处明媚的春光，心境好就会感到春色迷人，看花花笑，看水水乐；心境不好就会感到春色黯然，看花花流泪，看水水似妖。李渊的情感变化正是如此。前几日在京城长安，因为身处樊笼之中，虽然眼见京城长安繁华，大兴皇城百花争艳，宫殿楼阁竞美，他也郁郁寡欢。这几日他出了樊笼，看到路旁的树木，山间的野花，就觉得格外美丽、格外亲切。此时此刻，他率领一家人沐浴着春光，心情特别好，满面春风，喜笑颜开。他策马跑到车前，笑着问李建成：

"成儿，你可知洛阳在我华夏之位置乎？"

"阿耶，儿知道！"李建成也兴奋地说，"洛阳地处古豫州，西依秦岭，东临崇山，北靠太行，南望伏牛山。河图洛书就出于此，是古代中华文明圣地之一，周平王东迁都于此，而今皇上在此建东都，并开凿运河贯通南北水运，如此一来，洛阳又将成为我大隋水运之中枢。"

"成儿果然聪明，今后你就随阿耶在郑州，阿耶请国子监名师给成儿辅导。记住，你是我李渊长子，乃我李门之希望，须苦学、广识、博览，日后方能成大器哉！"

"儿谨记于心！"

李渊回头看着车中的小世民，因患病多日，世民消瘦了许多，好在有李窦氏的精心护理，病势正慢慢退去。李渊关心地问：

"民儿，今日感觉如何？"

几天来，世民在车上颠簸，不知是这种颠簸有利于锻炼，还是病魔已经离去，世民已经恢复了精神。他笑着说：

"阿耶，儿感觉甚好，已经恢复。阿娘将儿照顾得极好，感谢阿耶一路请名医为儿医治！"

"你对洛阳有何了解？"

"儿愚钝，只知孔子适周之时也曾观周庙，亦知《孔子观周庙》这篇文章。"

"是何内容？"

于是，小世民背诵了起来：

"孔子观于周庙，有欹器焉。孔子问于守庙者曰：'此谓何器也？'对曰：'此盖为宥座之器。'孔子曰：'吾闻宥座器，满则覆，虚则欹，中则正，有之乎？'对曰：'然。'孔子使子路取水试之，满则覆，中则正，虚则欹。孔子喟然而叹曰：'呜呼！恶有满而不覆者哉！'"

李渊听世民背诵得这么熟练，笑着问：

"《孔子观周庙》这篇文章，意在何指？"

"自满而必覆，空虚而自斜，唯有孜孜求学不自满者可真正做人。"

"小小年纪，读而知其意，善哉！"

李建成听父亲如此赞扬二弟，颇有醋意，便对李渊说：

"儿还知洛阳纸贵之典故！"

李渊笑问：

"洛阳纸贵所讲何事？"

"左氏所写《三都赋》脍炙人口，读书之人皆爱而转抄其文章，一时，读书之人几乎把洛阳之纸张买光了，故而使洛阳之纸价飞涨。是故方有洛阳纸贵之说。"

"成儿博文，善！善！"

"儿亦能背诵《三都赋》中一些内容。"

"背来听听！"李渊摸了摸并不长的胡须，颇为得意。

"且魏地者，毕、昂之所应，虞、夏之余人。先王之桑梓，列圣之遗尘。考之四隈，则八埏之中；测之寒暑，则霜露所均。卜偃前识而赏其隆，吴札听歌而美其风。虽则衰世，而盛德形于管弦；虽逾千祀，而怀旧蕴于遐年。尔其疆域，则旁极齐、秦，结凑冀道，开胸殷、卫，跨蹑燕、赵。山林幽峡，川泽回缭。恒、碣砝磇于青霄，河、汾浩洏而皓溔。南瞻淇、澳，则绿竹纯茂；北临漳、滏，则冬夏异沼。神钲迢递于高峦，灵响时惊于四表。温泉毖涌而自浪，华清荡邪而难老。墨井盐池，玄滋素液。厥田惟中，厥壤惟白。原隰畇畇，坟衍斥斥。或鬼垒而复陆，或魋朗而拓落。乾坤交泰而绸缊，嘉祥徽显而豫作。是以兆朕振古，萌柢畴昔。藏气谶纬，閟象竹帛。迥时世而渊默，应期运而光赫。暨圣武之龙飞，肇受命而光宅。"

"此段所写何景物？"

"洛阳地理位置与磅礴之景象。"

"左氏文笔如何？"

"描景细腻，气势磅礴！"

"一篇《三都赋》，竟然使洛阳纸贵，看起来文人亦有可贵之处！成儿很有鉴赏力，善哉！我李渊四子，成儿为长，其才学可为弟弟妹妹树标立范。但望尔等四兄弟善文善武，日后皆成大器！"李渊很是高兴，一扫多日来之晦气。李窦氏看李渊高兴，虽然未语，但满脸挂笑与玄霸和元吉在车中嬉戏。他们一行来到洛阳城中，已是夜幕降临，便投宿一家驿馆。休息了一晚，大家精力充沛，吃过早饭，便在洛阳街市中游玩起来。

杨广果然把东都建设得很好。此时的东都已成为南北水陆运输的中枢，商贾云集，市场繁荣，既有中原粮油之珍，亦有北方皮奶之奇、南方水产之宝、东方土产之异，还有西方的汗血宝马与和田美玉。

李渊与李窦氏丢掉了多日的不快，领着四个儿子逛大街，游小巷。李建成四兄弟跟在父母身后，看着如同潮水般的游人，欣赏着琳琅满目的物品，指指点点，说说笑笑，很是高兴。小世民更是高兴非常，忘却了身体才刚刚恢复健康，跑得满头大汗。一家人游玩了整整一天，很是开心。第二天早晨，他们离开了洛阳，继续东向郑州。谁知在路上，小世民又生病了。

这正是：昨日瘟神才赶走，今天病魔又缠身。要知李世民病情如何，请听下回分解。

第二十回

携子郑州佯游逛　祈求菩萨佑世民

孟子对伟人的成长有一段精辟的论述："天将降大任于是人也，必先苦其心志，劳其筋骨，饿其体肤，空乏其身，行拂乱其所为，所以动心忍性，曾益其所不能。"李世民的成长正是如此。他带着济世安民的使命，同时也经受着尘世炼狱的洗礼：出世满月就染上了痘疮，刚刚七岁就遭受杨广的迫害，与家人才从杨广的樊笼中脱身，又被病魔缠身。

李窦氏带着四个儿子跟着李渊去郑州，原本是想给杨广做出一种假象——一家人去游山玩水，玩物丧志，以此消除杨广对李渊的怀疑；但谁知小世民身染重病，打乱了李窦氏的这一计划。李窦氏看着小世民低烧不止、痛苦不堪的样子，很是着急。途经一个小县城时，李窦氏要住下来，请医者给小世民把病治好再走，但李渊却说，小县城没有好医者，不如赶到郑州去，他知道郑州有个姓孙的老医者医术很高，请他给民儿好好看看。李窦氏想了想，觉得李渊说得很有道理，但又怕耽搁了小世民的病，还是先请了个医者给小世民看了看。医者开了几剂药，李窦氏把药煎好，清早赶路之前给小世民服用一次，晚上住驿馆再服用一次，如此早晚服药，日间赶路。

一家人车马匆匆疾行，不几日便赶到了郑州城。一路上，小世民的病非但丝毫未减，反而加重。李窦氏和李渊很着急，一到刺史府，李渊就命府役去请孙医者。李渊在郑州的官声好，孙医者敬重李渊清廉公正；李渊曾请他看过几次病，也敬重他的医术高明。几年交往，二人的关系挺不错，李渊派人去请，孙医者便立即前来。

李渊一见孙医者，如同在黑暗中看到了光明，他一把抓住孙医者的手，把他拖到小世民的房间。此时，李窦氏正在用热手巾给小世民擦脸上的虚汗。孙医者看到李窦氏，估摸她是李使君的娘子，便对她点了点头。李窦氏正想说小世民的病情，孙医者却冲她摆了摆手，仔细面诊小世民。从洛阳来郑州的路上，同样是路途颠簸，但与京城到洛阳大不一样。之前，越颠簸小世民的病情越减轻，而从洛阳到郑州的颠簸，则让小世民的病情日渐加重。这时，躺在炕上的小世民显得疲惫不堪：他双目紧闭，脸色蜡黄，双颊凹陷，两个眼窝深陷，眼圈铁青。孙医者面诊一番之后，便坐在了炕沿上；他把小世民的左手放平，按住孩子的手腕，微合双眼，静静地给小世民诊脉。须臾，他睁开双目，又给小世民诊右手腕的脉。诊完脉，他对李渊说：

"李使君莫忧，小郎君无大碍，只是偶染风寒，一路颠簸，体虚所致。"

"真无大碍？"李窦氏很不放心。

"小郎君之前是否腹泻？"孙医者未做回应，而是问起小世民的病因来。

听孙医者这么一问，李窦氏便知他果然医术高明，小世民康复有望。她这时才想起尚未问候孙医者，于是歉意地说：

"先生莫非就是孙医者？"

孙医者一边取出笔墨开药方，一边点了点头说：

"娘子是李使君内主？"

李窦氏也点了点头，说：

"路上小儿患病，本想在小县城就医，家公言说孙医者医术高明，故此急急赶来。在京城时，小儿拉了几天肚子，请一位医者开了几剂药，行走到洛阳，小儿之病已退去，亦恢复健康。在洛阳游玩时又偶染风寒，谁知病得如此严重！"

"小郎君之前果然腹泻过。他虚脱初愈，又染风寒，虚弱复加。小郎君已虚弱至极，需好好调养几日！"孙医者开好了药方，递给李渊，说："这是三剂药方，早晚煎服。请李使君过目！"

李渊接过药方，急忙看了看，药方上写着："党参二钱，白术二钱，云苓二钱，防风二钱，黄芪二钱，藿香二钱，连翘三钱，炙全草二钱，山楂二钱。"李渊粗通药理，知是良方，忙派府中班头去买药。安顿好了小世民，李渊这才将孙医者请到前厅去。

小世民吃了孙医者的三剂药，低烧逐渐退去，但依然卧床不起，没有食欲。第四天孙医者前来复诊。这天李渊有公务外出，李窦氏忧心忡忡地对孙医者说：

"先生，小儿之病为何依然不见好转？"

孙医者没有回答李窦氏的问话，只是给小世民把脉。之后，他对李窦氏说：

"小郎君之前拉肚子，还有抵抗力，药到病即退去。此次染风寒，乃病上加病，虚弱不支。"

"那如何是好？"听孙医者如此说，李窦氏不免着急。

"娘子莫急，病来如山倒，病去如抽丝，小郎君康复需有一个过程。从今日的脉象看，风寒已减退，彻底康复，尚需几日。"说罢，孙医者便开起了药方。

李窦氏看看孙医者胸有成竹的样子，又看看小世民的病容，不知如何是好。

孙医者开好药方，递给李窦氏说："这三剂药方加上了几样补药，小郎君服之可逐渐恢复元气。"

李窦氏接过药方，仔细看了看，果然增加了红参、党参、枸杞几样大补药。送走了孙医者，李窦氏急忙叫家仆去买药。

晚上，李窦氏给小世民服过药，照顾小世民睡了，又安顿好李建成、小玄霸和小元吉睡了。这时，李渊回了府，问李窦氏：

"今日孙医者是否来给民儿复诊？"

"已复诊。"

"如何说？"

"民儿低烧渐退，痊愈尚需几日。"

"低烧渐退，病情好转，如此就好。我看看药方。"李窦氏把药方递给李渊，李渊看过药方之后说："加有红参、党参、枸杞、当归、阿胶、砂仁几味补药。孙医者是先祛病，后益气。民儿服了这三剂药，想必会痊愈。"

"孙医者说，民儿此次染病，体弱，抵抗之力差，须好好调养才是。"

"民儿原本体弱，加上此次病上加病，体质愈弱。娘子莫忧，孙医者医术高明。我去年也曾偶染风寒，吃了他几剂药，很快康复。如今已到郑州，这刺史府如同咱家，有孙医者给民儿治病，何愁民儿之病不能很快痊愈？"

"唉，但愿如此！"虽然有李渊宽心，但李窦氏依然为小世民的病发愁。

又是几日，小世民服过孙医者复诊开的几剂药之后，虽然不再发烧了，但依然无精打采，没有食欲。李窦氏很是着急。晚上，她忧心忡忡地对李渊说：

"四郎，民儿依然无食欲，如此虚弱，如何是好？"

"孙医者不是说过，民儿虚弱至极，需调养几日。"

"已有六天，不能再耽搁孩子之病！"

"阿兰有何良策？"

"妾只是着急，并无良策。"

"明日我再派人去请孙医者来给民儿看看，看他如何说。"

"孙医者的医术的确高明，但医药有缘，不能唯指望孙医者！"

"阿兰之意是给民儿另请医者？这孙医者可是郑州首屈一指之名医！"

"妾并非要给民儿另请医者。郎君知道，民儿生来奇异。他满月患天花时，宝意寺释怀老师父受观世音菩萨梦托来咱家为他医治。那一年，妾将民儿所用项圈挂在佛祖神像之前。如今，民儿患病如此严重，何不去祈求观世音菩萨给民儿祛除病魔？"

"阿兰如此一说，我亦想起郑州的确有个观音寺。咱一面请孙医者继续给民儿用药，一面去观音寺祈求观世音菩萨给民儿祛除病魔如何？"

"如此甚好！明日咱们就带着民儿去观音寺。"

几日来，李窦氏为小民儿的病发愁，听李渊说郑州有个观音寺，心急火燎地要李渊与她同去祈求观世音菩萨给民儿祛除病魔，谁知李渊却说：

"明日不行，中牟县有一伙强盗作乱，朝廷限三日内剿灭，我必须前去剿匪。"

"既然郎君有公事，我叫建成同去。"李窦氏从来不做影响李渊前程的事，听他说明日有公事，便想让李建成随她同去观音寺。

"建成亦不能前去。"

"这又是为何？"听李渊如此说，李窦氏很不理解，不免生气。李渊连忙解释说：

173

"阿兰莫急,明日我去中牟县剿匪,是历练建成之极好机会。不如略待几日,忙完此事后我与阿兰同去观音寺如何?"

"妾是怕误了民儿之病!"李窦氏听李渊如此解释,虽然不再生气,但依然很着急。李渊见李窦氏如此焦虑,想了想说:

"既然阿兰如此说,府中护院老刘头是本地人,他诚实善良,叫他给夫人领路如何?"

"行,如此两不误,甚好!郎君带建成前去剿匪,千万小心,那些强盗皆是亡命之徒!"

"几个强盗,大军剿灭,阿兰莫要担心!"

于是,第二天,刺史府护院老刘头赶着一辆马车,给李窦氏带路去观音寺。观音寺在郑州城西二十里处。路上,老刘头见李窦氏满面忧愁,知道她是为二郎君的病发愁,便安慰道:

"娘子不必忧愁,今日带二郎君去求观世音菩萨保佑,那是去对地方了。我们郑州这观音寺的菩萨可灵验了。说起这观世音菩萨的灵验,还有一个故事,不知娘子想听不想听?"

李窦氏这几日来,一想到小世民的病就郁郁寡欢,这时,她把小世民搂在怀里,双目紧闭,在心里祈求观世音菩萨保佑小世民,听老刘头如此说,只好说:

"我听,你只管讲来!"

老刘头笑着说:

"娘子听了定会开怀!据说两百多年前……"

"这观音寺原来还有如此故事!"李窦氏显然被这个故事吸引了。

老刘头更是高兴,他神采飞扬,给李窦氏卖了个关子:

"娘子猜猜这个观音寺还有啥更神奇的事,"未等李窦氏接话,他便继续说,"这观音寺中有一个大水塘,足足有二十多亩地大。这水塘真是神奇至极,每逢初一、十五,水塘的水就涨得满满的,但每到初八和二十二三日,水塘里的水不知为什么就会降下去。据说这与大海潮起潮落的潮汛一模一样。你说这怪不怪?这郑州离大海多远啊,池塘水怎会潮起潮落?人们都说是南海观世音菩萨把大海带到了寺里,所以这观音寺又叫'代海寺'。"

"代海寺!寺中水塘是否还在?"

"在在在!娘子,你一会儿就能看到!"

说话间,他们不觉来到观音寺门前。这观音寺果然很大:门前有座高大的山门,山门正中写有"观音寺"三个楷书大字,寺门红漆,钉着几排黄灿灿的大铜泡钉。走进大门,是五间献殿,献殿之后,是五间正殿。正殿非常雄伟,雕梁画栋,门窗油漆一新。正殿之后是五间寝殿。李窦氏领着小世民来到正殿前。正殿五间,正中供奉着南海观世音菩萨坐像,柳眉慈祥,凤目和善,玉面微笑,白绸裹着高高的发髻,左手端着羊脂玉净水瓶,右手捏着一支柳枝,内衣紧身绿绸褥,外穿交领宽袖白丝袍,盘腿坐在粉红色的莲花上。观世音菩萨左右分别供奉着福、禄、寿、喜四神像。观世音菩萨神像案前一侧坐着一个老和尚,闭目捻珠念诵。李窦氏扶着小世民,跪在观世音菩萨神像前,磕了三个头。李窦氏轻声对观世音菩萨说:

"观世音菩萨,李窦氏生次子李世民时,是观世音菩萨托梦中说,此儿乃佛祖所赐,要我们细心教养。世民满月身染痘疮,也是观世音菩萨梦托宝意寺释怀老师父,到我家来给世民治愈痘疮。而今世民患病,一再加重。医药不见效。弟子今日哀求菩萨施舍灵药,祛除病魔,保佑世民康复。"

"阿娘,对观世音菩萨所言何事?"小世民一路只言未发,这时似乎有了一点儿精神,听母亲在轻言轻语地跟观世音菩萨说着什么,好奇地问。

"阿娘在哀求观世音菩萨保佑民儿康复。"

"观世音菩萨能听到阿娘所说之话?"

"能,观世音菩萨为天下人救苦救难,定能听见阿娘所求之事。"

"阿娘,儿也想对观世音菩萨说几句话,不知可否?"

"可以!民儿要诚心祈求观世音菩萨保佑,祛除病魔,恢复健康。"

"儿知道。"于是,小世民又给观世音菩萨磕了三个头,双手合十,真诚地对观世音菩萨说,"小子李世民被病魔缠身,耶娘为我终日忧愁,祈求观世音菩萨为世民祛除病魔,恢复健康。世民日后若能成器,一定为观世音菩萨广修庙宇，再塑金身！"

听小世民说出这席话，老和尚睁开双眼，仔细地看着小世民，虽然满脸病容，却显露天日之仪表，龙凤之伟姿。老和尚很是吃惊，起身离座，对李窦氏道：

"施主向观世音菩萨所求何事？"

"小儿身染痼疾，不服医药，故此祈求观世音菩萨保佑。"

"此子是施主患病之儿？"

"是。"

"小施主今年几岁？"

"已满七岁。"

"七岁小儿，如此懂事，如此胸怀大志！老衲阅万千少儿，今日大开眼界！善哉，观世音菩萨一定会保佑小施主康复。阿弥陀佛！请施主领小施主随老衲前去经堂，老衲给小施主念驱魔祛病佛经如何？"

李窦氏细看这老和尚，但见他慈眉善目，言语诚恳，一身正气，便问道：

"老师父如何称呼？"

"老衲法号菩灯。"

"多谢菩灯师父可怜我们母子！"李窦氏喜出望外，赶紧领着小世民跟菩灯和尚来到经堂。

经堂就在正殿之后的寝殿一侧。菩灯和尚命一个童子燃香火敬起神灵，击响磬鼓；又命小世民跪在神灵前，闭上双眼，一心想着观世音菩萨，须心无杂念。接着，菩灯和尚左手摇着铃铛，右手握一把香；他一边口中念着驱魔祛病经，一边用香火在小世民的身上拍打着，绕圈晃动着。半个时辰之后，老和尚念完经文，又亲手为小世民做了一碗素汤，看着小世民喝了。李窦氏千恩万谢，给寺里布施了十两银子。菩灯和尚还亲自领着李窦氏母子绕着大水塘转了一圈，才送他们出了寺门。李窦氏领着小世民怀着康复的希望，回到了郑州刺史府。

说来也怪，小世民喝了菩灯和尚的素汤，口中渐渐生津，喝水甜了，闻到饭菜香了，有了食欲，当天晚上就吃了一碗面糊糊。胃开了，能吃了，有了抵抗力，第二天，小世民便觉得有了精神，腰直起来了，头昂起来了，走路腿有了劲，脸上渐渐红润了起来。李窦氏看到小世民慢慢康复，悬着的心放了下来，但是一想到夫君与长子前去剿匪，刚刚平复的心又一下子提了起来。她急忙在家中供奉的观世音菩萨神位前上了炷香，祷告说：

"观世音菩萨，感谢您给民儿祛除了病魔，民儿渐渐康复。李窦氏再祈求观世音菩萨，保佑夫君与长子建成剿匪马到成功，平安归来！"

从古到今，人们一提到母亲，都会用"伟大"两个字赞颂。看到李窦氏此时所想所作，不是为家中这个人操着心就是为那个人操着心，真是愁心扒肝呀！她如此善良如此贤惠，神佛又岂能不保佑她？正在李窦氏为丈夫李渊和长子李建成提心吊胆时，第三天傍晚，李渊回来了。李窦氏看到李渊父子，急忙走上前，先是仔细地把李渊上上下下看了个遍，没有少了什么，又把李建成全身上下摸了个遍，也没有少了什么，这才问李建成：

"你与阿耶前去剿匪胜败如何？"

李建成哈哈一笑说：

"几个贼匪，一伙乌合之众，不堪一击。杀死几个，剩余的全部都抓获了。跟阿耶一块打仗，真是痛快！"

"哪有如此顺利。"李渊对李窦氏说，"五百官兵费了好大周折，才把这伙贼匪围住。这伙贼匪真是困兽犹斗，拼死顽抗。鏖战了一天一夜，我们总算除去中牟县这伙贼匪。唉！虽然全胜，亦死伤几个官兵！"李渊说完他自己的事，忽然想起病中的民儿，问李窦氏："阿兰，民儿之病如何？"

李窦氏见夫君与长子建成平安归来，为这父子俩悬着的心也放了下来。她面带笑容，对李渊说：

"感谢观世音菩萨保佑！那天我带着民儿去观音寺，在观世音菩萨神像前祈求菩萨保佑民儿康复，寺里的菩灯大师给民儿念了祛病驱魔经。回来之后，民儿的病渐渐退去，能吃能喝，精神多了。"

李窦氏正对李渊说小世民的病情，小世民听到父亲剿匪回来了，也匆匆

177

来到父亲面前，行礼说：

"阿耶剿匪归来，不知战况如何？"

李渊看小世民果然康复了，很是高兴，他抚摸着小世民的头说：

"你病退康复，阿耶亦大获全胜。大兄此次随父剿匪，表现出色！多日来，咱家终有喜庆！"接着，李渊又对李窦氏说，"今晚何不庆贺庆贺？"

是呀，多日来李窦氏一直为李渊父子提心吊胆，也很想庆贺一下，李渊这么一说，正合她的心意，于是兴奋地说：

"好，今晚咱全家庆贺庆贺！"

李窦氏持家节俭，尽管是庆贺，也不过是多了几道菜而已。一家人尽兴之后，李窦氏安顿几个孩子都睡下，回到房中对李渊说：

"四郎，观世音菩萨的确灵验，民儿去观音寺途中，妾把他抱在怀里，他一声不吭，浑身软绵绵的，没有一点儿力气。从观音寺回来，民儿竟然能吃能喝，病一下子退去，你说神奇不神奇？"

"我看民儿脸色红润，恢复如此之快，亦觉神奇。"

"民儿给观世音菩萨许愿，说他如果日后能成大器，要给观世音菩萨广修庙宇，再塑金身。还愿虽然是民儿成年以后之事，但眼下咱是否应有所表示？"

李渊思忖了一会儿对李窦氏说：

"不如先给观音寺雕刻一尊观世音菩萨石像，再立一块石碑，以表达你我感谢之心。阿兰觉得如何？"

"如此甚好。"

"我明日即请工匠去做。"

几日之后，观世音菩萨石像与石碑已经做好。李渊选了一个黄道吉日，在观音寺里把观世音菩萨石像竖了起来，并在石像一旁立了一块石碑。石碑上书刻着："郑州刺史李渊次子李世民偶染痼疾，不服医药。情急前来观音寺祈求观世音菩萨为次子李世民祛除病魔。大慈大悲观世音菩萨广施法力，祛除病魔，次子李世民病除康复。今请丹青妙匠，敬摹观世音菩萨石像一尊，以此感谢观世音菩萨救苦救难的大恩大德！"下款署有："郑州刺史李渊敬立！大隋大业三年初夏榖旦。"

正在李渊竖观世音菩萨石像、立石碑的喜庆之时，皇上圣旨突降，李渊大吃一惊。

这正是：君王一道旨，神鬼也吃惊。要知杨广圣旨所说何事，请听下回分解。

第二十一回

剿匪凯旋受赏赐　楼观求签问神灵

上回说到李渊正在郑州观音寺还愿，忽然接到皇上的圣旨。李渊大吃一惊，不知发生何事，慌忙摆设香案迎接圣旨。宣旨的内侍名叫黄云，他看了看李渊，这一看，又使李渊忐忑不安起来，不知黄内侍这眼神里包含的是福还是祸。因他在仕途上必须眼观六路，心系八方，自然遇事就特别警觉。好在圣旨内容是：

"郑州刺史李渊在限期内剿灭中牟县匪患，忠勇可嘉，赏赐白银千两，锦帛百匹。"

这道圣旨，搬去几年来压在李渊心上的巨石，他很高兴。他请黄云游观音寺，又在刺史府内盛宴招待黄云一行。

皇上嘉奖，李渊脸上有光，开心。晚上睡觉前，他还要李窦氏为他庆贺。在李窦氏面前，李渊像个天真的孩子：每当遇到麻烦事就愁眉苦脸，少了对策，就请李窦氏为他出主意想办法；每当高兴起来，他就在李窦氏面前手舞足蹈，吆五喝六。有道是知夫莫若妻，对李渊的脾性，李窦氏了如指掌，她自然也会妥善应对。于是，她置办了家中小宴，陪着李渊喝了几杯。之后，她对李渊说：

"四郎乃吉人天相，此次剿匪，一是除去中牟县匪患，使郑州百姓安居乐业，二是化解皇上对你的猜忌，真乃一举两得！"

"此乃我李渊天命，福运！当年，史世良一看我李渊之骨相，先是惊愕，再是双目圆睁，后是叹羡不止，连道：'好骨相！好骨相！天庭饱满，印堂红润，虎背猿臂，胸怀日晕，背显月华，真乃天日之表，龙凤之骨相哉！'既然我李渊天命贵不可言，他杨广又奈我何？"显然，李渊已经有几分醉了。尽管李渊此话张狂，但李窦氏并未阻止，也没生气；因为她知道李渊一贯言语谨慎，今日高兴，是在府内，又是在她李窦氏面前，李渊必然会说出一直藏在心里之话。她早有防备，把府中其他人都支走了，李渊说的话，不会有人听见。等李渊把心中狂喜与怨气发泄完之后，她笑着对李渊说：

"四郎贵不可言，妾引以为荣，托福沾光矣！"

"这个自然，有阿兰在我危难之时出谋划策，我李渊才能化险为夷。此次陪我来郑州，亦给我带来福气，剿匪马到功成。如民儿日后果真能与我创建起大业，阿兰即是我李家第一大功臣！"李窦氏想跟李渊说回武功李府之事，李渊说到小世民正好引到她的话题。于是，她给李渊盛上一碗醒酒汤，待他喝完之后，对他说：

"民儿出生以来多有异象，此次去观音寺，更是神奇。尽管云游书生说民儿日后能济世安民乃是预言，但咱宁可信其有，不可信其无。咱应给孩子成长一个良好环境才是！"

李渊喝了醒酒汤，清醒了许多，听李窦氏如此说，点了点头，问李窦氏：

"如何能为民儿成长创设一个良好环境？娘子有何高见？"

"刺史府官吏颇多，人事复杂，虽是仕途者历练之处，但非孩子成长之好环境。建成已成年，在此可有作为，而民儿与玄儿必须潜心苦读。元吉幼小，不应看到官府尔虞我诈之事。妾想带他们三兄弟回武功李府。"

"不可！阿兰为何想到要回武功李府？我在岐州多年，阿兰才去过一次，我在郑州当刺史已近三载，阿兰初来几日，怎可回去？莫非阿兰怪我招待不周？"李渊听李窦氏说要回武功李府，急忙反对。

"四郎是郑州刺史，这刺史府既是郎君主事之处，亦是我李窦氏服侍郎君之家室。要说招待不周，应是妾身之过，怎能说是郎君招待不周？妾只是想给孩子成长一个良好环境而已。"

"既然只是改变一个环境，这有何难？我在郑州城郊外再置一所府邸，为何要回武功李府，使你我夫妻鹊桥相盼。"李渊很爱李窦氏，虽不缺女色，但他们夫妻二人恩爱情深，每当团聚就难舍难分；更因李窦氏有过人的智慧，有她在身边，他李渊就有了个智囊参谋，无所畏惧；何况李窦氏来郑州未有几日，先是民儿患病她昼夜相守，再是为他剿匪担惊受怕，这些烦心的事刚刚过去，她的心才平静下来，夫妻温存尚未尽兴，她却要回武功李

府,这让他怎能不反对?但李窦氏主意已定,她对李渊说:

"此次随四郎前来郑州,本来是给今上做出一个假象,陪伴夫君游山玩水,要叫他以为你贪恋儿女情事,玩物丧志,碌碌无为,消除对你之疑心。如今他疑心已消,妾何必在此消磨时光,荒废儿女之学业。阿渊,当年大禹治水十三年,三过家门而不入;越王勾践复国甘为奴隶卧薪尝胆;刘邦创业,置妻儿与老父亲不顾;如今郎君为创建大业,怎能如此贪恋儿女之情?"

一提到创建李唐大业,李渊完全醒悟了。李窦氏这席话让他很感动,他不由得心头一酸,涌出了两行热泪。他知道自己与李窦氏是心心相印,相知相爱,情投意合。虽然李窦氏不是原配,自从原配李周氏留下两个女儿去世之后,母亲多次催他续弦,他总是迟迟不肯。当他得知窦芝兰才貌双全,很是倾慕,就亲自去窦府求亲。在选婿的三关竞比中,窦芝兰的父母对他很是赏识。窦芝兰在帘内看到他李渊相貌堂堂,风流倜傥,特别是见他所写的《择偶说》一文,很有气势,颇为喜欢。二人一见钟情。婚后,他知道窦芝兰恨杨坚以阴谋诡计篡夺宇文舅家江山,恨她窦芝兰身为女子不能推翻杨隋朝廷。窦芝兰也知道史世良给他李渊看骨相时说他贵不可言。窦芝兰想推翻杨隋的朝廷,他李渊也想推翻杨隋朝廷创建李唐大业,夫妻心愿相同,志向一致。窦芝兰的母亲襄阳长公主很贤惠,对窦芝兰从小以三纲五常教育。窦芝兰也爱读《女诫》和《列女传》,且不光爱读,更以身践行。在娘家,她的贤淑就被邻里称赞。嫁给李渊之后,上敬婆母,下睦妯娌。李母临谢世,性情古怪,众儿媳望而生畏。窦芝兰主动侍候婆母,尽管婆母饮食嫌甜厌淡,动辄恶骂拧掐,窦芝兰总是任劳任怨,曲意顺从。为侍候婆母,她昼夜衣不解带,直到婆母谢世,李窦氏的贤惠孝顺受到了全家人敬重。自从有了孩子,她对子女百般呵护关心。他李渊常年奔波在仕途上,操持家事和教育子女的重担,全压在李窦氏的身上。李窦氏虽然没有在他李渊身边,但对他李渊却了如指掌,常常给他出谋划策,真是相夫教子呕心沥血!自从杨广做了太子,他李渊屡遭猜忌。每当他身处危难时,李窦氏总能出谋划策,让他转危为安。这次逃脱了杨广迫害,他请李窦氏来郑州,一是请她散散心,弥补亏欠之情;二是想与她团聚一段时日,多年来夫妻总是聚少离多,如同相会盼鹊桥。谁知妻子来郑州不几日便要回武功李府。经李窦氏这么一说，显然又是在为他李渊着想，为创建他李唐江山着想。贤妻真是胸怀宽广，谋虑深远，与妻子相比，他李渊愧为须眉丈夫哉。想到这里，李渊对李窦氏深情地说：

"娘子所言极是！我本想请娘子前来散散心，你我夫妻同住一段时日。"

李窦氏知道李渊已经同意她回武功李府，对李渊深情地说：

"妾岂能不知郎君之情意？但也只能心领而已。如今杨广气盛，天下民众思安，虽杨广横征暴敛，滥用民力，然从开皇以来，先皇崇廉尚俭，积存了大量物资，国库尚实，如杨广继续奢淫，强征劳役，一旦逼反民众，国库储存耗尽，天下必乱。到那时，咱家几个孩子长大成人，他们辅助郎君岂不是大有作为。而今郎君在任所韬光养晦，枕戈待旦，妾在武功李府，为郎君培育将帅之才，岂不是先锋后卫有备？"说到这里，李窦氏如见曙光，满脸挂笑，很是愉悦。李渊似乎也望见了皇帝宝座，开心至极，不由哈哈大笑起来。他对李窦氏说：

"娘子深谋远虑，即如娘子所言。明日我命部曲李良送夫人回武功李府如何？"

"多谢郎君！"

第二天，李良率十骑护送李窦氏回武功李府。李窦氏一行有兵将护送，很是安全。一路晓行夜宿，倒也不觉疲倦。走过了洛阳，路过京城长安时，李窦氏怕引起杨广的注意，便从渭河南路匆匆绕城而过。当行进至终南山周至县境内楼观台时，路上的行人突然多了起来，李窦氏不知发生了何事，叫李良去问行人。行人说是去楼观台朝拜山神。

这是巧遇，也是机缘。行人所说的朝拜山神就是去朝拜山上的神灵，这楼观台上的神灵，不是玉皇大帝，也不是佛祖释迦牟尼，而是老子李耳。

当年，老子骑着青牛西行，去追寻圣王之道。行到这终南山下时，他向山上望去，忽然发现山腰有处地方白云飘浮，紫气缭绕，紫气中有灵光忽隐忽现。他很是奇怪，走近一看，这处山腰，松青柏翠，绿竹遍山，东侧山沟流淌着一溪清泉，泉水飞泻；西侧是一座小山峰，峰巅外突处有一片平地。

他登上这块平地，放眼远眺，渭水自西而东穿过，渭北高原西有乾山，东有九嵕山，二山如同守卫天宫的两位神将。看到如此气势雄伟的地方，老子不禁想，自己所追寻的圣王之道不就是天地之道、非常之道、做人之道吗？眼前这景象，不就孕育着天地之道、非常之道吗？我何不在此修炼，参悟做人之道！于是，他放青牛于山间，自己结草建起一座两层的草楼，下层是厅堂，上层是卧房。站在草楼上层，白天，可以远眺乾山与九嵕山，夜晚，可仰望月宫与北斗七星。他把这草楼称作"楼观台"。以后，老子的《道德经》被广为传诵，很多人来向他请教。于是，老子就在厅堂给前来请教的人讲解经文。后来，老子修炼成了仙，就在此处骑着青牛上了天。老子的《道德经》是一部悟道经，一直被人们传诵。人们尊敬他，爱戴他，尊他为道教的始祖。

李渊的宗亲常说，他们这一门李姓就是老子李耳的后裔。不管这种说法有无根据，既是同姓，必是同根，即便不是同根，异姓之人尚且前来朝拜老子，同姓之后裔路遇老子庙岂能不祭拜。李窦氏当即决定，去朝拜山神祭祖。李窦氏知道朝拜山神必须心诚，必须洁身，必须徒步前往。于是他们在楼观台附近找了一家客栈住了下来。这天晚上，李窦氏让随从伺候三兄弟沐浴，她自己也沐浴焚香，做好了朝拜山神的准备工作。

第二天清晨，李窦氏置办好祭拜的香蜡纸表与鲜果，带着三兄弟徒步去朝拜山神。

西汉景帝之母窦氏崇信黄老之学，在这楼观台修建起庙宇，汉初尚俭，修建的庙宇并不大。东汉后，楼观台的庙宇有了大扩建，扩建后的庙宇很是宏伟。其后，连年战乱，这楼观台的香火也惨淡了。杨隋太平盛世，佛道兴起，楼观台的香火也随之兴盛起来。

李窦氏很是心诚，领着三个孩子，随着赶早朝拜的人们上了山坡，从通向小山巅的栈道登上了楼观台。李窦氏放眼望去，不禁心旷神怡。但见这庙宇岿然屹立在小山巅之上，如同天宫一隅，既奇丽又险峻。庙宇东侧的小山沟有一股小溪流，溪水向下飞泻，水雾弥漫，滋润着山林，清新着庙宇，水雾随着微风飘散，给人们送来淡淡的清香和凉爽。小溪两岸遍布青松苍柏，翠竹山花。清早，这整个山上的茂林修竹、野草山花，以及这奇丽的庙宇、险峻的山峰、欢腾的小溪流，被犹如云海的水雾笼罩，幽静的山林使人感觉远离了尘世，来到了仙境。李窦氏不禁想，真是上善者静修的仙境哉！小玄霸看到如此美丽的景致，高兴地说：

"嘿，此地如此美妙，有山有水有栈道，是练武之好地方！"

小元吉除了对这里的美景感兴趣，对庙门前的石雕青牛更感兴趣。小世民兴致勃勃地眺望着周围的景致，对李窦氏说：

"阿娘，此处很美，有山有水。看到如此美丽之山水，儿忽然想到《论语》中的一段话。"

"《论语》中如何说？"李窦氏说是来朝拜山神祭祖，其实，她还有一个目的，就是想让几个儿子前来见识见识这灵秀之地。听小世民如此说，正合她的用心，便追问道。

"知者乐水，仁者乐山。知者动，仁者静。知者乐，仁者寿。"小世民朗声背诵出了这段话。之后，他又自我感悟说："如此幽静之环境，真是仁德者静修之好地方哉！但不知这座庙宇所供奉者是何方神圣？"

见小世民如此感慨。李窦氏没有直接回答，而是继续问道：

"你可知孔子所说之'仁'是何意？"

"孩儿请教过陈先生。仁者，即仁德。孔子曾说，'一日克己复礼，天下归仁焉'。可见，一旦能以良好之法度自我约束，即可成为有仁德修养之人矣。孩儿感悟：'仁'其实就是能以良好法度自我约束之美德。"

"民儿好悟性！此庙宇供奉的即是一位具有高深道德修养之人，他姓李，叫李耳，人们尊敬他，称他为老子，是道教之始祖。"

"他也姓李！"

"对，他也姓李，据说，还是咱这一门李姓之始祖。"

"如此说来，阿娘今日带我兄弟几个不仅是来朝拜山神亦是来祭祖！这些前来朝拜山神者都是我李姓之人？"

"不都是，这是因为老子道德高尚，世人景仰，大家都前来朝拜他。"

"善哉，孔子所说'仁者寿'原来是此意！"

"民儿所悟'仁者寿'是何意？"李窦氏笑问。

"寿者，是指人在世之年，而人在世之年不过百岁左右，但道德修养高深之人却能永远活在世人心里，此乃千年之寿，万年之寿矣！"

听小世民说出如此有哲理的话，李窦氏很高兴，她把小世民搂在怀里，对他说：

"阿娘即是希望尔等兄弟将来都能成为道德修养高深之人，能像先祖李耳一样，世人景仰，万古流芳！走，随阿娘进庙去！"李窦氏把三兄弟招呼在一起，一同进了庙。

走进大门，穿过偏殿，迎面是五间正殿。殿正中是老子的坐像。神像高有丈余，身穿黄绸道袍，足蹬云鞋，脸膛清瘦，须眉皆白，银发木簪高绾，慈面露笑。李窦氏毕恭毕敬献上鲜果，之后燃着四炷香，给小世民三兄弟每人一炷香，母子四人跪在神像前，虔诚地磕了头。李窦氏对神像说：

"先祖爷，李窦氏率三子前来祭拜，祈求先祖神灵保佑我母子平安！"

小玄霸听母亲如此说，笑着问李窦氏：

"阿娘，这位神仙翁翁能否保佑咱平安？"

"能，这位神仙翁翁神通广大，他一定会保佑尔等兄弟平安，健康成长成才！"

"阿娘，既然如此，我给神仙翁翁多磕几个头！"聪明活泼的小玄霸赶紧又给老子神像连连磕了几个头。小元吉看三哥如此做，也对李窦氏说：

"阿娘，儿也给神仙翁翁多磕几个头！"

李窦氏看孩子们都如此聪明，高兴地对小元吉说：

"善哉，对神仙翁翁诚心诚意，他定会保佑尔等兄弟平安！"

庙宇建在小山巅，院落并不太大，李窦氏领着三兄弟在院子里游览了一番，来到大殿左侧的偏殿，这里是老子李耳当年讲《道德经》的讲经堂。讲经堂不大，可容三四十人席地而坐。中间上位有一石墩，据说老子当年就是坐在这块石墩上讲经的。讲经堂左侧竖有几块石碑，石碑上刻着《道德经》全文。李家三兄弟拥到碑前去看。小元吉认不了几个字，看不懂，少了兴趣，便爬到石墩上玩。小玄霸虽然认识几个字，但也看不懂，也与小元吉去爬石墩玩。小世民倒是看得很专心，虽然有些字他不认识，但他还是很专心地看着，揣摸其中深意。李窦氏见小世民看得很是专心，对他说：

"民儿，此文即是老子所写《道德经》全文，你能否读通？"

小世民边看边对李窦氏说："儿能读通一些，但有许多字不认识，有些话也不明白。"他用手指着一段话问李窦氏："阿娘，这几句话是何意？"

李窦氏仔细看去，原来是"知不知，尚矣；不知知，病也。圣人不病，以其病病。夫唯病病，是以不病"。李窦氏沉思了片刻，笑着对小世民说："这段话是讲学习之态度。大意是'知道自己还有所不知，是高明之人；不知道却自以为知道，这是很不明智之人。道德高尚之圣人很少有缺点，因为他把自己之缺点实实在在当作缺点克服。正因为他把自己之缺点严格克服掉了，所以，他就不会有缺点了。"她又指着一行字说："民儿，你读这两句话。"

小世民已经读了这两句话，他朗声读道："'上善若水。水善利万物而不争，处众人之所恶，故几于道。'阿娘，这两句话是何意？"

"其大意是说，道德修养高深之人总是把他自己的位置像水一样置放在最下边。水滋润万物却不与谁相争。正因为水处在最下位，故而才能积聚成江河湖海。道德修养高深之圣人，正因为处在众人所厌恶的低下之位，避免与他人相争，而最后，相互争上者一个个都毁灭了，而谦让居下者最终处于争上者之上。此乃《道德经》无为而无所不为之真理，亦是'道'之宗旨。如此可见，道即是谦让。谦让者存，谦让者得。与人相处，如是；与朋友相处，如是；与家人相处，亦如是；尔等兄弟相处亦应如是！故而孔融让梨，不仅得梨，且终成才成名。"

"这《道德经》所言甚善。"小世民了然说。

"你大兄随你阿耶去历练，在家，你为长，应谦让善待两个阿弟。日后，你须与姊弟和睦相处才是。"李窦氏以《道德经》开导小世民。小世民很是聪明，连忙对李窦氏说：

"阿娘，儿知道了！"

朝拜了山神，祭了祖，李窦氏正想带着孩子们下山，这时正值巳时，朝山的人多了起来。有三个中年妇人边向正殿走边聊着天，其中一个说：

"这楼观台的签很灵验！去年我在这里求了一支签，是上上签。签上说我家新妇今年会生一子。嘿，灵验极了，今年三月，我家新妇果然生了个大胖小子。我今天专门前来给老子神仙还愿。我不仅要献香表，还要上布施！"

另一个妇人说：

"我今天也要求支签，问问老子神仙我啥时候才能发大财！"

听几个妇人如此说，李窦氏心想：来此朝山是碰巧，逢此庙会更是碰巧，既然如此碰巧，我何不借此巧妙之机也求支签问问我夫妻之夙愿何时方能实现！于是，她领着三个儿子再次来到正殿，求了一支签；打开签文一看，她大吃一惊。

这正是：无事不求签，求签惹心烦。要知李窦氏为何大惊，请听下回分解。

第二十二回

世民练字方法异　不用纸墨用泥沙

上回说到，李窦氏在楼观台老子神像前求了一签，想问问她夫妻的夙愿何日才能实现。她与李渊的夙愿，无非就是推翻杨隋朝廷，创建他们自己的江山。李窦氏拆开签文仔细一看，大吃一惊。原来签文上写着："阴出阳盛时，心静待佳机。莫学荆轲蠢，卧虎好扑食。"这句话，明明是对她李窦氏所说，也实实在在点在李窦氏的心窝里，怎能不让她大吃一惊。

李窦氏心想：这到底是签文，还是老子神灵在对她说话？她分不清，也思不透；但她却心领神会。是呀，她与丈夫李渊的夙愿刚刚露头，但时下正是杨隋盛世。眼下的杨隋如日中天，一统了大江南北，又征服了契丹、突厥，江山万里，民富国强。杨广一道圣旨，大运河开凿了，东都建成了，京城通江都沿途四十多座离宫将要竣工了，举国百万民夫被杨广驱使，创造出旷古奇迹。在这种形势下，想要推翻杨隋朝廷，那真是蚍蜉撼树！

这签文明显是在告诫她：当年荆轲在秦始皇极盛时去刺杀他，既不和时势，也不和天理，只能自取灭亡；特别是最后一句，不仅是在提醒她，也是给她谋划了一个上上之策——要像猛虎一样，盯着猎物，潜伏在暗处，待猎物露出了破绽，猛扑上去死死咬住，就能一口毙命。想到这里，李窦氏不仅失声说道：

"灵验，灵验，甚是灵验！感谢神灵明示！感谢神灵教诲！"

"阿娘，签文如何灵验？"小世民听李窦氏连连说灵验，好奇地问。这种大事，李窦氏是不会告诉子女的。她笑着对小世民说：

"签文说尔等兄弟都很聪明！"

"果真如此？"

"果真如此！已是午饭之时，跟阿娘一同下山去！"李窦氏领着小世民三兄弟下了山。带着三个儿子回到了武功李府。

去京城与郑州往返不觉有月余时日，留在家中的平儿既想念母亲，又为耶娘担心，耶娘是奉诏前去面君，不知吉凶。虽然阿耶与阿娘去郑州时捎话报了平安，但平儿怎能放下心来？如今母亲回来，免不了母女互道思念，互问这些时日之经历。

李窦氏安慰了平儿之后，安排好家中之事，一切就绪，心总算平静了下来。心平静下来后，李窦氏不免又想起签文中的话，特别是"心静待佳机"。她对《道德经》熟能倒背，也参得透，悟得深。"无为而为"这句话，一些人会理解为不作为随缘而能获得很多。这种理解忽略了一个关键问题，在不能作为的时候，应该有所准备，做日后大作为的准备工作。因此，李窦氏对这句话的理解是：在没有机缘的情况下，不能盲动，要静待时机；在静待时机这段时间里，要大练内功，练好大作为的硬功；一旦机会到来，就要像猛虎一样，猛扑上去，达到目的。因此，她决定在儿女几个成长之时，培养他们大有作为的能力。

李窦氏仔细分析了儿女各自的天性：长子李建成，聪明好学，心地善良，但疑心重，心胸不广阔；次子李世民，颇有慧根，勇谋兼备，心善意诚，但体弱多病；三子李玄霸，聪明机敏，坦诚直爽，有侠心义胆，但心思不够缜密；四子李元吉，聪明机灵，好学稳重，勇敢善谋，但争强好胜，私欲心重；女儿李翠平，聪明贤淑，好学稳重，勇谋兼备，颇有男儿尚武脾性。

人常说知儿女者莫若娘亲，的确如此。李窦氏对五个儿女的优缺点了如指掌。分析之后，她心想，长子李建成已届成年，如今已经随夫君在官场阵战上历练。如此很好，在官场和阵战历练，使他的聪明才智能得到充分发挥，也能使他的心胸开阔起来。三子李玄霸聪慧尚武，日后夫君起事，少不了先锋将军，可请武师教他武艺。四子李元吉虽有争强好胜的脾性，但还年幼，可引导向善。女儿李翠平，时已十二岁，应是待字闺中的淑女，但她尚武，虽古来女儿征战者极少，但也有木兰从军的先例。既然女儿如此尚武，不妨让她同玄霸一起学武，一是为日后创建大业培养女将领，二是可为女儿防身之用。

其实，李窦氏心中的重点是次子李世民，从李世民诞生到如今，七年来出现了很多异象。这些异象虽然摸不着也猜不透，却实实在在发生在小世

193

民的身上，令她不得不信，让她这个做母亲的不能不寄予厚望。因此，她要为小世民营造一个良好的成长环境。小世民最大的优点是慧根深固，过目不忘。在知识学习上，他有着超强能力，陈先生目前所教的知识，已经满足不了他的学习热情，可适当加重他的学习内容。他体弱多病，在学习之余可随武师习武，不但可以强身健体，也是为日后征战做准备。

李窦氏谋划好之后，请了一位武艺高强的王师父和一位女红精湛的周娘子。周娘子在晚上教平儿女红，王师父清早和傍晚前教玄霸、平儿、世民学武，李窦氏早午间教小元吉认字，晚上教小世民书法。

李窦氏为何要给小世民加一项书法学习？在私塾，陈先生也教小世民书写，但那仅仅是描摹临帖而已。李窦氏知道，书法不仅是书写艺术，也是静心养性的修炼。李窦氏小时候在周朝皇宫进学，就很爱上书法课。当时在皇宫教皇室子女书法的是书法名家薛道衡。薛道衡先生不仅善书法，还是著名的诗人，也是一位杰出的将领。他教书法时很严格，因此，李窦氏书法造诣也很深。她要小世民在书法学习中领悟修身、齐家、治国、平天下之道。她观察到小世民偏爱楷书，便从楷书着手教小世民学习书法。

经过考校，李窦氏见小世民已经掌握楷书书法常识术语，便开始教他读帖。李窦氏要小世民学书法并不是要他成为王羲之那样的书法家，而是要培养他平心静气、正直做人、治国安民的心性。因此，她要小世民从读帖开始。读帖有十二法，即整齐平正、上下平稳、左右均称、轻重平稳、分布均匀、疏密调和、连续各异、反复变化、内外相称、形象自然、气象生动、格调统一。李窦氏酷爱书法，藏有很多碑帖，还有从周皇室得来的王羲之、薛道衡的字帖。她要小世民先读，再说出自己所见，然后她再做指导，使之从理论上掌握，不走弯路，而后才让小世民用笔写出。小世民从四岁就开始学写字，他执笔运笔有一定的功底。不过，那时的书写，只是为了把字的笔画写正确，如今的书写，是在练习楷书书法技艺，因而重在理论上掌握。李窦氏对小世民说：

"古人练字，池中洗笔水成墨池，民儿练笔，当会如何？"

小世民对李窦氏笑了笑说：

"儿不会墨污池水,亦不需耗费纸张。"

"民儿如何练字?"李窦氏很是不解。

"儿只需三尺沙盘,几支毛笔即可。"

"在沙盘上如何练写书法?"

"儿试过,在沙盘上学练书法更有功力。"

"沙盘上不见字之真迹,如何评定字之功力?"

"功力在手,其形于心,等练写一段时日,再在大砖上以泥水书写,之后,儿还要用清水在石板上练写。如此沙练手腕功,泥练运笔功,水练轻描功,而后再在纸张上练写真迹功。"

李窦氏大惊,她练习书法,从未听说用泥水练写。她问小世民:

"民儿如何知道如此练习书法?"

小世民郑重其事地说:

"陈先生给我等学生讲过一个故事,说是有一个放羊穷孩子,没有钱买笔墨纸砚,他自己用羊毛做了一支笔蘸着泥水在石板上练字,后来竟然练出了一手好字。孩儿也试过,用泥水练习书法比在纸上练习更好。为此孩儿打算分四步练习:先沙,再泥,再水,而后用墨书写于纸上。如此既不洗笔污了水池,亦不浪费纸张。阿娘,你看如何?"

李窦氏意在使小世民在书法学习中悟出做人治国之道,想不到小世民已经悟出了一些道理。既然他已有所悟就应该让他在自悟中去实践。于是,李窦氏笑着说:

"既然民儿已经尝试,就应去做。不过,每旬须给阿娘书写一帖,阿娘方可鉴别民儿学习之进退。"

"儿遵命!"

日复一日,小世民上下午去私塾上学,清早学武艺,晚上学练书法,私塾每旬最后一天休假,这一天小世民就全天练书法,有时饭后他也挤出时间学练。他果然先在沙盘上练写。他初学写字时在沙盘上写,只是用棍子在沙盘上写出字的笔画,而楷书书法练习不仅要用毛笔写出字的笔画,还要写出字的运笔形象。重笔处可以看见字的形状,而轻提飞白处在沙盘上几乎看不到痕迹；但这只是他人看不到，小世民心内却清楚。

　　经过一段时间的练习，果然，小世民腕力大增。之前在沙盘上画字，只求字形笔画正确，不在乎持笔运笔。而楷书练习，必须持笔规范，运笔提、按、顿、蹲、过、挫、回、转、折到位，且整个运笔过程必须手腕悬空。沙盘练习运笔按、顿、蹲便于用力，如此练习，小世民不仅练了楷书的书写技巧，而且练成了手腕运笔的硬功夫。李窦氏看不出小世民在沙盘上书写的字，也不便说什么，但从小世民每旬给她上交的习作上却清楚地看出日渐进步。沙盘上练字，虽不用纸墨，却很费笔毛。一支毛笔，用不到十天笔毛尽秃。小世民还想用秃了的笔写，李窦氏坚决反对。她很清楚，书法练习重在笔耗之功，毛笔无耗，练也白练。因此，当她看到小世民笔毛秃损，便立即要小世民换笔。李窦氏虽然很节俭，但在培养子女上从不吝惜。

　　炎热的夏天在小世民的笔尖上过去了。小世民在沙盘上练字有了一定的进步，于是开始在大方砖上用泥水练写。提起这大方砖，那还有一桩趣事：

　　有一天，下午放学，小世民途经北城门，看见城壕泥土里有一块露在外面的砖，从边缘看似乎很大。于是他下到城壕，用手刨开土，这块砖渐渐露了出来。手指甲刨疼了，他便找来一根小棍子剜，终于把埋在泥土里的大砖刨了出来，是一块大方砖，足有二尺见方，且四角八棱，没有一点儿损坏。他掂了掂，很沉，怎么也抱不动。他只得回家告诉管家李福。李福赶着一头驴，费了好大的劲，才把这块大方砖从城壕里驮了上来，运回李府。李福虽然把大方砖运了回来，但他并不知道小世民要它何用，好奇地问：

　　"二郎为何对这块大方砖感兴趣？"

　　"管家，你先告诉我这块砖头原来是干啥用的？"

　　"它被扔在城壕里，一定是修城墙用的砖。"

　　"这城墙是何时所修？"

　　"据说是先朝修建，已经有一百多年了。"

　　"那么说这块砖头也一定有一百多年了！"

　　"是呀，它最少有一百多年了。"

　　"我仔细看过，城墙上的砖没有如此之大！"

"修建城墙要用好几种砖头,这种大方砖不知是用在啥地方,但它一定是修建城墙所用,不然咋会被扔在城壕里?"

"这么大的方砖,一百多年,被扔在城壕里,竟然完整无损,一定有灵气。"小世民很是高兴。

"二郎,你还没有告诉我你要用这块砖做啥?"

"写字。"

"是在上面刻字?"

"是蘸着泥水在上面练字。"

"据说王羲之当年练字,光是洗笔上的墨,就把一池清水洗成了墨池。可是我从来没有听说有谁用泥水在砖头上练字!"

"如此练字,既节省纸墨又不会污了咱府中的池水,岂不是更好?"

"好好!二郎虽然年少,但已知节俭,二郎如此练字,不知是否有效果?"

"我已尝试,比用纸墨练习更好!"

"原来二郎已经尝试过。有志者,事竟成,李福今日是大开眼界了!"

小世民先把大方砖的一面磨平,然后叫李福帮他把大方砖放在后花园亭子里的一角。他把大方砖置于机凳之上,用一个小瓷罐装了半罐水,把从高崖上挖来的白壤土块放在罐子里泡了泡,土块化解了,他用棍子搅了搅,成了泥浆,他用笔蘸上泥浆在大方砖上书写了起来。蘸着泥浆在大方砖上书写,横、竖、撇、捺、点、提、勾、折,一笔一画写起来还挺带劲。字写多了,砖上的泥浆增厚了,有点凹凸不平,他就用铁铲铲去砖上的泥浆,砖吸水性强,很快砖上的水干了。他把铲下来的泥浆又放进瓷罐里,搅了搅,又融化成了泥浆。于是,他又在大方砖上练写起来。如此反复,倒也干净省心。

如此练习,不觉秋去冬来,冰雪已至。此时,他在砖上写字,一个字尚未写完,砖上的泥浆就冻住了。李窦氏怕冻坏小世民,叫李福把大方砖挪到房里,燃起火炉子,把火炉子放在小世民身边。房子里很是温暖,小世民练字更有兴趣了。

寒冬的冰霜,在小世民的笔端上融化了,春天来了。用泥浆练写了一段时间,小世民的书写功力大增。他想,泥浆不比墨汁,虽运笔带劲,但终不比纸上书写，砖头不比纸张，虽书写简便，但终不比在纸上能成章法。于是，他准备在石板上用清水练写。他家后花园有一块表面打磨光滑的大青石。这块大青石，是李渊当年修建李府时，准备用来雕刻"李府"两个大字的。李窦氏怕过于张扬，劝李渊不要雕刻这两个字，不刻府第之名，少惹他人嫉妒，府第虽无名，亲者谁人不知？李渊觉得李窦氏说得很有道理，便把这块打磨好的大青石放在了后花园，想不到小世民今日派上了大用场。

小世民把大青石擦洗干净，在大青石前摆了一个机凳，盛了一罐清水，取出毛笔，坐在大青石前练起字来。在大青石上书写比在沙盘上书写看得清晰，也比用泥水在大方砖上书写更多的字，还能成行成文成章，可大可小。但在大青石上练写不比在沙盘上挥洒自如，也不比在大砖上书写随便，如在纸上书写一样，要求规范但又比在纸上写难度大。纸张吸水，大青石几乎不吸水；水不是墨，没有黏度，书写起来光滑，运笔难度很大，稍有不慎下笔就成了水坨坨，难成笔画。但小世民要的就是这种难度，他要在这种难度中找出运笔的不同方法。

梅花败了，桃杏花开了，桃杏花败了，牡丹花开了，百花争艳的春天在小世民的笔端上悄悄地走过。不知是小世民过于用功导致劳累，还是命中该有此难，病魔又一次缠住了他。一天，小世民突然身感不适，昏了过去。李窦氏急忙叫李福请来医者。医者下了几剂药，小世民吃了，不但没有见效，看东西也模糊起来。正在李窦氏着急之时，李渊派人回府。原来是李渊奉命去户县公干，派人回府顺便给李窦氏报个平安，来人正是上次送李窦氏回来的部曲李良。李窦氏同李良说了小世民的病情，请他快去请主君回府。李良看小世民病势沉重，不敢歇息，喝了口水，便飞马返程去报信。

这正是：自古大贤多灾难，无灾无难不大贤。要知李世民病情如何，请听下回分解。

第二十三回

李渊户县求佛祖　柴李两家结良缘

话说李良急于把二郎的病情告诉主君，武功县城距户县县城一百多里，李良申时启程，快马加鞭，亥时就到了户县县城。时已更深，县衙很是寂静，李良怕惊动府衙，亦怕使主君惊慌，他先住进驿馆，只等天一亮就去向主君禀报。

李渊这次去户县，说是公干，其实主要是为他私人的事。所谓公干，是户县剿匪成效显著，朝廷下诏各州县须向户县学习，彻底剿除匪患。于是李渊借此去了户县。所谓私事，是李渊为女儿翠平去相女婿。户县县令柴兴有个从子叫柴绍，年方十八，很有学识，人长得也很英俊，七尺高的个头，方脸，浓眉大眼，鼻高嘴阔，性格豪爽，颇有侠肝义胆。柴家是山西临汾名门，先祖是先朝大官。柴兴很想结识李渊，得知李渊之女翠平长得很美，且聪慧尚武，正好自己的从子柴绍已经成年，因此，他想撮合这门亲事。前两月，柴兴在京城与李渊相见时，替柴绍提亲。李渊与李窦氏只有这么一个女儿，很是喜爱，他没见过柴绍，当然不会轻易答应。这次借公事来户县，就是要亲眼见见。当然，李渊去户县是与柴兴提前约定好了的。

柴绍的父亲已故。柴绍还未有一官半职，现下跟着叔父柴兴学习。柴绍长得俊朗，家境殷实，不愁找不到漂亮媳妇，听叔父柴兴说，郑州刺史李渊之女，不仅人长得美，而且聪慧尚武，他就动了心。但当他知道李渊不仅是郑州刺史，且是当今圣上杨广的表兄时，心想：如此显贵之女，自己如何攀得上？因此，柴绍对这门亲事虽然动了心，但没抱太大的希望。这次李渊来到户县，他知道李渊一定会见他，他也很想见见这位颇有声望的郑州刺史。

这天，李渊忙完公事，晚上柴兴设了私宴。宴席上，只有柴兴叔侄与李渊，当然，柴兴把柴绍介绍给了李渊。李渊一看，这柴绍果然一表人才：身形伟岸，眉清目秀，鼻高嘴阔，声如洪钟，谈吐不俗，有一股侠肝义胆的气势，如果用心打造，日后必是将帅之才。李渊喝下柴绍敬的酒后，问柴绍：

"你意欲做何种人？"

"如朝廷用我，我会尽自己所能，效命朝廷，爱护百姓；如朝廷不用，我亦会尽自己所能，为民众做一些好事善事。"

李渊看着柴绍，点了点头，笑问：

"你亲历剿匪，对当前剿匪有何看法？"

"匪出两类：一是不安分守己，心怀非分恶念之刁民；二是不堪官府苛政，迫于生计才铤而走险之良民。户县剿匪之成效是剿杀祸民之匪首，招降乌合之众，威德并举，方能剿而平靖。"

"当今朝廷所施之政，你又如何看待？"

柴绍不由一惊，看了看叔父柴兴。柴兴也看了看李渊，李渊面带微笑，等待柴绍讲出他的看法。柴兴对一旁的两个侍女摆了摆手，侍女退了下去。柴兴对柴绍说：

"绍儿不必惊慌，李公所问是我等为官者心存之疑，亦是绍儿平时所想。今日我等私宴，别无他人，绍儿可一吐心中所想。"

柴绍看了看李渊，李渊依然微笑，等待他说出所想。柴绍又看了看叔父柴兴，柴兴对他点了点头。于是，柴绍对李渊说道：

"古语说得好'仓廪实而知礼节，衣食足而知荣辱'，民众富裕，方能强国。朝廷开凿大运河，初为开通南北水运，南北水运通，商贾贩运方便，可利国利民；南北水运通，国家便于统治，国家一统方能强大；国家安，民众富，百姓自然安居乐业。故此，开凿大运河初衷甚好，然成为私人游玩之建，不仅劳民伤财，也伤害了民众之心愿！长安去江都沿途四十多座离宫纯属奢靡之建。先皇崇尚节俭，食不二味，皇后平时亦不戴金佩玉。皇上如此爱民惜粮，民众岂能不理解不拥戴皇上！因而，先皇去世之时，国库物足粮满。而今朝廷大兴土木，奢淫极欲，不到四年，国库积存已空大半。再如此奢靡，国库耗尽必然横征暴敛，苛政之下，民众岂能安生？老子说得好，'其政闷闷，其民淳淳；其政察察，其民缺缺'。故此，在下以为，利国家民众之建设，应适时而动；无益国家民众之建设，朝廷不可劳民伤财。当年秦始皇一统六国，成就何其雄伟！何故又如此短命？无非是因为天下初定，民众思安，不该在民众尚未休养之时大动土木。先是驱使百万民众修建万里长城，再是耗费巨资建造千里阿房宫。其结果，万里长城落成而国家灭亡，千里阿房宫尚未建成而秦始皇已死。当今朝廷如若圣明，当以史为鉴！"

"绍儿不得口出狂言！"柴兴怕侄儿柴绍口无遮拦，急忙阻止。柴绍虽然意犹未尽，但也感到在初次相见的刺史面前如此直击朝政不妥当，连忙起身向李渊躬身说：

"在下多有冒昧，所言虽出忠诚之心，但恐不合时宜，请使君指正！"

李渊最想听的就是柴绍说真话，说他心里的话。他并不是在为国家遴选人才，而是在为他自己挑选女婿。再确切一点说，就是为他日后推翻杨隋朝廷挑选帮手、干将。柴绍这番话，使他看出这后生果然有侠肝义胆，他不为仕途而趋炎附势，而是在为国家民众着想。这后生聪慧机灵，博文广识，分析能力强，对今上不满，如妥善培养必定会成为自己的得力干将。

儿女婚事，在政客的眼里，都是政治联姻，权力扩张。历朝历代都有这种裙带网，都有这种政治联姻。因为人们靠联姻扩大自己的势力。联姻，是血缘关系的派生。政客的联姻，是利益的联姻，是势力的联姻。李渊为他的女儿选婿自然也是在为他自己寻找帮手和干将。他觉得柴绍可堪大用，也很满意这个女婿人选。李渊虽然看中柴绍，觉得他是最佳的女婿人选，但他没有直言道出，只是面带微笑。听柴绍如此说，他笑道：

"果然后生可畏，有见地！我等私宴闲聊，所谈所论，不过交流想法而已，过后无话，绍郎无忧！"

"多谢李公指正！"

柴兴看出李渊对从子很是赏识，非常高兴。李渊找到佳婿，更是高兴。酒逢知己千杯少，柴兴叔侄敬的酒，李渊是来者不拒。这天晚上，李渊喝得酩酊大醉，之后便睡在户县县衙，直到天亮才酒醒过来。

李渊酒醒以后，听李良报说次子李世民病了，而且病得很重，看东西都模糊了。他大吃一惊，这一惊，让他出了一身冷汗。这一身汗，把他一身的酒气也吓跑了，使他彻底清醒过来。他急忙命令李良动身回武功李府。柴兴见李渊如此惊慌，对李渊说：

"李公不要惊慌，二郎既然已经用药，定会无大碍。我倒是建议李公先去一个地方。"

"去何地方？"

"一个大寺。"

"去大寺何用？"

"听闻令阁善佛事，在这大寺求佛甚灵验，百姓凡有疑难病症皆去寺中祈求佛祖驱魔祛病。据说凡有求者皆有灵验，李公何不先去大寺求求佛祖，之后再回府岂不是更好？"

李渊沉思了一会儿，心想：去年世民患病，百药不愈，娘子去郑州观音寺祈求菩萨，世民当天就康复了。既然说这大寺佛祖灵验，我何不先去大寺祈求佛祖保佑世民康复，再回武功李府不迟！于是他对柴兴说：

"柴明府所言极是，我这就去大寺！"

"某陪李公同去如何？"

"不用，柴明府同去多有不便。"

柴兴向身旁的柴绍递了个眼色，柴绍很是机灵，连忙说：

"世父初来此地，不知去大寺之路，小子给世父带路如何？"

"如此也好！"

于是，柴绍置办了香火之用，陪李渊到了大寺。大寺在户县城郊，寺院倒也气派：山门壮观，献殿宏伟，院落广阔，寺中建筑古色古香。李渊忧心李世民之病，无心观赏，让柴绍领着他直奔正殿。走进正殿，李渊抬头一看，大殿广阔，足足七间，中间供着三尊佛像：正中是释迦牟尼，左边是药师佛，右边是地藏佛。三尊佛像左右是四大菩萨，两边是十八金身罗汉。佛寺果然香火兴旺，拜佛祈福者络绎不绝。李渊接过柴绍递给他的香，凑到油灯前点燃，躬身一礼，把香插在佛前的香炉里，然后跪地毕恭毕敬地磕了三个头，双手合十，对着佛祖祈告：

"弟子李渊罪孽深重，害次子李世民疾病缠身。次子李世民去年久病难治，无奈在郑州观音寺祈求菩萨保佑，当天病除康复。今又身患怪病，药石罔效，且双眼视物模糊。此儿生来多有怪异。既然佛祖赐李渊多异之儿，何不保佑此儿健康成长？李渊祈求佛祖大慈大悲，保佑世民平安健康！"

祈祷完毕，李渊把腰间一块翡翠宝玉摘下来，恭恭敬敬地献给佛祖，然后退出大殿。柴绍等李渊退出之后，也跪在佛祖像前磕了三个头，许了一个心愿，这个心愿当然是祈求佛祖保佑他与李翠平的婚事。

李渊回到户县县衙，李良早已备好行装，等待回武功李府。李渊正要上马，柴兴对李渊耳语：

"李公，你看在下这从子如何？"

"聪明，机灵，博学，有主见。有柴明府培养，日后必是国家栋梁。"

"既然李公如此看重阿绍，不知李公是否愿意将令爱许与阿绍？"

李渊看了看柴绍，悄声对柴兴说：

"我与内人唯有此女，内人爱女心切，我虽然看重，但不能独专，须回府说与内人，如内人同意，方可遣媒白姑。"

"理当如此，理当如此！儿女婚事，乃父母心事。李公，某倒有一个建议，不知该讲不该讲？"柴兴唯恐节外生枝，对李渊说。

"你我至交，有话就说，有何该与不该！"李渊倒很爽快。

"李公，李柴两家已有意结亲，眼下二郎君患病，李公要赶回贵府，何不让阿绍同去，一是帮着跑跑腿，二是让他认认门。李公远在郑州任职，毕竟户县距贵府较近，日后亦能相互照应，不知李公意下如何？"

李渊沉吟不语，不置可否。柴兴忙给柴绍递了一个眼色。柴绍很是机灵，赶紧走到李渊面前说：

"世父，小子正想去贵县看看，苦于不识路，可否随世父前去？"

李渊这才抬起头，对柴绍说：

"来回奔波，你不怕苦？"

"不怕不怕，能跟世父去贵县，乃小子莫大荣幸，何苦之有！"

李渊跃身上马，向柴兴抱拳致谢道："多有打扰，告辞！"他双腿一夹，策马而去。

柴兴为何叫柴绍跟李渊去李府？人常说"热媒热媒"，既然说起就应说定。因为儿女订婚，已在婚龄，谁家之女不三择佳婿？谁家之男不三选贤媛？你已经相中人家女儿，只说不订，等你犹豫再三拿定主意，恐怕人家之女已属意他人了。因此，柴兴知从子已属意李家女，便叫柴绍跟李渊去李府，一是表示对李家之事很关心，二是要李窦氏见见柴绍，早日把这婚事定下来。当然，柴兴很有把握，从子柴绍一表人才，见识广博，谈吐不俗，李公娘子岂能看不上？李家小娘子岂能不喜爱？因此他不掩不藏，让柴绍自己去展示，去为自己谋姻缘。柴兴看李渊上了马扬长而去，赶紧叫柴绍上马去追。其实柴兴早已谋划好此事，已给柴绍把去李府的礼品备好，当然也备好了快马。于是柴绍飞身上马，扬鞭疾驰去追李渊。

李渊对小世民希望最大，得知世民病得很厉害，很是担心，一路上绿水欢笑，青山妩媚，垂柳起舞，碧草逗趣，百花竞艳，这一派盎然春光，李渊无心观赏，只想尽快赶回去，请最好的医者，给世民治病。千万不能让他的眼睛瞎了。他是我李渊的希望，我一定要把他的病治好！马儿呀，快跑吧，快飞吧，咋还没有到武功？咋还没有到我家？

一百多里路，不到两个时辰，就到了武功县城。李渊还嫌马跑得不快，紧加几鞭，马儿终于跑到了李府门前。李渊跳下马，把马鞭扔在地上向大门走去。柴绍赶紧下了马，捡起李渊的马鞭，与李良把马拴好，也向大门走去。

李渊走进大门，径直走向小世民的屋子。进屋之后，看到小世民，李渊大吃一惊。他不敢相信自己的眼睛，抬手揉了揉双眼，再次仔细看，更是奇怪。李渊为何吃惊？又为何不敢相信他自己的眼睛？原来，他一路上想世民这次病势重，一定是躺在炕上昏迷不醒，眼睛也看不见。但谁知，眼前的小世民，竟然坐在机凳上看书！看其容颜，脸色红润，怎么看也不是重病之人。李渊吃惊之后立即产生了一个念头，这一定是李良在欺骗自己！他又一想：不对，李良为何要欺骗我？他有这个胆量吗？要不然，就是娘子想叫我回来，编了这么一个谎言。想到这里，李渊勃然大怒，对小世民斥责道：

"你们在骗我！"

小世民在专心看书，没有察觉父亲进屋。他抬头看是父亲，高兴地说："阿耶回来了！"

"你阿娘为何要骗阿耶？"

李窦氏得知李渊回到府中，知道他一定是去了小世民的屋子，急忙赶来，听到李渊如此斥责小世民，连忙解释：

"谁敢骗郎君？"

看到李窦氏，李渊更是气愤，他指着小世民责问李窦氏：

"你叫李良来告诉我，言说世民病情重，视物模糊，我得知此事，心急如焚，一路上马不停蹄，一刻也不敢停歇，回到府中，却是如此，你说未骗我，那这又如何解释？"

李窦氏知道李渊此时此刻的心情，给李渊斟了一杯扶芳饮，双手递到李渊手中，笑了笑说：

"郎君莫要生气，听我说个明白。"

"你不该以世民患病骗我回来！"

"民儿的确患病！五天前，他放学回家，说他想睡觉。谁知这一睡，竟然昏迷不醒。妾叫李福把济世堂刘医者请来，刘医者给民儿诊了脉象，开了几剂药。民儿吃了之后，病势丝毫未退，眼睛也模糊看不清人面。妾很害怕。但刘医者却说民儿无大碍，可我很是着急。昨日李良来府报平安，我深感棘手无策，因此叫李良请郎君回来。但谁知，两个时辰前民儿醒了过来，眼睛也能看清了，妾很是奇怪。民儿这病，来得快去得也很快。但不论如何民儿已康复，此乃万幸之事！"

听李窦氏如此说，李渊更是吃惊。他不禁失声说道：

"灵验，灵验！灵验至极哉！"

"郎君为何如此说？"李窦氏并不知晓李渊去户县大寺祈求佛祖的事，听李渊如此说她不知何意。

"嗟乎！这神佛之事，看不到，摸不着，说其无，也真无，信其有，亦真有。圣人说不清，我李渊却能感受到！"于是，李渊就把他如何去户县大寺祈求佛祖保佑小世民病祛康复的事同李窦氏说了。李窦氏听后也感慨不已。她对李渊说：

"佛祖如此保佑世民，咱须给佛祖诚心还愿才是！"

"咱去年给郑州观音寺请了一尊菩萨，这次我去郑州再绕道户县，给大寺请一尊佛祖石像如何？"

"布施不如请佛像，如此甚妥！"

世民康复，全家高兴，这天晚上李府设家宴庆贺。李渊请柴绍赴宴。李渊很是慎重，他没有把柴绍来府的意图告诉夫人，只是给家里人介绍说柴绍是户县柴县令的从子，是跟他来武功玩玩。但柴绍很是清楚，李府的家宴，就是他柴绍的考场。他很乐意赴宴，也很想在未来外姑面前展示自己。

虽然李渊没有把柴绍来府中的意图告诉家人，但李窦氏何等聪明，听李渊说柴绍是户县县令柴兴的从子，不免动了心思：女儿翠平已经十三岁了，到了谈婚论嫁的年龄，已经有几家上门提亲。她很清楚，女儿尚武，应该找一个文武双全的好女婿。前来提亲的几家后生，她觉得都不合适，就没有答应。而眼前这后生，看个头，还挺高大；论相貌，五官端正；说举止，稳重，潇洒，是个好小子。但不知其涵养如何。酒过三巡，李窦氏问柴绍：

"柴郎君年方几何？"

"小子年已十八。"

"所学从何师？"

"前几年在县公学读书，县公学停办之后一直跟随阿叔学习。"

"所学何内容？"

"文学《诗经》《论语》，兼学秦汉杂论与《孙子兵法》；算学《九章算术》。"

"柴郎君对《诗经》有何领悟？"

"三百之蔽，义归无邪。民不能有非分之望，官不可生贪腐之欲。贤者其所以为贤，克己而复礼；圣者其所以为圣，布仁而立德。"

"对《论语》有何见解？"

"孔子其所以为圣，因材施教，循循善诱，诱之以仁以德以礼以智，其言论哲而明理。用以修身则大贤，用以治家则家兴，用以治国则国盛。"

"学《孙子兵法》意欲何为？"

"国泰不兵则可自明阵战，外敌侵入可布兵拒敌。"

"可曾习武？"

"跟随阿叔以来鸡鸣起舞，不敢自堕。前时鄠县剿匪，小子也曾身先士卒。"

"善哉，柴郎君文武双全，可喜可敬！"李窦氏言说"可敬"，倒也合情合理，但她说"可喜"，局外人就不明所以了。原来，李窦氏问柴绍之后，已知柴绍的才学，只是不知其武艺如何，但看其身之赳赳，目之炯炯，不武之人是不会有此精神的。她很是高兴，如果这后生没有定亲，那岂不是踏破铁鞋无觅处，得来全不费工夫吗？因此，不由得说出了"可喜"二字。

他人不知这"可喜"二字的含义，但李渊却很清楚。李渊之所以事先不告诉李窦氏带柴绍来府的意图，是不想把自己的意愿强加给她。翠平是他和李窦氏唯一的女儿，他很清楚李窦氏对翠平的期望甚高，因此，应该让李窦氏亲自为爱女择婿。李窦氏如今见过了柴绍并考校了一番，这"可喜"二字即是李窦氏对柴绍的评价，也是她对柴绍的认可，看来与自己的看法一致了，不用自己再费口舌了。因此，李渊听李窦氏说"可喜"二字很是高兴。

柴绍更清楚李窦氏所说"可喜"二字的含义，他想，李家主母已经对我柴绍有了好感，看起来这门亲事已经八九不离十了。于是，他对李窦氏说：

"世母过奖，小子只是浅学皮毛而已，尚未进文武之门。"

"岁不及弱冠，学已如此广博！"李窦氏看柴绍很是谦虚，越发喜爱。她对小世民说："民儿，柴郎君文武兼备，你应以他为范！"

"儿知道！"小世民听母亲与柴绍的谈话，对柴绍也颇有好感。他便对柴绍说："柴兄所学令世民敬佩至极，日后还请柴兄指教！"

柴绍连忙对小世民拱手说：

"不敢不敢！"

宴会之后，李渊与李窦氏回房休息，李窦氏问李渊：

"四郎带柴郎君来府，不只是来玩玩吧？"

"阿兰以为此子来府有何事？"李渊笑着反问李窦氏。

"司马昭之心，我岂能不知？"

"阿兰看此子如何？"

"五官端正，相貌堂堂，才思敏捷文武兼备，言谈举止倒也彬彬有礼。不错，是个好后生。"

"夫人在席间所问柴公子之话是何意？"

"夫君难道不明为妻之心意？"

"夫人是何心意？"

"咱平儿待字闺中，虽有几家前来提亲，皆不适合。今日这柴绍来府，妾看这后生很适合咱家平儿，故此试他学识，只可惜不曾问他是否婚娶。"

"他尚未婚娶。"

"如此甚好！如此甚好！咱就把平儿许配给此子如何？"

"娘子有此心意？"

"郎君难道觉得不合适？"

"合适！合适！"李渊这才把柴兴两个月前给他从子柴绍提亲与他去户县的意图，以及他对柴绍的观察说给李窦氏。

"郎君对柴公子也测试过？"

"给咱平儿挑选女婿，我岂能不慎之又慎！虽然你我看好此子，但不知平儿是否中意！"得知李窦氏心意之后，李渊又担心平儿的态度。

"平儿中意。"

"阿兰如何得知？"

"这柴绍来到府中，平儿看见了。晚宴时，平儿说她也想见见此子。当时妾尚不知此子来咱府之意图，怕席间言语不和，日后尴尬，未叫她入席。但我看到她在席外听我与此子说话。散席之后我看她面带笑容，她对此子颇有好感。"

"如此甚好！真该好好感谢佛祖，既保佑民儿康复，亦为平儿送来好女婿！"说到这里，李渊突然想起给户县大寺造石佛立石碑的事，又对李窦氏说，"上次我给郑州观音寺写了碑文，这次给户县大寺的碑文就请夫人代劳如何？"李渊知道李窦氏的文采书法不在其下，因此，有些事他干脆就委托娘子代劳了。

"也好，如此愈能表达我夫妻对神佛虔诚之心。不过署名须是四郎。"

"心诚不在乎虚名，即如阿兰所说。"

李窦氏在给户县大寺书写碑文时，李渊也给户县县令柴兴写了一封信，说李窦氏也看好柴绍，让他遣媒白姑，并托付他请人雕刻石佛与碑文。

第二天，李渊叫柴绍拿着他写给柴兴的信回了户县。李渊不敢在家里多停留，两天后便启程去郑州，还要绕道去户县。李窦氏刚刚送走了丈夫李渊，小世民突然从学校回来，神情悲哀。李窦氏上前一问，也顿感悲伤。

这正是：烦心事去烦心来，人生不知多少烦！要知到底是啥烦心事，请听下回分解。

第二十四回

客山夕照晒书卷　漆水神灵佑世民

上回说到李窦氏刚刚送走了丈夫李渊，小世民忽然从学校回来，神情悲哀。李窦氏不知发生何事，仔细一问，她也顿感伤心。原来，私塾的陈先生暴病身亡了。

陈先生祖上经商，家底还算殷实。到了陈先生这一辈，他无意经商，倾心儒学，终于学富五车，在县城也算得上儒家望门。自古以来，文人学士清高，视金钱为粪土。陈先生也是如此，好在祖上留有家产，但死水怕勺舀，家产逐渐耗尽。虽然他在官府办的学校教书，但那微薄的薪酬，只能养家糊口，哪负担得起他的笔墨纸砚费用。之后，他虽自办私塾学馆，但他办的私塾，不是为了赚钱盈利，而是为了传道授学。他办的这个私塾，还真是特别，学生入学，先不收学费，学生上学一年半载，家长自动送来学费，多少不论，即便家贫拿不出学费，他也一样教学生，且对学生要求甚严。因此，他深受学生和家长爱戴。小世民告诉李窦氏，陈先生暴病而死，先生家甚是恓惶：儿子年已弱冠，尚未婚娶；家里也未给陈先生预先置办棺木寿衣。李窦氏感激陈先生对几个子女的教育，她叫管家李福取来三十两银子，领着小世民去了陈先生家。

到陈先生家吊唁者很多，除了穿白戴孝的亲朋好友，大多都是学生和家长。前来吊唁陈先生的还有身穿红袍蓝衫、头戴官帽的，看起来也都是陈先生的学生。院子里人很多，有为陈先生做棺材的，有为陈先生赶做寿衣被褥的，还有为陈先生筹划葬礼的，人来人往，大家都在为陈先生的丧事忙碌着。李窦氏领着小世民在陈先生灵前上了炷香，磕了三个头，留下三十两银子，黯然离去。

回到家，李窦氏正在思考如何重新安排几个子女上学的问题，这时，玄霸回来了。他带回来一个好消息，说是县府出了一个布告，朝廷恢复州县官学，凡学龄儿童皆可通过考试择优录取。听到这个消息，李窦氏的眉头舒展

212

了。她想，平儿已经许与柴绍，眼下她上不上学不要紧，重要的是要好好学习女红。世民与玄霸，既然官学恢复，就送他们去官学读书。至于考试，两个孩子读书都很优秀，不用她担心。谁知，第二天，李窦氏准备领世民与玄霸去官府办的学校报名时，世民却说：

"阿娘，我不去官学上学。"

"为何不去？"

"儿要去上私塾。"

"陈先生已去世，你到何处去上私塾？"

"儿去客山私塾。"

听世民说他要去上客山私塾，李窦氏猛然想起，客山的确有个私塾，而且已经办学多年。听说教私塾的先生是前朝一个官员，不肯在杨隋朝廷做官，流落到此，以开馆授学为生。她问世民：

"为何不上官学而去上私塾？"

"客山先生博学，道德高尚，众人景仰，因而孩儿想去上客山私塾。"

"去客山有七八里路程，你为何舍近求远？"

"求高师何惧路远！阿娘要孩儿学习柴兄能文能武，去客山之路虽远，但早晚徒步往返，既可强身健体，亦可受教于高师，岂不是两全其美？"

李窦氏仔细一想，世民虽然年少，但志向远大。县城的官学，条件虽然好，但教书先生并无多少学问。先皇杨坚就是在考察地方时发现官学中的先生多平庸，才一怒之下撤去了州县官学。如今杨广恢复州县官学，要以科举选拔人才，世民天资聪慧，勤勉好学，这客山先生也的确远近闻名。世民已经八岁了，他心存大志，应该让他自己去求学，自我历练。于是，她对世民说：

"你去客山上学，玄霸可否愿与你同去？"

"阿娘，儿问过三弟，他说对学武艺很感兴趣，不去客山。三弟很聪明，先生所教，他一听就会，稍有空闲他就练拳脚。他在城里上学，跟王师父习武很方便，在家也能照顾阿娘，还能陪四弟玩，岂不甚好？"

虽然世民说得很有道理，但李窦氏还是不放心：

213

"你一个小孩子去远处上学,阿娘如何放心得下。明日阿娘先与你去客山私塾看看,如若道路艰险,还是不去为好。"

第二天,李窦氏领着小世民去客山。他们从北城门入城,穿过街道,出了东城门,沿着漆水河西岸马道前行,一路上垂柳依依,河水哗哗,倒也风清气爽。行约六里,有一座小桥。几根木桩,两道横梁,上面铺着树枝杂草,垫了一层厚厚的泥土,这便是去客山私塾必经的小桥。过了小桥,便是蜿蜒几十里的东塬。从塬下仰望,半腰处有几间房屋。走至房前,是三间坐北朝南、两面流水的瓦房,房后有两眼窑洞,这便是客山学馆,也就是为人们称道的客山私塾。

其实,客山没有山,客山也不是地名,而是先生的大号。先生姓宇文,名山,号客山,是前朝宇文皇室子。杨坚篡周之后,先生不愿为杨隋朝廷之臣,流落山野。当他走到武功县,得知此地即是当年后稷教民稼穑的发源地,他对后稷教民稼穑,一改人类茹毛饮血的历史很是景仰,便决定定居于此。在先生看来,官宦仕途乃强人之道,富贵荣华乃过眼烟云,既然仕途已尽,荣华不再,已成世间弱势之人,何必再欺世盗名,尔虞我诈?不如用自己所学,传道授业解惑,启蒙一些学子,既可以灵智传世,亦可解决衣食之忧。

他看中了县城东塬古庙下边一处半坡的风水,先在塬顶古庙安下了身,买了半坡这块平地,打了两眼窑洞,盖了三间瓦房,便设馆授学了。先生授学,既不在乎学生多少,也不在乎虚名,而是以心传道,以心授业,以智解惑。一开始,他只收了两个学生;这两个学生,学习未有一年,才智大增。于是,慕名送子前来就学者渐渐增多。

客山先生收学生有条件,愿学、想学、尊敬师长者即可。先生既不看重钱,也不在乎虚名,而是重在学生所学。因此,先生多年来不仅在武功县城有名,在关中也小有名气。小世民在陈先生学馆,很得陈先生器重。陈先生有一次提到客山先生,说县周围授学的先生中,他唯敬佩客山先生的学识与人品。陈先生说时无意,小世民却记在心里。如今陈先生已去世,因此,小世民就决定去客山私塾上学。来到半坡,小世民指着客山学馆的门对李窦氏说：

"阿娘，这就是客山学馆。听，先生正在讲课！"

李窦氏仔细一听，果然从学馆里传出声音——

子在川上曰："逝者如斯夫，不舍昼夜。"句中之"子"，指孔子；"川"指河水；"逝者"指时光。全句意思可以理解为：孔老夫子站在河边，望着滚滚流去的河水，想到人生的时光，就如同这河水，一去不返。如果不爱惜时光，生命将会匆匆而去。尔等学生，正处于学习最佳期，如若嬉戏年华，恍惚老大，一无所学，将如何为生？"万般皆下品，唯有读书高"，虽此语有不到之处，却明白道出读书之重要，求学之宝贵。尔等学子须切记孔老夫子此警句"逝者如斯夫，不舍昼夜"矣！

李窦氏上过学堂，且是高规格的皇宫学馆，她听了几句，颇感先生博学，虽然未见先生其人，但已对先生颇有好感。须臾，先生把这节课讲完，下了课。李窦氏领着世民，走进学馆，先生此时已去厅堂休息。说是厅堂，其实只是在窑洞前搭了个苫子而已。先生有两眼窑洞，左边一眼作卧室，右边一眼前面搭有苫子，苫子下面作了厅堂，里面的窑洞作灶房。厅堂不大，一张圆桌，四面放有四个青石坐鼓。作灶房的窑洞倒很宽敞。据说远路的学生，可带午饭，先生还给学生代热午饭。李窦氏母子到了厅堂，只见先生正端坐煮茶。李窦氏暗暗打量先生：卧蚕眉，大眼睛，高鼻梁，胡须花白，头发高绾，戴紫檀木发冠，插着白玉簪，背后披着一束长发，穿一身交领宽襟青布袍，看起来仙风道骨。李窦氏顿生敬佩之心，上前施礼道：

"拜见先生！"

先生略打量眼前这位妇人：中等身材，苗条身姿，柳眉凤眼，俏鼻樱唇，青丝高绾，横插一支金凤钗。上穿粉红绸襦，下着翠绿丝裙，外套茶色大袖纱衣。既无贵妇之做作，亦无村妇之俗气。这一细看，先生不由一惊，心知不是寻常客，起身拱手还礼道：

"娘子前来学馆，不知有何见教？"

"敬慕先生学识，送子前来上学。"

"请坐！"先生细看李窦氏身旁的小世民，但见他脸面俊朗，眉清目秀，与同龄稚童大不相同，顿生喜爱之心。问李窦氏："即此小儿？"

小世民不等母亲介绍，赶紧给先生行礼说：

"拜见先生！"

先生看着小世民，问：

"你姓甚名谁，家住何处？"

"学生姓李，名世民，家住县城北关。原在县城陈先生学馆上学，陈先生不幸去世，是故前来求学于先生。"

"嗟乎！上天不公，不悯圣贤，陈先生学识渊博，人品高尚，不幸暴病而去，悲哉哀哉！"一番伤感之后，他问小世民，"如今官学已恢复，你为何舍近求远来此上学？"

"求学名师，岂敢惧怕远苦！"

"我不过一介凡庸之辈，岂敢盗用名师之誉！"

"陈先生说过，县内外授学者，他唯敬佩客山先生学识。学生久慕先生，故而前来求学。还请先生不嫌愚顽，收学生于门下。"

先生并没有回答小世民的请求，他看着李窦氏说：

"娘子，学馆地处山坡，距离县城较远，一是孩子每日前来上学多有不便，二是学馆难以供给午饭，条件艰苦，孩子能否适应？"

"能！"没等李窦氏说，小世民立即表明态度。

李窦氏看着世民，看世民态度很是坚决，心想：既然他求学心切，就随他所愿。自古将相出寒门，上天磨砺肩负大任者唯有苦难而已。不吃苦中苦，难为人上人。想到这里，她对先生说："小儿景仰先生，不怕先生学馆之苦，至于午饭，先生不必为之担心，我会让人给他送来。"

"阿娘，我清早上学来时带上午饭即可，不劳阿娘叫人来送。"

先生听李窦氏说让人给世民送饭，已笃定李窦氏不是寻常人家妇人。他问道：

"敢问娘子居何府邸？"

"城北李家，郑州刺史李渊是家公。"

听李窦氏亮明身份，先生很是吃惊。他早已听闻郑州刺史李渊府邸在县城里，但先生是前朝皇室宗亲，他并不把一个刺史放在心上。其实先生也知道，李渊的外姑前朝襄阳长公主，是自己的侄女。他也听闻，李窦氏聪慧贤淑，崇尚节俭，和睦乡邻，从不夸官显富，今日一见，果然如此。她虽是刺史娘子，衣饰却如同寻常民妇，且徒步送子前来上学。再细看其子，求学心切。他不禁想：虎父无犬子，此儿相貌不俗，言谈不凡，虽是孩童，但已有远见卓识，颇显卓尔不群之气度；孟子曾说，君子有三乐，"得天下英才而教育之"是其中之一乐；如能教育此儿成大器，自己岂不是能得偿所愿？想到此，他对李窦氏说：

"失敬，失敬！原来是刺史娘子！此学生老朽收下了！"

"叩拜先生！"小世民赶紧跪在先生面前，毕恭毕敬地磕了三个头。

"请起，请起！"先生把小世民扶了起来。他对李窦氏说："如按亲戚辈分，小世民当称我外大王父才是。"

听先生如此说，李窦氏很是吃惊。问道：

"先生是……"

"前朝宗亲，娘子当年在宫中学习之时，我见过你，聪明机灵。我乃襄阳长公主堂叔宇文山。几十个春秋恍惚而过，你已为人母矣！你今日远道送子前来求学，颇有当年孟母三迁之风范。只可惜老朽才疏学浅，难为令郎之良师！"

"原是外大父，侄外孙女有眼无珠，惭愧惭愧！"李窦氏跪地向先生行了孙辈大礼。先生很是伤感，扶李窦氏起来，不敢直接言明悲愤，便吟诗一首：

"江山已去成遗老，无力回天寄梦童。荒野骨亲邂逅遇，唏嘘心泪不言明！"

李窦氏知道先生此时此刻的心情，她自己又何尝不是如此。昔日辉煌已去，如今又能如何？只能寄希望于儿女。她也感慨地和了一首：

"送子求学遇外祖，寄心唯在此儿身。客山隐姓不埋志，共铸未来大业魂。"

客山先生听了李窦氏和的这首诗，已知她送子求学的用心，颇感欣慰。他对李窦氏说："今日之遇，乃是天意。当今朝廷正值猖狂，你我至亲不可说与他人，以免招惹是非。世民之学业我会尽力，请勿忧虑！"

"拜托外大父，教之以理以严！"

"这个自然！"

当天，小世民就在客山私塾上了学。客山先生无家室，也无儿女，便把世民当作本家后辈，悉心教导。小世民原本就很聪明，在客山先生用心教育下，学问大有长进。一天，小世民请教先生：

"请问先生，《论语》中'子曰："君子，不重则不威；学则不固。主忠信。无友不如己者；过，则勿惮改。"'这段话费解，还请先生赐教。"

客山先生看小世民满脸疑虑的样子，给他解释道：

"孔子这段话的意思有四点，君子必须具备这四点。一是稳重；二是学固；三是忠信；四是改过。君子者，应远离非礼之事，举止稳重。不稳重则失君子风范；失去君子风范，则人不看重；人不看重，则君子名声不存。君子名声荡然无存，则自然无威，所学亦不会牢固。是故，君子要重忠信，守名节，处处不忘君子之忠诚、忠贞、守信、信誉。失之忠信即失去君子之名节。君子即便有过失，亦不必遮掩，不怕他人耻笑。知过即改亦是君子之风范。不唯君子，大贤圣人更是如此。是故曾子坦言道：'吾日三省吾身，为人谋而不忠乎？与朋友交而不信乎？传不习乎？'你父母不仅希望你日后成为君子、大贤、圣人，更希望你日后能济世安民，成就圣王之道。你须从圣人言论中明辨济世之大道，安民之良方！"

"学生愚钝，望先生不吝指教！"

客山私塾别有洞天，这里看不到繁华的街市，也没有灯红酒绿的喧哗，唯有先生的讲课声，唯有学生的读书声。在先生和学生的心目中，只有书的山，学的海，才是他们心头的北斗，笔下的辉煌。日月匆匆，昼夜交替，小世民不觉在客山私塾学习了一年。又是春去夏来，漆水河易怒之时。一场滂沱大雨之后，漆水河暴涨，来往客山学馆的小桥被冲垮。下午放学回家，小世民来到小桥处，只能看见河水中残留的木桩，不见河面上的桥身。他知道桥已被河水冲垮，便脱掉鞋袜准备蹚水过河。正在这时，客山先生匆匆赶来，拦住小世民说：

"不可鲁莽，河水如此之大，你如何能过去！"

小世民见先生赶来，很是感动。他已经观察过这一段河水：架桥处河面窄，水流湍急；但在不远的拐弯处，河面很宽，水并不深，可以蹚水过去。他对客山先生说：

"我看这河湾处的水浅，可以蹚水过去。"

"不可，有危险，你今天不能回去！"

"先生，我不回家，我阿娘会担心！"

见世民想的不是他自己，而是他母亲。客山先生欣然道：

"你一定要回家，也行，上游郑家坡还有一座桥，我领你去从那里过。"

"先生，不用去，我知道这座桥比郑家坡那座桥结实得多，这座桥已经被冲垮，郑家坡那座桥不可能幸免，我就从这里蹚水过去。"

客山先生见这里的河面的确很宽，看样子水深不过二三尺，大人完全可以蹚过去。可世民只有九岁，身高不过五尺。于是，客山先生坐在一块大石头上，准备脱去鞋袜把他背过河去。小世民看先生在脱鞋袜，惊问：

"先生，这是为何？"

"我背你过去。"

"千万不可！"小世民连忙给先生穿上鞋袜。客山先生以为小世民不回家了，说：

"还有一个学生没回家，你们今晚就睡在学馆如何？"

"不，先生，你常对我等学生说'知难而退，乃懦夫；知难而冒进，乃莽夫'。我想，知难而不畏难，寻求良方乃是智勇者。先生，我已找到克服眼前困难之良方。"

"是何良方？"

李世民很快找来一根棍子，脱去裤子，把书包挂在脖子上，左手举起裤子，右手拄着棍子，对先生说：

"先生，我以棍子探路，水浅就过去，水深便返回来，如何？"

客山先生看小世民胸有成竹的样子,笑着说:

"行,你有勇有谋,堪为良才。如遇危险,你就叫我,我即刻来助你!"

"谢先生!"小世民下了河水,他一面用棍子探水深,一面小心翼翼地前行。到了河中心,水已经淹到小世民的胯部。客山先生很是担心,叫小世民回转来,但小世民摇了摇头,继续前行。小世民走着走着,忽然,脚下踩了空,水一下子没过了他的肚脐,身子猛往下沉,小世民大惊,正要喊救命。客山先生也看到了小世民惊恐的样子,急忙脱掉鞋袜,准备下水施救。当客山先生正要下水时,小世民已经走过深水,回头向客山先生笑着。原来,小世民脚下踩了空,身子猛往下沉,他正要喊救命;谁知这时他脚下似乎有一个东西,把他托了起来,一直把他送到了河对岸。他觉得很是奇怪,用棍子在脚周围寻找,什么也没有,只好作罢。小世民上了河岸,大声对客山先生说:"先生,请回去吧!"

客山先生向小世民摇了摇手,开心地笑了,放心地回学馆去了。小世民穿好衣服鞋袜,一看书包湿了,他把书取出来,仔细一看,呀,书全湿了。他知道,湿了水的书不能动,一动书就会全烂掉。于是,他小心翼翼地把书摆放在大石头上晾晒。谁知,刚才还有夕阳的余晖,此时不知是日落西山还是乌云遮日,没有了阳光。小世民很是气恼,他冲着日落处大声喊:

"夕阳快回转,夕阳快回转……"小世民大声喊叫了几声,不知是风吹云散,还是天公作美,突然,一道夕阳光束直直地照在小世民晾晒的书上。更为神奇的是,虽然是夏日,但已经是傍晚,厚厚一沓书,一时怎能晒干?可此时突然吹起了风,书晒干一页,风吹开一页,又晒到了下一页,如此不大一会儿,湿了的书全晒干了。奇哉怪哉,夕阳、晚风竟然如此善解人意?水中何物竟然如此不可思议?若非神灵,哪有如此凑巧?呜呼,非常之人,方有非常神灵相助!这时,夕阳落下去了,小世民把书装进书包背好,披着绚丽的晚霞往回走。他走着走着,忽然想到了一个好办法,不禁笑道:"好,就如此办!"

这正是:有志者时日不虚度,求学路智勇闯难关。要知小世民想出了啥好办法,请听下回分解。

第二十五回

宝意寺旁建小院 稷山窑洞苦读书

话说小世民把书晒干之后，背上书包回家，走在路上，他突然想起一个读书的好办法，很是高兴。原来，他想给自己找一个读书的地方。

　　他眼下不是正在上客山学馆吗？客山先生不是他的外大王父吗？客山先生不是在悉心教导他吗？他为什么还要找个地方读书？

　　其实，小世民很清楚，他目前的学习，在同窗们看来，是很优秀的。同窗们都很羡慕他，客山先生也经常称赞他。客山先生每天教给他的知识，都是满负荷的，但他还想多学一些。再说，客山学馆不止他一个学生，客山先生还要照顾其他学生。小世民很清楚，男长十二夺父志，如果只满足眼下学馆的学习，被先生夸奖，受同窗们羡慕，再过三四年，依然如此，这是不行的。他不仅要成为一个品学兼优的学生，他还肩负着父母的期望，更有日后要济世安民的理想。他也清楚，只有多读书，苦读书，才能在书山学海中找到济世之良方，安民之法宝。要多读苦读，在客山学馆是不行的，在家里更是不行，他熬夜苦读，母亲会心中不忍，要阻止的，玄霸、元吉也会捣乱。因此，他必须给自己找一个读书的好地方。

　　这天晚上，他看母亲安排好了家中琐事，便来到母亲的屋子。李窦氏看小世民来了，知道他一定有事，笑着问：

　　"你为何不去睡？"

　　"阿娘，儿不敢睡。"

　　"为何不敢睡？"

　　"儿唯恐不能完成父母之使命，怎敢去睡。"

　　李窦氏沉思了一会儿，一时记不起所命世民去做何事，问：

　　"阿娘与阿耶要你做何事？"

　　"阿娘命孩儿要成大器，阿耶给孩儿命名世民，要孩儿成年之后济世安民，孩儿尚未找到济世安民之良法，安敢去睡。"

听小世民如此说，李窦氏很是开心，她笑着说：

"这是阿娘阿耶对你之期望。不过，你年纪尚小，如何能知晓济世安民之良方？等你长大之后，方可慢慢去寻找！"

"不行，男长十二夺父志，甘罗十二做宰相，儿年已九岁，犹是愚昧无知，如此再过三年，又有何用？"

"你想如何？"

"儿想找一个读书之好地方。"

"客山先生对你不好？"

"客山先生对儿很好！"

"既如此，你为何不去客山先生学馆读书？"

"去，儿岂能不去？儿是想另找一个地方，晚上读书。"

"既是读书，在家中有何不可？"

"家中虽好，但阿娘过于呵护，玄霸元吉嬉闹，难以静心苦读。阿娘知道，苏秦苦读，锥刺股；孙敬苦读，发悬梁。不苦读，苏秦岂能找到联合六国抗秦之良方？孙敬不苦读，岂能学富五车成名？阿娘知道，朱买臣一介山民，砍柴休息时读书，街市卖柴时读书，回家行走时读书，夜晚更是挑灯苦读，即便家中断米，妻子弃贫而去，他也依然苦读。正因为他刻苦读书，才博学诗书，一举成名。阿娘知道，当年刘勰乞食寺中，苦读诗书，方能写出不朽之作《文心雕龙》。读书之人不苦读，焉能于书山学海觅得珠宝？如今孩儿在客山学馆虽然学有所获，但所学课程皆为先生所指，欠广博，因之，孩儿想白天在学馆听先生教诲，晚上再自行苦读。自读如遇有疑难，翌日再请教先生，如此既可多学多思，亦不烦劳先生，岂不甚好。"

听完小世民这番话，李窦氏既高兴又不安。高兴的是，客山学馆的课程已不能满足小世民的求知欲，他果然有天赋，果然慧根深厚，在学习上已经显现过人的能力。一个九岁的孩子，正是贪玩的时候，却能想得如此深远，如此周到，作为母亲的她怎能不欣慰？怎能不高兴？不安的是，如此苦读，一个幼小的孩子能承受得了吗？作为母亲的她又怎能不为之担心？但她又想到孟子那段'天将降大任于是人'的话，是呀，大凡圣贤成功成名都始于奋发苦读。不苦读，岂能知众所不知？不苦读，岂能在书山学海中寻到珠宝？想到这里，李窦氏不安的心逐渐平静了下来，问小世民：

"你想另找一个读书之好地方，也可以，可知哪里合适？"

"儿已经看好了一处地方。"

"何处？"

"宝意寺一侧。"

"宝意寺？"李窦氏沉思了一会儿，说，"好地方！娘明日去宝意寺布施一些银两，请释怀老师父给你选一处清净地方。"

"阿娘，宝意寺是佛祖清静之地，儿不敢打扰。儿是想在宝意寺之南侧赁一眼窑洞。如此既不打扰佛祖，又可借佛祖之灵气，刻苦读书。"

李窦氏觉得小世民这想法很好。宝意寺虽好，但终究是佛门之地；虽然晚上很清静，但白天人多，特别是有庙会之时，很是喧闹，进出之人更为复杂，对世民读书不利。她对小世民说：

"何必赁一眼窑洞，干脆在宝意寺南侧建一座小院。你既可在晚上去读书，亦可为你阿耶回家时休闲小憩之用。"

"谢阿娘体谅儿之奢望！"

"你刻苦自励，阿娘深感欣慰，岂是奢望。"

大智与大愚之分，智者远谋，愚者近求；智者在时势中寻找契机，愚者在利益里寻找所得。李窦氏乃闺中大智，她虽然在生活中很节俭，但在儿女教育上却非常舍得花钱。第二天，她给夫君李渊写信说明此事，她知道夫君一定会支持，因为李渊前几年就请风水先生看过这处地方。风水先生说这块地方风水最好：北依宝意寺，有神佛保佑，南望姜嫄圣母陵，有圣母灵气庇护。李渊早就想在那里建一座小院，只是苦于没有说辞。如今在这里给小世民建一座读书小院，既合夫君之意，又满足了小世民的要求，岂不是两全其美。她把信写好之后，叫李安送往郑州，之后就叫管家李福去请工匠，她也带上春桃去宝意寺，亲自与释怀老师父商量此事。

九年前，释怀老师父为小世民看好了天花病，还建议李窦氏把小世民的项圈挂在佛祖神像前。此后，李窦氏除了每年除夕领小世民去宝意寺敬佛献挂项圈，还经常去宝意寺上香拜佛，布施香火钱。再说，自从有了小世民，李窦氏早晚敬佛，与神佛早就结了缘。李窦氏向释怀老师父说明来意，释怀老师父很是高兴，对李窦氏说：

"阿弥陀佛，小施主自励苦读，果然慧根深厚。九岁小童正当贪玩，他却犹嫌学馆所学不足，要夜晚自读，善哉，善哉！小施主日后必成大器！"之后，他面带忧虑，对李窦氏说："只是寺院南侧这块地方，不属本寺，乃为街道姜姓商人所有。他原来在此处有窑有房，但不便经商，便拆了房去了街道。要在此建房，须把地皮买来方好。"

"这个不难，此商人既然不看重这块地皮，必然愿将其卖掉，我叫管家向他买来便是。我之所来，是怕小儿来此读书打扰师父！"

"阿弥陀佛，施主言笑了！当年老衲前去为小施主治病，我佛普度众生，岂有不方便小施主刻苦读书之道理！再说老衲寺中寂寞，夜晚能听小施主读书之声，岂不是日诵经卷，夜闻诗书，优哉，乐哉，善哉！"

得到释怀老师父的许可，李窦氏叫李福找到那个姜姓商人。李福与之一说即妥，姜姓商人早就不想要这处荒地了，现在有人想买，他岂能不乐意？他怕李福反悔，当即就请人写了买卖文约，收了银子，这个荒坡的地皮就改姓了李。李福买好了地皮，请来工匠，第三天是黄道吉日，便燃放爆竹驱邪动土施工，不多时便修建一新。

这个院子，面阔六丈，进深十丈，三眼旧窑洞，北邻宝意寺。风水讲的是"势"，势可以理解为"位置"。谁处在什么风水的什么位置，谁就会受到什么风水的影响。因此，人们选择住地和墓地，就是选择要处在什么风水的什么位置。寺庙带有神鬼的煞气，一般人都不愿与之为邻。即便不得已与之为邻，也要选好位置。最好的位置是寺庙的前边与右边。这就是人们常说的'宁居庙前不居庙后，宁居寺右不居寺左'。前与右为上，可夺寺庙风水之上；左与后处在寺庙风水之下，会受寺庙神鬼影响。李窦氏买下的这处，很是荒凉，但经过改建，焕然一新。三眼窑洞整修粉刷后，既宽敞又美观。院子前边盖了两面流水的大房，很是气派。建成之后，李窦氏请释怀老师父出面做了场法事，安了神，请来了福运，这个小院子就成了小世民读书的地方。

武功有三山：南有小华山，北有香山，中间有稷山。三山都有先周文化遗存。小华山上有姜嫄墓，香山有太白庙，中间的稷山有后稷庙。三山以稷山为中心，南为阳，居后稷之母姜嫄，中居稷神后稷弃，北边的香山有太白庙。太白庙是周武王封太白山之后，为彰显自己的伐纣之大功而在此建庙封神。这三山从南而北：姜嫄踩巨人之足迹得灵气而生有弃居小华山，弃教民稼穑有功而被舜帝封为后稷而居稷山，后稷德壮后裔而有天下姬周，周武王封太白山而功高天下居香山——从南而北分母、子、孙次第而居。要研究先周文化，武功的三山就是先周文化的大框架。

武功地处周东边缘，东西有两塬，中间是大川，县城在漆水河下游二十里处，曾是古有邰国的中心。当年宇文周朝建武功城，把城址选在古有邰国中心，意在借先周之灵气永固宇文周之江山。县城之内有四水三山。四水即漆、沮、湁、渭；三山即小华山、稷山、香山。其实，武功没有山，这三座山就是县城西边高塬的崖面。从下向上仰望，塬高百丈，崖面陡峭，虽然不是山，但其高不亚于山。稷山山顶有后稷庙，后稷庙之下就是宝意寺。

宝意寺面阔九丈，进深十丈，筑有山门。山门之后便是三间献殿。进了献殿，便是五间正殿。正殿供奉着如来、药师、地藏三尊佛像，两侧是四大菩萨，左右两边是十八罗汉。正殿之后是寝殿，供奉着如来涅槃睡佛。寺中有六个和尚，释怀师父是住持。隋朝敬畏神佛，寺中香火还算旺盛。

宝意寺虽然不小，但是去寺院的路却非常险峻，从下而上只有一条羊肠小道。宝意寺建在悬崖之上，羊肠小道只能通到山崖下，要上到寺院还要攀登六七丈高的木栈道。要说险峻，攀登这木栈道最险。但是，当你登上了宝意寺，站在寺门前向下俯视，武功美丽的山川尽收眼底：犹如巨龙的漆水河，由北而南绕城东蜿蜒而过，乾山如同巨人矗立，终南山如同利剑直插云霄，真是美不胜收。正由于此，一些文人墨客总是慕名结伴前来游览。他们来此，一是登高赏景，二是向神佛求财求官求名，还有一些人到此是想净化心灵。而小世民选择这块地方，一是夜晚能静心苦读，二是依佛寺能得到神灵护佑。

这座小院，其实不算小，六间大房，三眼窑洞，小世民只是在北边紧靠宝意寺的一眼窑洞读书。他之所以在窑洞中读书，一是窑洞中安静，即使外边有很大的响声，在窑洞里也听不见。晚上把窑门一关，窑洞中唯有灯光照着他和书，似乎与世隔绝；二是窑洞内冬暖夏凉，蚊虫不扰，便于专心读书。通向圣坛的路是艰险的，登上了圣坛之后的景象是辉煌的。与小世民同龄的孩子很难懂得这个道理，但小世民却懂。正因为他懂，所以才如此自励，如此发奋。

自此，每天傍晚，小世民匆匆走进北城门，穿过大北街，越过西街，攀上蜿蜒的羊肠小道，再登上木栈道，到他的窑洞去读书。寒来暑往，冬去春来。他在这眼窑洞中，挑灯夜读，在书山中发奋，在学海里拼搏，浏览着华夏的历史，饱学着古今的知识，遇到不懂的问题，第二天就请教客山先生。客山先生的确才高八斗，小世民所问之难题，他都能一一解答。不知是小世民与客山先生有缘，还是客山先生把小世民视为至亲。客山先生不仅在学馆里对小世民要求严格，就连小世民夜间所读，都要一一考问。也不知是神佛显灵赶走了小世民身上的病魔，还是小世民刻苦读书的精神吓跑了病魔。这两年中，不管是炎热酷暑，还是霜雪冰冻，小世民没染过一次风寒。他每天往返于客山学馆和稷山的栈道，对徒步攀越产生了兴趣，一天不远行攀越，就觉得不自在。一天晚上，忽然下起雨来，李窦氏叫他睡在家里，他硬是不肯，一路小跑，跑过大北街，跑上羊肠小道，刚攀上栈道，就碰上释怀老和尚。释怀走上前，用伞给小世民遮住雨，笑着说：

"日暮起风雨，为何雨中翔？羊肠栈道险，施主莫逞强！"

小世民见释怀老师父一直用诗与他交谈，以为老师父是有意考校自己的学识，便笑着以诗对道：

"夜读何惧风雨阻，栈道应知刻苦郎。宝意神佛保佑我，师父伞下把身藏！"说罢，他忽然想起一件事来，便问释怀师父："老师父，我能否请教一个问题？"

"小施主非常聪明，怎有不解之难题？"

"世事多神秘，谁人不存疑，何况我一个无知小子。"

"有何疑难，说来老衲听听。"

"孔老夫子当年对神鬼之事持有不决之疑，但世人对神鬼信之颇深。不知老师父有何高见？"

释怀和尚一惊，这是世人都很关注且难以弄明白的问题，小世民竟然要弄明白！他没有直接说出自己的见解，而是反问小世民：

"小施主是如何看？"

"小子不懂，诚心请教老师父。"

于是，释怀和尚把他多年来对这个问题的参悟说给小世民：

"神鬼生于心，志向乃是神。志向所指，神之所往。夸父志在追日，力之不及而神往；后羿志在为民射九日，箭不及而神力碎日，故神乃志向。世人敬神，乃景仰伟人志向，志向立而神立，志向正而神正，志向衰而神不存，神不存，人如行尸走肉耳！怨恨即是鬼。怨恨集结，鬼生其间，诅之以鬼，咒之以鬼，鬼怨即生，隐之于月夜，附之于人体。隐之于月夜，怕阳光人面；附之于人体，假人作祟。故而坦荡荡人之大善，善者即神；阴戚戚人之大恶，恶者即鬼。"

小世民边听释怀老师父的高见，边不住点头称善。等释怀老师父说完之后，他说：

"老师父，既然神乃志向，鬼乃怨恨，所说佛祖之神力又该如何理解？"

"佛祖顿悟之后，苦心修行，终成正果，以普度众生为己任。即便涅槃，亦留四万八千零六枚舍利子。舍利者，即佛祖精神之凝结。我等僧人事佛，即继承弘扬佛祖之精神。佛祖之精神即普度众生。是故，我佛门弟子，生为普度而生，死为普度而死。如此生生死死，佛之精神方能薪尽火传。阿弥陀佛！"

"听老师父如此精辟诠释，小儿对神鬼之事亦有所领悟！"

"有何领悟？"

"神乃伟人志，敬神乃是敬伟人之志；求神是求神之灵气，神通志广大，志于己，神在我！鬼乃小人怨，怨恨自释心无鬼。君子坦荡荡，神在鬼远去！老师父，如此领悟是否妥当？"

释怀老和尚大惊，虽然自己如是说，但心中并不甚清楚。然而小世民一听就懂。他不仅已经听懂，而且能理出一个明白的道理。这真是天赋，过人的天赋！他连忙说：

"妥当，妥当！老衲只是深感神鬼于心，但也不能自圆其说，小施主竟然概括如此精辟！"

"我终于明白孔老夫子当年为何不决神鬼之事了。"小世民高兴地说，"他是以恍惚之神诱君子立其伟志，以阴暗之鬼去小人之怨恨。"他拱手向释怀老师父致谢道："谢老师父指教！"

释怀老和尚见小世民如此聪慧，知道他已经学有所成。孔老夫子当年尚未说明白神鬼之事，他竟然悟出道理来。不敢说他比孔老夫子博学，但完全可以看出慧根之深。孔老夫子十五岁才知刻苦学习，小世民年仅十一岁已经自励苦读，绝非寻常小儿。他完全明白，眼前这个小儿，很是神奇，日后必成大器。于是，他对小世民说：

"小施主在此夜读已有两年，为何从来不进本寺？"

"小子夜读，唯恐有扰师父诵经，岂敢入内打扰。"

"阿弥陀佛，不打扰不打扰，夜雨阴冷，何不进寺参佛一叙。"

小世民虽然在此夜读两年，的确从未入宝意寺。虽然他对宝意寺佛像很感兴趣，但他更感兴趣的是书。他很清楚，鱼与熊掌不能兼得，既然在此苦读，就不能分心去寺内游览。如今释怀老师父邀请，他若不去，反倒失敬。他犹豫了片刻，对释怀老师父说：

"小子未带香火资费，恐对佛祖不敬。"

"香火乃敬佛形式。敬佛重在心诚，持诚心敬佛，胜过香火。小施主，请到寺内面佛！"

这正是：邪念求佛佛不应，善心无欲佛门开。谁知小世民一走进宝意寺，又生出离奇之事来。要知此事有多离奇，请听下回分解。

第二十六回

拜佛原是拜前世　赏月乃为鸣愿心

话说小世民应释怀老师父的邀请,走进宝意寺。其实,小世民八岁前,每年的年末一天,都要随母亲去宝意寺,一是给寺里奉上香火钱,二是把母亲给他做的红项圈挂在佛像前。他那时来宝意寺,看到这些佛像很是害怕,如今读了很多书,对神佛有了一些了解,看到这些佛像不禁觉得很有艺术性,而且很有象征意义。他跟着释怀老师父来到正殿佛祖神像前,燃上一炷香,恭恭敬敬插在香炉里,然后跪在地上,磕了三个头。之后,他问释怀老师父:

"请问老师父,这三尊大佛像形象似乎相同,不知该如何尊称?"

释怀老师父也给神佛磕了头,然后双手合十,对小世民说:

"阿弥陀佛,左座乃药师佛,主司人世健康疾病;右座乃地藏佛,主司人世善恶报应与轮回转世;中间乃释迦牟尼如来,总管三界。"

小世民也双手合十,面对释迦牟尼如来神像说:

"想当年佛祖在俗世时,身为迦毗罗卫国太子,奢靡至极,一夜顿悟,出家脱俗,云游四方,寒衣树皮,冷卧牛粪,为己为民众寻求解脱生老病死与轮回转世之悲痛,三十五岁始见曙光,修成正果成佛陀。此后四十四年,以普度众生为己任。年近八十涅槃。佛祖生在西方之国,如今在我华夏,已是家喻户晓矣!"小世民转身面对释怀老师父说:"如此正如老师父所说'神乃伟人之志向,人力不及,而志向无所不及'。佛祖普度众生,实乃净化世人之心灵,纯正世人之志向,使恶者向善,善者大善,阿弥陀佛!"

小世民这番话,说得释怀老和尚大为吃惊。他把小世民请进寺内,本想给他讲讲佛理,以此教化这位神奇的后生,没想到小世民对佛理已经有了如此深刻的理解。于是,他对小世民说:

"佛祖在世时,所讲之话并无多少记载,佛祖涅槃三百多年之后,阿育王统一了天竺十六国,并皈依佛门。他把佛祖在世时所讲之言论收集整理,此后才有了今日之佛学。佛学传入我中土，由于语言翻译，多存谬误。我朝慧觉大师，一生潜心研究佛学，颇有建树。他把佛祖所讲之话做了精辟之概括，认为佛乃'随缘'，因缘近佛成佛。老衲深信慧觉大师之理论。

"当年，身为迦毗罗太子的悉达多未出家之前，既有娇妻，又有儿子，何等荣华富贵！他亦心安理得享受。一天夜里，他做了个梦，梦见天神大觉向他走来，浑身灵光环绕。他很是奇怪，便跟在天神大觉之后，游历了四个小城，看到了一个人的四世轮回转世：此人一世在甲城是国王，锦衣玉食，美女环绕，享尽了荣华富贵；此人二世在乙城是个病夫，整日被病痛折磨，叫苦连天，生不如死；此人三世在丙城是个乞丐，一年四季挨饿，终饿死在荒野，尸身被野狗吞食；此人四世在丁城，是个圣僧，坐在菩提树下讲经，无忧无虑。他看到俗世轮回转世如此痛苦，生老病死如此不幸，于是，便想为自己与世人寻找免受人生轮回转世和生老病死之苦的方法。他梦醒之后，毅然抛开俗世的荣华富贵，离开王宫，云游四方。

"他历尽苦难艰辛，苦行，乞食，求学，讲经，饥饿至极时吃树叶嚼草根，寒冷至极时裹树皮卧牛粪。终于，三十五岁的一天，他在林中静修，看到了神佛曙光，修成了佛陀。

"在苦修中，他也体验到了一种不可言状的快乐。他还成功地驯服了一头发狂的大象。他为普度众生而生，为普度众生而死。他涅槃离世时还留下了四万八千零六枚舍利子，以此明示世人：向善向佛，方能除灾祛病，死后方能进入极乐世界，免受轮回转世之苦。

"佛祖成佛，乃是一个'缘'字。悉达多太子不遇天神大觉，何来佛祖释迦牟尼之成就？其实，老衲也是因一个'缘'字才入了佛门！"

"老师父又是因何皈依佛门？"小世民虽然对释迦牟尼佛了解一些，但知之甚少，听释怀老师父把佛缘说得如此详尽，很是敬佩，又听释怀老师父说他也是因缘皈依佛门的，不禁好奇地问。

"阿弥陀佛！"释怀老师父叹了口气，说道，"当年，老衲乃济州一介书生。家有良田百亩，旺铺一处，上有高堂，旁有娇妻。一夜之间，父母双亡。丧亲之痛尚在，百亩良田竟然被一豪绅用诡计掠夺，娇妻亦被一大吏拐走。我一文弱书生，遭此横祸，上告无门，无助之下，万念俱灰。一天晚上，我准备悬梁自尽。绳套挂在脖子上时，我恍惚看到观世音菩萨来到面前，对我说：'俗世祸福无常，何必自寻短见，不如皈依佛门，斩断六根，无忧无虑！'从此，老衲才远离世俗，皈依佛门。如今六根清净，四大皆空，倒也无忧无虑。"

"原来老师父有佛缘！"小世民为释怀老师父似曾受观世音菩萨普度而高兴，也为释怀老师父如今无忧无虑而欣慰。

"小施主，请看这观世音菩萨！"

小世民走到观世音菩萨面前，拱手感谢道：

"感谢观世音菩萨保佑，几次为李世民祛除病魔，李世民方能有今日！"

释怀老和尚双手合十，给观世音菩萨躬身行礼。然后对小世民说：

"小施主，请看这十八罗汉！"

小世民仔细看了十八罗汉的各种形象，感慨地说：

"惟妙惟肖，个性奇特，抒志于形，言志于神，扬志于善，警示于恶。如此美妙神像，只可惜拥挤于一座大殿，既有碍佛祖之神威又妨碍罗汉之生动！"小世民对十八罗汉神像很是喜爱，但他看到把十八罗汉四大菩萨和三尊佛像放在一座大殿颇显拥挤，甚感遗憾。

"小施主所言极是，只是小寺偏僻，香火不旺，用度吃紧，除敬神之香火与我等僧众生活开销之外所剩无几，即便借贷，也无地皮扩展。老衲虽筹措了几十年，亦无力再修建一座大殿。阿弥陀佛！"小世民听释怀老师父如此说，他暗暗沉思了一会儿之后说：

"小子年幼，既无力布施，又不能说谎话！但小子可在神佛前立誓，若日后能成大器，定将寺南之小院捐与佛门，如有可能，必将大力弘扬佛学！"

"善哉善哉，谢小施主虔诚之愿！小施主与我佛有缘，愿心诚诚，佛光烁烁，阿弥陀佛！"

这天晚上，不知是偶然，还是佛缘，小世民与老和尚的相遇相论，竟然成了历史的佳话，也成了历史的典故。

这年秋天，李渊给长子李建成娶了媳妇，把女儿翠平也嫁了出去。这几年，李渊在官场还算得意，同僚敬佩，把儿女的婚事办得很是体面。作为母亲的李窦氏，为长子娶来了既漂亮又贤惠的媳妇，又为女儿找到了一位文武兼备的佳婿很是高兴。作为父亲的李渊，能把儿女的婚事办得既体面又顺心应该很是高兴，但他高兴不起来。知夫莫若妻，何况是李窦氏这样聪慧的妻子，她一看李渊的眼神，就知道他遇到了不顺心的事。一天，她送两个儿子去了学堂，回家后便对李渊说：

"四郎，何不去稷山小院看看？"

李渊的心情也平静了下来，稷山小院虽然建了几年，但他从来没有去看看，正想去山上散散心，于是和李窦氏步行上了稷山。这天，天气晴朗，李渊一登上稷山，居高临下，放目远眺，武功山川尽收眼底，顿觉秋高气爽，心旷神怡。他随着李窦氏走进小院，看到门前六间大房既大气又不扎眼，与紧邻的宝意寺很是和谐，便对李窦氏说：

"阿兰设计得很好，与寺庙为邻，既占上好风水，又不与鬼神争胜。咱家这几间房，既大气又古朴，守本分。寺院大殿，雕梁画栋，斗拱龙脊，琉璃瓦黄绿相映，从远处一看，就能分辨出人神位置。人居神旁，神佑人家，和谐相安！"

"如此设计，是依四郎心愿，四郎看好，妾便甚感欣慰。走，去民儿读书之窑洞看看。"

李渊随着李窦氏走进北边的窑洞，窑洞收拾得很整齐，书案放有很多书，书架上的书更多，看来客山先生送了小世民很多书。李渊随手拿起书案上的一本书，一看封面，乃是《论语》，他对李窦氏说：

"民儿好像很爱看《论语》，不知读得如何。"

李窦氏也拿起一本书，一看封面，是《孔子家语》，便笑着对李渊说：

"民儿甚是喜爱孔子之书，他对《论语》尤其喜爱，他读得认真，熟能倒背！你看，他又在读《孔子家语》。"

"读书如交友。交友不能不择，读书亦不能不选。他爱读孔子之书，势必喜爱孔子做人处事之法，如此甚好！但不知他在学馆读书如何？"

"客山先生视他为得意门生，很是器重，这些书，多是先生所送。民儿亦对先生很是尊敬，师生倒像是忘年之友，很是融洽。民儿能如此学有成效，除了他有天赋，还要多亏客山先生之引导。"

"难怪他不去官学却坚持去客山私塾求学。佛家讲'缘'，尘世又何尝不是以'缘'相处？既然民儿与客山先生有缘，那不知阿兰对客山先生是否熟知？"

"四郎放心，客山先生是我母家同宗，他之所以对民儿器重，视民儿为至亲，就是赋志于民儿。先生之志，即你我之心愿。"

"原来如此，看来这也是天意！物以类聚，人以群分，有共同心愿者相处方能齐心协力！"李渊问过小世民的学习情况，又想起小世民经常闹病，便问李窦氏："此次回家来，我看民儿身子很结实，这两年有无再闹病？"

"不曾，这两年不知是神佛在保佑他，还是每日往返客山学馆有益强身，他如今很是结实。上这稷山小道崎岖，栈道陡险，他倒好，上下山如飞，风雨不避，一次风寒也未染。"

"善哉善哉，感谢神佛保佑他！"李渊为小世民的病担心，每走到一处寺庙，他都要祈求神佛保佑小世民健康。因为，小世民的健康关系到他李家日后的兴旺发达。现在小世民身体如此康健，他自然要感谢神佛的保佑。

李窦氏看此时李渊的心情甚好，便把他请到前院的厅堂，问道：

"四郎近日有何烦心之事？"

李渊很是惊讶：

"阿兰如何知晓我心中之烦？"

"知夫莫若妻！"

"阿兰真乃神人也，李渊心中之天地，卿无不知晓！"

"有何烦心之事，能否告知？一人之烦乃是烦，二人分担不成烦。"

"唉，看杨隋江山固若金汤，见杨广盛气凌人，我颇为气愤。前年八月，杨广北巡，越榆林，经云中到金河，动用甲士五十余万，马十万匹，旌旗辎重千里不绝。命宇文恺给他造观风行营大殿。这观风行营大殿巨大精妙至极，上边造有可容数百人之大殿，下边置有车轮，可分可合，突厥启民可汗看到这观风行营大殿，还以为是神仙殿堂，很是害怕，亲自到观风行营大殿为杨广斟酒侍宴。为此，杨广写了一首诗说他比汉武帝的功绩大。真是好笑，当年，汉武帝面对的是拥疆万里的匈奴。如今，他杨广只是让小小的突厥屈服而已，岂能与汉武帝相比？"李渊越说越气，气得脸发红，眼冒火。李窦氏看李渊如此气恼，反倒笑了起来。李渊很是不解，不快道："娘子为何发笑？"

"看郎君如此动怒，妾想起当年杨坚欺负我舅家弱小篡去我舅家江山。妾恨自己不是男儿，不能飞马挺枪直取杨坚老儿首级，又恨自己不能变作雄鹰飞到杨坚老儿面前，食其肉，饮其血。但如今回想起来，反倒觉得不该。万事皆有天命，当年舅父早逝，表兄无能，表侄年幼，即使杨坚不篡夺宇文周皇位，他人也会夺去我舅家江山。这是我舅家之不幸，也是杨隋该有江山。

"之后，看到杨坚一统南北，励精图治，令大隋日益富强，复仇之心渐渐淡去。又看到杨坚夫妇朴素节俭，万民拥戴，也觉得杨坚是个好皇帝。自有民儿以来，又勾起我推翻杨隋之夙愿。但郎君应知万事皆有缘，缘分未到，所作徒劳。

"如今，杨隋江山固若金汤，又何必螳臂当车，以卵击石！然万物运转，必有时势强弱变化。杨广如今势盛，突厥启民可汗何等骁勇，亦为之屈服，甘愿折腰为杨广奉酒侍宴！天下英豪韩擒虎、贺若弼、高颎，亦遭杨广屠刀。妾建言郎君韬光养晦，投其所好，等待时机，这既是保护自己，亦是等待时势变化。

"李家先祖善道，道家讲阴阳运转，阴至最，阳乃生。今日杨广好大喜功如此气盛，动用民力如此浩大，奢淫如此至极，乃是处于极盛，极盛之后，便是锐退。极盛愈极，锐退愈锐，看来杨广盛极必颓了。如今郎君既未受到杨广猜忌，亦未受到朝廷迫害，只需静观潮起潮落伺机而动，何必如此动气。再说杨广征服了突厥，启民可汗为之奉酒侍宴，的确比当年汉武帝成就高。杨广之诗，亦是豪言抒情而已，郎君又何必恼恨。"

李窦氏一席话，推心置腹，说得李渊心服口服。李渊喝了一口香茅饮，又叹了口气说：

"只是杨广贪欲至狂,实在令人难堪!"

"莫非他又诏令妾进京面圣?"李窦氏笑着问。

"那倒不是!"

"是他又向郎君索要何物?"

"他要我最心爱之汗血宝马!"

提起这事,李渊很是生气。这匹马,是他在岐州做刺史时,花了好多银子,派了几个亲信去西域在上千匹骏马中挑选出的极品。这匹汗血宝马,堪称马中之王,性子烈,头小蹄子小,身长腿长,毛色黑似漆,光如油,奔跑起来快如飞,上了阵,那咴咴一声嘶鸣,使万马齐喑,谁见谁爱。不知是谁将此马说给了杨广,有一天,杨广专门下诏把李渊叫到东都,看了李渊这匹马,很是喜爱,当即向李渊索要。李渊虽然豪爽,与人交往从来不计较钱财,故而与之交往之人,都赞不绝口。但这次李渊却对杨广说:"陛下要臣建功立业,此马是臣上阵杀敌保卫大隋江山之利器,陛下若要,臣如何上阵杀敌建功立业?又如何保卫大隋江山?"当时杨广虽然不高兴,但也不好强取,只好作罢。但李渊知道,他又惹怒了杨广。这几天他很是心烦,就是因此事与杨广又生嫌隙。

"郎君为何不给他?"

"这匹马的确是马中之王!我上阵杀敌,全靠这匹马机灵。我为何要送给他杨广!"

"郎君糊涂!郎君是做何人之官?"

"当然是大隋之官。"

"当今大隋皇帝是谁?"

"当然是杨广。"

"郎君既然是做大隋之臣,身家性命乃属大隋,杨广是大隋皇帝,他要郎君之马,郎君却不给,他能不生气?"

李渊叹了一口气,说:

"唉,我心中之烦,即烦于此。我还是将这匹汗血宝马给他送去吧。"

"不能送!"

"这又是为何？"

"如今献上此马，杨广非但不会原谅郎君，还会猜忌郎君因此马对他怀有怨恨。听说他不但喜爱好马，还喜爱奇特之飞鸟，郎君何不投其所好，搜寻良驹奇鸟献上。"

"如此而为，岂不成为佞臣？"

"佞臣小人乃以奸邪手段取悦于君上，而今郎君则是受命于君上，为之而劳。如此既可消除他之怨恨，亦可使其器重。"

李渊想了想，点头说：

"阿兰言之有理！其实派人寻找宝马与珍禽并不难，西域汗血宝马颇多，只要有门道，不愁找不到好马。至于珍禽，天下之大，飞禽之多，何愁找不到奇鸟！宝马珍禽找到之后，再训练一番送给他，就说我那匹马性子烈，怕伤害了他，为了孝敬他，专门找了一匹绝世宝马与一只珍稀奇鸟。"

"郎君能如此处世，妾甚为放心。古人有言'低头处世，昂首做人'，郎君既为杨隋之臣岂能不俯首杨隋皇上？韬光养晦，不仅要不外露才能，亦要低头处世，平时千万莫要与人争强好胜惹嫌。"

"卿一番话语，让我心中之烦顿消，多谢卿为我分忧！"

"为郎君分忧，乃是妾身分内事，何言感谢。"

二人正在说话，管家李福走了进来，对二人说：

"阿郎娘子，今晚庆贺中秋，是在府中还是在这小院？"

李渊看了看李窦氏，李窦氏对李渊笑了笑，没有说什么，显然是要李渊拿主意。于是，李渊对李福说：

"你们在府内好好庆祝，我与娘子就在这小院拜祭月神。你去采买一些祭月神之供品。"

"诺！"李福正要去置办祭月的供品，李窦氏唤住他说：

"且慢，多备一份，给寺里师父们送去。"

"诺。"

李福下山之后不多时，李建成带着新妇和世民、玄霸、元吉也上山来了。李福除了给府中置办好祭月的供品，也给宝意寺的僧人们送去了祭月的供品。

这天晚上，天空万里无云，月朗星稀。李家除外嫁女翠平之外，可谓是团圆的一家。李窦氏很是高兴，她给月神摆好了供品。李渊走上前，上了一炷香，双手合十，面对圆月说：

"月神保佑我全家团团圆圆，平平安安！"

李渊看到全家人都很高兴，他也兴致勃勃欣赏着圆月，不禁诗兴大发。他很想与家人赋诗赏月，更想试试几个儿子的文才，便对建成说：

"建成，此中秋之夜，尔等兄弟，有何感想？能否将自己此时之感以诗抒怀？"

玄霸机敏活络，早有此意，他性子急，更是直爽，听父亲如此说，抢先道：

"甚好甚好，如此赏月，颇有情趣！不过，既然以诗祭月，何不全家抒怀？"

元吉更调皮，他高兴地跳起来说：

"三兄所言极是！我很想听听耶娘是如何赋诗！"

李渊正有此意，他对几个儿子说：

"若论赋诗，你们阿娘诗作最佳！"他看着李窦氏，"娘子请先作！"

李窦氏也很乐意，她笑着说：

"郎君乃是一家之主，岂能主次倒置？郎君先请！"

"对，阿耶先作！"几个儿子异口同声说。

李渊看了看幸福的家人，面对美丽的圆月，诗意油然而生。他开口道：

"碧空艳如洗，明月似圆盘，夙愿何时现，木子龙凤天。"

全家人都为李渊作的诗叫好。其实，几个儿子对李渊诗的前两句意思都明白，后两句诗的意思只有李窦氏清楚，几个儿子如何能懂？大家为李渊的诗叫好之后，都把期待的目光集中在母亲的身上。李窦氏已经胸有成竹，随口吟诵道：

"稷山明月满，小院果瓜甜。父子登天志，齐心美梦圆！"

真是夫唱妇随，李渊以圆月抒怀大业何时才能实现。李窦氏以圆月抒怀，并鼓励全家人齐心协力创建大业。不过她没有明白告诉儿子们，而是以美梦借代了。尽管四兄弟并不知晓母亲诗中真正的含义，但母亲作的诗实在太美了，都为母亲鼓掌。李窦氏治家，尽管仁慈但长幼之分却很明确。按照长幼次序，下来就该长子李建成了。李建成刚刚娶了新妇，是平生最得意的时候。他心中高兴，也不逊让，开口吟出一首：

"碧空明月圆，大地金秋香。得意仕途顺，青春我最强！"

李建成年轻气盛，自觉圆月金秋虽美，但哪比得上他仕途顺利、新婚惬意之美，他也很直爽，不做假，把他此时此刻喜悦的心情抒发了出来。之后全家人又齐齐看向李建成的新妇。李建成的新妇，是李渊在郑州为李建成说定的。新妇姓郑，名观音。之所以叫观音，是其父辞官后侍奉观世音菩萨。郑观音读过书，也爱好诗文，她初到夫家，还不知舅姑脾性，便看着李建成，显然是在征求郎君的意见。李建成也明白自家娘子的意思，对她点了点头。于是，郑观音腼腆地笑了笑，微启樱唇，娇滴滴地吟诵出四句诗来：

"进门同赏月，昂首告神明。但愿舅姑喜，阖家笑满盈。"

诗虽然平直，但意境很好，特别是句尾这个"盈"字，既指月之盈，亦指家之盈。可见新妇非常聪慧，李渊夫妇很是吃惊。世民、玄霸、元吉为大嫂的出众才华高兴得跳了起来。大家为李建成新媳妇高兴之后，又把目光集中在小世民身上。小世民倒很沉稳，从容吟诵道：

"不见书山路，难得学海船。欲求明月朗，悟我开心缘！"

字面意思简单，但含义深刻，只有李渊夫妇品得出，其他人却是不明所以的。玄霸一听，哈哈大笑说：

"书山学海苦读书，书痴一个，看我作来。"他张开手掌，两个手掌上下翻转搓了搓道，"手持玉盘挂碧落，拳击银碗布星河。有朝兴趣突发起，撕片彩云舞婆娑。"

"哈哈哈哈！"大家听了之后，都大笑起来。在四个儿子中，李渊最喜爱玄霸，他高兴地说：

"好，有胆识，能催人奋进，好诗好诗！"

玄霸被父亲夸奖，更是得意，不禁手舞足蹈起来。

小元吉不服气地说:"三兄吹牛,听我作来!"他昂首挺胸,童声童气地吟诵:"中秋明月圆,照我阖家欢。我笑月亮笑,口吃瓜果甜!"

"哈哈,馋嘴猫,贪吃贪吃!"元吉刚刚吟诵完,玄霸就喊叫了起来。

李渊想不到小元吉也能作出如此诗作来,很是惊讶。他对孩子们说:"尔等诗作俱佳!想不到我李家举家能诗,可喜可贺!尔等诗作,看来皆受你们阿娘熏陶。阿耶唯望尔等善文善武,而后建功立业,光宗耀祖!"

赏月之后,大家欢喜而散。李建成对娇妻说:

"去二弟的读书窑洞欣赏欣赏如何?"

未等郑观音表态,玄霸、元吉便大声说道:

"走,去看看书痴读书的窑洞,看他藏有何等宝物。"于是大家都走进小世民读书的窑洞。谁知大家一进这窑洞,又生出事端来。

这正是:奇异之人奇异多,非常之事事非常。要知又生出了何等事端,请听下回分解。

第二十七回

兄弟四人话志向　离奇幻景观音明

话说玄霸、元吉跑到李世民读书的窑洞门前，推开门，径直走了进去。李建成领着郑观音，也随后走了进来。

玄霸环视了一下，见窑洞内陈设很简单：一个土炕，炕上铺着褥子，褥子上罩着白底蓝方格布单子，炕头放有一个小柜，小柜上放着一床叠得方方正正的被子。土炕一旁临床前放有一张木方桌，桌前放有一只小机凳。桌面放有一本书，书前放着一个小笔架，笔架上悬挂着大、中、小三支毛笔，笔架一侧放着一方砚台，砚台上放着一块墨。窑洞里边有一个大书架，书架上放着许多书。玄霸端着一盏油灯走到书架前，仔细翻看着书架上的书。除了世民在私塾读的课本，还有《孔子家言》《论语》《诗经》《道德经》《楚辞》《史记》《汉书》《后汉书》《吕氏春秋》《文心雕龙》……

看到这些书，玄霸很是吃惊。玄霸在学堂里，特别是在同龄同年的同窗中乃是佼佼者，先生夸奖，同窗羡慕。他在学习上有两大特点：眼疾、手快。先生布置阅读的文章，他总是第一个读完背会；先生布置书写的作业，他也是第一个做完做对。当他把先生所布置的作业完成以后只读一本书，这本书就是《孙子兵法》。他把《孙子兵法》随身携带，一有空闲就读。如今，他已经把《孙子兵法》背会了。他之所以会这样，是听了他的老师皇甫先生的话。

皇甫先生在官办县学几位先生中声名最高。他学识渊博，人品好，学生都很敬爱他。有一次，皇甫先生在授课时讲道："如果尔等日后想以文辅佐君王，就必须熟读《论语》，如果尔等日后想以武功辅佐君王，就必须熟读《孙子兵法》。"玄霸很敬佩皇甫先生，便把他这句话当作座右铭。皇甫先生这句话不无道理，文官不通晓《论语》，如何通晓治国之道？武将不通晓《孙子兵法》，如何带兵打仗？玄霸也看到父亲书案上经常放着一本《孙子兵法》。

在小玄霸看来，《论语》讲的是治国的大道理，但道理只能给讲道理的人去讲，遇到不讲道理的人，你所讲的道理就是对牛弹琴。他也知道孔子不会打仗，因此，当时的诸侯不重用孔子。他也听皇甫先生讲，春秋五霸之所以能称霸，就是以武功强势而称霸；战国七雄唯秦能一统，就是因为秦国将领英勇善战。国无武威就会遭人欺侮，武威是立国之本。他敬重皇甫先生，相信皇甫先生这些话，也是因为他喜爱习武。这也是缘分，正像李世民与宇文先生一样有缘分。

　　玄霸看了书架上的书之后，既感到吃惊又觉得好笑：吃惊的是二兄看的书竟然这么多，好笑的是二兄竟然想做孔夫子那般耍嘴皮子的人；他不由得哈哈大笑起来。元吉看他大笑，以为他发现了什么宝贝，急忙问：

　　"三兄，你发现何宝物？"

　　"几本空谈之书而已。"

　　"那你为何发笑？"

　　"我看二兄书架上的书虽多，但皆是空谈无用之书，故而发笑。"

　　元吉走到书架前拿起几本书看了看，虽然他能认识几本书的书名，但他并未读过，不知所写何内容，他问玄霸：

　　"三兄喜读何书？"

　　"《孙子兵法》。"

　　"谁是孙子？"元吉诧异。

　　玄霸知道元吉想岔了，便解释道：

　　"孙子者，兵圣也，其人姓孙名武，'子'乃世人对大贤者之敬称，正如孔子、墨子、庄子者也。他先祖本来姓妫，是当年周武王册封陈国之国君，后来陈国政变，他先祖逃亡齐国改姓田。后因立功，齐景公赐之姓孙。孙武善用兵，他到吴国与伍子胥联手打败强楚，为吴国建立了霸业。之后他写了这本兵书，故而书名为《孙子兵法》。"

　　"原来如此。"元吉连连点头，表示受教，"既然三兄喜爱读此书，我也要读读。"

　　"行，等你认字多了我给你看这本书。这本书很有意思，你如果看懂了，将来也会成为威武的大将军！"玄霸为了证明自己所说的话有分量，对也来到书架前的李建成说，"大兄，我如此说是否有道理？"

"言之有理。"

"大兄所言极是，皇甫先生说，若以武功辅佐君王，不通晓《孙子兵法》不行。我已读过《孙子兵法》，我日后一定要成为孙武那样的名将！"玄霸说到得意时忽然问一旁的李世民，"二兄，我看你所读之书，是欲做孔老夫子之类圣贤乎？"

"他呀，"李建成知道世民很聪明，但他把对父母偏爱二弟的不满转嫁到李世民身上，便借题发挥道，"性懦弱，体多疾，更无霸王之勇气，岂是习武之良才？少天赋，缺心机，更无孔孟之慧根，哪有治国之经纶？依我看，你二兄日后也只能成为文不著，武不名，不大不小魏延之辈矣。"

李建成只顾嘴上痛快，不顾及李世民的感受，郑观音心细，看李世民面有羞色，连忙劝阻李建成：

"郎君切勿取笑二弟。其实二弟很是厉害，小小年纪已经学富五车。古人言道'兵者乃诡道也，重在实战运用'。当年赵括空谈兵法误国之鉴郎君岂能不知？"

李建成虽然有小心眼，但心地并不坏，自从那一年他跟着父母进京面圣，特别是他带着三个幼弟与皇上杨广周旋，便深知自己是家中长子，负有带好弟妹的责任，亦知'兄弟齐心，其利断金'之道理。其实，他对几个弟妹都很好，只是对父母过分爱护二弟心有不满。听郑观音如此说，他也颇感自己失言，便对世民说：

"为兄只是戏言，并无恶意，但身为将门之后，第一应是尚武。自汉以来，功臣勋爵皆出自疆场。二弟，要想日后成为人上之人，就必须强身善武，刀尖夺将帅，马背博公侯！"其实，李世民初听大兄的嘲讽，心里很是窝火，但仔细一想，大兄说得十分在理，自汉以来，没有几天太平日子。孔夫子倡导之克己复礼，广施仁政，之所以当时四处碰壁，就是因为他所讲之道理不合时势，当时诸侯争霸，谁人讲"礼"讲"仁"？而今杨隋不也是以势以骗篡得宇文周的江山？眼下杨广奢淫至极谁人敢与之论仁论义？《论语》

所言虽好，无国无势，岂能通行？想到这些，他反倒觉得大兄的那番嘲讽如同针砭。此时听大兄温言解释，他恭敬作揖道：

"大兄所言极是。文可治国，但无国无势，安能治国？弟所读此类圣贤之作，唯在修身习文，并无成圣成贤之欲。弟之所以远去客山私塾求学，到这稷山窑洞读书，就是意在强身健体。听大兄与三弟方才所言《孙子兵法》之精妙，吾会细心拜读！"

李建成见世民心悦诚服，很是高兴。玄霸和元吉见二兄被大兄训斥后如此回应，既高兴又钦佩：高兴的是父母经常夸赞二兄世民，眼下二兄被大兄斥责了一番却诚心自省，他们觉得很开心，很高兴；钦佩的是二兄对大兄的嘲讽没有丝毫恼怒责怪，对此，他们俩深感二兄为人真诚，气量大度。兄弟四人没有了隔阂，加上贤惠的大嫂从中调和，大家一起吃着献过月神的供品，说着玩着嬉笑着。郑观音履行着她作为大嫂的职责，一会儿给四兄弟搬椅子挪凳子，一会儿续添食饮，劝吃劝喝，还不时去小院前厅侍候舅姑。

李窦氏难得与李渊在一起过中秋节，她不想新妇郑观音打扰他们夫妇聊天。这天晚上她没有叫下人来小院侍候，就是想一家人独享亲近。当郑观音给他们把汤饮小食摆放好之后，她便叫郑观音去窑洞与几个兄弟玩。郑观音感激阿姑的关心，端着一盘水果去往窑洞。

就在郑观音端着果盘走近窑洞门口时，她恍惚看到李家四兄弟在窑洞内的情形竟是十分诡异：李建成端着杯子正在喝饮子，却没有了头，三弟李玄霸手持兵书也没有头，四弟小元吉在窑洞里跑着玩耍也没有头，只有二弟李世民身首完好在桌前灯光下看书，他竟然还身穿衮衣头戴冕旒，双目闪烁如同电光。郑观音看到这奇怪的景象如何不害怕？但她毕竟是将门之后，虽然害怕，却不慌乱。她怕是自己眼睛看花了，抬手揉了揉双眼，再次细看，依然如此。她又怕是自己在做梦，掐了掐自己的耳朵，生疼生疼的，这不是梦。她正准备喊叫，这时，李渊在前厅喊道：

"建成，夜已深，下山回府！"

李渊这声喊，给郑观音壮了胆，她再细看窑洞里的四人，真奇怪，夫君李建成与三弟李玄霸、四弟李元吉的头好端端的！兄弟四人嘻嘻哈哈地从窑洞里走了出来。

回想刚才所见的诡异景象，郑观音既感到奇怪，又感到害怕。奇怪的是自己方才所见，到底是幻象还是眼睛花了，但似乎都不是！害怕的是这种怪异之事不知是鬼神在暗示，还是妖人在作祟？如果是妖人在作祟，这就要小心提防；如果是鬼神在暗示，这四兄弟日后必有阋墙之恶斗！想到这里，她忐忑不安，很想把这事说给阿姑，但又一想，不能，阿姑并不知她郑观音方才所见，能相信吗？非但不相信，还会说她妖言祸家。但方才所见之情景，是她郑观音实实在在之所见。说吧，不妥！不说吧，又深感不安！她很是为难。

这时，她看到阿舅被三弟玄霸扶着，阿姑被四弟元吉扶着，二弟世民躬身拱手相送，夫君李建成走在后边。郑观音心中忐忑，她抬头看着天空，月亮非常圆，非常明，非常亮，照得这世间如同白昼；再仔细看公婆，他们笑得非常开心，非常甜蜜。这真是天空圆月今宵最，地上人家李府甜。多么美好的中秋之夜，多么快乐幸福的家庭，但她郑观音却看到了那么离奇、揪心的诡异场景，她能在此时此刻把自己所见的异象说给舅姑吗？不能，绝对不能扫大家的兴，使全家人心神不安！

此时此刻，李建成却很是高兴，正如他在《赋月》的诗中所说："得意仕途顺，青春我最强。"他的确很得意，硕大的唐国公府，他是嫡长子，除过父母，他就是家中老大。如今，他随父亲在郑州刺史府仕途得意，使他更高兴的是娶了个才貌双全的娇妻郑观音。更使他得意的是郑观音在今夜赏月赋诗中出了风头，得到全家人的夸赞，他这个夫君也脸上有光，心里岂能不高兴？

这时，他看到父母与三弟四弟走在前面，把他留在了后边。他知道这是耶娘让他与娇妻独处亲近，于是，他看着郑观音，把手伸向她。郑观音看到夫君的大手，如同看到了主心骨，她赶紧也把手伸给李建成。当李建成热乎乎的大手紧紧攥住她的手时，她忐忑的心顿时安定了下来，浑身也热乎乎的。她依偎在李建成身边，这热乎乎的宽大肩膀，给了她力量，给了她安全感。她什么也不说，什么也不用说，李府是她的家，在偌大的李府中李建成是她最亲近、最知心的人，他的荣辱，就是她郑观音的荣辱，她必须全心全意地爱着他，帮着他，护着他。想到这里，郑观音紧紧攥着李建成的手，踏着栈道回了李府。

这天晚上，李府上下都很高兴，这是中国人传统的中秋节。从时令上说，酷暑已过，秋高气爽，冷暖宜人。从人们的收获上说，此时草肥马壮，瓜果飘香，仓满廪足，谁不高兴？从亲情上说，人们看到天空的圆月，就会感受到家庭的幸福。家人团聚的，面对圆月庆团圆；家人有出门在外的，望着圆月思念亲人，期盼团聚。

今夜的李府，李渊夫妇与四子团聚，一家人齐齐整整，还多了一个儿妇，全家人更是高兴。

李府的下人，虽是奴仆，但李窦氏待他们如同家人，上到管家李福，下到婢女仆人，只要各尽其职就能在李府享有如在自家的快乐。这天晚上，他们在管家李福的率领下，同样赏月，同样分享赏月之后的供品。

虽然郑观音因看到了异象而不快，但李建成却非常高兴，在他看来，晚上家人吟的诗，郑观音的最好，比当年蔡文姬的还好。他牵着郑观音的手，搂着她的腰，浑身热得出奇，心里痒得出奇。之前他虽然知道男女婚配之事，但不知男女之房事，如今知道了，深感其中之乐趣。他搂着郑观音的腰，有意落在父母之后，回到家，顾不上再去问候父母，关上门窗，如同饥饿的虎狼，抱着郑观音，一番欢爱。之后，李建成困倦了，闭目养起神来。

郑观音休息了一会儿，想起在小院窑洞里看到的离奇景象，她想告诉夫君，但这时李建成已经发出鼾声。她再一想，这事不能告诉夫君，夫君本来就对二弟世民心存不满，如果知道这事，怕是更生芥蒂。如果兄弟相仇，家中岂能安宁？对，这事只能烂在我郑观音肚子里！想到这里，郑观音不再思量，安心地依偎在李建成的身旁，渐渐入睡了。

小世民这天晚上感触最大，他没有想到父母亲会来他读书的小院赏月，更没想到全家人都能吟诗。从父母的诗中，他隐约感觉到耶娘是在等待时机做一件大事，这件大事只可意会，不可言传。他已经亲眼看到皇上对耶娘猜忌很大，他既为父母的志向而振奋，也为他们而担心，自己今后的努力要与他们的意愿相一致。这天晚上，他虽然被大兄讥讽，但他觉得大兄说得在理，自己不能一味学习文圣，更要学习兵法，日后方能领兵打仗。要实现父母诗中的"龙凤天""登天志"，不懂兵法，不会打仗怎么能行。于是他暗下决心，把《孔子家语》读完之后下大力气攻读《孙子兵法》。

伟人成功的秘诀，不是满口的豪言壮语，也不是满腹的诗文佳句，而是孤独的参悟。小世民很快把《孔子家语》读完了，他理解了孔子所说的"克己复礼"和"以王道治理天下"的意义，也领悟到了"仁"的含义。有了圣人的思想做基础，就有了奋进的方向和动力。

他向客山先生借来《孙子兵法》研读起来。《孙子兵法》分作十三篇：计篇第一，作战篇第二，谋攻篇第三，形篇第四，势篇第五，虚实篇第六，军争篇第七，九变篇第八，行军篇第九，地形篇第十，九地篇第十一，火攻篇第十二，用间篇第十三。两个月之后，他把《孙子兵法》十三篇读完了。小世民认为："观诸兵书，无出孙武。"他认定《孙子兵法》是最优秀的兵书。于是，他决心把这本书参深悟透。这本书字面意思比较好理解，但要参深悟透是很不容易的。这本书是集孙武毕生学识践行之精粹的兵家杰作，而且是历代将领实战论证了的制胜之道，要真正读懂，很不容易。有很多问题必须在实战中才能参得深悟得透。虽然他目前还没有实战经验，但他有天赋，还有一位博学的客山先生。客山先生虽然未曾率军打仗，但对兵书战阵很有研究，特别是对《孙子兵法》很感兴趣。小世民读书所遇疑难，客山先生都能指点解惑。这一老一少、一师一徒，在研习兵法上又心志相通了。

寒来暑往，春华秋实，又两年过去了。在客山先生的悉心教导下，李世民的学习成绩在全客山私塾里最优秀。在李世民的刻苦努力下，他不仅把客山私塾所教的课程全都掌握了，而且读了很多客山私塾没有开设的课程，更重要的是他把《孙子兵法》读得很熟。可以说李世民已经在同龄少年中非常优秀了。大业八年（612）重阳节，又发生了一件奇异的事。

这正是：非常之家非常人，非常之人非常事。要知又发生了何等非常之事，请听下回分解。

第二十八回

举家九九登高处　论战惜惜败北因

大业八年（612），李渊与长子李建成回到武功李府，女儿李翠平知道阿耶和大兄回家，与夫君柴绍从户县赶回娘家看望。这天正好是重阳节，李窦氏建议全家人去登高，午饭在野外吃。李渊难得与儿女团聚，很是赞成。子女得知要举家登高，都很高兴。清晨，李渊率领全家人出了李府，先登上稷山，在次子李世民的小院小憩了一会儿，南去小华山，在姜嫄陵上了香，然后北上香山。

香山之巅有太白庙。这太白庙是周武王伐纣立国之后在太白山封了禅，为了彰显自己伐商纣的伟大功绩，周武王把西太白山封为"武功山"。这"武功"的含义很是明显，即武王伐纣功高齐天。他在太白山封禅之后，又在始祖后稷当年教稼开创农耕文明的有邰国凤岗山之巅，修建了一座庙，这座庙理应叫作"后稷庙"，但他把后稷祠与姜嫄庙修建在了稷山，于是，就干脆把这座庙叫作"太白庙"。称其为"太白庙"的用意很含蓄，但稍知文字的人都很清楚，周武王在太白山封禅彰显他伐商纣的伟大功绩，西太白山被他封为武功山，那这太白庙实际就是他周武王为自己建造的生祠。他将自己的生祠建在先祖后稷的封国古有邰，与先祖后稷庙遥相呼应，足以向世人宣告，他所取得的功绩，不亚于先祖后稷创造的农耕文明。

太白庙初建之时便很是宏伟。庙院广有十亩，高大的山门，正殿面阔九间，进深约有四丈，正殿之后又有五间寝殿，左右还有几间偏殿。秦孝公实行郡县制时，将此庙复修了一次。宇文周善佛道，也曾复修过。如今的太白庙山门巍巍，九间正殿古朴壮观，五间寝殿庄严肃穆，几间偏殿前的花草树木出尘脱俗。

李渊带着全家人走进正殿，中间正位是一尊须发皆白的老者神像。据说当年始建太白庙时，神像是黑须黑发，相貌宛然周武王。秦复修时改为白须白发，传说当年主事者说周武王已经老了，老人自然是白须白发。主神须发虽然改换成白色，但容貌依然是原来的样子。神灵形象尚且能更换，何况人世间的是是非非。李渊看着周武王的神像，想到周武王当年伐纣的壮举，不免勾起他的心思。他燃起一炷香，躬身一揖，插于香炉，向神像窃语了几句话。李窦氏看李渊此次回府，面露喜色，心情极佳，便在家人游览太白庙之后，于庙前几棵苍柏树下边休息边午膳野餐时，问李渊道：

"郎君此次回府，不知有何趣闻说给我们听？"

李渊虽然也常回家，但来去匆匆，从未与家人闲聊。如今长子女儿已成年，最小的儿子元吉也年近十岁，他想，该让子女知道国家大事了。于是，他笑了笑说：

"有，趣闻颇多！难得家人团聚，我今日先告知三件奇闻趣事，大家共同欣赏。一件是国人之喜，两件是国人之忧，我先说国人之喜。大业四年（608），皇上邀请了很多个国家之国王或酋长到东都聚会。在聚会期间，于端门街盛演百戏，戏场方圆十里，艺人数万，执丝竹者就有一万多人。每日从黄昏到翌日天亮，端门街灯光亮如白昼，歌乐声传十里，闹腾了整整一个月。为彰显大隋富有，这聚会造有酒池肉林，同时把整个端门街两边的大树干用锦缎缠裹。街道商铺、酒肆屋檐门面都装饰豪华。凡是外夷之客商在饭馆、酒肆食用皆不收取银两。皇上显富这一招，果然生了奇效，当年就有许多个国家或部落与我大隋建立外贸关系。"

李世民听后，叹息道：

"今上如此而作，岂不类似当年商纣？"

李建成冷笑道：

"切莫妄议朝廷！阿耶方才说得好，圣上这一招已使外夷大小国国王与酋长仰慕我大隋富有，并与我大隋建立贸易关系。不战而屈夷敌，此乃圣上上上之战策。两年多了，你依然深陷孔孟迂腐书中！"

李窦氏不赞成李建成的说法，驳斥说：

"当年先皇崇尚节俭，积存粮食，国人可食用五十年，正因如此，方有今日大隋之富有。今上如此奢侈，国库一旦耗尽，若遇凶年，如何了得？"

"这……"李建成语塞。

李渊不置可否，笑了笑说：

"莫论莫论，听我说第二件事。大业六年（610），朝廷征民夫百多万人，一是修筑从榆林到东海之长城，二是开凿江南运河，从京口到余杭，八百余里，河宽三十多丈，可行驶大龙舟。大业七年（611）二月，皇上二游江都。从东都到江都，再从江都到涿州，行程二千多里，随从御史与四司官员三千多人，步行三千多里，冻饿而死者十有三四。护驾之官兵及几十万民夫，死伤亦有十之三四。皇上一游江都，虽耗费无数，但民众甚感南北水运开通，国家强盛，怨者少，赞者多；而二次游江都，恐怕只有皇上及众美人高兴，文武百官与天下民众怨声载道耳！"

"皇上穷奢极欲，好大喜功，百姓如何能安居乐业。"李窦氏叹息。

"去岁河南、山东大旱，饿殍遍野，饥民揭竿而起者颇多，朝廷为此出动很多兵力剿灭，看起来天下难以太平矣！"柴绍也叹息说。

"外夷既然已附属我大隋，就不该再修筑长城。大嫂，你说是不是？"李翠平对郑观音说。

"是，南北运河已开通，又何必再修江南之运河！"郑观音也说出自己的看法。

李世民却说道：

"修筑长城与开凿运河，乃是强国富民之大计，无可厚非，但今上为自己游览江都一己之私，如此苛征重赋，饥民岂能不反？老子所言'其政察察，其民缺缺'，今上之喜怒皆关天下民众之生死矣！"

"谬论，大逆不道之谬论！你若在仕途，必惹大祸！"李建成对李世民这种看法很是反感，厉声训斥他。

"莫怕莫怕，今日乃家中私聊，与官场仕途无关。"李渊平时对子女言谈要求很严格，但今日却例外。他喝了口酪浆，微笑道："听我再说第三件事。朝廷从去年开始准备征伐高句丽，调集左右各十二军，总计一百一十三万三千八百人，号称二百万大军。骑兵有四团四十队，步兵有四团八十队，辎重散兵有四团。日遣一军，每军每日行进四十里，四十日大军乃发尽。九军渡辽河攻打高句丽都城有三十万五千人，历时数月。战败回辽东城，只有二千七百人，辎重器械全丢。呜呼，可悲哉！"

玄霸听大隋兵败，吃惊地问：

"是高句丽侵我边境？"

"并未。"

"那为何征伐高句丽？"

"去年皇上北巡，在突厥启民可汗大帐里偶遇高句丽使者。黄门侍郎裴矩看到高句丽使者，对皇上说：'高句丽原先是殷商箕子之封地，汉晋皆是中国郡县，如今为外藩，陛下何不以兵征伐？'谁料裴矩一句话，竟使我大隋百万之兵民死于此战矣！"

"高句丽国有多大？有多少精兵？如此厉害？"玄霸很是不解。

"其国只有我一二州大小，举国之兵也不过三四十万耳。"

"对付如此弹丸小国我大隋怎会兵败？"

"尔等已学兵法，阿耶今日考考尔等，我大隋兵败高句丽，其因究竟何在？"

"阿耶能否告知孩儿圣上用兵之方略？"李建成带过兵，懂得一些兵法，很想在家人面前展现自己的才能。

"此次征伐高句丽，皇上亲临辽东督战。调集左右各十二大军，分骑兵四团，十队一团，步卒八十队，二十队一团，水师一团，辎重散兵四团。大军渡辽时，皇上告诫各路大军将士：'今日罚罪高句丽，诸将切记朕意，不可轻兵掩袭，孤军独斗，欲立一身之功邀赏，此不是大军之行法。公等进军，当分为三道，有所攻击，必三道相互通知，切莫轻军独进，以致失亡。凡军事进止，皆须奏闻待报，毋得专擅，如若高句丽请降，既宣抚纳，不得纵兵歼灭。'"李渊把杨广布兵的概况做了说明。

"我大隋大军如何攻战？"李建成还想知道开战情况。

"尔等可从皇上布兵与告诫诸将官旨令分析有何不妥。"

李建成沉思了一会儿，说道：

"圣上布兵，骑兵步卒水军分布合理，进军有序，看不出有何不妥。"

玄霸哈哈大笑说：

"今上督战，未授权三军将帅，此乃有悖《孙子兵法》矣。孙子曰：'故君之所以患于军者三：不知军之不可以进而谓之进，不知军之不可以退而谓之退，是谓縻军；不知三军之事而同三军之政者，则军士惑矣；不知三军之权而同三军之任，则军士疑矣。三军既惑且疑，则诸侯之难至矣，是谓乱军引胜。'今上督军，只能督将帅之气势，不可节制将帅之用兵。今上诫令，只可告诫将帅胜奖败罚，不可诫令将帅如何作战。孙子曰'兵者，诡道也'，将帅如何用兵取胜，今上不应预设，而应放权让将帅实战谋略。孙子曰：'凡用兵之法，将受命于君，合军聚众，圮（氾）地无舍，衢地合交，绝地无留，围地则谋，死地则战。涂有所不由，军有所不击，城有所不攻，地有所不争，君命有所不受。'此乃应变之战机九变。将帅未曾实战而今上预先拟定战法或旨令，此乃兵家之大忌矣，岂能不败？！"

玄霸这一番话，说得李渊大惊，惊其兵法研习竟已如此精深。李渊向来喜欢玄霸直爽机敏，今见玄霸论说兵法如此精深岂能不喜？他笑赞道：

"玄霸果然聪慧，兵法研习精深，日后必是将帅之才！"

李建成很不服气，觉得阿耶偏向三弟，大声说：

"古来君王亲征，鼓舞士气，有何不可？"

"今上临阵督战，只可鼓舞士气，不可轻旨盲令。"玄霸虽然敬重长兄，但在兵法研习上，他只讲理论，不讲亲情。

"圣上告诫将士有何不可？"

"三军未战，今上先束缚将帅之手脚，将帅如何谋攻作战？如何巧用战机？又如何能歼敌夺胜？"

李渊见兄弟俩争执不下，哈哈大笑说：

"争得好，争得好，军中幕僚就应如此！只有多方见解争论，方能争出道理，论明是非，找出制胜之良谋。"他看了看一直沉默的世民，以为世民像建成所说的那样，已深陷于孔孟迂腐之书。他想，虽然世民从小有奇异之事，但不懂兵法，日后怎可成大器。于是他问世民：

"世民，你能否说出此战败因何在？"

"能。"李世民平静地说。

"败因何在？"

"败因有三。一是征伐高句丽之战师出无名。"

李渊大惊，严肃地问：

"如何师出无名？"

"高句丽当年虽是箕子封地，后来已成藩属之小国。今高句丽既未无礼于我大隋，亦无犯境掠我边民。我大隋出师罚罪，高句丽罪在何处？举国无仇出师即无名，师出无名之战，岂能取胜？即便取胜，又有何意义？"

李渊听后微微点头，他问世民：

"再说其二！"

"今上诫令说'尔等进军当分三道，有所攻击，必三道相互知，切莫轻军独进，以致失亡'。此乃吸取当年大汉大将军卫青率领三军攻入匈奴，李广失利的教训。当年卫大将军攻入匈奴，匈奴广有万里，大漠难辨方向，容易失亡，而辽东距高句丽都城不远，亦有向导，何能失亡？未有失亡之可能，而先预定三军攻击必互知，凡军进止皆须奏闻待报今上。如此诫令，三军如何作战？即便有战机，亦不能开战，如何攻打？如此战法如何能取胜？正如三弟方才所言，今上犯了縻军之错。"

"你敢妄言圣上犯错！"李建成怒斥。

"事实如此。"

"阿耶，他口无遮拦，日后出仕必殃及全家！"李建成说不过世民，只好求助父亲。

李渊笑了笑说：

"日后出仕需当小心，不过今日乃我家私话，与朝廷仕途无干，说说无妨。世民，你再说第三点。"

"今上戒令中说'如若高句丽请降，既宣抚纳，不得纵兵'。"

"圣上即如此诫令，有何不可？"

"当年大汉与匈奴交战百年之多，匈奴多次向大汉请和修好，但从未守信。今日高句丽与当年匈奴无异。今上竟然诫令将帅如高句丽请降即宣抚纳，如高句丽使诈，假降诱战，岂不害我将士性命？孙子曰'兵者，诡道

257

也',用兵既是诡道,岂能大仁大义。"

"善,善哉!民儿言中也。此次与高句丽作战,以我大隋百万雄师,灭弹丸高句丽,乃十拿九稳。虽然我军远道征战,不似高句丽家门熟地,败多胜少,但以绝对优势灭之弱小,已是大势所趋。高句丽战败,派大将乙支文德假降,我军不得不遵旨即宣抚纳,但高句丽援兵到达之后又突袭我军,我军与之再战,高句丽兵再败,再次请降,我军只好又即宣抚纳,高句丽如此一而再再而三诱我军陷入埋伏,终使我军覆没。嗟乎,举国之力,二百万大军,渡辽河三十万五千将士生还者仅有二千!可悲!可叹!可笑!"李渊感叹之后,不解地问世民:"你大兄说你唯读孔孟之书,你如何知晓兵家之战术?"

"上次大兄教导我将门之后不可不习兵书,我即一边读治国之典,一边习武、读兵法之书。"

"所学何人兵书?"

"《孙子兵法》,还有《孙膑兵法》《吴子兵法》。"

"你认为何人兵法最优?"

"观诸兵法,无出孙武。"

"善哉,世民鉴赏能力极好。天下兵书,的确无出孙武。你应深入研习,日后必有大用。不过,兵者,诡道也,重在实战即兴应用。我等今日所论,皆是纸上谈兵。既是纸上谈兵,不妨再设想,如果皇上命尔等出征高句丽,尔等又如何取胜?"

玄霸思索了片刻,纵身振臂道:

"如若今上拜我为大将,我就以奇兵取胜!"

"如何以奇兵取胜?"

"一不告知高句丽开战之日,攻其无备,出其不意;二不炫耀兵力,悄然备足百万雄兵,在百万雄兵中挑选十万精兵,突袭高句丽。如若一战攻克制胜,即可凯旋,如若不克,可夺取都城周围小城,以高句丽小城之粮饱我军将士之腹,作久围都城之势,再调集大军围困都城,切断都城水粮之道。即便都城固若金汤,也难拒我大军久围时攻。"

"孙子曰：'兵贵胜，不贵久。'"李渊反驳。

"奇兵突袭，既是贵胜。围城造势，可丧敌军斗志。"

"如若再不克？"

"可速撤兵。待敌不防备再次以精兵突袭。大军只作围逼造势，补充精兵之源。像大汉围困贰师城，断其水源粮道，使其三军气馁，将帅丧志，内乱必起，使之不得不溃败、投降。"

"善哉，虽不是上上之策，但也不失为上策。"李渊开心地笑了。

李建成带过兵，他向来小心谨慎，说道：

"如若圣上拜我为大将，我以百万大军殿后，以二十万骑兵突袭，步卒逼近，遇到敌主力合围歼灭，拔小城固守，步步推进。以此声势，既能使敌军无隙可乘，亦能使我军相互照应，然后集大军于都城下，岂能不克？"

"如此岂不是与皇上战法相同？"李渊笑问。

"其实，圣上布兵方略甚好，只是各路将领配合不好，如若右翊卫大将军来护儿不冒进，尚书右丞刘士龙不干涉对诈降乙支文德的歼灭，此次征伐高句丽岂能不胜？"

"此乃实战与运筹之差，然对高句丽之战已败北！"李渊回道。他又看向一言不发的世民，问道：

"皇上如拜民儿为将，民儿又将如何取胜？"

李世民笑了笑说：

"儿不敢妄论。正如阿耶方才所言，兵者，诡道也，只可在实战中寻找战机，而此战机难于预测，只能依据军情、兵势、地形、用间之实际设谋。如若今上拜儿为将，儿只能在熟知敌我双方实际情况之后排兵布阵。如若开战，也只能在交战中寻找取胜之战机。不知敌我军情，儿很难说出取胜高句丽之战略方案。"

"二弟所言极是，敌我军情不明，难以谋划布局，但战后析理得失可为日后借鉴。"柴绍很赞成李世民的见解。

提到日后，不免引起李渊深思。他叹息道：

"唉，此次征伐高句丽败北，不知皇上明年又将如何？"

"还能如何，二百万大军败北，即便雪耻也需三四年准备。"李建成有军旅经验，知道战败之后士气提升与费用筹集之困难。

"哈哈，如若皇上明年罚罪高句丽，我李玄霸必参军作战，在万军之中取高句丽王头颅！"

"三兄吹牛！皇上以二百万大军尚败北，你一人如何取高句丽王人头？"元吉这一问，惹得大家忍俊不禁。玄霸瞪了元吉一眼，元吉并不怕，反向玄霸做了个鬼脸，惹得大家哈哈大笑。

李渊看着这兄弟俩滑稽的样子，笑了笑，对李建成说：

"皇上登基以来，西巡北巡皆顺，虽两次游江都有悖民意，然气势之大，他自认为德比五帝，功高秦汉，而此次征伐高句丽败北，以他好大喜功之性格，绝对不会善罢甘休。我推测再次征伐高句丽之战不可避免。"

柴绍也叹息说：

"当年汉武用兵，意在平息边患。而今上征伐高句丽，只为好大喜功。先皇之积蓄今已空虚无几，若再对高句丽征战，势必对百姓横征暴敛。民不堪重负，必然揭竿而反，如此外征未胜，内乱再起，大隋盛世必将不复存矣！"

李翠平愤然道：

"皇上听信黄门侍郎裴矩挑拨之言，竟然发动百万兵民死难于高句丽之战。以我之见，如今皇上就应悔悟，杀了佞臣裴矩，不再征伐高句丽。"

"阿姊之言虽在理，但今上不会如此做！"李世民却如此说。

"为何不如此做？"李翠平不解。

"今上既然能听信佞臣裴矩一人之言而发动了一场大战，可见裴矩得皇上宠信之深。今上本就好大喜功，如今征伐高句丽败北，死了几十万将士，他岂能善罢甘休？即使他不想再征伐高句丽，举国军民岂能对高句丽不仇不恨？不想雪耻？"

李窦氏说道：

"民儿所言极是，皇上好大喜功，刚愎自用，奢淫骄横，忠贤之谏听不进，再次征伐高句丽不可避免。"

"如再次征伐高句丽，不知能否取胜？"李渊又提出了个新问题。

"愤军必胜。一伐不克，二伐已知敌情，万众一心，岂能不克？"玄霸说出自己的看法。

"三弟言之有理，一伐高句丽不知敌情败北，二伐已经知己知彼，以强罚弱，岂能不胜？"李建成赞成道。

李渊看世民一言不发，问：

"民儿认为是胜是败？"

"儿愚见，难胜！"

"为何？"李渊再问。

"高句丽既能一战败我二百万大军，又如何不能败我再战之军？今上一征高句丽之后，未深究失败之因，只是处罚了几个领将，如何能有必胜之把握？我朝如今亦无当年杨素、高颎、韩擒虎般猛将，更何况一伐高句丽耗资巨大，二伐之巨资何来？如若军资不足，又如何能取胜？"

听世民如此说，大家思索了一会儿，纷纷点头称是。郑观音一直未说话，此时叹息道：

"如二伐高句丽不胜，那又如何是好？"

李建成与柴绍蹙眉不语，李翠平怒目搓手，李渊倒是浑不在意。李窦氏看李渊如此，知道他希望杨隋朝廷溃败。但李窦氏认为时机未到，应该提醒夫君不可盲动。这天，与其说是登高，不如说是举家出游；与其说是举家出游，倒不如说是举家研讨兵法，大家都很尽兴。晚上，李窦氏对李渊说：

"四郎今日有所反常。"

"有何反常？"李渊笑问。

"告知家人三件大事，举家惊叹，唯独卿幸灾乐祸。"

"阿兰如何而知？"

"四郎又忘记'知夫莫若妻'？"

"阿兰独具法眼，渊难藏丝毫。的确如此！此次回府，我正想告知娘子，创建我大业之机来也！"李渊甚是高兴，眉飞色舞。

"还未到！"

"如何未到？伐高句丽兵败，山东河南民反，内忧外患，杨广岂不焦头烂额？"

"形势虽然如此，然时机尚不成熟。山东河南民反，结果如何？"

"这……"

"这些反民是因不堪重负，不反必死，造反尚有一线生机，故而冒死造反。但百足之虫死而不僵，况且杨隋眼下气势尚盛，这些反民终将被剿灭。然创建我李氏大业，并未处在必死之地，何必贸然起事，横遭剿灭？请问郎君，如今国家库存有多少？百官逆顺皇上各是多少？将士反隋者是多少？百姓拥戴皇上又是多少？"

"这……"

"国情军情民意不知，郎君即便起事，能掌控多少人马？有几分胜算？"

"这……"

"妾以为创建我李氏大业时机尚不成熟。善战者不打无准备之仗，四郎切莫盲动。"

"唉，我想早日起事，兴我李氏大业！"

"盲动早亡，适时而起，虽晚却可一蹴而就。"

"嗟乎，不能起事，还是只能忍气吞声！"

"四郎千万谨记韬光养晦、等待时机，切不可盲动！"

李渊点了点头道：

"谨记娘子忠告！"

"四郎今日与家人论战，可有发现？"李窦氏突然换了话题，问李渊道。

"玄儿的确聪明，把《孙子兵法》读得如此精熟。更有甚者，民儿不知何时读了兵书，论战如此有见地！看来我李家日后不乏将帅之才也！"

"正是，郎君切莫盲动，等四子成年成才，天时地利人和之时，一鼓作气，创建我李氏大业！"

"嗟乎，我险些忘却一件大事！"李渊忽然惊叫。

"何事？"

"娘子当年在稷山给民儿修建读书小院，我虽未曾反对，但总是担心民

262

儿一人在小院独居，若他心驰意纵将如何是好。谁知这小子果然有慧根，能自律自励。"

"他不仅在稷山小院苦读，即便暑寒假日随我去渭河别馆，也是手不释卷。他读书时怕村中孩童前来打扰，经常躲进咱别馆之地洞里。他已苦读成癖。"

"看其所读之书，已近仁近贤矣。"

"民儿如此苦读，也不负你我一片苦心。"

"嗟乎，今日听闻此子对兵家之论，确有独到之处。之前此子虽多有奇异，但我总觉得他不如玄儿机敏，今日四兄弟一番论战，方显出他城府之深，日后的确堪当大任。不过，古来创业者必备文韬武略，他如今虽然深研兵法，还应苦学武艺才是。日后领兵征战，无有武艺不行。我这就去告诉他！"

"天黑路险，你如何去稷山小院？"

"稷山栈道有何惧哉？我正好看看他如何夜读。"李渊挎上宝剑，向稷山而去。

谁知，李渊此次去稷山小院，又给李世民的成长增添了神奇的故事。

这正是：稷山夜路险不惧，望子成龙费苦心。欲知后事如何，请听下回分解。

第二十九回

拜师习武张先生　箭碎飞石李世民

话说李渊晚上来到次子李世民的读书小院，李世民很是吃惊，不知父亲来此有何事。他请父亲落座之后，给了父亲一杯热水，小心地问：

"夜晚山路难行，阿耶匆匆来此，不知有何指教？"

李渊喝了一口热水，顺手拿过李世民手中的书，看了看封皮，是《春秋左氏传》。他问：

"书架上的书，你全读过？"

"儿粗略读过，尚未细究。"

"你为何来此夜读？"

"儿愚笨，深感学不如人，想夜读以勤补拙，又怕夜读打扰家中之人，故而来此。还好，几年夜读，总算读了几本书。"

"书架中这些书，皆是你选？"

"书目广博如海，儿不能一一细读，幸有客山先生指点，选出几本精研细读。"

"你夜读困乏，是否如同苏秦孙敬刺股悬梁？"李渊笑问。

"儿无先贤大志，困乏即睡，神清即读。有时梦中突醒，睡意尽去，又挑灯夜读。正因儿有此夜读嗜好，唯恐在府中读书惊扰阿娘，故此求阿娘在这宝意寺之侧赁一眼窑洞夜读。不想耶娘偏爱，为儿置此小院！"

"傻小子，天下父母谁人不望子成龙？只要你意在成大器，阿耶即便倾家荡产也在所不惜，岂在乎置一读书小院！"李渊关心地说，"听你阿娘说，你不仅在稷山小院苦读，暑寒假日随她去渭河别馆时，还躲在地洞里苦读。你从小体弱多病，读书虽重要，但切莫过劳伤身，更不可像苏秦孙敬那般搏命苦读！"

"儿知道。其实苏秦孙敬刺股悬梁乃夸大之说，并不合情理。人极困乏，头脑不清，读有何用？人皆知晓清晨足力足智，读而易记。即便夜读亦需养精蓄锐方可读记。故此，儿困时即睡，困去神清时再读。如此既不自罚，亦觉读有兴趣。"

"如此甚好，耶耶也就放心矣！"李渊很赞成世民读书的方法，点头称赞。接着，他又对世民说："你今日对高句丽败因所论颇有见地。看来你对《孙子兵法》领悟颇深，然只通晓兵法不足为良将，必须习武才是。"

"儿谨记于心。"

"你想如何习武？"

"教玄霸习武之王师父武功虽好，但只是武师而已，孩儿不愿拜他为师。当初客山先生也曾习武，但不甚精，况且客山先生如今年高体弱，多有不便。如今，孩儿只能先学诗文兵书，日后再习武艺。"

"不可！习武必从小，老大身骨定型，如何能习好武艺！阿耶今夜前来就是与你商议给你聘一位何样师父习武？"

"儿猛然想起来！"世民突然说，"客山先生对我说过，若要习武，可拜张后裔为师。先生说张后裔不仅文才好，且武艺精湛。"

"是并州张后裔？"

"对，先生说张后裔是并州人。阿耶，你认识此人？"

"何止认识！此人的确有文才，也通晓兵法，善武。只因他是韩擒虎麾下猛将，为人耿直，不谄不媚，当今皇上不用。几年前为父曾去并州，与之相识，一来二去，已是挚友。"

"如此甚好，儿可去并州拜他为师。"

"不必去并州，他昨日已同我来武功，说是来看望一位故人，如此说来，他定是前去看望客山先生。"

"甚巧甚巧，往日儿拜师无门，如今师父竟然来到门前！"

李渊看世民如此高兴，感慨地说：

"你小子真有福气，每逢困窘总有奇遇，天意，天意哉！"

第二天，李渊备了两份大礼，一是看望客山先生，二是要聘请张后裔为世民教武艺。

李渊同世民来到客山私塾，张后裔果然在此。张后裔与客山先生乃故交。当年，客山先生在宇文周朝太史府为官，正直，博学，张后裔经常去请教客山先生。杨坚篡周以后，客山先生不愿做隋朝之官，隐居乡野。张后裔在韩擒虎麾下为将，虽然颇有战功，但性情豪爽，不谄不媚，韩擒虎虽然赏识他，但并不重用他。韩擒虎被杨广诛杀后，因张后裔是韩擒虎的爱将，杨广也不用他。张后裔仕途无望，就辞官没于乡野。最近他得知客山先生在武功设馆授徒，便来武功访友。在路过京城长安时，与李渊邂逅，故而结伴来到武功。

其实，张后裔的先祖是西汉第一功臣张良。张良辅佐刘邦做了汉皇以后，知是"飞鸟绝，良弓藏；狡兔死，走狗烹"的时候，便带着家小，悄然离开京城，隐居山野。他的后代，也一直隐于民间，直到北魏，张后裔祖父才出仕为官。到张后裔时本想在杨隋盛世干一番事业，无奈朝廷不用，只好寄情于山水。

李渊已有不臣之心，遇到此等落魄人物便会主动结交。他得知张后裔是张良之后，便去并州与之结为挚友。昨日他与家人共议高句丽败因，看到世民不仅文才好，且熟悉兵法，但他发现自己疏忽了一件事——没为世民聘请一位习武师父。如果世民学好武艺，日后必定是杰出将帅。聘请何人教世民武艺？他想来想去，张后裔乃最佳人选：一是他与自己是挚友，能尽心教世民武艺，二是张后裔眼下无事，请他教儿子武艺那是看重他。谁知他尚未给儿子说明此事，世民竟说想拜张后裔为师，且这张后裔竟与客山先生是故交；有这几层关系，张后裔岂能不收下世民悉心教导？因此，李渊备了厚礼来到客山学馆。

客山先生虽然与张后裔是故交，但长张后裔二十岁，如今他已年老多病，近日深感不适，故而修书请张后裔来武功。其实客山先生并无他事，就是想拜托张后裔教他的得意门生李世民武艺。昨日，客山先生已经把此事向张后裔说了，但张后裔并没有直接答应，而是说等他见了李世民之后再说。客山先生也不勉强，只等张后裔见过李世民之后再说定此事。

李渊见过客山先生之后，就叫世民上前拜见张后裔。李世民向张后裔行过礼，抬头仔细看了看张后裔：高个头，身躯伟岸，长圆脸，卧蚕眉，眼珠子不甚大,但眼神如同闪电,悬胆鼻子,阔嘴巴,蓄着三绺寸胡须;头顶扎着黄幞头,穿宽袖交领紫色长袍,既有儒雅之文气,又不乏赳赳之武威,那双犀利的眸子蕴含着诸葛之睿智。李世民看过张后裔外表,不无敬意。虽然客山先生并未向张后裔说明所托付的学生就是李渊之子,但张后裔看眼前这情势,已猜到几分。于是,张后裔用审慎的目光仔细端详起李世民:六尺高的个头,健壮的身材,剑眉凤目,炯炯双目蕴含着无限智慧,嘴唇棱角分明,唇红齿白,颇有潘安之俊秀、周郎之英武。张后裔不看则罢,这仔细一看,对李世民很是喜爱,他问李渊:

"令郎是名叫李世民?"

"正是。"

"今年十四岁?"

"张兄如何知晓?"

"我与客山兄是故交。昨日客山兄说他有一得意门生,托我传授他武艺,想不到竟然是李公之子!不知令郎是否适合习武,故而不敢贸然应允。如今看来,体质尚可,但不知可有勇气?习武之人不勇则无威。无威,即使习武再精,也是一介平庸武夫。某从未收徒,只因不收平庸之徒。"

李渊知道张后裔的脾气,耿直不阿,即便是挚友,也不例外。其实他之所以请张后裔教世民武艺,就是看中他的人品与才气。他对张后裔说:

"原来客山先生已经有此意!某今日前来,正是为了此事。你看,这拜师之礼我已送来。"

"且慢!"

"莫非张兄不肯?"

"不是不肯,是须先测试令郎之勇气。"

"如何测试?"

张后裔哈哈一笑。

"李公放心,我既不要令郎举千斤之鼎,亦不与令郎刀枪比武,只是要他上下此客山十趟,如何?"

"这……"李渊既不能反对也不敢答应。这客山百丈多高,上下跑十趟,世民能行吗？李渊正在犹豫，只听李世民对张后裔说：

"只要先生教世民武艺，莫说上下跑十趟，即便二十趟，亦有何不可？"

"先生面前莫说大话，上下十趟，你能吃得消？"李渊想为儿子说情，谁知李世民却说：

"方才先生所说，习武之人重在勇气，我即便跑不动，爬也要爬够十趟！先生，我这就去！"

客山先生也不便说什么，他看了看张后裔，见他态度很是坚决。张后裔对李世民说：

"记住，不可使蛮劲，要均匀用力，重在毅力。喝水时，切莫大口喝，应一舔二品三慢咽。"

"谢先生指点！"听张后裔如此说，李世民已经感受到他对自己的关心。他即刻脱去长衫，拱手躬身向张后裔和客山先生拜了拜，向李渊微微一笑，便向山下跑去。不大一会儿，他又经过客山学馆门前向山上跑去。李渊看世民跑得气喘吁吁，很是不忍，但又不便说什么。客山先生不但不在乎，反而叫来两个学生，安排一个去山顶一个去山下监督世民，计数李世民跑的次数。张后裔对客山先生说：

"客山兄不必如此！"

"贤弟既然要世民跑十趟，不计数如何得知？"

"他经过学馆门前我自会记数。"

"他若未上到山顶或者未下到山下如何得知？"

"我看他一身正气，不会做假。如若使诈，你我又何必费心收他为徒！"

听张后裔如此说，李渊暗暗吃惊，原来张后裔不仅在测试世民的勇力，也在测试他的品性！李渊不禁为世民担心。

其实，李渊的担心和张后裔的测试都是多余的。李世民根本就不在乎上下客山十趟，他更没有必要使诈。这几年，他每天清早从家到客山学馆三千六百五十六步。傍晚回家又是三千六百五十六步。在这三千六百五十六步里，他有时背诵课文，可背诵两三千言；有时遇到风雨，一路小跑，不到半个时辰就可到学馆或是家里。每天傍晚，一路疾行，便上到稷山小院；清晨迎着晨曦，又是一阵疾走，从稷山小院回到家。一天两座山，往返十几里，如此锻炼，几年来，脚板早已坚实如铁，上下山也早已如履平地，怎会在乎上下客山十趟？只见他一会儿跑上了山头，一会儿下到山下，上下如穿梭。李渊看爱子如此奔波，很是心疼；客山先生看爱徒轻松地上山下山，很是欣慰。张后裔看李世民勇气十足地攀山越岭，很是吃惊，亦是兴奋：吃惊的是李世民果真有勇气；兴奋的是他早就想找一个得意门生，但一直未找到。因此，他接到客山先生的书信以后，即刻来到武功。尽管客山先生对他说李世民如何优秀，但他并不相信。现在他信了。看到李世民上下山如此轻松，知道这是个习武的好苗子。他把李世民叫住问：

"你跑了几趟？"

"十四趟。"

"不对，是十四趟半。开始时你从学馆跑下去，跑了十四趟又从山下跑到此，正好是十四趟半。"

"半趟不算。"

"我算。"

"先生是否可以收我为徒？"

"莫急。"

"莫非先生食言？"

"君子一诺千金，我岂能食言！不过，既是拜师，就必须行拜师之大礼。"

李渊听张后裔如此说，朗声笑道：

"这有何难，我即请武功县令主持拜师之仪。所需学脩，张贤弟尽管开口。"

"一不需请武功县令，二不要分文学脩，只需明告天地即可。"

客山先生听出张后裔话中的意思，李世民是他客山先生教出来的学生，今日要拜他张后裔为师，日后如若李世民成大器，正宗先生又该是谁？客山先生想：看来张后裔要与我争学生了。得天下英才而教之，不仅是为师者一乐，亦是史留英名，孔老夫子如是，天下为师者谁人不是如此？然在客山先生看来，祖宗万里江山都已经丢了，何在乎这一虚名！他本想把李世民教导成才，日后能成大器，不想年老多病，他不得不致书请来张后裔，就是要拜托张后裔教他的得意门生李世民武艺，只要张后裔收李世民为徒，他什么也不计较。于是，客山先生对张后裔说：

"世民虽是我学生，但我仅是启蒙而已，今后世民若要成大器，全赖张贤弟教导。如张贤弟别无他意，我这就设拜师香仪，有众学子为证，天地可鉴，如何？"

"悉听客山兄安排！"

于是，这天李世民拜张后裔为师。

客山先生把李世民托付给张后裔之后，在第三天晚上悄然离世。这位前朝皇室才子，怀着无限的遗憾和殷切的希望走了。他虽然为宇文周朝出了很大的力，孜孜修史，但在周、隋史书上却没有留下他的名字。然而，在他设馆授徒的武功县，巍巍客山千古不去。

客山先生孑然一身，他去世之后，李窦氏以外孙女的身份把老人安葬了，就葬在客山学馆一侧。

张后裔虽然没有继承客山私塾之事业，却恪守诺言，教李世民武艺。他住在客山学馆，一是因客山学馆山水宜人，二是为缅怀故友。因此，原来的学馆依然是学馆，但学生只有李世民一人。

张后裔早晚教李世民武艺，午间为李世民讲《春秋左氏传》。李世民仍然是清早去客山学馆，傍晚回家，暮上稷山小院，拂晓下稷山回家然后就去客山学馆上学。他上学的学馆没有变，夜读的习惯没有变，但早、晚学习的内容完全变了，变成了练习武艺。这个变化让李世民觉得新鲜有趣，他也学得很认真。

张后裔看出李世民体质好，有大志，有勇气；因此，他教李世民武艺时，要求很严；但他一不体罚，二不辱骂，每教一招一式总是先示范，再讲要领，最后讲必须达到的程度。他之所以如此教，是他深知人才教导不需棍棒。颜回刻苦，何须孔子督促；宰我奸懒，虽师圣人，又有何功？因材施教，方能使受教者尽智尽力。张后裔的教法很有成效，李世民每学一招一式，总是先看清张后裔的示范，再听清他讲的要领，在心里酝酿成熟之后才做出动作来。李世民的悟性很高,学习很是刻苦,绝不亚于当年的颜回。他每日闻鸡起舞,把师父日前所教的招式反复练习;晨曦初露,跑步下稷山回家,吃过早饭,再一路小跑去客山。秋季过漆水河时,他向来不走小桥,总是蹚水过河;天旱河水小时,他总是踩着列石跳蹦而过。到了学馆,刻苦学文习武,放学之后又是一路小跑回家,吃过晚饭匆匆上稷山小院夜读。他天天如此勤勉,日日这般苦练。秋去冬来,雪封冰冻,他总是破冰练功,卧雪习武;冬去春来,桃红柳绿,不觉半年过去,他已把《春秋左氏传》学完。

一个风和日丽的上午,张后裔出了几道试题考校李世民。张后裔看完答卷,很是满意。他在试卷之后写道:"切题合论,无错无误,虽是只生独卷,然不失芸芸学子乡试鳌头文魁。曾疑甘罗稚齿宰相,今信学生少年天赋。但望日后文武双冠,不失济世安民之望!"李世民看到师父对自己的评语,很是感激。师父对自己的期望如此之高,自己怎能辜负师父殷殷之期望?他每日学习愈加勤勉。

客山,在商漆国北侧,上古有邰国南侧,自古以来,山坡上就长有桃李之树。每当阳春之际,桃李花开遍山。但此山桃李花颇为神奇,以上山之道即客山学馆为分界,桃于南,李于北。每当春暖花开,南红北白,从不夹杂。据说,有好事者,曾移几棵李树于道南,但不多日即枯死;他又移几棵桃树于道北,来年春亦枯死。此后,便留下一个美丽的传说。

传说周文王长子伯邑考被殷纣王杀害之后,灵魂飞向西岐,停于客山之北。他害怕自己惨死之相貌惊吓了父母,于是久居在始祖有邰国。他的灵魂变成了李树,每年春天开雪白色的花,表明自己清清白白,更希望父亲能为他雪耻。又说伯夷叔齐兄弟二人饿死首阳山之后,魂魄从首阳山飞旋,途经漆国时,停在客山之南。兄弟二人想,这漆国本是殷商之地,我兄弟二人既不食周粟,亦不食首阳山之薇菜,灵魂总可以安息在殷商漆国之地吧。于是,这兄弟二人的灵魂变作桃树,每年开出艳艳的红花,表明他们兄弟二人刚烈之性格永远鲜红。伯夷叔齐兄弟二人生前与伯邑考并不相仇,但伯邑考仇恨殷商,伯夷叔齐兄弟也认为姬周伐纣是大逆不道,因此他们的灵魂也不相往来。这虽然是传说,但山上桃李之花却是很神奇,红的红如鲜血,白的白如霜雪，红中不杂半点白色，白里不染半点红色。因此，每年踏青之时，不仅武功人，即便周围县乡之民众亦蜂拥来此观奇。

二月二这天，晴空万里，春风吹绿，李素桃艳，张后裔命李世民带上自己喜爱的兵器，师徒二人骑上骏马来到客山之下，漆水河边沙滩上。这个大沙滩，夏日河水暴涨时就被河水淹没；冬春河水退去，就成了他们最好的天然练武场。李世民自上次先生考了他《春秋左氏传》之后，知道师父一定会检测他的武艺。因此，他把所学的十八般兵器都提前练习过，准备接受师父考试。果然，师父今天要考他。二人拴好马，张后裔问李世民：

"你跟师父学武，有多少日？"

"去年有个闰九月，加起来共有六个月零十三天。"

"所学多少武学？"

"拳脚基本功夫，十八般兵器使用基本套路。"

"十八般兵器中擅长哪些？"

"刀枪弓马。"

"今日乃龙腾虎跃之吉日，为师要考考你习武之成绩。"张后裔对世民的基本功、蹲桩、徒手格斗一一考测。之后，他要李世民把最擅长的武艺给他展示出来。

李世民的先祖是汉人，但在李世民这一代已经汉胡混血了。因此，在李世民身上有着浓重的胡人脾性，他既擅长汉人的枪、箭之艺，也擅长胡人的刀、马之术。经过对李世民半年时间的观察，张后裔深知他对兵器的使用偏好，因此，在教李世民武艺时，只是把十八般兵器使用的基本方法教给他，让他随心所欲选学，充分发挥他的潜能。正因为如此，李世民选学的刀枪弓马之术精进神速。

李世民先展示的是徒步双刀。但见他挥舞双刀，刀光闪闪如雷电，只见刀光不见人，胜似关公偃月雪，如同冒顿追风魂。

张后裔看后点了点头。李世民又骑上马，提起长枪。

但见李世民这匹马，全身毛色赤红，无一杂色，身长腿细，耳尖头小。这马乃是波斯国纯种良驹。去年李渊从西域买回来几匹宝马，把最好的一匹献给杨广，给李世民留下这匹马。这匹马虽然没有给杨广那匹马样子好看，但这马性子烈，很有灵性，且上过战场。经李世民调教之后很是机灵，与主人配合默契，李世民叫它"什伐赤"。

再看李世民手中这杆枪，是客山先生送的，也是当年周武帝宇文泰南征北战的手中枪。枪杆上饰有金玉，很是华美，枪尖锋利无比。杨坚篡周之后，客山先生将此枪保存了下来，一是思念父亲之英武，二是铭记杨隋篡周之仇恨。他临终时，将此枪送给了李世民。虽然客山先生没有说什么，但李世民很清楚，客山先生是要他学好武艺，日后建功立业，济世安民。

只见李世民策马舞枪，上三路下三路，左拦右刺，前挑后戳。枪尖夺命，枪柄护身，滴水难进；枪尖所向，神鬼难逃；放马追风，所向披靡。张后裔为了检测李世民的实战能力，也跨上战马，手持大刀，杀向李世民。李世民知道师父要与他实战，便挺枪迎战。于是，师徒二人走马鏖战起来。

这场鏖战，不仅是测试，更是希望与赌命：一个是把希望压在徒弟身上，不敢叫徒弟所学有半点儿纰漏，刀劈之凶狠，专砍易疏忽难提防之破绽；一个是要给师父展示最佳成绩，不能有半点闪失，枪柄护身严，枪尖刺得狠。一个大刀所向，寒光闪闪；一个枪头所指，冷风嗖嗖。好一场厮杀！鏖战了二十四个回合，难分胜负。张后裔毕竟是师父，好不容易看到李世民露出一个破绽，便使出全身力气，把大刀向李世民狠狠砍去，谁知李世民早有防备，用枪杆架住了他的大刀。只听"哐"的一声巨响，张后裔双手震得生疼，李世民虽然架住了师父的大刀，虎口也震破了。张后裔虽然难以取胜，但他非常高兴。他收住大刀，对李世民说：

"枪法犹可，但不知马上弓箭如何？"

"请师父检测！"

于是，李世民下马放下长枪，背上箭斗，带上弓，又飞身上了马。他对师父说：

"师父要徒儿射何物？"

张后裔捡起拳头大的石头，向李世民晃了晃，一句话也没说，飞身上了马，跑了二三十步远，把石头向空中抛去。这是他们师徒经常训练的项目，李世民早有准备，开弓一箭射去，只见箭头闪出火星，空中的石头碎了。

"好！"

"射得好！"

不知何时，漆水河边站了好多观战的人。游人本是来赏花，却被李世民精妙的箭术吸引了过来。他们看到李世民飞箭穿石，禁不住高声喝彩。正在这时，一只小燕子从河面戏水跃上空中，一个好事者指着这只小燕子喊道：

"小郎君，射中石头没啥了不起，有本事把这只小燕子射下来！"

自古少年好争强，李世民被这好事者一激，看准空中的小燕子，搭上箭引弓射去，只听小燕子"吱"的一声惨叫，从空中掉了下来。李世民很是得意，但他耳畔忽然炸响起："不可滥杀无辜，小心日后报应！"李世民大惊，以为是师父张后裔在训斥他。他向张后裔看去，见张后裔与喝彩的众人一样也在为他射中小燕子而叫好。李世民很纳闷：是谁在训斥我？

这正是：为人莫要滥杀生，小心日后遭报应。要知后事如何，请听下回分解。

第三十回

窦氏京城遇恶棍　世民避难结良缘

话说李世民拜张后裔为师，武艺很有长进，步战、马战、刀枪弓箭很是了得。张后裔几次与李世民实战比试，竟然很难取胜。一次，师徒二人比武，张后裔败，不过，张后裔并无失落感，反而哈哈大笑说：

"青出于蓝而胜于蓝，此乃天道。你悟性好，慧根深，只要勤学苦练，日后必是疆场良将。"接着他又说："有道是学高为师，你今日武艺已高过师父，师父不可再误你前程，你需向学高者再学！"李世民听师父如此说，大吃一惊：

"难道师父要弃徒儿而去？"

"非也，十八般兵器你已掌握，刀枪弓马，你已超过师父，师父如何再教你？有道是十八般武艺会者众，精者少，独创者微乎其微。之所以微乎其微，就在于个人参悟，个人独创。使方天画戟者众，唯汉末吕布为最；使大刀者众，唯三国关羽为最；使钢鞭者众，可谁又能打得过楚霸王？日后，你要把所擅长之兵器练得炉火纯青，方能独步天下！"李世民对张后裔之人品、学识、教法很是敬佩，他很庆幸遇到客山先生和张后裔先生，如今，客山先生已去，他怎能再舍张先生？他对张后裔说：

"即便如此，徒儿亦需师父指点！"

"团羽之鹰，不离母巢难以练就搏击万里长空之钢翅；成年之虎，不另辟领地难成山中之王，你志向高远，师父只能陪你一段成长之路，以后之前程，唯在你发奋独创！"

正在二人依依惜别之时，管家李福飞马赶来。李世民惊问：

"李管家，何事匆匆？"

"大喜大喜！皇上要再征高句丽。郎主被封为卫尉少卿、弘化代留守，关右十三郡兵粮皆受郎主管辖。娘子要带二郎前去弘化看望郎主！"

"二战高句丽，卫尉少卿，关右十三郡兵粮皆受管辖。"李世民猛然想起去年中秋节全家人谈论高句丽败因之事。他问张后裔:"师父,家父升官是喜还是忧?"

张后裔沉思了一会儿,说:

"《道德经》有句话:'师之所处,荆棘生焉。大军之后,必有凶年。'去年征高句丽败北,几十万军士丧生;山东河南大旱,饥民揭竿而起,国内匪患成灾,而今再征高句丽,皇上此时封李公高官,若非私亲,便是左右少有战将。是忧是喜,以师父看来,乃喜忧参半。"

"此话怎讲?"

"喜者,李公得皇上重用,征高句丽若胜,必有重赏,即便不胜,李公是代留守,也不会坐罪。忧者,征收百姓粮食。眼下不比以前国库充盈,且饥民遍地,征兵尚可,征粮困难。不过,李公乃是福将,吉人自有天相,你大可不必为他担忧。既然你娘要带你去看望他,你应速回家去,师父明日也要回并州。"

"师父何不与徒儿同去,辅佐家父?"

"时机未到,去也无益;时机成熟,师父自会前往!"

师徒告别之后,李世民回到家,李窦氏已备好长途行装。李世民问母亲:

"玄霸、元吉为何不去?"

李窦氏紧锁双眉,对李世民说:

"你已成年,你大兄在你耶耶身边,今家中你为大,应知家中之事。皇上虽封你耶耶卫尉少卿,但对他疑心颇重,诏令玄霸进京,授他千牛备身。以阿娘看来,此乃质子挟父而已。"

"质子挟父!那三弟他……"

"他已奉旨前去京城。别怕,只要你耶耶不起事,玄霸不会有危险。"

"四弟元吉何在?"

"已送他去了渭河别馆,并给他聘了一位武师,教他习武。"

"阿娘何时启程?"

"阿娘有要事急需面见你阿耶,咱即刻启程。切记,此去路途遥远,山

279

水凶险，路上言莫露真，行莫滋事。"

"儿谨记于心！"

李窦氏乘着双套马车，由李安驾车于前，李世民骑着他的什伐赤随后。当晚，他们就赶到了马嵬驿，第二天上午就到了京城长安。进了西门，便是长安西市，商铺林立，酒肆饭庄毗连，游人如潮，京城西市果然繁华至极。

"京城繁华，亦是是非之地，咱找个僻静之处歇息一会儿，吃过饭即出城去。"李窦氏对李世民叮嘱道，又对李安说，"走兴善寺正街，那里行人稀少。"

"诺！"李安把车赶到兴善寺正街一家客栈门前，李窦氏叫李安看好车马行李，她先领着李世民进了客栈。李窦氏点了饭菜坐等李安。饭菜还未上桌，忽然，一个恰似冬瓜的矮胖汉子，葫芦头、八字眉、三角眼、酒糟鼻、雷公嘴，满脸横肉，年在四十多岁，头扎黄幞头，身穿宽袖方领大红袍，手拿一把黄丝折扇，迈着八字步，来到李窦氏桌前。一看他这长相和德性，就知道不是个好东西。他用三角眼将李窦氏看了又看，挤挤巴巴紧挨着李窦氏坐下。李窦氏向一旁挪了挪，那汉子也向李窦氏挤了挤。李世民看这家伙不怀好意，用眼睛瞪着他，但这家伙并不收敛，反而更加放肆地向李窦氏挤。李窦氏不想惹事，起身走到另一张桌子前坐了下来。谁知这家伙也跟了过来，紧靠李窦氏坐下，并伸手摸李窦氏的腰。李世民瞪着眼，把拳头攥了起来。李窦氏忙用眼神制止李世民，起身向客栈门外走去。这家伙竟然起身疾走几步，挡住了李窦氏去路，张开雷公嘴淫笑道：

"娘子，别走别走！你虽然穿戴不起眼，青衫子、绿裙子、也没戴金佩玉，但身段苗条；模样长得秀秀溜溜，柳眉子、杏眼子、俏鼻子、红嘴子，咋看咋叫人喜爱。走，坐到马郎我身边，想吃啥尽管要，你马郎我有的是银子！"

"满口胡言！"李世民忍无可忍上前呵斥。

"哼，你这小子咋呼啥？胎毛毛还没褪干净，也敢出来混世事。滚开！"

李世民握紧拳头欲扑上去揍这家伙，李窦氏一把拉住他向外走。这家伙哪肯放走李窦氏，从后面用双手紧紧抱住李窦氏的腰。李世民火冒三丈，挥

起拳头向这家伙打去。正在这时,忽然听到一声喊叫:

"马娘子来了!"

听到这声喊,"马冬瓜"赶紧松开手,抽身从饭馆后门跑了。其实,走进饭馆来的并不是什么马娘子,而是一个婆子。婆子身后,走出来一个小伙子:七尺高的个头,魁梧的身材,椭圆脸,粗眉大眼,眸子里满是机灵、睿智的光彩,年在十七八岁。他走到李世民跟前,小声说:

"此无赖无人敢惹,快躲一躲!"

李世民看了看母亲,李窦氏点了点头。于是,母子俩跟着这小伙子匆匆走出客栈。李窦氏怕惹出事来,赶紧上了车,李世民也上了马,他们正欲离开,小伙子对李世民说:

"贤郎,这无赖已看出你们是外地人,绝不会放过你们。方才我喊马娘子是骗了他,此刻,他必定知道上了当,也必定会追赶你们。我看,还是暂时去我家躲一躲。这无赖即便追上门来,也不敢再为难你们。"李世民看着母亲,李窦氏看这小伙子满脸正气,对李世民点了点头。李世民对这小伙子说:

"感谢贤郎相助!"

于是,小伙子在前边领路,李世民拔出佩剑,仗剑断后。不多时,他们来到兴善寺后街,在一家门前停了下来。李世民抬头一看,门楼上写着"长孙宅"。虽是民宅,但门楼高大,院墙高厚。小伙子领着李世民母子从侧门进了院子。李世民仔细望去,院落广阔,前有厅堂,厅堂两边有厢房,厢房前有草坪花木,花树之间还有巨石雕刻的鱼池。李世民不禁想,这小伙子到底是何许人?家里竟如此富有!看起来不是公侯贵胄就是富商巨贾。正在李世民暗自思量时,突然听到脆生生如同银铃响、甜润润恰似黄鹂啼的少女说话声:

"阿兄,来者是何人?"

"稀客稀客!"

李世民循声看去,不看还罢,仔细一看,一下子惊呆了,但见这小娘子亭亭玉立,窈窈窕窕,文文秀秀,比飞燕丰满,比貂蝉灵动,比西施雍容,

281

鹅蛋粉脸白似雪，柳眉俊俏神笔描。秀目闪亮如星辰，小嘴红红似樱桃。穿杏黄色绸襦，衣翠绿色丝裙，外套太阳红绫宽袖衫，行似清风拂面，站如牡丹吐艳，情窦初开的李世民怎能不吃惊，不发呆？

"贤郎，莫怕莫怕，进了我家，他'马冬瓜'就是有七十二个胆，也不敢来闹事！"小伙子以为李世民害怕，给他宽心。李世民自觉失态，脸唰地红了。他下了马，小伙子接过马缰绳带着李安去后院马厩。少女把李窦氏与李世民领到客厅，一小婢端来饮子。小伙子拴好了马，走了进来，对李窦氏自我介绍说：

"祖上姓长孙，小子长孙无忌。"言罢又指着少女说："这是舍妹，叫长孙无瑕。"

"长孙氏！"

"对，祖上姓长孙。其实，先祖乃拓跋氏，与魏献文帝是亲兄弟，先祖做过宗室长，此后就改姓长孙。"

"令尊是故去之右骁卫长孙将军？"

"娘子知道家父？"

李窦氏点了点头。长孙无忌心下诧异，不由得脱口道：

"敢问娘子是谁？"

"卫尉少卿唐国公家眷李窦氏。"

"失敬失敬！原来是国公娘子。小子有礼了！"长孙无忌向李窦氏躬身行礼。

长孙无瑕也走上前说："无瑕拜见国公娘子！"长孙无瑕拜过李窦氏后，指着李世民说："这位小郎君是谁？"

李窦氏微微一笑说：

"我家二郎，李世民，年十五。"

李世民一进家门，长孙无瑕就开始观察他，但那只是观察他的行动，并没有注意他的长相，如今已经知道是唐国公之子，长孙无瑕不禁端详起来。这一端详，长孙无瑕不由心动：好一个小郎君，七尺身躯，如玉树临风，面庞椭圆，一对剑眉不怒而威，一双凤眼不笑而俊，鼻似玉山，高而挺直，嘴唇俊秀,红而生津,两耳垂厚重如同如来佛之大耳垂。谁说男儿潘安最美?潘安哪有眼前李家二郎俊朗!谁说少年聪慧莫过甘罗?眼前李二郎这双凤眼,神若闪电,智如深海,更比甘罗聪慧!长孙无瑕看得仔细,观得在意。她越看越动心,越观越有味,不禁眼发直,神痴呆,忘了身边的人,忘了眼前的事。李窦氏看到眼里,露出微笑。长孙无忌看到眼里,更是笑挂眉梢,但他怕冷落了李窦氏母子,低声对妹妹说:

"阿妹,贵客尚未吃饭,快去准备饭菜!"

无瑕被兄长这一提示,一下子醒悟过来,她知道自己走了神失了礼,不禁脸红了。她一看李窦氏,李窦氏向她微笑。这微笑,似乎看透了她的心,她脸更红了。她再看兄长,阿兄也冲她笑。阿兄这一笑更使她羞恼至极。她娇嗔地瞪了兄长一眼,赶紧起身去安排席面。

长孙无瑕走后,长孙无忌请李窦氏母子用饮子、小食。李世民喝了口饮子,问长孙无忌:

"请问贤郎,刚才那个无赖是谁,怎如此混账?"

"此人叫马奎,外号马冬瓜,实属大混混。此人并不可怕,他依仗他婆娘马王氏是宇文化及远房亲戚,横行此大街,无人敢惹。但他最怕他婆娘王氏,别看他矮胖粗壮,却常常被他婆娘打得鼻青脸肿。故此,我一喊马娘子来了,他便吓得寻鼠洞去藏身。"

"天子脚下,他如此横行,难道官府不管?"

"当今,宇文化及权重势大,谁人敢惹?今日尽管是他滋事生非,你即便告到官府,又能如何,谁敢给令慈主持公道?"

"天子无德,国家失治,恶人无赖横行京城。看来杨隋江山不太平矣!"

"民儿,不可妄议朝政!"李窦氏急忙阻止李世民。

"世母莫怕,家严在世时常与我评论国事。当今皇上初登龙位时,信誓旦旦要与秦皇汉武尧舜比高下。起初,西巡北巡、修复长城、开凿运河,倒也令国人为之起敬;而近年却做出了许多荒唐之事,滥造宫殿,屡游江都,将国库挥霍殆尽。如今征伐高句丽,一败折损将士几十万。眼下,置国内匪患不顾,还要再征高句丽。如二征高句丽再败,杨隋江山岂不岌岌可危!"

"长孙兄所言极是！"

正在这时，长孙无瑕来请李窦氏母子用膳。饭后，李窦氏致谢长孙兄妹：

"感谢你二人相助，日后必当重谢。路途尚远，就此别过！"

"敢问世母如此匆忙，要去何处？"

"辽东弘化。"

"辽东路途遥远，世母可带随从部曲？"

"皇上多疑，不便惊动官府，只我母子二人前往。"

"路遇匪盗如何是好？"

"匪盗不足为惧，世民足以对付！"

"你？！"长孙无忌看了看李世民，很不相信。

"长孙兄小看世民？"

"不是小看，是难以置信！"

"可否与长孙兄比试比试？"李世民出师以来，尚未与他人比过武艺，很想与长孙无忌比一比。长孙无忌哪里会把眼前这个文弱书生放在眼里，便对李世民笑了笑说：

"在前院比试如何？"

"请！"

二人来到前院，李世民手持长剑，长孙无忌操两把弯刀，你来我往比试起来。

李窦氏知道二人是比试武艺，谁也无恶意，因此并未阻止。她虽然知道民儿跟张后裔习武，但学得到底如何，她并不知情，正想看看儿子的身手。于是，她叫上长孙无瑕，二人站在厅堂台阶上观看李世民与长孙无忌比武。

这虽然是一场比武，但却是两个牛犊争胜，年轻气盛，互不相让。刀来剑挡，剑来刀拦。一个是祖传长孙盖世刀法，一个是精学张氏无敌剑法。只见刀光剑影闪闪，唯闻剑刀相碰叮当。好一场竞比：长孙无忌这两把弯刀还未曾遇到敌手，今日遇到旗鼓相当的对手，岂能示弱？李世民这把长剑，曾经胜过师父张后裔，今日比试，岂能不想再露锋芒？长孙无忌本以为几刀就能取胜，但这李二郎剑法了得，进击凶猛，退守严密，无懈可击，十几个回合下来，他长孙无忌竟未占上风。长孙无忌心想：这李二郎剑法不错，但我一定要胜他。既然硬打胜不了他，何不智取。于是，他有意露出一个破绽，引诱李世民上当。这一招，是长孙刀法的绝招，叫作"追魂刀"。观战的李窦氏没有看出这一刀的厉害，还以为李世民占了上风，为儿子高兴；可站在一旁的长孙无瑕早已看出兄长这是使出了绝招，怕李世民吃亏，不禁大声喊道：

"李郎君当心！"

其实李世民早已看出这是长孙无忌使诈。因为，他与长孙无忌战了十几个回合，长孙无忌的刀法很是娴熟，很难找出破绽，怎么会突然间出现破绽？于是他也干脆来个将计就计，装作不知，全力攻击长孙无忌露出的这个破绽。当长孙无忌以为李世民上了当，用尽全身力气把双刀砍向李世民时，李世民马上变攻击为防守，回身挡住长孙无忌砍下来的双刀，又趁着长孙无忌不及提防，用剑柄在他右手腕一击，长孙无忌只觉右手腕一阵酸麻，手中刀一下子掉在地上。李世民又用剑身在长孙无忌的左手腕一拍，长孙无忌左手的刀也掉在地上。须臾，长孙无忌双刀落地。李世民收住剑向长孙无忌拱手一揖道：

"长孙兄承让，愚弟失礼。"

片刻间双刀落地，长孙无忌手腕酸麻，怔愣当场。他怎么也想不到长孙家这追魂刀绝技竟然被李世民这文弱书生破了，且被破得如此惨。但他又一想：看这李二郎仪表堂堂，俊眉慧眼，少时尚且如此，日后必是个了不起的人物，何不与之结交，日后有个照应。想到这里，他也双手一揖：

"李二郎果然厉害！请，厅堂歇息。"

"长孙兄莫怪。路途尚遥远，不敢停留。"

长孙无忌走到李窦氏面前：

"世母，此时出城必遭那无赖纠缠。既然世母不想惊动官府，何不在小子家留宿一晚，待明日拂晓悄然出城？"

"世母，长兄所言极是，就在奴家小住一晚如何？"长孙无瑕也如此说。

李窦氏见兄妹二人如此真诚，微微一笑说：

"你们兄妹所言极是，避其无赖，少惹麻烦，不过又要打扰你们矣！"

"不打扰！不打扰！"长孙无瑕很是高兴。

晚上，虽然是家中小宴，但长孙兄妹准备得很是丰盛。饭后，长孙无忌与李世民说得很是投机，很快成了好朋友。李窦氏与长孙无瑕说得也很投缘。李窦氏得知：长孙晟死后，其妻也病故。长孙兄妹一度被异母兄长赶出了家门，在舅父高士廉家生活，前两年才由高士廉出面打官司，分得这份家产。如今兄妹二人虽无父母，但衣食无忧。李窦氏进长孙家门后，一看到长孙无瑕就心生喜爱。她也注意到长孙无瑕看李世民时眼神倾慕。在其兄与李世民比武使诈时，她还大声提醒世民。女人最知女人心，李窦氏想，看此女五官端正，眼神和善，天资聪慧，颇有富贵之相，何不将她与儿子世民结成一双。因此，当长孙兄妹挽留，她便答应住下来。如今，她已确定长孙无瑕属意儿子李世民，便对长孙无瑕说：

"我想与令兄说几句话，烦请领我去见令兄。"

"世母，如此不妥，你是长辈，岂能亲自前去，我去叫我兄长前来！"长孙无瑕很快把兄长叫来，她也猜知李窦氏要对兄长所说之事，便悄然回避。

"世母有何吩咐？"长孙无忌轻声问李窦氏。

"想问无忌一事，不知当问不当问？"

"世母只管问来！"

"令妹今年已十二，不知问字何人？"

"尚未问字他人。"

"你我两家乃世交。如今令大人已故，有道是长兄如父，我今日有个不情之请，不知当讲不当讲？"

"世母方才言道，咱们两家乃是世交，但讲无妨。"

"我儿世民今年十五，亦无婚约，与令妹年龄相仿，看二人彼此有意。故此，我贸然为子求娶，不知无忌意下如何？"

长孙无忌沉思片刻,笑道:

"甚好甚好!耶娘去世以后,小子年轻,不知如何料理舍妹婚事,常常忧愁。今日小子亦看出阿妹对世民有意,但家寒兄妹孤单,羞于开口。既然世母不嫌舍妹贫丑,小子安能不允?只是不知阿妹心里到底如何想,我须问明方好。"长孙无忌虽然很高兴,但他不敢贸然应允。

"无忌所言极是,姻缘姻缘,有缘方能联姻,无缘之姻不谐。自当问明无瑕,如若她心中不愿,绝不强求。"其实,长孙无忌说征求妹妹的意见只是形式而已,少女的心思早就挂在了脸上,即便再遮掩,那眼神又如何遮掩得了?从她看到李世民的第一眼,眼神就闪烁出爱慕、喜悦、温情、羞涩。这羞涩,就是心仪的倾诉。过了一会儿,长孙无忌来见李窦氏,他手中捧着一支金钗,说:

"小子问过阿妹,她爱慕二郎。此钗是阿娘留给阿妹之物,她言说此物就是她之心意,要我交给二郎。"李窦氏很是高兴,立即把李世民叫来,对世民说:

"无瑕甚是贤惠,阿娘欲让你二人结亲,不知你是否愿意?"

"但凭阿娘做主!"李世民喜出望外。他刚走进长孙家,一看到长孙无瑕,就非常喜爱,心中早有此望,但羞于说与母亲,谁知母亲竟然也有此意,他赶紧表明了态度。

"既然愿意,阿娘这只玉镯便是你订亲信物。"李窦氏从手腕上退下一只玉镯交给李世民,说,"无瑕以她心爱之金钗为信物送与你,你也以此玉镯为信物送与无瑕。"

李世民把母亲的玉镯拿在手里,贴在自己心口上抚摩了一会儿,连同母亲与自己的心意双手呈给长孙无忌,说:

"长孙兄,此乃世民之心意。今生今世,吾与令妹不弃不离!"

"傻二郎,你该如何唤我?"长孙无忌笑着打趣。

"对,要改口唤兄长。"李窦氏也笑着对李世民说。

"有劳兄长转交。"

这真是塞翁失马焉知非福，想不到李窦氏母子遭此一劫，却成就了一桩美满姻缘。这真是上天自有巧安排呀！

两家定了亲，这天晚上，李世民心中的狂喜与长孙无瑕的高兴自不必说。第二天拂晓，长孙兄妹把李家母子送出长安东门外，犹是依依不舍，又一直送到了灞桥。李窦氏看长孙无瑕不断给世民暗送秋波，知道她想同世民说说话，便给长孙无忌使了个眼色，与长孙无忌紧走几步，走在了前面。长孙无瑕何其聪明，知道这是阿姑和兄长让她与二郎独处，便走到李世民面前，含情脉脉不无羞涩地说：

"二郎前去路途遥远，须与阿姑当心。"

"观音婢莫虑，即便有路匪滋扰，亦不足为惧。"

长孙无瑕微微一笑，说：

"听闻二郎诗文极佳，能否留诗几句，以慰奴之念想！"

李世民极为高兴，正想给情结鸳鸯的未婚妻说几句知心话，爽快地说：

"我正有此意，但需你和我一首。"

长孙无瑕微微一笑，点了点头。其实，长孙无瑕四岁习字，五岁读诵，六岁赋诗。诗作极佳，不然她岂能要李世民赋诗？于是，李世民含情脉脉地看着长孙无瑕，口中吟道：

"之前是陌路，而后一家亲。不虑远行苦，唯牵心上人。时时防恶狗，日日敬福神。但愿前程顺，鹊桥喜逢春。"

无瑕听得满心欢喜，娇羞道：

"谢二郎挂牵，奴亦有几句相和。"

李世民喜滋滋地说：

"洗耳恭听！"

"郎去辽东远，妾心巨石沉。玉食味变苦，锦被冷无温。客栈莫贪杯，语言莫露真。平安早日返，勿忘无瑕心！"长孙无瑕吟罢，深情地看着李世民，粉脸泛红，抿嘴露笑。这一红一笑，像千丝万缕的金钩，勾住了李世民的心弦，令他情波荡漾，他走到长孙无瑕面前，攥住心上人的纤纤玉手，颤声说道：

"忘不了，忘不了卿之情谊！"

这才是：情为何物？直叫人千丝万缕拴住彼此心！爱为何物？直叫人无私无畏生死相与共！李世民与长孙无瑕这一对两情相悦的少男少女爱得纯真，爱得深切！这一别，李世民在途中又遇到了一生中最大的遗憾！

这正是：欢喜悲伤左右腿，一前一后走着来。要知是何遗憾之事，请听下回分解。

第三十一回

世民涿州骤失恃　无瑕李府获贤名

话说李世民与长孙无瑕在灞桥驿互赠情诗告别之后，二人的互慕之情愈发浓烈。李世民要去看望父亲，谋个前程，不得不与心上人分别。

李世民与长孙无瑕订下婚约，一夜之间骤然有了责任感，加上在长安客栈遭遇无赖马冬瓜，使他见识了世道的凶险。从武功到长安，他骑着马跟在母亲马车之后；而自从灞桥驿起，他便骑马挎剑走在母亲马车之前，为母亲开道。不几日，他们便来到洛阳，停了半日，便向涿州进发，准备在涿州停留一日赶往辽东。就要到涿州时，路过高官庄的村口，道中突然陷出一个人坑，李窦氏所乘马车的车轮陷在坑里，车身几乎倾覆。李世民赶紧跳下马，把母亲从车中背出来。正在这时，路边一棵歪脖子大树上有一只乌鸦，看着他们哇——哇——怪叫。李世民很是生气，捡起一块石头狠狠地向乌鸦砸去，乌鸦飞走了。此时，李安吓得跪在李窦氏面前，连声说：

"李安该死！李安该死！"

李窦氏在车内重重地摔倒，虽然没有摔伤，但受了很大惊吓。她看着路中陷出的大坑，对李安说："路陷大坑，怪不得你。"她又对李世民说："去帮李安把车收拾好。"李世民帮李安把车整好之后，准备扶母亲上车。李窦氏看着路中间的大坑，对李世民说："此坑已摔伤了阿娘，不能再由着它伤着别人，你去雇几个人来把它填好！"

"娘子，咱们是过路之人，还是赶路要紧。"李安未等李世民答应，赶紧劝阻李窦氏。

"救人与赶路，孰轻孰重？"

"这……"李安不敢再说什么。

李世民从钱袋里取出一些碎银，对李安说："速去村中请几个人来，把此大坑填好。"李安走后，李世民把母亲扶坐在路旁一块石头上。这时，一个面容清癯、须发皆白，身穿灰色交领宽袖长袍的老者路过。李世民走上前问：

"请问老丈，前面是何村庄？"

"高官庄。"老者看了看路旁石头上坐的李窦氏，捋了捋胡须叹道，"高官庄虽好，但路不好走。今日坑了娘子，不知明日又会坑谁！"

"老丈莫虑。"李世民指着李安雇来的几个村民说，"我已雇人来修，明日不会再坑他人。"

"善哉！修桥补路乃大善，小郎君善行必有善报。"老者笑着离去。

雇来的村民得了银钱，很是卖力，不到半个时辰就把坑填平夯实。补好路面之后，李世民扶母亲上了车，进了高官庄。此时，夕阳西下，李窦氏甚感不适，便在高官庄住了下来。

谁知李窦氏这一受惊，竟然惊出病来。

当晚，李窦氏便甚感困倦，第二天早晨懒得梳洗，早膳也不想用。李世民劝母亲在此就医歇几日，但李窦氏想早日见到李渊，执意赶路；李世民只好背着母亲上了车，叫李安赶车慢行。坚持了几日，到了涿州城，李窦氏难受不已，禁不住呻吟起来。李世民看母亲如此痛苦，便做主住进一家客栈，请来医者。医者给李窦氏诊了脉，说是劳累过度，体弱气虚，且受惊伤神，须静养几日，开了几剂药。谁知，吃了这几剂药，李窦氏的病情丝毫未减，反而加重。李世民很是忧心，又请来一位医者，这个医者也说李窦氏是劳累过度，伤了神，须吃药静养。吃了这第二个医者的几剂药，还是不见效果。李世民急了，打听到涿州城颇有盛名的王姓名医；王先生医术高明但很少出诊，李世民好说歹说才把他请来。王先生给李窦氏诊了脉，皱紧眉头，一言不发。李世民看他如此表情，便把他请到屋外，询问母亲的病情。王先生说：

"不敢瞒哄郎君，令堂病势沉重，已入膏肓，还请郎君早日准备后事为好。"

王先生这句话犹如晴天霹雳，李世民心神俱震，不敢相信自己的耳朵，惊问：

"先生莫非诊错？"

293

"未错,未错。令堂脉如游丝,表象似劳累伤神,但实为心血耗尽,犹如灯油耗干,支撑不了几日。"

"先生有何良方?"

"老朽无力回天。"

王先生不肯下药,在李世民苦苦恳求下才开了几剂药。他临走时对李世民说:

"老朽这几剂药只能延续令堂几日,实在无力回天。"

这天晚上,李窦氏做了一个梦,梦到途中所遇老者。老者走到李窦氏面前,捋须言道:

"娘子好福气!"

李窦氏听老者如此说,很是生气,说:"我如今病卧不起,有何福气?!"

"娘子一生配极贵之夫,生极贵之子,岂不是福气?"

"老丈言笑,家公被人驱使,子皆幼小,有何极贵?"

"言笑不言笑,日后自知晓。"

"老丈所言不凡,能否医我眼下之病?"

"小疾乃自罚,大病乃天命。自罚者可治,天命者难医。老朽无能,难医天命。"

听老丈如此说,李窦氏不免叹息道:

"虽有神佛暗示,家公与次子皆能极贵,然我福薄命浅,看来是难以看到耳!"

"娘子福厚,生于名门,成就于官宦,扬名于青史,岂言福薄?人之阳寿,只是尘世一瞬间,何必论其长短。释迦牟尼脱去尘世皮囊,依然千载鲜活于三界。三皇不见生身,谁人不知?娘子何言命浅?有道是所见之物,不如想到之物。既然娘子已知未来之美,又何必苦待日后之验。"老者言罢,悄然无踪。

梦醒之后,李窦氏甚感奇怪,这老者是谁?他对我如此说是何意?忽然,她想起这老者在路上对她说的那句话——"高官庄虽好,路不好走。"他难道是在告诉我"官道险恶,一旦掉落陷坑,就会毙命"?想到这里,她

294

猛然想起她这次要面见夫君的目的：她已经看到杨隋朝廷动摇了，外患起，内乱生，如果失控，天下就会大乱。然而百足之虫，死而不僵，杨隋朝廷虽然百孔千疮，但气数尚未尽。尽管李密率瓦岗义军反隋，却遭到杨广残酷镇压。她怕夫君此时贸然起兵，因此，急着当面给他讲明形势，要他隐忍，等杨隋朝即将崩溃时再起兵，一鼓作气，灭了杨隋朝廷。这些话，她怕泄密，不敢修书说明白。谁知途中却遇此劫难。想到梦中老者说的那些奇怪的话，预感自己大限将至，须安排后事。于是，她唤世民。

几天来，李世民为母亲煎药喂药，喂饭喂水，一刻也不离开。此时他极困倦，坐在母亲身边睡着了，听见母亲叫他，立时慌忙站起来问：

"阿娘，何事？"

"阿娘想与你商量一事。"

"阿娘吩咐，儿即刻去做。"

"娘此病不见好转，但有要紧之事须尽快告诉你阿耶，你先去辽东告诉他，要他前来涿州。"

"儿要服侍阿娘，不能去，叫李安去吧。"

"你去为好，有李安照看阿娘即可。"

"李安岂能服侍阿娘？阿娘在病中，儿岂能离开。"不管李窦氏如何说，李世民还是命李安骑着马去辽东请父亲来涿州。

征伐高句丽大败，好大喜功的杨广颜面尽失。为了挽回他的面子，杨广不顾众臣的直谏，下了死命令："敢言不征高句丽者斩！"在杨广的屠刀威胁下，杨隋军队再次征伐高句丽。统管关右十三郡兵粮的李渊很忙，忙得不可开交。李安到了辽东留守府，一直见不到李渊。因李渊怕误了兵粮征发期限，已亲自去各郡县督促，李安等到第六天才见到了李渊。李渊得知李窦氏病倒在涿州，很是心急，但他不敢在这个紧要的时候擅离职守，想叫长子李建成前去，可李建成也在一个县负责征粮，脱不开身。李渊很是无奈，只好写了一封信，派了他的两个亲信，带着金银随李安去涿州。谁知李安与两个亲卫赶到涿州，李窦氏已经奄奄一息了。当李安把李渊的书信交给李世民时，李窦氏突然清醒过来，她看到李安，问道：

"主君为何没来？"

"皇上二征高句丽下了死令，主君公务繁忙，不敢擅离职守，大郎也在一个县征粮，不得脱身。主君只好写了这封信，让小的交给娘子。"

李世民把父亲的书信捧给母亲，李窦氏打开书信，只见信中写道：

"娘子见字如面！惊闻卿病于涿州客栈，渊心如刀割，恨不能插翅飞于卿面前，侍药侍汤。然皇上再征高句丽旨令紧迫，不敢擅离职守。特遣两名亲卫携钱前往，协助世民请名医医治卿之疾，卿病愈之后，即来辽东团聚。告诉世民练好武艺，不日即可大有作为！"

读罢李渊书信，李窦氏潸然泪下。何为夫妻？夫妻即心心相印，情感相通！看到李渊书信最后一句话，李窦氏知道李渊已经打算起兵了。看来她李窦氏来得正是时候，必须赶紧让郎君稳住，以免招来灭门之灾。她让世民扶她下了炕，坐在桌前，要来笔墨信笺，提笔写道：

"四郎见字如面，妾千里迢迢前来面晤，乃担心郎君不堪隐忍，贸然起事。四郎应知，嬴秦尚未重创，陈胜揭竿而起，虽王几日，终遭屠灭。不是陈胜不勇，乃百足之虫死而不僵；不是陈胜不智，而是诸侯难驭。项羽力可拔山，然死于胯下将军，不是霸王不智不勇不才，而是争天下者众，人上亦有人！而今杨隋江山，虽外患起，内乱生，然杨广一旦醒悟，或放弃再征高句丽专心平治内乱，邹平、韦城之乱能乱几日？或选精兵良将突袭高句丽取胜，回兵镇压内乱，瓦岗反旗又能再悬几日？杨广悟与不悟一时难知，如此时贸然起兵，成与不成亦难知。《孙子兵法》有言'知己知彼百战不殆'，而今郎君难知杨广，岂可知必能亡杨隋？杨广不死，李氏大业难兴，何况杨广已疑心于你，质三子玄霸于皇宫，显然是质子挟父。故此，郎君起事，须万事俱备而一鼓发，切莫一时念起，贸然起事遭祸灭，仍需韬光养晦，投其所好，等待时机。妾不敏，唯能以善言相告。望郎君起事，以家为重，以利国利民为重！妾涿州一病，今已病入膏肓。与君结发时唯望白头偕老，谁知病魔肆虐，西天不远！弥留人世之际，唯求君二事：一是那年杨广诏命我全家进宫面圣，似乎疑玄霸乃应谶语之主，今质其于皇宫，望君在起事之前救出玄霸；二是神佛多次示意，世民日后可济世安民，应倍加呵护，切莫违背神佛之意。妾与君所生四子一女，望君善待之。有道是人生在世，生死有命。今生得嫁四郎，恩爱足，富贵重，妾知足矣！另告知一事，妾来此途中，在长安京城遇贤惠善良的长孙晟之女无瑕，未及得君首肯，已与世民聘为婚约，望君日后为之完婚。"

李窦氏把信写好之后，让李世民把信读了几遍，背熟，然后烧掉。李世民很是不解，问：

"阿娘，为何要将书信烧毁？"

"此信内容不可泄露，一旦泄露就会有灭族之灾！"李窦氏看着李世民把信笺烧了，又道："阿娘还要告诉你一事。"

"何事？"

"你是在咱家渭河别馆出生。你出生时，有两条祥龙在咱家门前上空飞腾了三日，耶娘怕此事被皇上杨坚知道，加害于你，当晚就将你抱回武功县城李府。当时民间有童谣说'天星移，杨代周；斗再转，李灭杨'，还有方士安伽陀预言'李氏当为天下'，故而杨广父子视李姓人家为仇敌，借故屠杀了许多李姓人家。那次杨广诏命我全家进京面圣，就是追查此事，想加害于你。你四岁那年，有一自称云游者的书生来咱家，见到你，说你有天日之表，龙凤之姿，贵不可言，还说你日后可济世安民。故此，耶娘为你起名世民。那书生还说，你十九岁时可成大事。虽此说法是方士所预言，但阿娘历历在目，你几次生病皆有神佛保佑。尽管孔子说神鬼之事难明，然诸葛孔明却说谋事在人，成事在天。天者，神佛也。如今杨隋江山百孔千疮，然气数未尽，不可贸然起事。如应云游书生当年所言，如今，你已至志学之年，再有四年，将是成大事之时。今后，你须慎思善谋，广结俊贤，等待机运。相师史世良也曾说你阿耶有天子福命，然你阿耶虽有王天下之志，却少夺天下之胆识，关键之时，你须尽力相佐。你幼时体弱多病，阿娘不免多加呵护，你大兄颇有不满，但其本质良善，你应多体谅。阿娘生你兄弟姊妹五人，望你们互敬互爱。有道是兄弟同心，其利断金。你兄弟须齐心协力，方能与你阿耶共创李唐大业。长孙氏乃女中之凤，能助你成大事，你须珍之重之。"李窦氏说到这里，气息渐微。李世民含泪说：

"阿娘所言之事，儿铭记于心！"

李窦氏喘息了一会儿，又说道：

"呜呼，物无尽善，人无完美，阿娘与你阿耶结发以来，恩爱谐美，子女成群，可谓女人之大福。然难以坐享白发，憾矣！"说完，憾然气绝。李世民悲痛欲绝，伏在母亲胸前痛哭。

李世民知道了家里的秘密，完全理解了母亲的一片苦心，也知道了自己肩负的使命。他想，母亲为李氏大业如此殚精竭虑，就不能因安排她的后事而影响父亲的创业大计。于是他很快做出决定，叫李安与两个亲卫先送母亲灵柩返乡，他独自去向父亲说明情况。

李世民送走母亲的灵车之后，连夜奔赴辽东。好在他的烈马什伐赤飞奔起来如同腾云驾雾，没有几日便到了辽东。李渊自得知李窦氏病倒在涿州客栈，很是担心，经常做噩梦。他忐忑不安地在留守府等待消息，结果，等到的是爱妻已然病故的噩耗。他深感内疚，愈恨杨广好大喜功祸害天下民众。他痛心缅怀爱妻，也想到她千里迢迢来此必有要事。他问李世民：

"你阿娘有何遗嘱？"

"阿娘给阿耶留有遗书。"

"快给阿耶看来。"

"阿娘写好遗书，命儿背熟之后，即命儿将之焚尽了。"

"为何如此？"

"阿娘说此遗书不能外泄，令我当面背给阿耶听。"

"快快背来！"

于是，李世民将母亲的遗书一字不差地背诵给父亲。李渊听后，泪流满面，泣不成声，哽咽多时之后，对李世民说：

"阿耶能有今日多亏你阿娘相助，多次迷惘，皆是你阿娘开释。创建李氏大计是你阿娘与我共同谋划。她要我韬光养晦，等待时机，我虽然口上赞同，但心里并不服气。皇上想要我心爱之宝马，我执意不给，被皇上忌恨。此后我派人去西域买来名贵汗血宝马，亦搜寻到珍禽异鸟献给皇上。皇上果然很开心，封我卫尉少卿。我如早听你阿娘之言，今日必是大将军矣。我本想趁此次皇上二伐高句丽之机起事，幸亏你阿娘赶来劝阻，不然，正如你阿娘所言，杨隋乃百足之虫，未僵亦伤人。如此看来，眼下起事尚早，如若贸然起兵，实乃以卵击石，若兵败即会被族灭。不如坐山观乱，等官匪相斗两相元气大伤之时，我再突发义兵，一举夺取天下！"说到这里，李渊仰天长叹，"呜呼，上天不该夺我贤妻，不该夺我帷幄智囊！"之后，他难受地问李世民："你是如何安排你阿娘后事的？"

"儿前来问计于阿耶！"

"你已十五，遇事应有主见。天气如此炎热，怎能往返千里问计于阿耶？"

"儿已略做安置。"

"如何安置？"

"儿在涿州访得一高人，先用香汤给阿娘净身，再用烈酒浸泡细帛缠身，寿衣亦用烈酒喷洒，再用经过二道油漆之上好棺木加石灰入殓。此高人言道，经此法处置之亡人，两三年不腐。儿已经叫李安与两个亲卫送阿娘灵柩回家，独自赶来请教阿耶，如阿耶觉得可行，儿即回家安葬阿娘。"

"如此甚好。你先送你阿娘灵柩回家，阿耶这就上书皇上。如皇上应允，我立即回家安葬你阿娘！"

"如此不妥！阿娘千里奔波前来面告阿耶，唯恐阿耶小不忍而乱大谋。眼下皇上执意再征高句丽，委任阿耶代留守重任，总督关右十三郡兵粮征发，岂能允耶回家？即使允许，皇上心中岂能不怨恨？若是皇上迁怒，岂不辜负阿娘千里奔波之苦心？莫若儿先扶阿娘灵柩回家，将阿娘暂厝。日后阿耶回家再行大礼安葬如何？"

李渊沉思了一会儿，点头说：

"即如汝意。"

告别了父亲，李世民快马加鞭，三日之后便赶上了李安一行。一路上，李世民按照武功乡俗，油灯长明，早晚烧纸。他谨遵阴阳先生所说，经过城隍庙时敬神烧纸，不动哭声。他们清晨启程，日暮停歇。灵车行走，有亲卫随行护卫，一路倒也顺畅。十日之后到了京城长安，李世民心想，虽然与长孙氏有婚约，但她尚未过门，不便惊动，准备绕城而过。谁知他们刚刚走到灞桥驿，就与长孙兄妹碰了个正着。长孙无瑕一看到李世民身穿孝衫，头裹长孝，手扶灵柩，满脸悲戚，禁不住珠泪滚滚，策马跑到李世民面前。李世民看到长孙无瑕，很是吃惊，急忙下了马。未等李世民开口，长孙无瑕悲声问道：

"果真是阿娘灵柩？"

"你如何知晓？"

这时，长孙无忌也奔到李世民面前，对李世民说：

"阿妹说她昨晚梦到世母路过长安，世母言说她已灵魂归位。天未明，阿妹就把我拉来，在此等候，果然如此！"

"阿娘途中染疾，弃我而去！"李世民满眼泪水。长孙无忌叹道：

"奇怪，阿妹之梦竟然如此灵验！"

这时，长孙无瑕打开随身带来的包袱，取出孝布孝衫。她先用孝布缠头，再穿上孝衫，走到灵车前上了炷香，烧了纸，正想放声大哭，李世民急忙拦住说：

"阴阳先生嘱咐，途中不动哭声！"

长孙无瑕强忍住哭声，但怎么也抑制不住如泉的泪水。长孙无忌也祭奠了李窦氏。李世民急于赶路，对长孙无忌说：

"本不该惊动兄长，兄长已祭奠过我阿娘，世民谢过兄长，就此告别！"

"岂能如此，既路过我家，就应在此小住几日。"

"不妥！"李世民对长孙无忌拱手说，"世民重孝在身，阿兄的情意吾心领，告辞！"

长孙无忌还想挽留，长孙无瑕说：

"也好，我随二郎送阿娘灵柩回去！"说罢，长孙无瑕纵身上了马。李世民再三阻拦，如何能拦住？长孙无忌看妹妹如此，也上了马，一同前往。两天后，一行人到了武功县城，途中，李世民已经派人告知管家李福，也已告知户县的阿姊。到家时，李府门前已经搭好灵棚。

李窦氏在世时善待亲朋邻里，因此，听闻李窦氏谢世噩耗的，无不叹息落泪。

家中有主母丧事，主君身系国事未归，大郎李建成亦身系国家重任未回，三郎李玄霸被质于宫中，四郎尚幼，嫡女翠平已出嫁，主丧者只能是李世民。然而李世民悲痛欲绝，方寸大乱，好在有长孙无瑕相助。长孙无瑕虽然尚未过门，但毕竟已与李世民定亲，是李家未来的二郎娘子。只见她身穿重孝，脸挂珠泪，蛾眉紧锁，忙里忙外料理琐事，说话干干脆脆，处事利利索索，颇有主见，把丧事安排得井井有条，顺顺当当。府中上下无不称赞，就是管家李福也赞叹不已，十二岁的小姑娘，主事竟如此有条有理。

李世民按照父亲的意思和母亲的心愿，把母亲暂厝在渭河别馆西南坡顶上。这里地势高耸，东有漆水，南临渭河，西望太白山，北靠乾山；晨可迎日起，暮可送日归；早晚能聆听漆渭欢唱，常年可见鹤鹭飞翔，风水最好。李窦氏在世时眷恋漆渭之水，因而在二水交汇处建了别馆，常居于此。这里有她清净的爱好，有她简朴勤劳善良的记载，有她的希望，更有她的传奇，是她李窦氏安息的好地方。

暂厝这一天，寅时从李府起灵，沿途十九里所经村落，人们扶老携幼，相知者致哀，不知者叹息；灵车过后留下的是不尽的缅怀和哀思。途经李家别馆，李世民叫灵车停在别馆门前，这是他母亲常住之所，是他李世民的出生地。李世民领着幼弟李元吉、长姊李翠平与未过门的娘子长孙无瑕，给母亲上了炷香，祭了奠，然后把母亲暂厝于别馆西南二里许的高坡上。

安顿了母亲，李世民调整了心态，重新安排他的生活。尽七日之后，李世民把长姊李翠平、四弟李元吉和长孙无瑕请到一起，说：

"母亲养育我等恩重如山，劬劳病逝，我等尚未尽点滴之孝，着实心愧。我等本当守孝三载，但母亲期望我等皆成大器，眼下虽是多事之秋，亦是建功立业之良机。如今父亲身负皇上重任，总督关右十三郡兵粮征发，虽有大兄相助，然父亲年事已高，我想前去帮助父亲，但四弟年幼，如何是好？"

听李世民如此说，李元吉很是生气：

"我能管好我自己，何用二兄操心。"

李翠平说：

"二弟莫忧，男儿自当以前程为重，四弟我可以带去户县。"

"我不去，我正在别馆习武，发誓精习武艺，日后定做大将军！"

"四弟既有如此大志，着实可嘉！我会常来为母亲守孝，亦可照管四弟。二弟你尽可放心前去！"

安排好了家中之事，李世民顺路把长孙兄妹送回了长安。告别了长孙兄妹，李世民跨上宝马，直奔辽东而去。李世民这一出门是路路险，步步艰，一去就是几十年。在这几十年里，他凭着自己的智慧和胆略迈过了人生的羁绊，登上了人生的辉煌，创造了一代盛世。

这正是：立志少年神鬼惧，前程锦绣创新奇！要知后事如何，且听下回分解。

第三十二回

世民拜访刘文静　言志对诗心结盟

话说李世民离开家乡，一路策马扬鞭，直奔辽东。谁知，他走到东都洛阳时，听到路上很多行人在惊呼："不中了，不中了，叛军杨玄感要打东都了！"李世民听客山先生和张后裔先生议论过杨玄感，但是他对此人并不了解。经仔细打听方知晓，原来，杨玄感是杨素的长子。当年杨素既是大将军，又是左仆射，权倾朝野。杨广能做皇上，就是杨素的杰作。他先是出面助杨广取代了太子杨勇，再是扶持杨广登基做了皇上。他帮助杨广登上龙位，真可谓功高齐天。杨广本应感恩重用他，但杨广很聪明，他看出杨素的野心，反倒处处提防，准备寻机诛之。好在杨素病死，得了个寿终正寝。杨素死后，杨素的长子杨玄感被杨广封为礼部尚书。二次征伐高句丽，杨玄感假意请缨，杨广倒是很信任杨玄感，给他封了个总督运的要职。他人在洛阳，督运征伐高句丽的一切辎重。这督运之职，虽不是大元帅，却掌控着整个征伐高句丽大军的衣食军械，稍有差池，二征高句丽整个部署就乱了套。杨玄感深知杨广好大喜功，穷奢极欲，横征暴敛，已使民众不堪重负，多地饥民揭竿而反；他认为反隋的时机到了，可以利用民众反隋的力量，推翻杨隋朝廷，取代杨广。当杨广在辽东指挥征伐高句丽，催促他如期将辎重军粮运往辽东时，杨玄感一面借口水路有反民盗寇劫掠，把粮食辎重压而不运，企图使阵前将士断粮兵乱，一面把几个兄弟和谋士李密召集在一起，共同制定反隋方略。计谋制定之后，先由谋士李密拟就《告民众书》，再广招反隋义军。李密在《告民众书》中写道："杨坚不义，凌亲欺弱，篡夺外孙宇文周朝江山。二世杨广，荒淫无道，屠兄戮弟，上蒸庶母，下奸兄嫂弟妻，失之人性；穷奢极欲，西巡北巡，二游江都，耗尽民脂民膏，横征暴敛，陷民众于水火倒悬；好大喜功，一意孤行，发征高句丽无义之师。一战败北，百万军民横尸荒野。二伐高句丽，安知又将丧失国人子弟多少？呜呼，杨广屠夫民贼不死，民众水火倒悬难解！杨隋朝廷不灭，举国安能太平？无道已西坠，圣贤将东升。杨公玄感，仁杰圣贤，礼贤下士，广纳俊杰，布德于天下。今日杨公玄感应天意顺民情高树反隋大旗，率师灭隋，义军所向，攻无不克，战无不胜，势如破竹。天下仁人志士，一呼百应，聚义于大圣大贤杨公玄感之麾下，解民众出水火，建太平乐土之盛世。噫嘻，仁人俊杰，时运已至，不踊跃建功立业更待何时？"这告示，像一根火柴，点燃了民众反隋的怒火。不几日，杨玄感就招兵十多万。他率十万大军直攻东都。但攻城十日，一直攻不下，眼看隋朝征高句丽大军向他扑来，于是杨玄感放弃东都，杀向京城长安。李世民知道父亲李渊总督关右十三郡兵粮，不会追赶叛军杨玄感。他在东都洛阳停留了三日，策马扬鞭，直奔辽东。但是，当他赶到辽东时，皇上已撤兵还京，宣告二伐高句丽失败。当他找到留守府，留守府已撤去，父亲已随皇上还京。他在辽东了解二伐高句丽失败之原因。原来，杨广二伐高句丽准备很充足，杨广亲自督战，一路征战虽然败多胜少，但大国伐小国，陷入败势的必然是小国。在攻高句丽都城时，虽然遭到其将士奋力抵抗，都城一时攻不下来，但杨广亲自督造的望楼，比都城还高；修的望城山，山比都城更高；筑有云梯，撞车，还挖有地道。从高空、城墙、地下齐攻，眼看就要攻下都城，这时太子急报杨玄感围攻东都吃紧，杨广担心太子守不住东都，于是，仓皇撤兵。二伐高句丽败，是杨玄感内乱所致！李世民在辽东没找到父亲，只好原路赶回长安，终于在长安见到了父亲。他见父亲面有惧色，问道：

"二伐高句丽败北，皇上有无降罪于阿耶？"

李渊摇了摇头，叹了口气道：

"险矣！险矣！"

李世民知道父亲所说的"险"的含义，问道：

"杨玄感现在如何？"

"还能如何，反叛者岂能不死？"

"他如何而死？"

"叛军兵败之后，杨玄感与其弟逃亡，知其必死，命他族中兄弟杨积善将他砍死。杨积善先把杨玄感砍死，自杀不及，被皇上大军俘获。前日，杨积善亦被斩首。皇上还命军士把杨玄感尸体用石头砸烂，焚成灰烬。更为甚者，将其父杨素之墓掘开，碎尸焚烧。杨素几代人阴谋经营之财富，皆被抄没，整个家族，无一活命矣！嗟乎，杨玄感此次谋反，连累三万余众，皆被皇上坑杀矣！"

正在李渊父子谈论杨玄感谋反之事时，杨广圣旨到来。李渊见圣旨吓得浑身发抖，害怕皇上迁罪于他；但谁知圣旨是封他李渊为晋阳留守，要他即日赴任。李渊听到皇上升了他的官，长长吐了口气。李渊之所以如此害怕，是因为前几日，皇上从辽东回来，很是恼怒，诏令京中三品以上的文武官员廷议处置杨玄感反叛之事。那天，李渊因病未去。杨广回到后宫，怒问李渊的外甥女贵妃王氏，李渊为何未参加廷议，王贵妃说她舅父李渊患病，杨广竟然恶狠狠地说："你这舅父为何不死？"李渊得知杨广如此恨他，很是害怕，于是他赶紧托外甥女王贵妃给杨广进贡了几只奇鸟和名人字画，但他总是担心杨广治他的罪，因此，多日来他一直提心吊胆，惶惶不安。现在，李渊放心了。他送走了宣旨内侍刘正，感慨地对儿子李世民说：

"险矣，险矣！没有你阿娘亲自赶赴辽东给我讲明形势，阻止我贸然起兵，今日咱李家亦会像杨家一样，被满门抄斩。你阿娘在世时，要我对皇上投其所好，我偏不听。我虽几十年恪尽职守，但并不被皇上重用。这几年，我按照你阿娘所说，搜罗了一些良驹异鸟，不时献给皇上，今年年初就被皇上封为弘化代留守。如今二伐高句丽兵败，多人被怪罪，我非但未被怪罪，今日竟然又被晋封为晋阳留守。你阿娘真是高瞻远瞩！呜呼，如今，你阿娘仙逝，尔等兄弟失去慈母良师，吾亦失去贴心智囊矣！"

李渊说到悲痛处，不禁泪流满面，李世民更是泣不成声。正在此时，李建成回来了。他一看见李世民，就走到李世民跟前，先是狠狠瞪了他一眼，然后抡起巴掌，结结实实地打了他一耳光道：

"你为何叫阿娘去辽东，害死娘亲？！"

"胡说，你阿娘去辽东，是为了阿耶，你为何责怪世民？"李渊看李建成打李世民，赶紧说明当时的情况。

"他在阿娘身边，阿娘生病，为何不告知我？"

"你我有皇命在身，告知你有何用？你阿娘生病，世民为你阿娘请医喂药，日夜守护。你阿娘仙逝，他扶灵柩回乡，治丧事，你身为长兄，不感谢他，反而打他，真浑人也！"

"哼，阿娘在世时最宠爱他，他却眼睁睁看着阿娘病逝，我如何不气！"

"你阿娘已故去，今后，尔等兄弟要齐心协力与阿耶共建大业。"李渊缓和了一下语气说，"方才皇上降旨，晋封阿耶为晋阳留守。咱们立即收拾行装，午饭之后，即刻启程赴任。"

李世民虽然被兄长李建成误解，但他谨记母亲临终时叮嘱他的话，什么也没说，帮助父亲收拾行装准备启程。

晋阳，虽然只是杨广的一个行宫，却是中原北大门，秦汉以来，置有重兵，杨广北巡，就以此为中心。李渊想，晋阳乃兵家重地，进能觊觎京城长安，退能外联突厥自保。想到这里，李渊很是高兴，匆匆吃了几口饭，便带着两个儿子赶赴晋阳。

二伐高句丽，因杨玄感叛乱而败北，杨广很是恼怒，下旨："有胆敢谋反叛乱与妄议朝政者，杀无赦！"一时间，官场噤若寒蝉。李渊到了晋阳，晋阳令刘文静为他举行接风宴。李渊虽然和刘文静认识，又是同乡，但时值多事之秋，他只是和刘文静打了声招呼。在宴席上，李渊与副留守王威、高君雅，晋阳副监裴济，马邑太守王仁恭等相见。李渊知道，这些下属，各有门路，不是杨广的眼线就是权贵的姻亲，谁都不好惹。好在李渊一贯豁达直爽，善施广交，很快就与这些下属混熟了。李世民已经知道父亲心怀大志，他更有安天下的雄心壮志。于是，他利用父亲在晋阳的权势，开始广交朋友，为日后起事招揽人才。在晋阳这些官员里，李世民认识刘文静，他观此人相貌，一脸正气，颇有几分关云长之风。谈吐既有文人之儒雅，又有武夫之阳刚。于是，在一天晚上，他去拜访刘文静。李世民见了刘文静，说道：

"晚辈李世民前来拜见刘明府。"

"呀，十年不见，二郎竟已如此英武！"

刘文静当年去李府拜见李渊时李世民尚小，刘文静未曾注意，今日一见，此子剑眉凤眼，英姿勃勃；再仔细观察，此子竟有龙凤之姿，天日之表。刘文静善观面相，但他从未见过如此尊贵之面相。他不免想起民间多年来流传的"天星移，杨代周，斗再转，李灭杨"的童谣和安伽陀的预言"李氏当为天下"。当年，他之所以去李府拜见李渊，就是听闻李渊骨相尊贵，有贵不可言之福相。见到李渊，果真如此。但今日一见李世民，他更感神奇。若说面相尊贵，这位李二郎面相最尊贵。若说"李氏当为天下"，面前这位才是"当为天下"之"李氏"。刘文静素有"小诸葛"之称，他并不满足晋阳令这个小小的官职，他很想做一番惊天动地的大事，但一直未遇到志同道合之人，今日见到李家二郎，一下子勾起他的野心来。他想：何不与李世民联袂，共谋天下？于是，他热情地招待李世民。李世民见刘文静很是热情，说：

"贸然前来拜访，多有打扰。"

"美不美泉中水，亲不亲故乡人，异乡见乡党，胜似骨肉亲，何言打扰。"

"晚辈今夜来访，一是看望长辈乡党，二是欲请教刘明府一事。"

"不敢言说请教。何事？请讲。"

"家慈去世，我此次随父来晋阳，目无知己，不知该从何做起。"

"二郎想做何事？"

"多事之秋，本想随父在晋阳留守府谋个差事，但家严要我潜心学习。"

"李公所言极是。二郎尚年少，不要羁于小吏小卒之事，应图谋大计才是。"

"如何图谋大计？"

"观今天下，起事者比比皆是，日后安天下者，必是大才大贤。二郎应潜心学习，成大才大贤者，方能建大功立大业，平定天下。"李世民听刘文静如此说，心想：看来这刘文静对杨隋朝廷颇为不满，是我李家日后创建大业用得上的人才。他想进一步探知刘文静之心，便说：

"听闻刘明府善诗赋。能否赐教？"

"我亦听闻李家二郎是客山先生高徒，宇文山乃前朝大儒，大儒之高徒，必善诗赋。何言赐教，不如你我二人切磋切磋？"

"如何切磋？"

"对诗三首。"

"刘明府先请，晚辈应对。"

刘文静沉思了片刻，一边踱步一边吟道：

"当年李府二郎君，尚未启蒙懵懂中。今日东吴周郎至，不知何计破曹营？"

李世民细细一品，这几句诗字面之意似乎闲谈说笑，但实际之意是问他日后之大志。于是，他佯装不知，也吟出几句：

"懵懂之中懵懂长，成年将至恋童蒙。史书敬慕周瑜计，一把火烧曹操名。"

刘文静会心一笑。心想：这后生果然有才，听起来好像只是说成长中的趣事，实际是在说他年幼时心中无忧无虑，今日已届成年，已开始忧虑国家与前程之大事。同时，他也在说当年周瑜火攻破曹，一举成名。他以后如若起事，也应借民众反杨隋之火灭了隋朝。刘文静点了点头，又吟道：

"李家二郎有才气，他日安民必妙奇。烽火起时龙虎跃，英雄自有时运机。"

李世民听后哈哈一笑，心想：刘文静这是在暗示我，要仔细审时度势，等待时机起事。于是他吟道：

"商纣逆天诸侯恨，武王应顺三合心。独夫淫奢终成怨，且看星楼自毁身。"

"善哉，妙哉！"刘文静拊掌称赞之后，又含笑吟咏道，"果然后生多奇志，天地已存腹内中。日后再伐商纣战，勿忘刘家同道缨。"

李世民听出刘文静要与他联袂图谋起事大计，但这"日后"二字已经道出时机尚未成熟，还需耐心等待。于是他吟道：

"匹夫荆轲单刀勇，错算天时事不成。打虎岂能独力拼，桃园结义三国雄。"

"哈哈，对得好，对得妙，二郎奇才，日后必成大器，但望富贵勿相忘！"

"世民年少才疏，尚无丝毫功绩，何言必成大器与富贵，还望刘明府不吝赐教！"

"不敢，不敢，唯能建言而已！"

"刘明府有何建言？"

"韬光养晦，广交贤良，等待时机。"

李世民听到这几个字，很是吃惊，心想：这话与阿娘当年劝阿耶之言大同小异，此人的确了得！他高兴地对刘文静说：

"世民谨记于心！"

李世民拜访了刘文静之后，得到了两点启示：一是二人志同道合，可以联袂；二是刘文静建议他广交贤良，很有见地。如此既能扬名，亦可纳贤，对日后起事大有好处。他立即而行：在读书习武之暇，与晋阳乡贤名流交往。很快，李二郎李世民之名在晋阳传播开来。

一天，长孙无忌带着妹妹长孙无瑕和他叔父长孙顺德来到晋阳。原来，长孙顺德为了躲避二伐高句丽之役，弃官而逃，被朝廷通缉。他得知李渊做了晋阳留守，他早先与李渊有交情，如今又是儿女亲家，于是，与从儿从女前来投奔李渊。李渊素来很讲义气，便收留了长孙顺德。李渊见未来的次子新妇长孙氏面相美且善，知其是闺中之凤，很是满意。他在晋阳给长孙叔侄置了一小院。李世民与长孙无忌志趣相投，有长孙顺德和长孙无忌的相助，李世民很快在晋阳结识了一大批名士才俊。

这正是：自古英雄出少年，世民十五谋江山。要知后事如何，请听下回分解。

第三十三回

夫妇交心情愈固　洞房花烛话宏图

晋阳街市，虽然比京城长安小，但繁华并不亚于长安。这里是边城，既有内地物产，亦有塞北的皮毛奶酪，既有汉民族的风俗习惯，亦有东胡大漠异族的奇异风情。长孙兄妹来到晋阳，很是高兴。第二年春，一个晴朗的日子，风和日丽，莺歌燕舞，春光无限好。长孙无忌带着妹妹长孙无瑕去街道游玩。他们到闹市，看到一家家商铺里摆挂着华贵的皮毛衣物，一个个商店陈列着金玉象牙制品；一家家饭馆里大嚼大咽牛羊肉的食客，一个个酒肆中划拳豪饮的酒徒，一家家风味小吃食肆的大刀面、铡刀面、刀削面，牛羊肉杂烩面、羊肉泡馍和烧烤鲜牛肉；一个个商贾愉悦的表情，一个个游人欢乐的笑脸，感到很是有趣。他们正逛得高兴，忽然有人大喊："跳舞开始了！"长孙无瑕在长安时很少出门，虽然知道跳舞之名，但从未亲眼看到过跳舞之景。于是，她拉着兄长的手跟着看热闹的人到一处空地，果然看到有几个穿着胡服、美如花朵的少女，随着鼓乐的节奏跳着欢快的舞蹈。兄妹俩正看得入神，忽然有两个腰间挎着军刀、衣着兵士制服的人走到长孙无瑕面前，嬉皮笑脸地说：

"小娘子，我家郎主有请。"

长孙无瑕看着面前这两个陌生的军士，很是吃惊，赶紧避到兄长身后。长孙无忌也很诧异，他见多识广，知道这两个军士绝非善类，但他并不害怕，冷笑着问：

"你家郎主是谁？"

长脸鹰眉雷公嘴的那个说：

"见了你自然就知道。"

"岂有此理！不知你家郎主是谁，我们为何去见他？"长孙无忌怒斥。

老鼠眼南瓜脸的那个说：

"别发怒，说出我家郎主是谁，你就不敢发脾气了。"

"你家郎主到底是谁？"

"晋阳副留守王公！"

"原来是王威，他请舍妹有何事？"

"当然是好事！王公看上了令妹，走吧！"

"好一条恶犬！"

"你小子敢骂我！"老鼠眼南瓜脸的拔出军刀，向长孙无忌砍来。长孙无忌退后一步，飞起一脚，踢到他的手腕上，军刀"哐啷"一声掉在地上。长脸鹰眉雷公嘴见同伙失利，也拔出军刀砍向长孙无忌。正在这时，李世民赶来，指着长脸鹰眉雷公嘴喝道：

"住手！"

这两个军士是王威的侍卫，见过李世民，长脸鹰眉雷公嘴忙说：

"二郎有所不知，这小子骂我俩。"

"他为何骂尔等？"

"这……"

长孙无忌对李世民说：

"这两个狗贼是王威手下，要欺辱舍妹。"

李世民一听这话，眼冒怒火，想立时上去狠狠揍这两个败类。但他又一想：不行，王威在晋阳多年，爪牙众多，据说是皇上在晋阳的眼线，父亲初到晋阳，虽说是此地长官，但还需笼络下属。于是他冷笑道：

"此乃吾未婚妻，难道你家王公要抢留守府未来的新妇？"

一听此话，两个士兵当即对李世民连连躬身道：

"误会！误会！不敢！不敢！"然后一溜烟跑了。

当晚，长孙顺德来见李渊：

"李公，无瑕今日所遇之事，你是否知晓？"

李渊点了点头，道：

"王威无道，但他是皇上亲信，又能如何？"

"我倒有个好办法。"

"是何办法？"

"无瑕与二郎已到婚嫁之龄,给他二人完婚,不就断了王贼之妄念!"

"善,善,善哉!釜底抽薪,的确是个好办法!"

李世民与长孙无瑕的姻缘,虽是李窦氏在世时一人所定,但李渊对这个未过门的次子新妇很是满意。长孙无瑕虽然父母早故,但她有亲叔父长孙顺德可为她主婚。李渊为了使儿子的婚事隆重,也能给王威施加点压力,便请晋阳令刘文静主婚,在三月初九这天,热热闹闹地为这两个年轻人完了婚。

婚礼的繁文缛节之后,洞房花烛夜,一对少年夫妻很是激动。李世民虽然博闻多才,但在这既熟悉又陌生的新妇面前,不知说什么好。他拿起挑盖头的红棍子,走到长孙无瑕面前,看着长孙无瑕熟悉的身影,但不知那记忆中的美丽的面孔是否依旧。他既迫不及待又紧张忐忑,抖着手小心地挑起妻子头上的红盖头。这红盖头虽然遮住了长孙无瑕的眼睛,但挡不住她的心。她心里有着心上人熟悉的面孔和身影,听到夫君的脚步声,闻到他的气息,她知晓是夫君向她走来。李世民刚刚把盖头挑起,四目相对,她便嫣然一笑道:

"一片盖头罩两眼,只闻声响不知人。千声万响不足惊,唯记夫君脚步亲。"

"好诗!好诗!"李世民连连称赞。

"妾已献丑,郎君能否依韵和妾一首?"

"礼尚往来,应该,应该!"李世民不假思索开口道,"洞房喜烛乐红脸,揭去盖头见娇颜。四目含情心相印,天地一心不离分。"

"多谢郎君金口之诺!"长孙无瑕对着夫君郑重行了一个大礼。李世民赶紧扶住长孙无瑕,长孙无瑕顺势倒在他怀中。李世民娇妻在怀,忍不住在长孙无瑕的额头轻轻吻了吻,说道:

"你我姻缘,颇为曲折,但也是天成。在长安,我与阿娘遭恶人马冬瓜刁难,得你兄长所相救,不得不在你家避难。阿娘见你贤淑聪慧,做主定下你我之姻缘。你来到晋阳,被权贵王威纠缠,又促成了你我今日大婚。"

长孙无瑕笑了笑说:

"如此既是恶人作恶，又是上天成全你我。"

李世民将长孙无瑕轻轻扶坐在椅子上，对她说：

"观音婢已是我李家一员，虽然已经熟知我李家老少，但唯有一事，我须告知卿，望卿能同我李家一心。"

"何事？"

"如今皇上杨广好大喜功，骄奢淫逸，横征暴敛，置百姓于水火倒悬，饥民揭竿起义比比皆是，杨隋朝廷已是覆巢在即。阿娘对杨隋早有怨恨，阿耶更想救民众于水火。况且民间早有'李氏当为天下'之说。我与阿耶倾家资结交贤俊，等待时机起事。此乃壮举，亦是险事，本不欲卿担惊受怕，但怕瞒哄令卿生有疑心，故今日坦言相告，若卿害怕，便当作不知。"

长孙无瑕听后，很是震惊，沉思片刻之后说道：

"妾与二郎已拜过天地，今生今世，妾生是李家之人，死是李家之鬼，李家之祸福，即是妾之祸福。妾虽为女流，但也知今日天下民众灭隋之心，亦亲见皇上与权贵无道恶行，常恨身为女流，不能提枪跃马救百姓出水火倒悬。二郎既有此壮志，足以慰妾身之憾。古今为人妻者，莫过于相夫教子。相夫，岂能不参与夫君之事？岂能怕夫君之祸险？今日你我洞房结发之日，亦应同心同德。夫君与我交心，妾岂能异心？从今以后，妾为君而生，为君而死！"

长孙无瑕这席话，说得自然自信，贴心暖心。李世民听后很是感动。自古以来，新婚洞房，无非男欢女爱，食色食性。但是这对少年夫妻，在同房之前，先是交心明志，再是共谋大计。这就是伟人与匹夫之分，智者与庸人之别！

李世民虽然把李家的秘密告知了长孙无瑕，但长孙无瑕还想知道丈夫身上的秘密。她笑着问李世民：

"听闻阿姑在世之时对二郎最看重，此又为何？"见李世民的眸光微闪，长孙无瑕忙说，"妾只是随口一问，二郎不便言说即作罢耳。"

李世民叹了口气说：

"阿娘在世时的确对我费心尤多。我也不知何意。阿娘临终时才告诉我其中缘由。"于是,李世民就把他出生、成长时的一些异象告知长孙无瑕。之后,李世民说:"即便无此说法与奇异之事,我李世民生为男儿,亦应有雄心壮志。耶娘既然赋予我济世安民之使命,我岂能看百姓于水火倒悬而不顾,故此,以后我李世民将以济世安民为大任,还望娘子体谅才是!"

长孙无瑕知道了李世民与李家的秘密,她感谢夫君信任她,同她交了心。其实,她对夫君更是倾情倾意。她想,如若日后夫君创建大业事成,她将尽荣尽贵,即便不成,夫君也是人杰传奇。她为嫁得如此英雄而高兴,想到这里,她动情地说:

"二郎以济世安民为己任,妾愿助君以利国利民为己任!"

李世民望着长孙无瑕,很是感动,他对长孙无瑕动情地说:

"观音婢愿与世民同生死共患难,世民不胜感激,深觉幸运!今日不仅娶来贤惠美丽之妻,亦得到同心同志挚友知音。尘世间米面夫妻居多,同心同志夫妻甚少,但愿你我夫妻同心同志济世安民。"

"夫唱妇随乃女子本分,妾岂能不知?"

何谓清纯,这两个冰清玉洁少年夫妻,把自己所想所为,清清楚楚,明明白白地告诉对方,这就是清,像冰一样透明,像泉水一样清亮;这对少年夫妻,都是情窦初开,虽知男女之事,但并未亲尝禁果,把自己最诚最真的爱与情奉献给心爱之人,这就是纯,像初开凿的美玉一样纯洁。

长孙无瑕为嫁给可心可意、有济世安民雄心壮志的丈夫而高兴,她情意绵绵地看着眼前俊朗无双的良人,在两只合卺杯中斟满了酒,一杯递给夫君,媚眼盈盈地望着他说:

"咱夫妻还没有喝合卺酒。"

李世民接过半边葫芦做的酒器,观赏片刻,微微一笑:"这就是合卺杯,你我何不以此杯对诗一首?"

此时二人春心荡漾,情诗于喉舌,长孙无瑕岂能不同意?她对李世民会心一笑:"夫君先请。"

"娘子先作？"

"三从四德，妾岂可明知故犯！"

李世民沉思片刻之后吟道：

"一个葫芦劈两半，二瓢合卺玲珑形。爱妻一盏我一盏，美酒浇心天地情。"

"佳句天成，好诗，好诗！"长孙无瑕不无叹服。

"洗耳恭听娘子韵和！"

长孙无瑕微微一笑，说道："献丑！"说罢，她微启樱唇，吟道：

"合卺杯中盛美酒，洞房夜里诉衷情。一杯美酒进肠肚，从此夫妻比翼行！"

"娘子如此多才多情！"李世民由衷地赞赏长孙无瑕这首诗，也感受到她对自己的一片痴情。之后，二人共饮了合卺酒。一杯酒落肚，两个年轻人激荡的春心如同火上加油，越燃越旺，两个年轻人的心在强烈地撞击着，两双情绵绵意浓浓的眼相互吸引着，李世民抱起长孙无瑕，把她抱到炕上。这是一桩天成地造的龙凤姻缘，这是一对相互倾心倾情的结发夫妻，二人紧紧地抱在了一起，成就了龙凤配，乾坤合。

这正是：少年夫妇清纯爱，同绣蓝图济世情。正因为李世民有了长孙无瑕这个贤内助，创建李氏大业才一帆风顺。要知李世民创建李氏大业如何一帆风顺，请听下回分解。

第三十四回

杨广北巡困雁门　世民妙计解敌围

李世民期待的机会终于来了，大业十一年（615）八月，杨广再次北巡边塞，被突厥始毕可汗围困在雁门；杨广恐慌之中，亲书诏告募兵救驾。

大业三年（607），杨广北巡，突厥启民可汗为杨广斟酒侍宴，何等恭顺？为何他的儿子始毕可汗竟然如此无礼？

这话还得从黄门侍郎裴矩说起。裴矩见始毕做了突厥可汗之后，势力逐渐强大。于是，他给杨广建议，选一个皇室宗亲女子为公主，嫁给始毕可汗的弟弟叱吉，并封叱吉为南面王，一山置二虎使之相互制约，如此就可以削弱始毕可汗的势力。杨广认为这是个好办法。于是遣特使暗中诏告叱吉。但叱吉很聪明，知道这是离间他们兄弟关系，没有接受，并把此事如实告诉了始毕可汗，始毕可汗很是气恼。裴矩一计不成，又谋一计。始毕可汗身边有个谋士叫史蜀胡悉。此人足智多谋，始毕可汗对他的计谋都是言听计从。裴矩想除掉这个人，使始毕可汗失去一个智囊。他给史蜀胡悉写了一封信，说他裴矩有一块稀世宝玉，想换史蜀胡悉身上所佩戴的宝刀，并约定交换地点在马邑。史蜀胡悉这个人有一个爱好，就是非常喜爱美玉宝石。他接到裴矩的书信，信以为真，依约前去马邑与裴矩交换，谁知被裴矩埋伏的人杀了。裴矩还把史蜀胡悉的头割下来送给始毕可汗，并说是史蜀胡悉背叛了始毕可汗前来投奔他裴矩，裴矩为始毕可汗杀了这个叛徒。当然，始毕可汗知道这是裴矩的阴谋。裴矩所做的这两件出格事使始毕可汗非常气恼。于是，在杨广再次北巡的途中，他用四十万骑兵在雁门关包围了杨广。

雁门关总共有四十一座小城，兵民十五万，粮草只能维持二十天，但只有几天时间，突厥就已经攻破了三十九座城，只有重兵保护皇帝杨广的雁门城和齐王杨暕所在的崞城没有被攻破。这时，杨广很是害怕，抱着儿子赵王杨果，把眼睛都哭肿了。文武大臣宇文述、苏威等给皇上建议了好多突围的办法。杨广最后决定：一是遣使暗中去求多年前嫁给始毕可汗的义成公主帮助,劝始毕可汗退兵;二是遣使诏令募兵救驾。

晋阳与雁门关比较近,李渊接到皇上杨广的诏书,很是震惊,心想:何不乘此机会起兵反隋?但他又一细想,不可,杨广只是被围困,如果杨广与始毕可汗讲和,回头收拾他李渊,自己岂不比杨玄感更惨!想到杨玄感,他就害怕得要命,只要平平安安,当个晋阳留守,主管山西、河东抚慰大使有何不好?李渊就是这样的一个人,欲望比天高,胆量比鸡小。想好了之后,他以晋阳留守名义出告示募兵准备救驾。李世民看到官府募兵救驾的榜文,很是高兴,心想,如今自己已经成家,应该建功立业了。这正是个好机会。于是,他决定去参军。思谋好之后,他先去征求父亲李渊的意见。

"阿耶,儿想从军。"

李渊看李世民一脸严肃的样子,想了想说:

"你不能去。"

"为何?"

"你才完婚,年龄尚小。"

"古诗有'十五从军征,八十始得归'之语。儿年已十六,岂能谓之尚小?西汉霍去病豪言'匈奴未灭,何以为家',儿岂能舍国为家?况且,阿耶教育儿,所学兵书,不可坐论,取胜全在于实战。儿想要率军打仗,岂能不参军征战?"

"你果真要去参军?"李渊觉得李世民说得有理,态度有所改变。

"果真!"

"你如何说服你妇?"

"儿自有办法。"李世民终于得到了父亲李渊的同意。

晚上,李世民与长孙无瑕,免不了像往日一样一番欢爱。欢爱之后,长孙无瑕笑问李世民:

"二郎有何心事?"

李世民不禁惊问:

"观音婢如何知晓我有心事?"

"往日二郎之爱,平和文雅,今日激动猛烈,似有阔别之意。"

"善哉，卿心细，洞察秋毫，以爱而知吾心矣！"李世民感叹之后，又对长孙无瑕笑了笑说，"既然卿知我有心事，我不免将此心事告知，还请娘子为我开释。"

"何事？"

"皇上被突厥始毕可汗围困在雁门，朝廷募兵救驾。我想从军前去救驾，又怕委屈了你，为此心中烦躁。"

"你想从军前去救驾？"长孙无瑕很是吃惊。

"父兄皆朝廷命官，皇上有难，臣子岂能坐视不管？再说，男儿当建功立业，此乃建功立业之佳机，我岂能错失良机？我已经征得父亲允许，只是不知如何说与你！"

长孙无瑕沉思良久，叹了口气说：

"二郎既然决意去从军，大人也已允许，我岂能阻拦？只是洞房红烛春意正浓，怎耐孤灯寒露相思？"

"是故深感愧对娘子！"

长孙无瑕不免眼挂泪珠，但她轻轻擦去泪水，说道："男儿当建功立业，岂能沉迷于温柔之乡。昔日百里奚之妻砍断门槛煮鸡送丈夫出门谋官，我岂能困君于内宅。"

"你应允我从军？"

"不允又能如何？"

李世民紧紧抱住长孙无瑕，动情地说：

"多谢娘子体谅。"

长孙无瑕泪如泉涌，把李世民紧紧抱着，怕他离去。李世民也紧紧抱着长孙无瑕。两人都明白，一旦从军，生死难卜，归期无望。此时此刻，是他们最珍贵之时。因此二人又是一番缠绵，之后，长孙无瑕问李世民：

"二郎何时去从军？"

"救驾如救火，明日即去！"

"二郎只管前去救驾。妾虽然初进李府，但悉知为人妻之孝道，唯望二郎自己保重！"

"娘子勿担心，论文，《孙子兵法》我熟可倒背；论武，不敢妄言有万夫之勇，但百人难近我身。我此去必可建功矣！"

"唯愿二郎平安归来！"

小夫妻谋定之后，相拥睡去。

鸡唱三遍，李世民一觉醒来，见长孙无瑕已经为自己准备好了换洗的衣服，坐在自己身边。他翻身起来，长孙无瑕帮他穿好衣服，又服侍他洗脸梳头。早饭之后，李世民准备去从军，长孙无瑕见李世民要走，突然把李世民紧紧抱住。李世民也紧紧抱着长孙无瑕。过了一会儿，长孙无瑕对李世民说道：

"还望二郎为妾留赠几句诗，以为念想。"

李世民此刻心潮激荡，慨言道：

"春梦洞房味正浓，忽闻救驾募兵声。男儿疆场英雄地，飞马挥刀雁门关。"

李世民吟罢笑望长孙无瑕道："娘子难道不想送我一首？"

长孙无瑕含泪说道：

"此刻方知将士妇，离别拽手不能前。夫君此去救王驾，但愿旗开得胜还！"

李世民笑了笑，很是自信地说：

"只需静候佳音！"之后，他向长孙无瑕拱手一礼，飞身上马，昂首挺胸而去。

李世民从军之后，被分配到云定兴将军大营。很多人怀着与李世民同样的建功立业之心，应募者很多。不到三日，已募兵几万。云定兴手下将校官不够，要从招募的新兵里选拔小将小校。云定兴在一众备选兵士中看到了李世民，眼前一亮：嘿，但见这少年身形矫健，剑眉凤眼，满脸英气，卓尔不群。他把李世民叫到面前问：

"你姓甚名谁？"

"我姓李名世民。"

"家住何地？何人之子？"

"家在晋阳留守府，家父乃晋阳留守。"

"原来是李公之子，有何武艺？"

"十八般兵器娴熟，尤能刀枪弓马。"

"可否比试？"

"可！"

云定兴把手一招，一个亲兵走上前。此人乃云定兴侍卫长，他一言不发，拔出腰刀，向李世民劈头砍来。李世民不慌不忙，等刀砍下来时侧身一躲，随后飞起一脚，不偏不斜，正好踢在侍卫长手腕上。侍卫长疼痛难忍，手一松，"哐啷"一声刀掉在地上。云定兴看在眼里，很是高兴，立刻委任李世民为中军偏将。

云定兴把招募的兵仓促编队，来不及训练，便率领这批刚刚招募的三万兵马，匆匆前去救驾。大军晓行夜宿，急急进军，不几日便来到雁门，远远就看到了气焰嚣张的突厥兵马。云定兴策马跑上一个小山头，举目望去，不禁大吃一惊。见突厥兵营林立，旌旗蔽日，把雁门城围得水泄不通。云定兴知道皇上期盼救兵，本想率军直接冲上去，但他又一想，不行，敌军围城多日，养精蓄锐，我援军急行初到，疲兵交战，乃兵家大忌。于是，他下令宿营造饭，饭后休息，待明日轻装袭击突厥围兵，解围救驾。

第二天清早，三军饱餐之后，云定兴正准备击鼓进军，李世民突然飞马到云定兴面前大喊：

"大帅万万不可如此攻战！"

"大胆李世民，竟敢扰乱军心，拿下！"随着云定兴一声怒吼。十几个亲兵一拥而上，把李世民团团围住，不容李世民分辩，把他拉下马来，捆绑了。云定兴走进大帐，坐定之后，喊道："把李世民带上来！"李世民被押进大帐之后，云定兴喝问："你为何扰乱军心？"

"小将并非扰乱军心，而是向大帅建言。"

"有何建言？"

"突厥四十万人马围困雁门，我援军只有三万，又是初招募之新兵，多数从未打过仗。以寥寥三万未曾训练之新兵，攻战四十万如狼虎突厥之大军，如何能取胜？皇上殷殷期盼救兵，救兵如若溃败，又如何救驾？"

"你有何良策？"

"巧设疑兵解围。"

"如何巧设疑兵？"李世民闭口不言，他耸了耸肩膀，给云定兴示意被捆绑的绳索。云定兴走上前，亲自为李世民解开绳索，并示意卫兵退下。云定兴请李世民坐下，说："请详细说来。"

李世民揉了揉疼痛的胳膊，说：

"突厥四十万大军，已经攻破雁门其他三十九城，唯留雁门、崞城围而不攻，显而易见，已布阵单等消灭我援军。今我援军突至，突厥始毕可汗还不知我援军寡众，既不敢再攻雁门与崞城，怕我援军抄其后，亦不敢进攻我援军，怕城中我军攻其背。我军强攻，众寡悬殊，实难取胜，但可巧设疑兵反包围突厥，突厥疑心是我大军聚来，必会不战而退。"

"如何巧设置疑兵？"

李世民凑近云定兴耳畔，轻声说出巧设置疑兵之法。云定兴边听边点头，之后，哈哈大笑道：

"孺子聪明，此计绝妙，不亚周郎破曹之妙计。"于是，云定兴改变战略，把三万兵马分成三十个团，每一个团虚设为一个大军，从南向北，向突厥兵营围拢。白日，旌旗蔽日，尘土飞扬，并不时在移动，大有大军调动队伍布阵操练之气势；晚上，锣鼓阵阵，喊声雷动，颇似大军布防进攻演习之景象。如此闹闹哄哄了一天一夜，第三天上午，敌军突然撤兵而去。云定兴击鼓进攻，雁门之围顿解，成功救驾。杨广得了救，仰望苍天痛哭道：

"谢上天保佑我大隋！谢神灵保佑朕！"

群臣与万军将士也高呼：

"谢神灵保佑！吾皇万岁！"

之后，杨广查明，原来这次解围救驾，并非神力保佑，全仰仗两个人：一个是小将李世民巧设了疑兵之计。突厥号称四十万精兵围雁门，其实，突厥倾国之兵马，也不过四五十万，围雁门只有十几万而已。始毕可汗闻报隋大军反包围了突厥兵马，不免心慌；因为他知道，前两年，大隋征伐高句丽，动用了二百万大军，如果大隋以举国之兵马前来救杨广，突厥十几万兵马焉能与几百万大隋军交战？如果兵败，突厥岂不亡国？因而匆匆退了兵。第二个人就是义成公主。原来，正在始毕可汗惊恐之际，义成公主遣兵急报始毕可汗，突厥北境动乱，似有内外勾结之势，请他立即返回漠北。始毕可汗更是慌了神，外战未果，内乱又生，政权岌岌可危。因此，他匆匆退兵返回了大漠。杨广回到京城之后，封赏救驾有功者时，也重赏了李世民。

这正是：英雄不鸣则已，出世一鸣惊人。要知后事如何，请听下回分解。

第三十五回

三计说服李渊反　一哭谏言破长安

杨广虽然册封李世民为神策将军，但没有授他半点职权；只因杨广对李姓之人很忌讳，特别是李渊父子。不封赏李世民吧，李世民救驾有大功，难掩天下人之口；封赏吧，又怕扩大了李渊的实力。因此，只是给李世民封了个虚名。尽管只是一个虚名封号，也使李世民的名声大振。晋阳军政界，乃至老百姓，无人不知留守府李家二郎一计退了几十万突厥围兵的事。一些豪杰乡绅，都想结交李世民，李世民也趁机与之交往。不到三年时间，晋阳大多乡绅豪杰与李世民交好，只要李世民一声"请"，他们都会一呼百应，心甘情愿为李世民效力。

再说杨广，虽然二征高句丽因杨玄感叛变而草草收兵，但他并没有咽下败北高句丽这口恶气。他回兵收拾了杨玄感之后，又准备三征高句丽。尽管高句丽两次取胜，但那只是侥幸而已，小小的高句丽怎么能与大隋抗衡！高句丽被大隋征伐了两次，死伤惨重，人民怨声载道。因此，当杨广第三次攻到高句丽都城下，尚未交战，高句丽王就宣布投降。三征高句丽取胜之后，杨广脸上有了光彩，他本当静下心来改革吏治，奖励耕织，平定内乱，强国富民，但他并没有这样做，而是不顾百官反对，三游江都。

这次去游江都，与其说是游玩，还不如说是避难。其实杨广也已经看到，国内的民众已经厌恶了杨隋朝廷，到处叛反，平定了一处，又有几处叛反，大有雨后春笋迸发之势，根本难以平息。特别是瓦岗军，越剿势力越大，几乎控制了东都。派去征剿的大军，不是惨败就是全军覆没。因此，杨广再也无力剿逆了，也不愿再听到叛军的消息。谁上书说饥民叛反，杨广就治谁的罪。于是，满朝文武官员都装聋作哑，谁也不说有饥民造反的事。大家心里都明白，杨隋失德于天下，快要完蛋了。杨广心里更是明白，自己的末日要到了。于是，他整天躲在江都宫苑醉生梦死，自我麻痹。一日，他照着镜子，摸着自己的脖子，自言自语地叹息："嗟乎，好漂亮之头颅哉，不知将被何人取走！"的确，当时想要杨广头颅的人很多，第一个就是瓦岗军首领李密，其次就是各路叛军大王。李世民虽然不想要杨广的头颅，但他却在筹谋夺取杨广的江山。

大业十三年（617），十九岁的李世民经过几年筹划，认定起事时机已到。一天晚上，他去见父亲李渊，对父亲说：

"恭喜阿耶！"

杨玄感叛反被族灭之后，李渊的皇帝梦彻底破灭了，再也不想夺杨隋天下了；李窦氏去世之后，他更是心灰意冷，只想守着晋阳留守这个职位混日子。他整天捧着《道德经》，想以无为自保。听李世民如此说话，惊诧地问："喜从何来？"

"创建李氏大业时机已到，阿耶将要做皇上了，大喜哉！"

李渊大惊，把书放下，起身怒斥：

"胡说，此话若让他人听到，必遭灭门之灾！"

李世民胸有成竹地说：

"阿耶不必惊慌，杨隋朝廷大势已去，此时起事，一呼百应，杨隋江山唾手可得！"

"谁说要起事？谁说要创建大业？"李渊既惊又急。

"当然是阿耶你。"

"我何时说过？"

"阿娘遗书中说得甚是清楚，阿耶难道已忘记？"

李渊恍然大悟，李窦氏的遗书乃是世民口述于他，世民自然很清楚。想起李窦氏的遗书，不禁又勾起李渊往日的皇帝梦。自史世良说他骨相贵不可言时起，他李渊就做起了当皇帝的梦，且无日不想，他多次急于起事，多次被李窦氏拦住。这几年，他被杨玄感事件吓怕了，不敢再提造反之事了。而今，他也看到杨隋江山千疮百孔，是起事的好机会，但他一想到王威、高君雅二人对他李渊诡秘监视的眼神时就感到很害怕。他无奈何地说："即使为父想起事，也不敢矣！"

"为何不敢？"

"王威、高君雅二人皆是皇上眼线，为父虽是晋阳留守，但受人要挟，稍有异举，此二人必会上报杨广。当年杨玄感……不，不，不能反叛！"一提到杨玄感，李渊就想到杨玄感一家惨死的事，就害怕得心惊胆战，想当皇帝的念头就一下子飞到九霄云外，"不，不，不能反！"

李世民见父亲如此害怕，很是理解父亲的担心，但他想，如果失去眼前的机会，必会抱憾终生。于是，他厉声说道："阿耶，如今，你不反隋，也会被皇上问斩！"

"为何？"

"阿耶已身犯三大罪状，杨广岂能赦免你？"

"胡说，我如何身犯三大罪状？"

"容留逃避征伐高句丽兵役通缉之要犯窦琮、长孙顺德、刘弘基等人为一罪；奸淫皇上之妃为二罪；征剿不力，失守马邑重镇为三罪。皇上特使即将到晋阳来问罪，如果阿耶被特使执去了江都，岂不被杨广问斩？"

原来，李世民几次试探要求父亲李渊起兵反隋，李渊皆不理。李世民知父亲与晋阳宫监裴寂交情甚厚，又知裴寂好赌，便引诱裴寂赌博，以他个人之私财使裴寂屡赢。后来，裴寂知道所赢皆是李世民故意送给他之私财，很是感激。李世民乘机请求裴寂帮忙，劝父亲起兵反隋。于是，裴寂便设计请李渊喝酒，并在李渊酒醉之后，引诱李渊奸淫了杨广在晋阳宫中之妃嫔。其实，李渊知道，仅奸淫皇上之妃一事，便足以灭门。他惊慌失色地问："特使来晋阳此事当真？"

"儿岂敢妄言！"

"那如何是好？"李渊害怕至极。

"事到如今，唯有起兵反隋！"

"如何起兵？"

"儿已谋划好。一是向晋阳各府县假传皇上一道敕书，征募二十到五十岁男子充军，说是高句丽投降不实，皇上要再次征伐高句丽，如此既能使百姓惊慌，愈发痛恨朝廷，亦可为起事征得几万兵卒。二是设计智杀王威、高君雅二贼。"

"如何设计智杀二贼？"

"近日，突厥兵常侵扰我晋阳，可使人诬告是王、高二贼串通突厥来掳掠我晋阳，速擒捕二贼。等突厥再次袭侵我晋阳时，坐实二贼之罪，即可斩首二贼，永除祸患。"

"此计甚妙！"李渊又问，"如此割据晋阳称王，北有马邑王仁恭，西有薛举、梁师都、郭子和，东有瓦岗军李密，南有隋大军，晋阳如何固守？"

"晋阳掌控之后，可与突厥联盟，确保晋阳，然后出兵南下，直取京城长安。如今天下大乱，杨广避居江都，整日沉溺于酒色，不理朝政，只是由虞世基左右朝政。东都越王杨侗被瓦岗李密军围困，京城长安空虚，能入长安，我李氏大业岂能不兴？"

李渊听了李世民筹谋的这三大妙计，似乎从这三大妙计中看到了登上皇宝座的通道，心中的惊惧消失了，脸上布满了笑容。他又沉思了一会儿，觉得世民所说的这三大妙计稳妥可行，便道："我李家凶吉祸福，全执于尔手，即依尔之计策而行。今你大哥、三弟、四弟皆在东都，你姊与柴绍亦在长安，如何是好？"

"请阿耶即刻修书，遣家将致书，密令他们速回晋阳！"

李渊立刻修书二封，遣家将连夜启程分别去东都与长安。之后，李渊依照李世民之计一一而行。果然，皇上假敕书不仅使晋阳百姓恐慌愈加仇恨杨隋朝廷，又募到了数万兵卒。这一大动作，引起了王威、高君雅的怀疑，他们正想上报皇上，但可惜，李世民早已布好了网，杀了这两个不识时务者。

李渊很快掌控了晋阳，但被质于东都的三个儿子，长子李建成和四子李元吉逃出来回到了晋阳，三子李玄霸被皇上杨广派人盯得死死的，逃之不及，被斩杀了。李渊向来器重三子李玄霸，得知李玄霸被杨广斩杀，愈加仇恨杨广，决意要为三子李玄霸报仇。女婿柴绍逃出了长安，向晋阳赶来。女儿李翠平逃到户县，召集地方民团，组织起一支义军。李渊反了，创建起李唐大业，他与突厥联盟，稳定了晋阳。七月，发兵向长安进军。李渊命四子李元吉留守晋阳，率三万精兵，与长子李建成、次子李世民一路急急杀向长安。他怕瓦岗军李密乘机攻打晋阳，假意与李密联盟，并推李密为义军盟主,李密很是高兴。如此一来,既稳定了晋阳,又麻痹了李密进攻长安,起到了一石二鸟的作用。李渊义军军纪严明,一路秋毫不犯所取州县,大封官吏,使乡绅儒士交口称赞,蜂拥而至。不几日,大军到了霍邑。霍邑守将乃隋朝名将宋老生。宋老生老谋深算,知李渊远道而来,粮草不足,他干脆守城不战,等李渊粮草不足之时再收拾李渊叛军。当时大雨下个不休,李渊军中之粮不足,晋阳运粮未到。此时又传突厥准备袭击晋阳,来自晋阳的军士念家心切,军心不稳。裴寂看到这种危机,劝李渊暂返晋阳,日后再图长安。李世民极力反对,但李渊不听,下令撤军速回晋阳。李世民很清楚,一鼓作气如若受挫,军威不振,必然祸至。他准备再次去劝阻父亲回晋阳,但李渊已睡。李世民不得进入李渊大帐,于是,他干脆就在大帐外边放声号哭,哭得甚是伤心。李渊听到哭声,很是生气,大声喝问:

"谁人在帐外号哭?"

"是儿李世民!"

"进来回话!"

李世民刚走进帐内,李渊就怒气冲冲地问:

"为何如此号哭?"

李世民跪在李渊面前,流着眼泪说:

"李家将遭灭门之灾,儿岂能不痛心疾首?岂能不大声号哭?"

"胡说!哪有此事?"

"阿耶今日撤军,明日大祸将至!"

"军中少粮,暂时撤军,哪能有此恶果!"

"军中之粮虽匮乏,然眼下禾苗遍野,何愁缺粮?谣传突厥袭掠晋阳,然我李唐与突厥初结盟,突厥无缘无故岂能背约?为兴李唐大业,父亲枕戈待旦几十年;为兴李唐大业,母亲客死他乡。如今义旗初举,士气正旺,只是偶遇小敌小挫,即缩首撤军,哪有夺天下之勇气霸气?欲兴大义,即应奋不顾身以求苍生,当先入长安,号令天下。今一旦仓促撤军,从义之兵卒丧失斗志解散,阿耶还守太原一城之地将为贼耳。到彼时,薛举大军西攻,马邑、王仁恭北袭,李密东击,杨隋大军南来进剿,我李唐何以自全?"

李渊生气地说：

"暂回晋阳，寻机再图长安，有何不可？"

"今日兵以义而起，进战则克，退还则散。众散于前，敌兵追于后，死亡之日将至，儿如何不痛心疾首，悲痛号哭？耶耶，万万不可撤兵！"李世民声泪俱下。

李渊见李世民如此悲伤，仔细一掂量，恍然大悟：宋老生老奸巨猾，我前边撤兵，他必然会随后追来。如若兵败，刚刚起兵的李唐大业岂不夭折！想到这里，他很是后怕，也很感激世民苦苦劝阻。他想：世民的确善谋善战，创建李唐大业只能依靠他了，不如委他重任，既符合神佛暗示，亦能使之充分发挥才干。于是，他对李世民说：

"成败在你，如若日后事成，李唐江山唯你所有！"

"谢大人信任！"

忽然，李渊失声大叫：

"嗟乎，大事不好！"

"大人为何惊慌？"

"回军之令已发，这可如何是好！"

李世民说：

"左军虽已发，但行程不远，右军尚未动，可速命右军不动，追回左军。"

"快快追回左军！"

于是，李世民与李建成追回了已撤退的左军。两日后，晋阳把军粮运到了，并说晋阳平安无事，军心稳了，士气振了。又过两日，天晴了，将士养足精神，攻战心切。然而宋老生依据地形险要，城坚粮足并不出战，为此，李渊很是着急。他问计李世民：

"可有攻城之良策？"

"有！"

"是何良策？"于是，李世民说出了他已经谋划好的战法，李渊听后，不无疑虑地说：

"如此是否可行？"

"宋老生虽英勇但少谋略，不堪欺辱，必然出兵！"

于是，第二天，李渊依李世民之计而行。李渊带着几百名义兵到霍邑城东几里外等待步兵，命李建成率几十骑兵在城东，李世民领五十骑兵在南城下布兵。李渊举鞭指挥，做布兵围城架势，并让兵士高声叫骂："乌龟将军宋老生，怕死不敢出城门……"李唐兵士叫骂了一个时辰，宋老生果然不堪其辱，率三万大军自东门、南门出城布阵欲与李渊决战。李渊见宋老生出城布阵，很是高兴，他与李建成战于城东，李世民领五十精骑战于城南，宋老生看到李唐大军，气愤至极，高声叫道："反贼李渊，速来受死！"

李渊仔细看去，这宋老生果然英雄了得，头大如斗，目如铜铃，口如血盆，使一把明晃晃大如门扇的大刀，骑一匹全身火红如同关羽的赤兔宝马。还未等李渊答话，宋老生便怒气冲冲挥动大刀向李渊砍来。李建成与殷开山连忙上前迎战。战不到几个回合，二人便气喘吁吁，他们不是宋老生对手，渐渐败阵。李渊上前助阵，三人联战宋老生，但还是难以取胜，李唐义军开始慌乱后退。正在这时，李世民带着他那支经过特别训练，刀枪弓马之艺娴熟，敢于冲锋陷阵的五十名勇猛亲兵从城南一路杀来。李世民手持两把弯刀，骑着那匹什伐赤烈马，一马当先，冲锋在前，他身后便是如狼似虎的五十名精兵。他们刀枪挥舞，刀枪所到之处，血肉横飞，如同砍瓜切菜。隋兵不知趣地上前迎战，不是掉了头，就是断了腰，逃不及的，就被砍断了腿，削去了胳臂。这一队骑兵突然冲到隋军阵中，隋军不及提防，阵脚全乱了。这时，宋老生却愈战愈勇，李渊他们招架不住，急向后撤。宋老生哪肯放走李渊等人，挥刀砍向李渊。李建成去保护父亲，宋老生很是气恼，挥刀向李建成砍去。危急关头，李世民赶到，挥舞双刀，向宋老生砍去。宋老生顿觉身后似有一只火麒麟袭来，他急收大刀回头看，见一员身着银盔银甲、手使两把弯刀的小将向他杀来，不禁一惊，大声喝问："来将何人？"

李世民并不答话，驱马扑向宋老生，宋老生看小将来势凶猛，也不敢怠慢，举大刀去迎。谁知，还未等他把大刀举起，只见一股红光迎面袭来，他急忙躲避，哪能躲得了，只听"哗"的一声响，脸上顿觉有冷冰冰黏糊糊的东西。他正想用手去摸，又觉得有两股寒光袭来。他大叫一声"不好！"，赶紧逃走。原来李世民砍的隋兵太多,两把刀上沾满了血,他挥刀向宋老生砍去,刀刃未到血水已经先飞向了宋老生,不但脏了宋老生的脸,也糊住了他的眼,宋老生怎能不心惊胆战?宋老生一败,殷开山乘机诈喊:"宋老生死了,宋老生死了!"

隋军听主帅已死,谁还有心恋战,纷纷溃逃了。兵败如山倒,宋老生一看大势已去,只好驱马回城。但此时李唐将士已经封住了城门,宋老生想杀回去,却是来不及了。他跳下战马,准备跨过城壕,夺回城门,但谁知李世民与殷开山已经追到他面前。李世民挥舞双刀,殷开山也举起大刀向他杀来。宋老生躲避不及,只觉得眼前一花,已经身首异处。可怜大隋一代名将宋老生,糊里糊涂成了李世民与殷开山的刀下鬼。

李渊军令严正,军队进了霍邑城,开仓赈济贫民,给城中乡贤绅士大封官职,很快得到霍邑民众拥护。李渊收集霍邑的隋朝散兵,又募征了一批壮年农夫参军,军威大振。于是,李渊乘胜率军杀向长安。这期间,李翠平在户县、三原、武功组建起了一支以女子为主的义军,号称"无敌娘子军",从西浩浩荡荡杀向长安,与其父李渊合兵围住了长安城。长安城空虚,守将哪能挡住如同洪水涌来的李唐义军,兵败了,城破了,代王杨侑在惊慌中做了俘虏。大业十三年(617),李渊迫使杨侑登基做了傀儡皇上,遥尊身困江都的杨广为太上皇。

当年杨坚把小外孙宇文阐推举为皇帝,让他做了几年傀儡,然后,操纵群臣唱了一出"禅位"的闹剧,名正言顺夺取了宇文周家的江山,登上了皇帝宝座。李渊也如法炮制。历史就是如此。历史中的人物故事,也经常重演。

这才是:杨坚篡位宇文阐,李渊又把杨侑欺;世事翻来又转去,一还一报没个完!要知后事如何,请听下回分解。

第三十六回

太子齐王定诡计　手足相残玄武门

义宁元年（617）五月，喜爱巡游的杨广，在三游江都时遭到兵变，被宇文化及等人缢死。杨广一死，李渊不再需要十四岁的傀儡皇帝杨侑，将他一脚踢开，自己登上了龙位，建立了李唐王朝，定年号为"武德"。李渊终于圆了他的皇帝梦，封长子李建成为太子，次子李世民为秦王兼兵马大元帅，四子李元吉为齐王，并追封三子李玄霸为卫王。李渊很庆幸自己顺利地做了皇上，但他在太子人选上很是作难，按照历朝历代立皇储的惯例，应该立长子李建成为太子；可是，按创建李唐大业的功绩，李世民功绩最大，而且在与宋老生作战受挫时，他曾明确给李世民许诺"如若日后事成，李唐江山唯你所有"。于公于理，应立李世民为太子，但李渊并不是一个心胸广阔的人，他担心李世民功大难以制服，很是犹豫。他也曾征求裴寂的意见，裴寂迂腐，处事一向因循守旧，虽然没有明确说应该立谁为太子，但对李渊说："国初立，应以历朝惯例稳妥。"言下之意，应该立李建成为太子。李渊内心也想立李建成为太子，因为李建成在他李渊面前，俯首帖耳，唯命是从，容易掌控，李世民则不然，很有主见，立为太子就很难掌控了。于私，他当然想立李建成为太子。于是，他把李建成立为太子，但又怕李世民不服，便封李世民为兵马大元帅。如此看来，他不偏不倚，倒像是很公正。他虽然暂时糊弄了李世民，却埋下了一个十分危险的祸患。他的几个儿子都有志于皇位，并不是伯夷叔齐。几年后，李家三子便重演了前朝杨坚诸皇子争权夺位的大戏。

李渊虽然捷足先登入了长安，登上了皇帝龙位，但其他反隋的义军并不认可。他们与李渊一样，都是怀着皇帝美梦反隋的，如今杨隋已灭，他们的皇帝美梦都赤裸裸地显现了出来，纷纷自封为王。西边的薛举自称"西秦霸王"，北边的刘武周自封"定杨天子"，梁师都自称"解事天子"，郭子和自号"平杨天子"，窦建德自封"夏王"，刘黑闼自称"汉东王"，东边的瓦岗军李密自封"魏王",南边的王世充自称"大郑皇帝"。还有朱粲之流也自立为王,割据争霸,谁也不让谁。李渊刚刚登上皇帝宝座,屁股还没坐热,西边的薛举就率大军前来攻夺长安。于是,李渊命李世民挂帅剿灭薛举。李世民这一出战,南征北伐,东讨西杀,九年方归。

在这九年征战中,李建成是太子,很少出征,李元吉出征了几次,很不顺利,只有李世民骁勇善战,他善于使用五百名敢死勇士冲锋陷阵,直入敌军心脏,能在万军中取敌主帅的头颅。他先后灭了薛举父子和刘武周、王世充、窦建德等大的割据势力,把隋朝多年用大军剿灭不了的瓦岗军李密也收拾了,其他的小割据势力,不攻自破。可以说,李唐从筹谋反隋起兵到镇压敌对势力,巩固李唐江山,李世民的功劳最大。但齐王李元吉并不认同,他很想做皇帝,因为皇帝权力天下第一,做了皇帝,就可以为所欲为。他倒还有点儿自知之明——他要想做皇帝,就必须先灭了二兄秦王李世民。他非常清楚,他与二兄争斗,是以卵击石。秦王李世民不仅功劳大,名气大,而且在征战中把天下谋士猛将全都收拢在麾下。论实力,谁也比不上秦王李世民。因此,他便与太子李建成联手,想要除去秦王李世民这个绊脚石。

再说太子李建成,尽管李窦氏在世时,说李建成心胸狭窄,但心地良善,可是人在物事演变中品性也会变化,在权力诱惑下,李建成完全变了,留在他狭隘心胸里的那点儿良善已荡然无存。他很清楚,筹谋反隋起兵,没有他李建成的份儿;起兵之后,他的功绩根本无法与二弟秦王李世民相比。他之所以做了太子,只因他是嫡长子。当时阿耶封他为太子,也是为了安定国民之心。其实,阿耶对他并不满意,他李建成智勇不及二弟。他更清楚,阿耶早在封他为太子之前就曾许诺皇位要传给二弟李世民;封他李建成做了太子,只是阿耶压制二弟李世民的手段而已。因此,他很清楚,如今自己虽为太子,但这太子位并不稳妥,只有设法灭了二弟李世民,才能稳坐太子位。因此李元吉来找他联手对付李世民时,二人一拍即合。于是,他二人狼狈为奸,多次设计谋害李世民:一是让与他们有染的后宫妃子给李渊吹枕边风,说李世民的坏话;二是直接设计杀害李世民。一天晚上,太子李建成点名宴请秦王李世民与淮安王李神通,李世民不得不去。入宴席后,李建成在李世民的酒中下了毒，李世民当时就中毒昏倒。淮安王李神通知道是李建成所为，赶紧搀扶李世民回了秦王府。还好，李世民吐出了很多有毒的血，长孙无瑕及时请来神医给李世民祛了毒，才保住了一条命。李建成一计不成，便与李元吉谋划再次杀害李世民。于是，他们先把李世民最得力的谋士房玄龄、杜如晦贬黜出京城，又用高官重金收买李世民的部下——猛将尉迟敬德。尉迟敬德虽然粗鲁，但对主子李世民却非常忠诚，不买他们的账，被太子李建成关进天牢受尽折辱，后被李世民救了出来，更加死心塌地。当时，突厥犯边，李建成与李元吉又商定，叫他们的亲信死党给李渊上书，举荐齐王李元吉挂帅出征，乘机把秦王府的谋士猛将全都收于齐王李元吉之手。他们设计，齐王李元吉发兵那天在昆明池设伏，待秦王李世民和尉迟敬德来送行时，将二人一举击杀。不料，他们的谋划被率更丞王晊听到，王晊密告了秦王李世民。李世民很清楚，太子李建成与齐王李元吉是铁了心要置他李世民于死地，但都是他一母同胞的亲兄弟，他不忍心手足相残，且他牢记母亲临终时的叮嘱：要他们弟兄和睦共处；他更顾及手足之情，故而一直隐忍。但尉迟敬德不能，与他李世民同生死共患难的谋士和猛将都不能，他们之所以抛头颅洒热血，为的就是跟着主子秦王李世民建功立业，日后能有个好前程，如果主子死了，他们的功绩岂不全都完了？因此，他们都劝李世民灭了太子与齐王，但李世民一时下不了这个决心。一天晚上，李世民请来长孙无忌、房玄龄、杜如晦、尉迟敬德、侯君集、宇文士及、高士廉、程知节、秦叔宝、段志玄、屈突通、张世贵等亲信商量如何应对。

尉迟敬德心直口快：

"太子与齐王已经设下奸谋，要在昆明池杀害大王与我等，大王岂能束手就擒？"

房玄龄说：

"先发制人，大王应速下决心，不然后悔莫及！"

李世民痛心地说：

"手足相残，古今大恶。杀了太子与齐王，日后史书将如何评说我秦王李世民？"

杜如晦冷笑道：

"史书乃官家之言，百姓谁能写史？如被太子与齐王所害，大王与我等反会成为史书中的逆臣贼子。"

"先妣遗言，要我体谅兄长与小弟，我岂能逆母亲遗言手足相残？"

"迂腐，迂腐！如今，大王不忍手足相残，太子与齐王岂能放过大王？"杜如晦看秦王李世民犹豫不决，极力鼓动秦王李世民灭了太子与齐王。

"嗟乎！"李世民依然犹豫不决，只是叹息。

尉迟敬德愤怒道：

"大王置江山社稷不顾，唯念匹夫小节轻生，恭出身草莽，不愿陪大王忍辱冤死。大王不听恭之言，恭此刻即隐身草莽去做逍遥山大王！"

长孙无忌也生气地说：

"大王不从敬德与众家之言，秦王府必灭。敬德去隐身草莽，无忌亦相随而去！"

房玄龄、杜如晦、侯君集、程知节，秦叔宝等人见李世民不语，知其不忍灭太子与齐王，无可奈何，相互望了望，起身准备离去。这时，秦王妃长孙无瑕突然走了出来，说："众位卿家请留步！"她向众人施了礼，道："谢众位卿家不舍秦王。"

众人忙向秦王妃还礼。之后，尉迟敬德愤言：

"我等不舍大王，然大王唯念匹夫小节，欲舍弃我等去轻生！"

长孙王妃看着李世民，说：

"大王常言，孝莫过上古虞舜。然虞舜并非愚孝，他明知其父与弟弟害他，故掘井时提前挖好逃命之道。如无逃命之道，其父与弟在上填井，虞舜岂不葬身于井下？其父命他油漆粮仓之梁柱，他不先做好逃命之器具，焉能全身而逃？虞舜之孝，小杖则受，大杖则逃，方能保住其性命。而今大王被太子与齐王所害，竟然愚钝引颈受戮！此既不孝于严慈之生养，亦放纵手足作恶，害国祸民。日后，大王在唐史中唯能留下迂腐无能之名声，难道大王甘为迂腐无能之徒不成？"

长孙无瑕这席话，一下子点醒了李世民，舜为古之大孝，然小杖受，大杖走，我李世民岂能甘心受太子与齐王诡计？李世民猛然抬起头，问大家：

"诸位有何妙计，能逃此大劫？"

房玄龄与杜如晦不约而同地说：

"先发制人！"

"先发制人！"李世民不免心动。

尉迟敬德与长孙无忌、长孙顺德也说：

"对，杀了太子与齐王！"

李世民看了看众人，摇了摇头。

长孙无瑕知道李世民不愿先下手，她笑了笑说：

"大王既然不愿先发制人，后发制人如何？"

"如何后发制人？"李世民问，大家也不解地看着王妃。

长孙无瑕说：

"提前做好准备，如太子与齐王动手，即刻反击！"

房玄龄与杜如晦点了点头，李世民也说：

"行，先做好防备，如其动手，我等可反击，然如何防备？还请众卿家思谋。"

杜如晦沉思了一会儿，说：

"唯做防备不行，还须以攻为守。太子与齐王欲加害大王，届时若反咬大王反叛，大王岂能逃命？又如何能逃脱反叛之罪？"

李世民问：

"如何以攻为守？"

房玄龄说：

"请大王即刻进宫告知皇上，太子与齐王淫乱后宫，欲加害大王，以此以攻为守，使皇上心中明白谁是谁非。"

李世民觉得有理，点了点头起身准备进宫。他对房玄龄说：

"请众位卿家做好防备之事。"

"大王请放心！"

房玄龄催促李世民：

"请大王速进宫，不然夜深宫门难进！"

李世民走后，尉迟敬德说：

"皇上如今甚为昏庸，岂能听信大王之言？"

杜如晦冷笑道：

"皇上唯信任者，乃裴寂等佞臣。当年起事，他许诺大王皇储，为何改立长子李建成？太子与齐王淫乱后宫，皇上岂能不察？上次太子毒杀大王，皇上岂能不知其用心？皇上也是妒忌大王名声过重，危及他皇位而已！大王此去，只能明太子与齐王之阴谋，而想治罪太子与齐王，皇上绝对不可能。太子与齐王不死，我等早晚皆是太子与齐王案板之鱼肉耳！"

长孙王妃说：

"太子与齐王多次谋害大王，然碍于手足之情，我从未劝大王反击。前次大王被太子毒害，若非淮安王及时将大王送回，我已成陪葬之鬼。如今再沉默，岂不成害夫昏庸之妇？"

"王妃意欲如何防备？"房玄龄问。

"今晚布防，明日请大王必执太子与齐王上殿明理。如若太子与齐王拔刀伤害大王，尔等即刻击杀。"

"王妃高见！"房玄龄应道。他对尉迟敬德说："请尉迟将军即刻选猛士前来秦王府听令！"

尉迟敬德见秦王妃主张杀太子李建成与齐王李元吉，甚为兴奋，立刻去挑选猛士。不大一会儿，他领来七十名猛士于秦王府厅前。长孙无瑕亲自上前检查每个勇士的兵器战甲，果然，个个都是身经百战的骁勇之士。之后，她对勇士们说：

"尔等跟随大王东征西讨，战功卓著，而今却有人要杀害大王与尔等，尔等该当如何应对？"

"杀！"

长孙无瑕厉声说：

"谢众位勇士！秦王府中无弱兵，尔等要听令于尉迟将军，若有杀害秦王者，不管是谁，格杀勿论！"

"遵令！"

十二个创建李唐江山的著名谋士、将领，七十个猛士，看着长孙无瑕，既敬佩又吃惊，向来深居秦王府以贤惠著称的秦王妃，何来如此胆略智慧？这就是城府，这就是大智若愚，这就是长孙无瑕的慧根。李窦氏独具慧眼，当年她所看重的就是长孙无瑕秀外慧中。

李世民将太子与齐王淫乱后宫与谋害他李世民的事告诉李渊。李渊也有耳闻太子与齐王进出后宫之事，但他怕家丑外扬，再说，天下美女之多，大不了再选秀女充宫。如今秦王已知此事，这事就难再遮掩。因此，他非常恼火，对李世民许诺，翌晨彻查。李世民一走，暗地与太子有染的张婕妤对李渊进言说："秦王之言，只是一面之词，陛下岂能相信？宫中之人都说殿下仁厚，岂能做出淫乱后宫与谋杀秦王之事？"李渊看着娇美的张婕妤，紧皱的眉头舒展了，把张婕妤抱在怀里说："秦王如此说，朕岂能不管？""要管，岂能不管，明日陛下可与裴相商，化解化解秦王兄弟之间之是非。这毕竟是家丑，何必张扬出去。"张婕妤一边撒娇，一边吹枕边风。李渊笑了笑说："言之有理，明日就叫裴爱卿调解此事。"张婕妤待李渊睡着之后，立即命心腹将此事告知太子，要他赶紧想对策。

李建成得知李世民告发了他与李元吉的丑事，心中惶恐，急忙请来李元吉商量对策。李元吉沉思了一会儿，对李建成说："量阿耶奈何不了你我，你我干脆托疾不朝。"

"不可，托疾不朝反而坐实你我之罪，秦王一人之口，奈何不了你我。再说，此乃家事，阿耶不会张扬。至于秦王说你我害他，有何凭证？如今他麾下谋臣已被逐外，猛将已属四弟，他孤家寡人一个，奈何不了你我，再说，宫中我已布兵严防，他不敢在宫中作乱。明晨四弟与我早早入朝抢先参他一本，向陛下告发他有反叛之嫌，先发制人，使他有口难辩，看他还能如何！"

李建成与李元吉满以为李世民的谋臣猛将已散，宫内有张婕妤等相好传递消息，朝臣中有宰相裴寂等死党听命于他们，李世民已成他们案板之羔羊了；但他们完全失算了。

武德九年（626）六月初四清早，李建成仗剑，李元吉执弓，骑着骏马，怀着陷害秦王李世民的阴谋，像往日一样威风凛凛地去早朝。他们行至玄武门时，觉察气氛有点儿不对劲，急忙调转马头欲回太子府；但已经迟了，只见李世民在他们身后喊道：

"哪里走！尔等淫乱后宫，毒计害我，速与我去面见陛下理论！"

太子李建成回头一看，但见秦王李世民只身骑着他的什伐赤烈马，手执弯弓，怒气冲冲。不看还罢，这一看，李建成浑身战栗。他非常清楚，论武功，他不是李世民的对手，但论权位，他是太子，是长兄，李世民不敢把他怎样。想到这里，他故作镇定，厉声呵斥：

"大胆李世民，敢在孤面前无礼！"

"汝位显失德，不孝不仁，荒淫堪比前朝杨广，凶残更比曹魏曹丕，无功无德，有何面目自称孤？"李世民愤然斥责。

李建成被李世民骂得面红耳赤，怒吼道：

"四弟，速与我拿下此叛逆贼子！"

李元吉看见李世民更是害怕，他哪敢走近李世民，远远地引弓搭箭，向李世民射去。但他心慌意乱，手在发抖，一箭不中，二箭射去，亦未中，三箭射去，还是未射中。李世民让过李元吉三箭，搭弓射去，"嗖"的一声，一箭就射穿李元吉头上的金华冠，李元吉吓得面如土色，赶紧逃去。李世民素有百步穿杨之能，在几十步内，岂能放走李元吉？他本无杀害胞弟之意，只是想警告其不要胡来，想执李建成与李元吉二人前去面见父亲理论。

正在这时，尉迟敬德率领七十猛士赶到。尉迟敬德一见太子李建成执剑要杀秦王李世民，不由得想起前几日，被李建成收买不成，诬他尉迟敬德谋反，把他囚于天牢，受尽凌辱，险遭斩首之恶恨来。仇人相见，分外眼红，他怒火心里冒，仇恨胆中生，"呀呀"大吼，飞马扑到太子李建成面前，迎头一鞭打去，李建成躲避不及，惨叫一声便落马断了气。这时，猛士看秦王李世民张弓搭箭射齐王李元吉，也都张弓射向李元吉，李元吉在乱箭之中惊慌落马。李世民连忙大喊："勿伤齐王性命！"谁知，这时李世民的什伐赤烈马受惊，退向路边树林，李世民背后衣服的银环被树枝挂住，落马摔倒在地，一时脱不了身。李元吉看李世民被树枝绊倒在地，心中大喜，暗想：天助我也，太子已死，杀了秦王李世民，大唐皇上宝座我李元吉就坐定了。于是，他疾步跑到李世民跟前，夺过李世民手中的弯弓，用弓弦死死勒住李世民的脖子，恶狠狠地说："李世民，快下地狱去！"尉迟敬德杀了李建成，抬头一看，见齐王李元吉正在用弓弦勒李世民，不由火冒三丈，策马赶上前，举鞭大声喊道："竖子，拿命来！"李元吉听到尉迟敬德这声喊，吓得浑身发抖，他非常清楚自己绝不是这黑贼对手，赶紧撒手逃命。他与太子李建成的伏兵就在武德殿，只要他跑到武德殿，就谁也奈何不了他，于是他拼命向武德殿跑去。尉迟敬德见齐王李元吉逃去，张弓搭箭，"嗖"的一声，利箭从李元吉的后心入前心出，立时让他一命呜呼。这时，太子在武德殿的伏兵急急赶来，几百号东宫卫兵坚甲利刃，恶狠狠地杀过来。尉迟敬德所率七十多骑猛士更是了得，刀劈枪挑，斩杀甚众，但东宫卫兵众多，死力奋战，一时难分胜负。这时，只见尉迟敬德提着太子李建成和齐王李元吉的首级，大声喊："太子与齐王谋反，已被秦王正法，谁敢反叛，格杀勿论！"这些东宫卫兵见主子已死，立时作鸟兽散了。

　　这场兄弟相残，双方都有伏兵，太子伏兵在武德殿，李世民伏兵在玄武门，李世民设伏兵只是想执太子与齐王去面见皇帝理论，因为理在于他。太子设伏兵只想杀死李世民，除掉这个使他日夜不安的二弟。李世民虽设有伏兵但未先动手，李元吉动手杀李世民在前。秦王李世民不想杀人却无奈杀了人，太子李建成与齐王李元吉一心想杀死秦王李世民，却被反杀。这到底是天意还是人为？尽管史书上有记载，版本也众多，百人百口，万人万想，看的角度不同，想的思路不同，说的褒贬自然不同。但不管如何说，这场兄弟相残之后，李世民稳固了大唐江山，酿出了贞观之治，铸就了盛唐辉煌。的确，若没有玄武门之变，也许就不会有贞观之治的辉煌。

　　其实，玄武门之变的孽根在皇上李渊。李世民生有异象，李窦氏也坚信李世民能济世安民，但李世民小时候性格内向，身体多病，李渊心里并不看重他。李渊在四个儿子中最看重的是李玄霸。李玄霸长相威武，心直口快，非常聪明，特别是善武。自从云游书生说李世民有龙凤之姿，天日之表，颇有济世安民之能后，李渊心里很是不快。因为，史世良也曾说他李渊骨相贵不可言。他想，我既有王者之福，我尚未有江山，儿子怎能捷足先登？因此，李世民在晋阳逼他起兵反隋，他很是担心，担心李世民如此做会毁了他李渊。在进军长安途中，遇到强敌宋老生时，他下令撤兵回晋阳，李世民哭着对他讲明利害，他恍然大悟，感慨地说："成败在你，如若日后事成，李唐江山唯你所有！"但大军攻破长安，夺了杨隋的江山，他李渊当上了皇帝，却突然封功劳远逊于李世民的长子李建成做了太子，自食其言，这就在兄弟二人之间埋下了怨恨的种子。在李建成毒杀李世民时，他只是责备了李建成几句，并未认真平息二人心中的怨恨。在裴寂等人上书举荐齐王李元吉挂帅出征突厥时，李元吉乘机把李世民招揽的谋士猛将都抢到他自己麾下，李渊明知李元吉这是在夺李世民的军权，但他作为皇上竟然准奏。在太子李建成收买尉迟敬德不成诬其反叛时，他这个皇上并不想辨明是非。这一切，都是他李渊妒忌次子秦王李世民所致。李渊做了皇上，并不以隋亡之弊端为鉴，为天下民众着想，而是一味贪图享乐。唐沿隋制，没有改变什么。他整天沉迷于美色歌舞与游猎，由裴寂左右着朝政。外不思治国，内不善治家，以至于太子李建成与齐王李元吉淫乱后宫。李渊作为皇上如此是非不清，昏庸无能，才酿成玄武门之祸事！

苍天不言，是非洞明，谁埋下孽根，谁遭受报应。玄武门之变后，太子李建成和齐王李元吉身死，其爪牙被屠尽，整个朝廷慑服于秦王李世民。李渊这个皇上成了傀儡，但这个傀儡也仅仅做了两个月，就不得不禅位给了李世民。李渊的皇帝瘾尚未过足，梦就结束了，尽管他被儿子推下了皇帝宝座，但还享受着太上皇的待遇。李世民有着天子命，更有着济世安民的慧根，他虽然杀了太子李建成和齐王李元吉的儿子，杀了东宫和齐王府的主要帮凶，但他尽量网开一面，赦免了魏徵等人，也免了李建成和李元吉妻妾的死罪。李世民凭着他的天子命和济世安民的慧根，在中国历史上创造了一代盛世——大唐贞观之治。

这正是：父亲治水无功死，儿子疏通河海名。要知后事如何，请听下回分解。

第三十七回

舍家为寺报根本　祭奠恩师筑庙堂

武德九年（626）八月，李世民登基，改年号为"贞观"。贞者，正也，观者，视也，贞观，即正视。李世民取此年号，足见他要正视唐初乱世之实际，要进行一场政治大革命，实现他济世安民的伟大抱负。

首先，他规范了中央行政机构，实行三省六部编制：省是指办事的机构。所谓三省，即中书省、门下省、尚书省。三者的关系是：中书省发布政令，门下省负责审查，尚书省具体执行。中书省在形成政令过程中，由中书省所有的舍人各抒己见，充分酝酿之后优选产生完善，再由中书侍郎审定成文，再由中书令审查，之后，还须经给事中、黄门侍郎驳正，最后上报皇上。皇上审阅之后，再交门下省审查，有误，门下省有权驳回重议，如无误，加上"副署"二字便算是通过。最后加盖皇上印章，以皇上的名义由尚书省颁布执行。三权分立，相互制约，并规定京官三品以上参知政事，五品以上听政述职。每次廷议必有谏官参与，大臣各抒己见，充分民主，太宗李世民虚心纳谏，中央首脑集团在行政制约上颇具民主性。

一次，一官员上书说应铲除"佞臣"。李世民问这位官员："谁是佞臣？"此官员一时说不清，他请皇上设计测试。李世民说："君，源也，臣，流也，浊其源而求其流清，不可得矣。君身为诈，何以责臣下直乎？"的确，君明臣直，皇上清正，何能产生佞臣？像隋朝的黄门侍郎裴矩，在杨广之侧，则是佞臣，而后在李世民之侧，仍为黄门侍郎，则成为忠谏之臣。正如李世民请教魏徵："人主何为而明，何为而暗？"魏徵说："兼听则明，偏听则暗。"因此，李世民每当议事处事，总要谏官在场，听取多方意见而后决。正因为李世民虚怀纳谏，每有失误失策，即能及时修而正之。也正因为如此，贞观初年，君明臣直，任人唯贤，政通人和，官廉民顺，社会安定，短短几年，民间竟然出现了路不拾遗、夜不闭外户的安宁景象。

其次，他轻徭薄赋，使农夫耕有其田，安居乐业，衣食无忧。贞观元年

(627)，关中大旱，李世民与民众共同求神祈雨，之后雨下，百姓皆说："圣上通神。"贞观二年（628），河南闹蝗灾，李世民亲自前去救灾。李世民在田间视察时，看到密布的蝗虫吞食禾苗，很是痛心。他抓住一只蝗虫，气愤地说："民以谷为命，尔吃民谷禾，如食朕肉，朕生吞尔等。"言毕，就一口把这只蝗虫吃掉。之后，蝗灾竟然消失。百姓皆呼："圣上乃天神也！"贞观三年（629），山东闹水灾，李世民亲自去灾区赈灾。民众一看到李世民，抗灾信心十足，很快治理了水患。贞观四年（630）举国五谷丰登。贞观元年斗米市价一匹绢，贞观四年，斗米仅值三四钱。百姓丰衣足食，安居乐业。尽管如此，李世民诏令举国厉行节俭，从皇宫到民间，皆以铺张浪费为耻。

再次，他爱惜生命，以人为本。贞观初年，李世民两次放还宫女三千多人，令其"任求伉俪"。明文规定放还的宫女可自寻佳婿，任何人不得左右。有一年，年关将至，李世民去视察监狱，看到死囚一个个悲痛欲绝。是呀，每逢佳节倍思亲，谁人不是如此，死囚临决，更是思念亲人。李世民对死囚们说："朕与尔等相约，放尔等回家过年。明年秋决，尔等必须返回狱中，可否？"死囚们保证之后，李世民将四百名死囚放回。第二年秋决之前，这四百名死囚全部返回狱中，无一逃亡。李世民看这些死囚言而有信，亦有悔改之心，即赦免其罪，都释放回家，让其重新做人。不仅君明臣直，而且君仁死囚亦知忠义。对此，后世诗人白居易赞扬李世民道："怨女三千出后宫，死囚四百来归狱。"贞观四年，大唐举国死囚仅有二十九名，处决这二十九名死囚之前，经刑部复审，再上报皇上亲审，三次复审而后决，唯恐有含冤而死者。

再次，他恩威并举，和睦四夷，攘外则须先安内。李世民的治吏、奖农、休养生息取得了显著成效，使民富国强。先前，突厥颉利可汗侵入大唐国，一直掳掠到了长安渭水桥北之耻辱，李世民永远无法忘记，经过一番艰苦运筹攻略，他逐渐把突厥分化成了东西两大势力。他先收服了西突厥突利可汗，再逐渐孤立东突厥颉利可汗，终于在贞观四年生擒了颉利可汗，彻底消除了北境突厥之患。北境平了，四夷服了。大唐的版图东到渤海，西至葱岭，北到漠北，南至南海，拥有疆域两千四百多万里！但李世民并不好大喜功，穷兵黩武。他牢记隋炀帝杨广与突厥颉利可汗"好战者亡"的教训，而是与四邻友好往来，互尊互礼互利相处，赢得了四夷大小国王酋长的拥戴，称李世民为"天可汗"——天下各国人民的大皇上。这是中国历代帝王乃至天下帝王中，最高的荣誉称号。

太上皇李渊面对儿子李世民所取得的伟大成就，也由衷感佩道："汉高祖白城之辱不能得报，今吾儿能灭突厥，吾托付得人，复何忧哉！"是呀，李渊应悔，早知儿子李世民如此能干，何不早日让位于儿子，亦可避免诸子手足相残之大祸。当年诸葛亮信誓旦旦六次伐曹魏，竟然抱憾死于五丈原。诸葛亮在临死之时，对天喟然长叹："呜呼，谋事在人，成事于天矣！"诸葛亮尚且如此认命，何况平庸之辈！

四夷平，国内安，但李世民犹觉不安。他对近臣说：

"治国如治病，病虽愈，尤宜将护，傥遽自放纵，病复作，则不可救矣！今中国幸安，四夷俱服，诚自古所希，然朕日慎一日，唯惧不终，故欲数闻卿辈谏争也。"

魏徵感动地说：

"内外治安，臣不以为喜，唯喜陛下居安思危耳！"

的确，李世民对自己要求很严，把地方官员的名字一个个贴在他屋里的墙壁上，以便时刻知其人，晓其事，就连一些臣子的重要奏章也贴在墙上，以便时刻提醒他自己。贞观四年（630）九月，他西巡陇州，回京路过武功时，晚上梦见已故母亲对他说："儿既正位，勿忘济世安民！"李世民惊醒，母亲的话犹鸣于他耳畔。他思念母亲，于是随幸故乡武功县。

李世民在武功的旧宅，武德元年（618）时李渊已经下诏改名为"武功宫"。虽然名为武功宫，但原貌未改。李世民走进院子，房舍依旧，家人尽去。他看到母亲当年所住的屋子，物是人非，黯然落泪，母亲当年教导他的往事一一浮现在他眼前。想起这一件件往事，他怎能不感慨万千，不伤心落泪？他给母亲的神位上了炷香，含泪说：

"儿能有今日之荣耀，皆源于母亲之教养。儿幼年时多病，母亲求告神灵折去自己的阳寿为儿祛除疾病。如今，儿病祛福至，母亲却已然仙去，儿怎能不痛心疾首？母亲在世时，亲自教儿读书习字，挑选名师；逢大灾大难，总是极力庇护。无母亲之生养，何来儿之生命？无母亲之教导，焉有儿今日之荣耀？五岳有顶，四海有底，母亲之恩德，比山高，比海深！呜呼，思之悲，感之哀。悲乎，哀乎，无母之悲哀乎！"之后，李世民看到旧宅房舍年久失修，风蚀雨侵，对后宫总管徐顺说："用后宫俭省之钱，扩修此房舍。"随后，又宣武功县令张诚说："太穆皇后生前善佛事，朕替皇妣还愿，将此武功宫捐给寺院，修建竣工之后，择高僧住持，使之尽心事佛！"

"臣遵旨！"

李世民随后亲自题写"报本寺"三字交给武功县令张诚。说：

"此寺就叫作报本寺，是朕报太穆皇后养育之大根本！"

这时，中书侍郎颜师古说：

"陛下如此缅怀太穆皇后与当年之旧宅，何不吟诗铭记于世？"

经颜师古这么一提示，李世民提笔挥毫立就五言两首。

其一：

新丰停翠辇，谯邑驻鸣笳。
园荒一径新，苔古半阶斜。
前池消旧水，昔树发今花。
一朝辞此地，四海遂成家。

其二：

金舆巡白水，玉辇驻新丰。
纽落藤披架，花残菊破丛。
叶铺荒草蔓，流竭半池空。
纫珮兰凋径，舒圭叶萎桐。
昔地一蕃内，今宅九围中。

　　　　驾海波澄镜，韬戈器反农，
　　　　八表文同轨，无劳歌大风。

　　李世民一气呵成，抒发了他对母亲及儿时种种的情怀。颜师古由衷赞叹道：

　　"诗言感天动地，书艺超今迈古，真乃诗书二绝哉！"众人皆啧啧称赞。

　　李世民祭奠母亲神位之后，在母亲当年的炕对面支起一张床榻，不出屋门，素食三日，陪母亲神位住了三天三夜。三日之后他走出母亲房屋，去看望左邻右舍，他感谢当年父老乡亲关照他李世民与家人，赠送每家五匹绢。乡亲们都非常感动，村里出了个皇上，本来就使乡亲们感到荣耀非常，如今又得到皇上赠送的礼物，谁不高兴万分？看望了左邻右舍之后，李世民带着长孙无忌去他当年读书的稷山小院。在小院中，李世民猛然想起当年与宝意寺方丈释怀老师父之约。于是，他走进宝意寺，拜了神佛之后，把释怀老师父请来，说道：

　　"老师父，可记得世民？"

　　"有生之年所遇神奇之贵人，安能忘记！"

　　"可还记得你我当年之约？"

　　释怀老和尚年已八十有五，他清楚记得当年与李世民说的话。当时，他已经看出李世民不凡的相貌与慧根，知道他日后必成大器。果然，之后便听到李世民十六岁从军，以妙计退了突厥几十万大军，救了皇上杨广的驾。再后来，听到李世民与其父起兵反隋，创建了李唐大业，之后，李世民当上了皇上。他为自己阅人的能力而高兴，更为李世民济世安民的成就而感慨。他每当想起与李世民交往之事，就兴奋不已，岂能忘记那天晚上与李世民在佛像前的谈话内容？但此时此刻，眼前的李世民已经不是当年在此夜读的毛头小子，而是国人的皇上，是天下大小国家与部落酋长敬服的"天可汗"！他敢提及李世民当年之许诺吗？但他是出家人，不能说谎，只好说：

　　"阿弥陀佛，陛下当年与贫僧之约，不过是闲话之言，不敢提及。"

　　"老师父虽然不提，但世民不敢失信，这稷山小院即日就捐予贵寺。另外,请师父将贵寺整修更新,所用经费我自会遣使送来。"

释怀老和尚一生的夙愿终于实现了。他非常清楚,这是佛缘,当年不与李世民相识,岂能有今日之果,于是,他感慨地说:

"阿弥陀佛,皇恩浩荡!"

李世民还了修缮宝意寺的心愿,突然想起当年在郑州观音寺所许之心愿。于是,他立即下了一道诏书,诏命郑州刺史扩修郑州观音寺,重塑寺中神佛金像。李世民了却了当年对神佛之许诺,下了稷山,便去当年就学的陈先生家祭奠恩师。恩师陈先生去世之后,儿子也不善商贾之道,家境愈贫。还好,陈先生有个孙儿叫陈继学,聪明好学,时年十六。于是,李世民让其上了京城国子监,勉励其刻苦发奋,求取功名。

祭奠了陈先生之后,李世民去客山学馆。来到客山学馆,学馆无人经营,多年失修,破败不堪,李世民很是伤感。他不禁提笔在墙壁上题诗一首:

难忘客山学馆事,痛惜未报先生恩。
衮衣旒冕儿时梦,儒冠蓝衫何处寻。
唯见孤坟野兔走,不闻学子经史音。
泪夺漆水千重浪,头叩终南万载云!

李世民题诗之后,在客山先生坟前长跪不起,潸然泪下。在魏徵等近臣的相劝之下,凄然离开客山先生学馆。之后,李世民命武功县令在客山学馆处建客山庙,以志客山先生教书育人之大德,又在客山之北建伯邑考祠,在客山之南建夷齐兄弟二人祠,使贤者有其封地,不绝香火。

李世民第一次回武功故乡,停留了八日,之后,他怀着对母亲与武功乡党的不尽情意,在武功万民的依依惜别下,乘着翠辇回到了京城。

这正是:衣锦还乡不足贵,载德载誉唯唐王。要知后事如何,请听下回分解。

第三十八回

舍华修旧仁寿宫　报本高筑孝道塔

贞观五年（631）元月，有一臣子上书道："大唐初盛，京城人口骤增，然陛下日理万机，劳神费思，为天下民众计，陛下当顾惜龙体，适时出游休憩。陛下诏令厉行节俭，不兴土木，臣闻前朝东都虽战乱荒废，如予以修复，可为陛下出游之离宫。如此，于国于民皆利，岂不美哉！"但尚书戴胄谏道："此说不无佞媚，贞观初见成效，不应大开兴土木之始，应严惩此佞臣。"尽管李世民赞誉了戴胄，并赏赐其两百匹绢，但依然遣将作监大匠窦琎去修复东都。窦琎误以为皇上要大修东都，修复了几处宫殿之后，又在宫中凿池垒山，装饰极其富丽堂皇。李世民前去视察，当看到所修复的宫殿更比前华丽，他不禁想道：当年，他率义军攻克东都，看到杨广的宫殿金碧辉煌，耗尽民脂民膏，非常气愤；如今，自己怎能步杨广之后尘？于是，他下令拆除了这些豪华的宫殿，并免去窦琎官职。尽管他厉行节俭，不兴土木，然而如今内安外宁，举国富有，百姓生活逐渐讲究，自己还长年居住于京城旧宫殿中；每当三伏夏日，便酷暑难忍。但他知道，一旦大兴土木，势必被广大民众误解，也会遭到魏徵等谏臣的强烈反对，他很是苦恼。九月初三，他夜得一梦，梦见一人穿着衮衣，戴着冕旒来到他面前，怒声道："竖子，尔父子竟如此之贪心？"李世民举目一看，并不认识。问："老丈是谁？为何说我父子贪心？"此人怒气冲冲地说："寡人是尔姨爷爷！"李世民看着面前的老者，虽未见过，但似曾相识，酷似杨广，又不是杨广，比杨广沉稳、老练。他恍然大悟，此人必是杨广之父杨坚。按辈分，杨坚正是他姨祖父。老者怒气冲冲道："朕殚精竭虑，创建了杨隋万里江山，竟然被尔父子篡去，如此无耻，岂不贪心？"果然是杨坚！听杨坚如此说，李世民正色道："尔篡位于外孙，天下谁人不知。尔虽也曾劬劳勤政，励精图治，使杨隋世盛，然而杨广荒淫无道，暴殄天物，横征暴敛，饥民揭竿而起，天下大乱，他自绝于天下民众。朕父子创李唐大业，何谓贪心篡杨隋江山？"李世民如此说，杨坚无言以对，只得说："吾逆子不孝，且不怨你。"但他又不无嘲讽地冷笑道："哼，如今，尔虽为皇上，亦有作难之事！你小子也想建休闲之离宫，却不敢为始作俑者；不建离宫，长安深宫冬夏难熬，哈哈！"杨坚大笑之后，说道："念尔是朕之表外孙、孙女婿，朕为汝谋一良策如何？"李世民问："有何良策？""朕当年在岐州麟游建有仁寿宫，虽年久失修，然雄伟依旧，稍作修葺即可。"杨坚说完就消失无踪。李世民梦醒之后，深感杨坚之言有道理，向空中作揖感谢道："多谢隋开皇大帝指点。"

于是，李世民借故重阳去麟游登高，命左仆射房玄龄、右仆射长孙无忌、中书令温彦博、谏议大夫魏徵、秘书监王珪、民部尚书戴胄等重臣陪同，轻车简从，于九月八日启驾，九月九日就到了麟游。当他走近仁寿宫，放眼望去，呀，宫殿宏伟壮观，附饰建筑物精巧华丽。当年，杨素领旨修建仁寿宫，他为了取悦隋文帝杨坚，煞费苦心，把仁寿宫设计得非常好，不仅利用自然山川，且劈山填沟，建造得雄伟壮丽。建成之后，杨坚一看，果然很是高兴。杨坚虽然在生活上非常节俭，但在仁寿宫的建造上却舍得花费。因此，当年的仁寿宫，规模虽然没有阿房宫庞大，但其高大、奇丽、壮观并不亚于阿房宫。走近仁寿宫内，年久失修，不仅有檐残瓦破房脊倒塌处，亦有残垣断壁台阶塌陷处，但总体看来，很是宏伟壮观。李世民对房玄龄说：

"房爱卿，观此仁寿宫有何感触？"

房玄龄不假思索道：

"此乃前朝文皇帝避暑之离宫，虽无前朝东都西苑华丽，然颇具高大宏伟之气势。"

"虽有残破之处，然仍不乏雄伟壮观。"长孙无忌也有同感。

温彦博感慨道：

"前朝东都与西苑已尽毁，此仁寿宫保存倒还完整。"

王珪说：

"如此说来还须感谢薛举，他虽也曾占据此仁寿宫，但并未毁之，方有今日之存留。"

魏徵也慨然道：

"仁寿宫之名，颇有前朝文皇帝以仁德治理天下之意，想使杨隋江山能稳固长寿，然而其子杨广使他大失所望，好大喜功，奢淫无度，横征暴敛，激起天下民众反叛，丧失了隋朝万里江山。文皇帝欲仁而其子不仁，欲德而其子无德，欲杨隋江山长寿而二世即亡国。呜呼，先人意愿之切切，后人失德毁之空空！积财不如育德！此仁寿之宫今已物是人非，空有其名矣！"魏徵这番话，虽然是对仁寿宫的感慨，然而意有所指。当然，聪明过人的李世民岂能不知。他问魏徵：

"魏卿此番感慨，是说此仁寿宫不仁还是叹今日空置？"

魏徵知道，皇上很想建造一处休闲离宫，当有人上书重新建造东都时，虽然民部尚书戴胄极力反对，但皇上还是遣将作监大匠窦璡去修建。当皇上看到窦璡在宫中凿池垒山，崇饰雕丽，虚费功力时，又勾起他当年焚烧东都宫殿的宿怨，他怕自己重蹈隋炀帝的覆辙，便立即诏令拆毁。这次来仁寿宫，不就是想在此重修离宫吗？于是，他说：

"仁与不仁在于人，不在于宫殿；仁者居之则仁，不仁者居之则不仁。"

"如若朕居之，又当如何？"

"陛下不可！"王珪忙劝谏，"陛下居于前朝如此破败之离宫，岂不沾染晦气。"

"王侍中所言极是，陛下居于前朝破败之离宫不妥。如今我大唐已盛，建造一处离宫有何不可？"温彦博很是赞成王珪之说。

"不妥不妥！"长孙无忌忙说，"陛下登基时，已向天下臣民承诺，厉行俭约，不兴土木，如建造离宫，则失信于天下臣民！"

王珪说：

"陛下日理万机，常年居于京城旧宫殿，不堪酷暑寒冬，如何是好？"

经王珪如此说，众臣默然不语。李世民说：

"魏爱卿所言极是，宫殿本无仁与不仁，仁者居之则仁，不仁者居之则不仁。前朝文皇帝居于仁寿宫，勤政节俭，杨隋也曾兴盛至极，而其子杨广奢淫无度，人神共愤，虽居东都西苑豪华之宫殿，休闲于几十座壮丽之离宫与江都，福运不谓不厚，然身遭弑杀江山亦尽失。何者？民众如水，水可载舟，亦可覆舟矣。"李世民又说，"此仁寿宫既然无仁与不仁，朕居之，有何不可。"

房玄龄点头说：

"陛下所言极是，然此离宫残破不堪，陛下如何居住？"

魏徵道：

"此有何难，将破败之处修葺完好，既省耗费，又为天下臣民树立修旧利废之风尚！"

李世民说：

"魏卿所言甚是，但修葺唯修破败之处，破瓦更新，残垣补全，青石台阶断裂，以土填平即可，不许再犯窦琎之错！"

"遵旨！"众大臣都赞同。于是，李世民命民部尚书戴胄主持修葺仁寿宫。

李世民到麟游，既登了高，又确定了仁寿宫的修缮，很是高兴。这天晚上，他宿在仁寿宫。熟睡中，他梦到自己在武功旧宅，与皇后长孙无瑕去母亲居住的上房问安。走进房内，突然房屋不见了，面前出现一座高大的塔，比当年豫州永宁寺木塔还要高大，且是青砖筑就。他正惊讶之间，忽然看见母亲立于塔顶，对他说道：

"当年，民儿出生之时，菩萨赋予济世安民之大任。今民儿已为九五之尊，不知济世安民如何？"

李世民赶紧跪地说：

"继位五年来，儿不敢一日偷闲，勤政爱民，虚心纳谏，已使内安外宁，大唐傲然于天下。"

李窦氏微微一笑说：

"民儿所做，娘于上界历历在目，可喜可贺。然古来帝王，善始者多，善终者少。民儿切不可像杨广那样有始无终，自绝于民众，应克勤克俭，孜孜不倦于国民！"

李世民说：

"儿时刻以亡国之君为鉴，每议政事，须经诸臣广议，中书省成文，门下省审查，尚书省执行之时，广听谏官之言，唯恐失误民怨。今年有人上书重建东都，儿命将作监大匠窦琎主持修复。不料，窦琎把宫殿修复得极为华丽，又在宫中凿池垒山。儿看到如此靡费，想起当年杨广亡国之事，即刻下旨拆除，并免去窦琎官职，以儆效尤。儿为了不大兴土木之故，今日来此麟游登高，看到当年杨隋仁寿宫虽然破败残损，但可修葺再用。虽居前朝破败之离宫不免有晦气之嫌，然为节俭，儿亦乐而为之。今年二月，儿诏令把各地战乱无人葬埋之白骨，掘坑掩埋作坟，不使亡者骸骨暴于荒野，并筑有超度台，为之超度。四月，遣使高句丽，收隋时战殁于异国他乡之骸骨埋葬，亦筑有招魂台为之祭奠。儿还为创建我李唐大业而战死之英烈高筑灵台，儿亲自书写祭文，并亲往灵台祭奠。儿所作所为，唯利国利民，以德治国，使百姓丰衣足食，安居乐业，使生者喜广者安。即便去年修旧宅建寺之资费，亦是儿节俭之积存。自登基以来，儿不敢忘记济世安民之大任！"

李窦氏听后，甚为高兴，说：

"阿弥陀佛，有道是君明臣直，看民儿身边这些辅佐大臣，一个个凛然正气，公正廉洁，娘在上界颇为欣慰。想当年杨广初为皇帝，亦信誓旦旦，欲与尧舜秦皇汉武比高下，他也曾筑长城凿运河，使突厥启民可汗臣服。但之后好大喜功，奢淫无度，三游江都，远贤忌能，沉迷于声色群小佞谄之中，自绝于天下百姓，葬送了杨隋万里江山。皇儿应以此为鉴，要时刻牢记济世安民之大任，善始善终，为天下民众立德立孝立善立仁之典范！"

"儿不敢忘母亲教诲！"李世民抬头再看，母亲忽然不见了，但母亲所说的"要时刻牢记济世安民之大任，善始善终，为天下民众立德立孝立善立仁之典范"的声音仍然在空中回荡。

他很奇怪母亲为何立于塔上，这塔在何处？这时，他仿佛看到塔身隐隐约约现出"报本"两个字来。看到这两个字，他恍然大悟：塔处佛门之地，塔是佛家之表。

李世民梦醒之后，很是感激母亲，母亲在世时倾心教养他的往事又一幕幕地在他眼前浮现。而今，虽然两世相隔，仍托梦给他指点。如此伟大母爱何以报答？虽然上次已经为母亲把武功旧宅捐为寺院，但这个寺院怎能报答得了母亲对自己的教养大恩？他又想到梦中所看到的塔，决定在报本寺中建一座塔。第二天，他顺路二次回到武功旧宅。

当他走到武功旧宅门前时，门楼已经改建成寺院山门，高大雄伟，寺门楼正中书有他题写的"报本寺"三个楷体大字。他命随驾的人进城休息，他独自走进寺内，仔细看去，前有菩萨殿，两边有禅房，院落植有青松苍柏翠竹，很是清雅。看到院正中依然保留着母亲当年居住的上房，李世民很是感动。他走进上房，仔细一看，母亲当年留下的器具依然保留着。李世民抚摸着母亲的土炕、木椅、立柜、梳妆台。当他打开母亲放木梳的小匣子时，忽然发现有一小银盒，他小心打开小银盒，盒内又有一小金盒，这小金盒只有大拇指大小。他小心翼翼地把小金盒打开，盒里有一颗黄豆粒大小非金非玉、闪闪发光的东西。他轻轻地用手拈起来，手指即刻有一种神奇的感觉，闻了闻，似乎有浓浓的芝兰香气。他恍然大悟，此即佛骨舍利子。他小心地把舍利子放回原处，向空中作揖谢道："感谢圣僧赠朕舍利子。"李世民把舍利子献在母亲神位前，给母亲神位磕了三个头，说："儿已得圣僧所赠舍利子，在寺中筑一座宝塔，向天下人彰显母亲养育孩儿之大恩，并要立德立孝立善立仁于国民。"祭奠了母亲，李世民把舍利子放进小金盒内，揣在怀里走出上房。他来到禅房，女住持奉上茶果。李世民看着女住持，四十岁左右，眉清目秀，端庄肃静。他不禁生出几分敬意，问：

"师太来自何寺？"

"贫尼来自崇山清凉寺。"

"自幼出家还是半路出家？"

"贫尼出世时母亲亡故，寄养寺中，之后即随缘出家为尼。"

"何时来此？"

"去岁腊月，武功府衙征召僧尼，贫尼应召而来。"

"如今寺有几人？"

"同贫尼四人。"

"师父是住持？"

"徒有虚名，乃县令委任。"

"建寺银两是否够用？"

"费用有余，只是有一事贫尼不敢做主。"

"何事？"

"大雄宝殿应建于寺中心，寺中心正是太穆皇后旧居上房，不知如何是好？"

李世民沉思了一会儿，说：

"先不急于建造大雄宝殿，朕想在寺中筑一座宝塔，塔建成之后，塔前再建大雄宝殿如何？"

"阿弥陀佛，陛下大功德，大功德！"

这时，房玄龄、长孙无忌等大臣走了进来，住持逐一奉上茶果之后告退。李世民问众臣：

"朕欲在此寺中筑一座塔，不知可否？"

"筑塔！"众臣很是吃惊。民部尚书戴胄问：

"陛下欲筑何塔，是木塔？还是砖塔？"

"众卿家说应筑何样之塔？"李世民反问。大家一时不知皇上意图，闭口不语。魏徵已知皇上心意。皇上去麟游，准备为他自己修葺仁寿宫。来到武功旧宅，武功旧宅虽然已经舍家为寺，但寺中并无大的建筑物。皇上是大孝子，他欲彰显太穆皇后养育之大恩德，同时要把他自己报本之心意告知天下人，仅仅有一座报本寺是不够的。魏徵想：皇上有报本之诚心，何不以此诱导天下民众树立孝敬父母之风尚。治家与治国是一个道理，家兴德孝方能齐家，国尚德忠方能齐国。如今，大唐内安外宁，国强民富。国强最忌君王好战、荒淫，如今皇上修文向佛养心，此乃国家强盛之征兆；民富最忌淫贪骄横，如今百姓丰衣足食，如能引导百姓裕善裕德裕孝裕仁，岂不使家家和睦德孝而居，人人安居乐业仁善而处，使国家更安定，使大唐真正成为天下之乐土？何况筑一高塔，花费不了多少费用，既满足皇上之孝心，又能引导天下百姓向善行孝，使国愈强民愈富，何乐而不为？于是，他对李世民说：

"陛下报本之孝心，正是百姓报效国家报答父母养育之恩之大孝道。陛下以报本塔彰显孝道，必为国民树立行孝之表率，于国于民颇为有利，此塔应建！"

魏徵如此一说，大家也都说开了。长孙无忌道：

"报本寺乃皇家寺院，是当今天下第一大寺院，寺中应该修一座宝塔。"

房玄龄说：

"以报本塔为国人树孝道，应该修筑。"

温彦博沉思了一会儿说：

"寺院中修筑宝塔，此乃我朝第一例，是从国库下拨银两还是地方征集？"

戴胄是民部尚书，最关心的就是此事，他见中书令温彦博如此说，赶紧附和道：

"温令公所言极是，臣亦关心此资费如何调拨。"

众人所关心之事，李世民早有筹划，他笑了笑说：

"朕建此塔，正如去年朕舍家为寺，乃朕私家之事。筑塔之费用，朕与各亲王筹集，不劳诸位卿家费心。"

魏徵原是隐太子李建成幕僚，李建成被灭之后，虽然皇上李世民未杀他，还重用他，但他对皇上玄武门手足相残一事耿耿于怀，这两日他看皇上如此俭行，又对太穆皇后如此孝敬，很是感动，说：

"既然是陛下私资筑塔，臣以一年俸禄小助，以示臣对太穆皇后之敬意。"

魏徵如此一说，长孙无忌马上说：

"太穆皇后当年对臣关心备至，臣无可报答，也以一年俸禄小助。"

"臣也以一年俸禄小助！"温彦博为人正直，也敢犯颜直谏，他对皇上有如此孝心，很是感动，也想帮助皇上筑塔。

李世民看诸大臣都要捐助，连忙摇手道：

"诸位卿家不必如此，建报本之塔乃朕家事，如用诸卿家俸禄，太穆皇后在天之灵岂能应允？朕既筑报本之塔，怎能有损报本之诚心？"李世民阻止了诸位大臣之后，又说，"戴爱卿方才所问是建木塔，还是建砖塔，朕亦想请教诸位卿家，该建何塔？"

房玄龄沉思了片刻之后，说：

"木塔玲珑，壮观，但易损坏。永宁寺木塔即一火化为灰烬。以臣拙见，还是筑砖塔为好。既是报本，志在真诚，朴实；重在庄重，高伟，永固！"

戴胄道：

"房令公所言极是，木塔不仅易损，且费用大；砖塔既坚固，亦庄重、雄伟，颇能彰显报本之真诚！"戴胄如此说，众人都点头称赞。李世民又问：

"该如何建造？"

李世民如此一问，大家都为难了。他们这几个人，虽然官居相位，但并不懂建筑，如何而知？大家不由想起将作监大匠窦琎，他是继前朝宇文凯、封德彝之后颇负盛名的建筑大师，除了他，谁还能胜任？王珪是一个很有心思的人，他知道，皇上如此问，是想恢复窦琎的官职。其因有二，一是窦琎领旨去修复东都，当然要展示他自己的建造才华，追求完美，在高大的宫殿修复好之后，又觉得美中不足，缺少自然景观，于是在宫中凿池垒山，建亭台楼榭，植草木花卉。皇上看后，觉得更比当年东都宫殿华丽，一气之下罢了他的官，但过后一想，建筑家追求的是华丽、壮观、完美，且修复之前并没有规定建与不建这些，即使建造了这些，又有何大罪？因而皇上很是后悔罢了窦琎的官。二是窦琎的女儿上个月嫁给了皇子酆王，两亲家因此事而颇有不谐。王珪想给皇上一个与窦琎和好的台阶，说道：

"此塔如何建造，非我等之长，须问窦琎方可。"

王珪这一说，大家都心知肚明，也都知道窦琎为人耿直，做事追求完美，是杰出的将作大匠，一致说：

"王令公所言极是，须问窦琎方知。"

李世民很清楚，这是诸位卿家给他修正错误的一个台阶，于是笑了笑说："诸位卿家所言极是，将此塔建筑之事交予窦琎去做！"

这正是：君正臣直，贞观清廉无佞臣。要知后事如何，请听下回分解。

第三十九回

城隍送雨获王冠　天赐礼泉九成宫

贞观六年（632）孟春，有几个大臣上书说皇上应该去泰山封禅，彰显大唐盛世。李世民不同意，他说："卿辈皆以封禅为帝王盛事，朕意不然。若天下乂安，家给人足，虽不封禅，庸何伤乎？昔秦始皇封禅，而汉文帝不封禅，后世岂以文帝之贤不及始皇耶？且事天扫地而祭，何必登泰山之巅，封数尺之土，然后可以展其诚敬乎耶？"李世民这番话说得多好，只要把天下治理安定，百姓丰衣足食，封与不封禅有什么不同。秦始皇当年一统六国封了禅，似乎向天地宣示他的功德齐天，而汉文帝至贤至孝，使西汉走向盛世，他却不曾封禅，能说文帝不如秦始皇贤明吗？再说，只要诚心祭天地，扫净一片地面摆上贡品就可以了，何必远去登泰山之巅祭祀呢？何谓明君？这就是明君，有明智的见解，有明智的决断。李世民不想去封禅，可是，一些功臣勋爵却想借皇上封禅之机炫耀自己，表现自己，并以此献谄。这些人很清楚，人都有爱好虚名的一面，皇上也是如此。因此，他们上书一次不行，就二次上书，二次上书不行，就联名上书。终于，李世民的心被打动了，也想以封禅彰显他创建李唐大业与贞观之治的伟绩，决定去封禅，但遭到魏徵的极力反对。李世民被扫了兴，很生气地质问魏徵：

"魏卿反对朕去封禅，难道朕功德不高？"

"高！"魏徵平静地说。

"朕德不厚？"

"厚！"

"中国尚未安定？"

"安！"

"四夷难道不服？"

"服！"

"年谷不丰？"

"丰！"

"符瑞难道未至？"

"至！"

"既然如此，魏卿为何反对朕去封禅？"

魏徵侃侃而道：

"陛下虽有此六者，然承隋末大乱之后，户口未复，仓廪尚虚，若远去泰山封禅，车驾东巡，千乘万骑，其供顿劳费巨大，亦非易事。且陛下封禅，万国咸集，远夷君长，皆当扈从；今自伊、洛以东至于海、岱，烟火尚希，灌莽极目，此乃引戎狄入我腹地，示之以虚弱也。况赏赉不赀，未厌远人之望；给复连年，不偿百姓之劳；崇虚名而受实害，陛下何苦为之？"

魏徵这段话，说得实在，有理有据，把李世民的虚荣心镇住了，他犹豫了，是去泰山封禅好还是不去好？正巧，当时黄河南、北的数州发大水，灾情严重。李世民心想：看来这是天意，还是不去封禅为好！于是，一场封禅的事情暂时停了下来。

由此可见，君明臣直，其过程还很复杂。君明，臣也不一定直，明君在很大程度上可以抑制佞臣，但明君稍不自省，就会被佞臣所误导，历史上很多帝王就是如此。商纣初年，不能不说纣王英勇明智，但他后来居功自傲，在佞臣，特别是妲己的诡谗下，纣王变成了十足的魔王。齐桓公姜小白不能不说是一代英明的霸主，但在佞臣诡谗下，变得糊里糊涂，与国人离心离德，后来竟然被佞臣诡媚者囚于皇宫惨死。人固有薄弱一面，一旦薄弱的一面被他人击中，就会受其误导。正如李世民封禅一事，佞臣想诱使李世民去封禅，起初，李世民很清明，立即反对，但在佞臣们的不断劝诱下，李世民的虚荣心渐渐被撬开了，膨胀了，于是决定前去封禅。然而在魏徵的极力反对下，李世民的明智又占了上风，决定不去封禅。如果魏徵不极力反对，在贞观之初，隋末大乱之后户口尚未恢复，仓廪尚虚的情况下远去泰山封禅，几十万大军护驾，万国君使咸集，扈从所耗费用，绝不会少于隋炀帝游江都。虽然封禅不是去游江都，但所耗费资金皆来自国民，抽在民众身上的鞭痛是相同的，民众心中生出的怨恨是一致的。如果李世民这次远去泰山封禅，就会把民众对贞观之治的希望变成失望，就会使贞观之治的效应逆转。因此，君明臣方能直。正因为李世民清明，魏徵这个忠直之臣才能直得起，才能有用武之地；也正因为有魏徵这样正直的大臣，李世民才能清明，贞观之治才能治得久治得好，治得有成效。

李世民没有去封禅，心中有些失落，正好，主持修葺仁寿宫的民部尚书戴胄上书说仁寿宫修葺已竣工，请皇上视察。于是，李世民命房玄龄、魏徵、王珪、长孙无忌等重臣随驾去仁寿宫。

李世民君臣来到麟游，走近仁寿宫，放眼望去，修葺之后的仁寿宫，果然壮丽非常，冠山抗殿，绝壑为池，跨水架楹，分岩竦阙，高阁周建，长廊四起，栋宇胶葛，台榭参差。站在宫前，仰视则迢递百寻，下临则峥嵘千仞，珠璧交映，金碧相辉，照灼云霞，蔽亏日月，比京城长安的宫殿好多了。走进仁寿宫，往日的残垣断壁已修复，粉墙刷新了，破瓦更换了，断檐接好了，房脊加固了，就是断裂的青石台阶也修补好了。虽然李世民不准更新，但戴胄颇有心计，寻来旧青石接好，这既不扎眼，亦耗费不了多少钱。仁寿宫在戴胄的精打细算下，修葺得很是高大雄伟，富丽堂皇。李世民看后很是高兴，问戴胄：

"修葺费用多少？"

"臣以旧修旧，用料不多，但做工精细，不失离宫之壮丽，所用资费，不过再建离宫十之一二耳！"

"善哉！既不失皇宫之气势，亦不加重百姓之役苦，于国于民皆利，戴爱卿为国人树简朴之范矣！"

"陛下过奖，其实为国民树俭朴之范者非戴胄，而是陛下。陛下降旨修葺山野之仁寿宫，乃为世人树立修旧利废、节俭朴实之典范！"戴胄顺势请示李世民，"臣以为前朝文帝为此宫命名为仁寿宫，其子杨广失德而亡国，此宫已失仁短寿，再叫仁寿宫不宜，还请陛下更其名为好！"

"戴爱卿言之有理！"李世民认为有理。他问身边的重臣："众卿家以为更何名为好？"

几位重臣都很清楚，皇上能修葺仁寿宫，岂能不想好其名，何况皇上从未提及更名之事，可见皇上早已拟好，何必在此多言，都说：

"请陛下命名为好！"

果然，李世民不假思索地说道：

"'九成宫'，此名如何？"

众人想了一会儿，王珪说：

"'九'者，阳数，山有九重，天有九重，颇有功成名就之意。'成'者成功矣。善哉，我大唐今日江山万里，内安外服，贞观之治深得民心，大功有成，此名好！此名甚好！"

"此名甚好！"众人都称赞。此时，戴胄命人呈上早已备好的文房四宝，请皇上御书宫名。于是，李世民即兴书就"九成宫"三个字。

李世民高兴，就在九成宫办起政务来，但住了几日，似乎觉得美中尚有不足：宫中缺水，吃用之水，皆要从沟壑汲取。这也难怪，宫殿修建在山巅，自然少有水泉。

四月六日这一天，天气特别热，李世民甚觉烦闷，于是在宫中随性走动，散散心。当他走到宫内西城处，见一块地面有湿土，他想：何来湿土？于是，他顺湿土前行，发现地面渐有草丛；再缘草丛深入，草丛愈茂盛。他以一支木杖拨开草蔓，继续前行，忽见一眼泉水。他心中甚喜，用木杖拨开周围杂草，泉水一下子涌出。他再细看泉水，如同明镜。于是，他蹲下身子，用双手掬起泉水，尝了尝，嘿，竟然如同甜酒。他不禁惊呼："天赐泉水矣！"

皇上发现泉水了，顿时惊动了整个九成宫。大家奔走相告，这消息，比仁寿宫修葺竣工更惊人，也更动人。宫中本无泉水，又荒废多年，猛然间涌出一眼泉水，且泉水甘醇如同甜酒，这不知是自然界偶然的地质变化，还是上天对李世民的奖励。吉兆，真是吉兆啊！李世民自不必说，很是兴奋，即刻命名此泉水为"礼泉"。"礼"者，甜酒，因此泉水汁甜如同甜酒，同时，命魏徵为之撰文，欧阳询正书，勒石铭记。"礼泉"千年流淌，魏徵与欧阳询的《九成宫礼泉铭》也成为不朽之佳作。

李世民在九成宫住了几日，一日，突然想到报本寺筑塔之事，于是，他在回京时，顺路第三次回故乡武功县。到了报本寺，李世民仍然叫随驾者先进城休息，他独自入寺。他一走进寺门，便看到将作监大匠窦琎正在忙碌着：黄幞头半松，紫衣袖口半挽，布鞋沾泥土，手持罗盘，正在忙忙碌碌。看见窦琎如此劳苦，李世民不禁为自己去年一气之下罢去其官职而不安。是啊，建筑大匠，是在用他自己的心血才智创造美，只有不断追求艺术完美，才能使自己的作品荣耀于世，他在东都宫殿内凿池垒山，筑亭台楼阁水榭虽然过于花费，但确实使宫殿近乎完美。正如魏徵所说仁与不仁在于人，不在于宫殿。仁者居之则仁，不仁者居之则不仁。既然如是，窦琎用他自己的智慧和生命创造完美的作品，何罪之有？想到此，李世民走上前感慨地说：

"窦爱卿辛苦了！"

皇上突然驾临，窦琎很是吃惊，忙跪礼道：

"不知陛下御驾亲临，臣有失远迎，臣有罪有罪！"

"朕路过故乡，不曾动扰，爱卿何罪之有？"李世民扶起窦琎，又问道，"窦爱卿将此塔设计得如何？"

"臣将此塔设计成四面八方七层。四面受日月精华正气之护佑，八方与上空纳采天地日月星辰之灵气，七层乃佛家之约数，为佛门修行最高之境界。此意在使陛下报本之心成天地之正气，日月之精神，神佛超度众生最高境界之典范矣！陛下报本，天下臣民不能不报本。是故此塔不仅是陛下为报本行孝立德而筑，亦是天下臣民为报本行孝行善而共望。不知臣将此塔设计得妥当不妥当？"

"妥当，妥当！窦爱卿不仅是在建塔，亦是在筑造为民众行孝行善立德之华表矣！"李世民很是赞赏。

"谢陛下！"

"预计几年可建成？"

"十年。"

"既是筑德孝之宝塔，应精修细筑，切不可急就草成！"

"臣遵旨！"

李世民问过窦琎建塔的情况之后，很是高兴。建造此宝塔，不仅将完成他自己报答太穆皇后生养的大恩德，也化解了窦琎心中的怨气。李世民正想起驾回京，突然，一阵爆竹声响起。原来，这年初夏，小麦扬花灌浆时关中大旱，眼看到口的粮食受损，民众谁不发急？武功县民众于四月十一日这天在城隍庙祈雨。李世民得知是民众在祈雨，很是关切，于是带着尉迟敬德，微服徒步去城隍庙参与民众祈雨。武功县城隍庙，位于县城东大街路北，面阔十一间，中间是山门，高大雄伟。门内是三间山门殿，山门殿之后是庭院，穿过庭院是五间献殿与正殿连成一体的大殿，大殿之后是五间寝殿。李世民小时候经常来此玩耍，对庙内很是熟悉。他们走进城隍庙，便看到祈雨的民众在一位白发老者的带领下，面对城隍神像虔诚祈雨。老者恳切地祷告：

"惟香火供果，敬献城隍尊神。请城隍怜念我辈农家，天旱无雨，麦子油菜将旱死，我辈农家一年汗水与希望将毁于一旦，饥饿将至，灾难临头。恳求城隍，转告玉帝，请龙王降雨，润我庄稼，救我民众性命！恳请城隍，恳请龙王降雨！恳请上天怜念我等可怜之农家百姓，降雨哉！降雨哉！"

民众求雨心切，民众的疾苦重重地撞击着李世民的心。他大步走到城隍大殿，给城隍神像上了炷香，然后躬身施礼，恳请道：

"城隍上仙既享人间香火供果，应急人间民众之疾苦。眼下关中大旱，田禾枯死，弱弱农夫，求神降雨。如上仙有灵，当解民众苦难，如无神灵，枉享人间香火供果！如城隍上仙能上告玉帝，遣龙王普降甘霖，润庄稼之根，安农家之心，世民必为上仙亲加王冠！"

李世民向城隍祷告之后，走出了大殿。民众起初看到李世民与尉迟敬德几人，以为他们是外乡富商，不曾在意，当李世民走出大殿时，民众看到李世民的神采，颇为惊讶。一个文雅的老者不禁惊呼：

"噫嘻，此公如此风采，身躯伟岸，儒冠红袍皂靴，眉如利剑，眼似丹凤，如观音鼻翼，似如来嘴唇，既有潘安之英俊，亦有霍大将军之神威，真乃须眉辈之俊杰矣！"

"见此君子，何必再慕潘郎！"庙门外一年轻妇人倾慕称赞。

"我好像见过此公！"祈雨人群中一位中年汉子突然如此说。

"呀，是当今圣上！"一个曾经见过李世民的人说，"对对，去年圣上来咱武功时,我有幸一睹龙颜,正是圣上!"

一个老者赞叹道:

"对,正是圣上!当年,圣上儿时在稷山小院读书时,傍晚,上稷山苦读,清早下山回家吃饭,我天天见。虽然时隔多年,但我认得出,就是圣上!"

老者这一证实,庙内祈雨者,庙外看热闹的男女老少纷纷跪地叩首,高呼:

"陛下万岁,万岁!万万岁!"

李世民见民众认出了他,便向父老乡亲们拱了拱手说:

"诸位父老乡亲平身!"

然后,他又高声道:"今年初夏关中旱情严重,父老乡亲求雨心切,朕心中甚急,故来与大家共同祈雨。如城隍天神有灵,必会普降甘霖,我等求雨诚诚,上天当应之灵灵。望人神共勉,佑我大唐鼎盛。"

"人神共勉,佑我大唐鼎盛!"万众齐呼,在整个武功县城上空回荡着。

不知是恰巧,还是唤得城隍神施展了神力,抑或是武功民众虔诚祈雨之心感动了上天。这天傍晚,微风忽起,天空慢慢布上了云彩,先是淡淡的白云,再之后便是乌云密布。过了一会儿,黑云中闪现出了比太阳光还刺眼的电光,电光闪耀中,传来天崩地裂的雷电声,随着雷电声,大雨倾盆而下。电光闪耀时,可清楚地看见远处的田禾上,近处的花草株叶上水光闪烁。田禾笑了,笑出了激动的泪水;旱象解除了,民众的心滋润了,武功民众的热血沸腾了,大家都在心里呼喊着:"当今圣上真是神人呀,祈雨雨就来!"

初夏的雨,及时的雨,人们翘首企盼的雨,从前一天傍晚,一直下到第二天傍晚。这一天一夜的雨,滋润了庄稼,滋润了农家,滋润了武功民众的心。雨中,人们欢笑着;雨停了,人们奔走相告。尽管万人万口,但只有一个话题:"圣上给咱们祈来了及时雨啊!"

民众是善良的,淳朴的,尽管李世民只是参与了民众的祈雨,但民众却非常感动;尽管下雨是自然现象,祈雨之后下了雨,纯属巧合,但民众却认为,这是李世民为他们祈来了雨。因此,他们越发认定李世民就是真龙天子，能左右神灵。大家忠于他，就是忠于神灵，就能获得神佑。

第三天早晨，雨停了，云去日出，天地清新，武功的山川河流更加壮美。这天上午，李世民要去城隍庙兑现他的许诺。房玄龄、长孙无忌、王珪、魏徵、尉迟敬德陪同，君臣皆衣官服去城隍庙。来到城隍庙，此处已经人山人海。因李世民已预先下诏书说："朕午时去城隍庙还愿，雨后道路泥泞，沿途民众，不需行跪礼。"故而，人们只是行拱手礼，口呼"万岁"。李世民下马走进城隍庙，来到城隍神像前，上了炷香，对城隍神像道："朕前日许诺，今日还愿，敕封武功县城隍上仙为'辅德王'，冠领天下城隍，为人间民众造福！"李世民敕封之后，亲自上前为武功城隍神像披上王袍，戴上王冠；而后民众燃放爆竹，载歌载舞庆贺。

自此，天下城隍戴相帽，武功城隍佩王冠。

这真是：神鬼本无名，皆为人世封！要知后事如何，请听下回分解。

第四十回

悬弧别馆捐佛寺　言宴乡亲庆善宫

贞观六年（632），长孙皇后诞下长乐公主，李世民很高兴。因为是皇后所出，李世民诏命各司要送多于平阳长公主之贺礼。

平阳长公主是何许人？她乃太上皇李渊之爱女、大唐天子李世民之亲姊。

李世民如此诏命，魏徵认为不妥，上书谏道："昔日汉明帝想封皇子，对臣下说'我子岂得与先帝子比！'，结果被贻笑于天下人。陛下今日所为，岂不与当年汉明帝之事如出一辙。"

李世民对魏徵如此上书很是生气，回到后宫，将此事说给长孙皇后，大骂魏徵多管闲事。长孙皇后却感慨道："妾常闻陛下称赞魏徵，但不知其故，今观其引礼仪谏诤人主之情，乃知真社稷之臣也，妾与陛下结发为夫妇，尚且曲承恩礼，无言必察颜色，不敢轻犯威严；况以人臣之疏远，乃能抗言如是，陛下不可不从也。"之后，长孙皇后遣使赐魏徵钱四百缗，绢四百匹，并转告魏徵："闻公正直，乃今见之，故以相赏。公宜常秉此心，勿转移也。"

有一次，李世民处事不公，魏徵力谏。但李世民为了维护他做皇上的威严，坚持要执行。魏徵据理力争，并旁征博引，不无讥讽之言，弄得李世民下不了台。李世民气极了，回到后宫，虎着脸，攥紧拳头，咬牙切齿地骂道：

"哼，不知好歹的老杠头，吾必寻机杀此田舍翁！"

长孙皇后见李世民如此生气，小心地问：

"何人气陛下？"李世民怒道：

"魏徵老儿当廷羞辱我，气煞人也。"长孙皇后问：

"所因何事？"

于是，李世民将魏徵如何诤谏讥讽他，使他在臣子面前颜面尽失的事告诉给长孙皇后。长孙皇后听后，什么也未说，竟然去内室换上朝服，在李世民面前行跪拜大礼。李世民不知何意，惊问：

"皇后如此何意？"长孙皇后笑着说：

"妾闻主明臣直，今魏徵如此耿直，是由陛下之明也，妾岂能不贺？"

经长孙皇后如此庄重祝贺规谏，李世民恍然大悟，心想：魏徵如此谏诤，他是在树我李世民的典范，固我大唐之江山。而他人顺我求媚，只不过是为了求官求赏。魏徵如此敢犯颜诤谏，所为之何者？我为何要恨他，要杀他？于是，他怒气顿消，大笑道："观音婢，高见！"

长孙皇后虽从不参与朝政之事，但她却时刻关心着丈夫李世民。每当李世民遇到危险时，她就会挺身而出。玄武门事件之前，她为了使李家兄弟手足和睦，力劝李世民对太子李建成和齐王李元吉忍让求安；当李建成与李元吉要置李世民于死地时，她不仅力劝李世民反击，而且果断命令房玄龄、杜如晦、尉迟敬德对欲加害秦王者格杀不论。当李世民难以忍受魏徵谏诤时，她又设法使李世民释怀醒悟，化恨为爱，为李唐江山保护社稷之臣。有如此贤内助，李世民的贞观之治怎能不兴？有如此真诚忠谏的魏徵，大唐又怎能不兴盛？

一天晚上，长孙皇后在梦中看到太穆皇后乘坐华辇从庆善宫出来。她忙上前问安，却见华辇升空而去，华辇去后空中回荡着太穆皇后的话：

"尔主后宫，切记吕雉典故之教训，应以德、明、贤、孝母仪天下！"

长孙皇后梦醒之后，甚感奇怪。第二天，她将梦中所见所闻告知李世民。李世民听后，泪如雨下，说道：

"庆善宫乃阿娘生我之地，我只顾忙于国事，忘记阿娘当年生养之艰难。虽几次去武功旧宅，然未曾去我诞生之地庆善宫，我之不孝也！"

于是，他安排好国事之后，于贞观六年（633）九月三日，与长孙皇后同辇回到武功庆善宫。

庆善宫乃李世民出生地武功之别馆。武德六年（623），李渊曾来此，并将别馆更名为"庆善宫"，还遣一樊姓将军在此监修了一座宫殿，以示此处即李唐皇家昔日之别馆。宫殿东临漆水河，南望渭河水，两条河流如同二龙保驾，颇有天子之气势。

李世民幼年苦读，十五岁离开武功，十六岁在晋阳从军，二十岁统帅大军，南征北战，登基之后又忙于国事，几次路过武功，虽然回故乡旧宅几次，但从未造访自己的诞生地——昔日的武功李家别馆；他不是忘却了自己的出生地，实在是难以抽身探望。今日来此，看到金碧辉煌的大殿，看到美丽的漆水渭河，看到记忆中的周围环境，他不禁情切切，意浓浓，心头一酸，潸然泪下。

他对长孙皇后道：

"吾始生于此，念阿娘永诀，育我之德将何以为报！"言毕，他竟然放声大哭起来。侍臣见皇上对太穆皇后如此孝心，如此悲哀，无不唏嘘伤感，不知他们是在思念自己的母亲，还是在悼念太穆皇后，也都眼含泪水。四邻八乡的百姓，看皇上对太穆皇后如此孝心，也都为之掉泪。

这泪水洗涤着人们美德贤、孝仁善的心灵。

战国时的苏秦，胸挂六国相印，衣锦还乡，为的是夸官显富，洗刷往日一事无成遭受亲邻白眼的耻辱。而唐太宗李世民在举国精英的陪同下，乘华辇重回诞生地，为的是报答已殁母亲当年生养的大恩大德，为的是报答乡党以往的亲情善意。这两种还乡的形式相同，但意义不同，目的也迥然不同。苏秦的衣锦还乡，令亲邻敬畏，而李世民的华辇还乡，却赢得了乡党的爱戴景仰，举世赞叹。

李世民当天召见武功县令，将庆善宫捐给佛寺，并亲自题写寺名"慈德寺"，慈者，母亲；德者，母亲生养之大德。

李世民报答母亲生养之恩的孝心深深感动了魏徵。魏徵少时父母双亡，家贫如洗，受了很多罪，为了混一口饭吃，他还当过道士。为了改变自己的命运，他发奋读书，立誓日后如若富贵，一定要为天下穷人谋利益。果然，他富贵成名之后，胸无私欲，唯有圣贤诗书，唯有百姓民众，唯有国家大唐兴盛的利益。他缺少母爱，渴望母爱，经常思念母亲，常常祭奠母亲，他自认为自己尽到了孝心，但他暗暗与李世民这种广阔胸怀的孝心相比，不得不感慨道：

"陛下孝敬太穆皇后，为报答母恩舍家为寺，捐己身报答国家与民众，堪为天下民众之典范矣。"

李世民道：

"此宫乃太穆皇后当年所居，乃世民悬弧之地，存有太穆皇后之慈德，捐之于佛门，聊慰太穆皇后昔日事佛之愿心，亦表明世民报答母亲与天地神佛之大恩大德！"

李世民言罢，不禁泪如泉涌，魏徵更为之感慨，随从亦叹息流泪。当晚，慈德寺入住的和尚即为太穆皇后念超度之经。昔日的李唐别馆如今成了弘扬孝心佛德的圣地。

第二天上午，李世民与长孙皇后，带着众皇子，衣着朝服戴着重孝徒步至寿安陵。当年，李窦氏猝亡，李渊与李建成远在辽东，是李世民与长孙无瑕将李窦氏暂厝于此。

武德元年，李渊将李窦氏追封为穆皇后，诏告墓园为寿安陵。

此次李世民来寿安陵，为母亲树了一块石碑，碑高丈五，阔三尺，厚一尺，碑文有"慈德如天"四字。碑文乃李世民亲拟，由欧阳询正书。

石碑立好之后，李世民跪在母亲陵前，不禁回想起母亲当年倾心教诲自己的往事，想到伤感处时不能自已，放声痛哭起来。

长孙皇后虽然与阿姑只有一日之相处，但阿姑对她的关爱，特别是撮合了她与李世民的婚事，于她恩重如山。没有阿姑当年的撮合，何来她今日享有女中之凤的天大荣耀？为此，她深为未有点滴孝敬阿姑而遗憾，也伤心地痛哭起来。

众皇子见父亲与母亲如此痛哭，也都流泪。

这哭声，这泪水，这真诚孝顺足以安慰太穆皇后在天之灵。

哭声祭奠之后，李世民把众皇子叫到碑前，说：

"朕能有今日之天下，皆赖太穆皇后当年教诲。朕幼时多病，太穆皇后求告神灵折己之阳寿保佑我康复，并亲自教我读书写字，亲自为我选聘高师。无太穆皇后当年之教诲，即无朕今日之荣耀。而今，朕应有尽有，而太穆皇后却仙去，朕之内疚，有过当年丘吾子之遗憾！望尔等切记太穆皇后之大恩大德，无太穆皇后，亦无尔等今日之富贵荣耀矣！"

众皇子肃然应诺：

"谨记陛下教导！"

李世民祭奠了母亲之后，随驾的重臣也祭拜了太穆皇后。温彦博善诗，见皇上对太穆皇后极为孝敬，对李世民道：

"陛下如此孝敬太穆皇后，感天动地，何不赋诗几句，留于后世？"

此时，李世民思念母亲之情犹未尽，正想赋诗抒怀，于是，沉思片刻，含泪吟道：

> 南望渭河涌，东眺漆水流。
> 母恩刻骨记，慈爱铭心头。
> 济世安民志，贞观大治求。
> 李唐日月灿，富强亘千秋！

众大臣拊掌赞颂之后，一个个都把这首诗牢牢记了下来。李世民的这首诗不仅表明了对母亲养育之恩的孝敬，还抒发出对大唐贞观之治的信心，且是即兴的作品。这些大臣，都是当时顶尖的才子，但与李世民这首即兴诗相比，他们谁也无此胸怀与敏思。李世民不仅是一位勇士、猛将、统帅，更是一位诗人、书法家。他不仅文武兼备，而且才思敏捷，正因如此，他才能驾驭隋、唐两朝顶尖的文武大臣，诸如魏徵、尉迟敬德等。李世民有着过人、超人的能力，难怪相信神佛的民众都说李世民是文殊菩萨转世。也的确，隋末乱世不可收拾，李世民居然一统了山河，并荣获"天可汗"之尊称，中华历代帝王谁有如此大功殊荣？

当天晚上，李世民依然沉浸在对诞生地的感慨之中，他又即兴写了一首诗，诗言道：

> 寿丘唯旧迹，鄞邑乃前基。
> 粤余承累圣，悬弧亦在兹。
> 弱龄逢运改，提剑郁匡时。
> 指麾八荒定，怀柔万国夷。

梯山咸入款，驾海亦来思。
单于陪武帐，日逐卫文螭。
端扆朝四岳，无为任百司。
霜节明秋景，轻冰结水湄。
芸黄遍原隰，禾颖即京坻。
共乐还乡宴，歌比《大风》诗。

这首诗是李世民对自己于此出生起所做大事记的全面总结，他把自己的出生与上古五帝之首黄帝相比，道出了济世安民的伟大成果，也把他回诞生地的情怀与当年汉高祖刘邦衣锦还乡作《大风歌》的心情相比，但他要比当年的刘邦胸怀更广阔，他要与众乡党共欢同乐。他对诞生地的乡亲父老有着特殊的情感。因此，他做了这首诗，命题为《幸武功庆善宫》，并命著名的音乐大师起居郎吕才谱上曲子，为乡亲父老演奏，回报众乡亲，还要给乡亲父老送上一些实惠之物品。

第三天正午，李世民在慈德寺门前，渭河岸边空旷的场地上，大宴周边四乡父老乡党几千人。宴前，诏令三品以上官员预宴。谁知，按官职品位，王珪坐于尉迟敬德之上，为此，尉迟敬德极为不满，呵斥王珪道：

"你小子有何功劳，敢坐于我之上？滚开！"

王珪时为四大名相之一，为贞观之治出了不少力。他性情刚直，气愤地道：

"有功无功，陛下清楚，非尔所定！"

"你小子不过是刀笔舌剑之徒而已，老子南征北战，血染战甲，战功卓著，你敢与老子争功比功勋？滚开！"

"尉迟将军息怒，武有战功，文有政绩，将军岂能如此对待王令公！"位于尉迟敬德之下的任城王李道宗劝说尉迟敬德。

谁知尉迟敬德正在气头上，骂李道宗道：

"尔亦是以宗室居王位，竟敢如此说老子！看打！"一拳打向李道宗，李道宗躲闪不及，眼角挨了重重一拳，立时眼斜鼻肿。

李世民听到吵嚷声，说道：

"何人喧哗？"

顿时，宴间一片肃静，当李世民看到是尉迟敬德在滋事时，"哼"了一声，拂袖离开宴席。

皇上发怒，众臣不知所措，席间更静了，静得几乎能听到众大臣的心跳声和呼吸声。

李靖是武将，亦是儒生，具有出将入相之能，是他根除了塞北之患。在朝中，尉迟敬德自认功高，任何人都不放到眼里，唯独敬畏李靖。

这时，李靖看着尉迟敬德，向皇上的去处使了个眼色。尉迟敬德虽看似粗鲁，实则心极细。玄武门之变，他立有大功，就因如此，他自认是贞观之治第一大功臣，也正因如此，才居功自骄，不可一世。李靖向他如此示意，他知道问题的严重性，也深感后悔；但如何能下了这个台阶？只能是他自己了。于是，他离开宴席，见李世民在席外正生气，便提心吊胆地走到眼前，跪了下去，对李世民说：

"陛下，仆不该居功滋事！"

李世民瞪了尉迟敬德一眼，瞪得尉迟敬德胆战心惊。只听李世民冷冷地说：

"朕见汉高祖诛灭功臣，意常尤之。故欲与卿等共保富贵，令子孙不绝。然卿不思当年投唐之卑微，居官数犯法。朕乃知韩、彭菹醢，非高祖之罪也。国家纲纪，唯赏与罚，非分之恩，不可数得，尔须勉自修饬，无贻后悔！"

李世民这几句话，以法正纪，如刀似剑，他明确地告诉尉迟敬德，以后如再居功滋事，他就要像当年汉高祖刘邦那样，对一些功臣大开杀戒了。

尉迟敬德虽然打仗英勇，但在敬服之人面前胆量很小，他知道皇上这几句话的分量，吓得不寒而栗。从此以后，他再也不敢居功滋事，经常闭门谢客，直到终老，也落了个善终。

李世民教训了尉迟敬德之后，回到宴席上，对众臣疾言厉色道：

"为人知足方安。朕昔日于隋朝，五品之官不敢奢望。卿等彼时，亦是敝贱布衣。而今，朕临四海，卿等咸得高位。君臣千载缘聚，真乃幸甚。望卿家洁身自爱，遵纪守法，共享太平！"

明君明理，威德并举，正气盛，邪气退，众臣为有如此明君而高兴。这次御宴，更见贞观之治之力、之盛。

君臣预宴之后，同四乡八邻父老几千人共同言宴。所谓言宴，既不仅宴请乡亲父老吃喝，且要与父老乡亲畅所欲言。在与乡亲父老言宴时，李世民说：

"朕幼遭隋乱，栉风沐雨，饥不遑食，以救苍生百姓得无死亡，二十余年矣！今重还旧乡，与父老相见。此宫先皇所居，朕之生处，至此伤心，触物增感。昔时，父老乡亲待朕家人亲善，不泄露朕出生之秘密，使朕免受屠戮，方有今日之功成荣耀。今召父老言宴，聊表朕感谢与敬意，朕亦觉心稍宽慰！为此，朕特诏令免除武功、扶风、美阳、岐山四县一年之赋税，并为今日邀请言宴之父老各赠送一份薄礼，七十以上与百岁老人特送大礼，另外，亦给武功县已离职之官吏各赠送一份礼物。"

"谢陛下念故乡情深，谢陛下隆恩浩荡！陛下万岁！万岁！万万岁！"

群情激动，漆渭欢腾，漆渭上空久久回荡着"陛下万岁！万万岁！"的呼喊声。

李世民赢得了旧乡民众的真诚拥戴。历史上有许多大人物，最忌讳乡党提及自己往日卑微之事，害怕有失体面，譬如陈胜。陈胜揭竿而起之后做了张楚王，与他有孩提之谊的几个乡党前去投奔，无意中说出了陈胜孩提时的卑微贱事，陈胜觉得有失颜面，竟然残忍地杀了这些乡党。自此，乡党朋辈远离陈胜而去，再之后，陈胜与属下离心离德，终成短命王。而李世民却是寻旧迹，施惠于乡党父老。这一杀一敬，昏君明君就一目了然了。

呼万岁声过后，李世民高举酒杯，对父老乡亲们说：

"为父老乡亲平安长寿，为我大唐兴盛永固干杯！"

民众高呼：

"为陛下万寿无疆干杯！"

言宴间，李世民请乡党父老观看八佾舞。何为八佾舞？八佾舞即封建王朝最高规格的大型艺术演出,只有帝王才能举办。八佾者,即由八横八纵六十四位艺人演出。

但见六十四名少年艺人齐刷刷一般高矮,个个神采奕奕俊俏模样,头戴黄灿灿、金闪闪的进德冠,身穿鲜艳艳、洒脱脱的宽袖裙襦,足蹬黑亮亮的牛皮靴,跳起了《功成庆善乐》。这《功成庆善乐》,即李世民此次来诞生地时所作的《大风》诗。皇上作的诗好,起居郎吕才谱的曲子好,这六十四名少年艺人舞跳得更好。观众掌声不断,叫好声不绝。

乡亲父老咀嚼着香喷喷的肉菜,品尝着美滋滋的御酒,观赏着令人陶醉的八佾舞,手里捧着天子赐的丰盛礼物,此时此刻,那心呀,比蜜还甜。

八佾舞之后,民众按捺不住激动的心情,也起身摆手扭腰欢跳起来。李世民很是高兴,干脆走到乡党之中,与儿时一个相识者共舞起来。这一天,庆善宫门前,的确是欢庆的海洋,君臣民众善处的天堂!这便是李世民的贞观之治,亦是大唐兴盛的真实写照。

这正是:美不美,泉中水,亲不亲,故乡人。要知后事如何,请听下回分解。

第四十一回

皇后遗言莫游畋　太宗悔恨白兔寺

话说李世民励精图治得贞观盛世,但因操劳过度,他的身体日渐虚弱,经常患病。贞观十年(636)六月的一天,他旧疾发作,病情加重,卧床不起。好在太子李承乾已成年,在宰相房玄龄、温彦博、王珪、长孙无忌和魏徵等人的辅佐下,国事尚安。但群臣多年来与皇上结成的君臣情谊很深,见皇上患病在床,都很发急。更为心焦的是长孙皇后。皇上之病,累年不愈,她总是侍药于侧,日夜不离。她对神佛本来不相信,曾明确地说:"道佛乃异说,不可置信。"但皇上之疾累年不愈,且眼下加重,她不得不在夜静之时,跪于宫中庭院,祈求上天保佑皇上康复,并求上天折去她的阳寿,添福于皇上。她不仅如此,还备有毒药带在身上,如若皇上不测,她便服毒与皇上同弃人世。这真是难求同年同月同日生,但愿同年同月同日死。何为结发?结发就是结体结心结命。何为夫妻?夫妻就是夫唱妇随,休戚与共。不知是上天的捉弄,还是阎王被长孙皇后的诚心感动了,把她的阳寿加给了李世民。这年七月,李世民康复了,长孙皇后却病倒了。她本就有气喘之疾,日夜服侍李世民,病情怎能不加重?贞观以来,她殚精竭虑把后宫治理得井然有序,她不像汉时的吕雉扩张娘家势力,亦不像前朝萧皇后无原则地放任皇上奢淫。她好读书,博古通今,常与李世民以古人之典故端正行为,李世民在长孙皇后身上获益匪浅。长孙皇后以仁、孝、俭、德治理后宫。有时,李世民因朝政之事心情不好,不免迁怒于宫人。在李世民训斥或无端刑罚宫人时,长孙皇后并不劝阻,而是一同训斥或把宫人先囚禁起来,待李世民怒气平息,长孙皇后便会说明事情的曲直,使李世民认识到自己有失检点,赦免被罚的宫人。在长孙皇后主理后宫期间,嫔妃宫人从无冤怨。豫章公主生母早逝,长孙皇后将其养在膝下,慈爱逾于亲生。妃嫔以下有病,长孙皇后总是亲自去探视慰问,并赠予自己保存的好药美食,宫中无人不爱戴她。但是,长孙皇后在教养诸皇子时,却很严格,要诸皇子待人以谦、以让为先。

太子李承乾的乳母曾对长孙皇后说，东宫的器具比较少，应添置；但长孙皇后不允。她说："身为太子，最担心的应是德不立，名不扬，怎么能计较宫中的器具多少？"长孙皇后对自己要求更严。她的病情加重，太子很是发急，对长孙皇后说："医药用尽，阿娘之病不见退去，不如奏请阿耶大赦天下，度一些人入道家、佛门，阿娘或许能得到冥福，祛病增寿。"长孙皇后说："死生有序，非智力所移，若为善有福，则吾不为恶；如其不然，妄求何益；赦者国之大事，不可数下。尔如坚持奏请皇上，娘立即去死。"太子听母亲如此说，不敢奏请，但私下将此事说给房玄龄。房玄龄把太子的这番话说给了皇上。李世民听后很是伤心，想如太子所说赦免一些犯人，度一些僧道，但长孙皇后坚决制止。

长孙皇后病情加重将要离世时，房玄龄因事被罢相于家中，长孙皇后对李世民说："玄龄事陛下久，小心慎密，奇谋秘计，未尝宣泄，苟无大故，愿勿弃之。妾之本宗，因缘葭莩以致禄位，既非德举，易致颠危，欲使其子孙保全，慎勿处之权要，但以外戚奉朝请足矣。妾生无益于人，不可以死害人，愿勿以丘垄劳费天下，但因山为坟，器用瓦木而已。仍愿陛下亲君子，远小人，纳忠谏，屏谗慝，省作役，止游畋。妾虽没于九泉，诚无所恨矣。儿女辈不必令来，见其悲哀，徒乱人意。"

长孙皇后这段遗言令人感慨！临离世时，她所关心的是贤相房玄龄被罢免闲置，所担心的是给娘家人过重权要，所不愿的是厚葬她自己，所放心不下的是丈夫李世民。之后，她从身上取出常带的毒药给李世民看，并说："陛下在病中，妾恐陛下有不测，誓以死从陛下，绝不做吕后之徒耳。"长孙皇后如此做，不仅是为李世民殉情，更是不愿做吕雉乱天下之事。如此之贤德，千古后妃少有。长孙皇后咽气前，吟出两句诗："今生不了知音爱，来世重温牵手情。"她为丈夫李世民付出了一切，但她无只字怨言，并约定来生再做结发夫妻，如此重情之女，世上少有啊！

长孙皇后不仅喜爱读书，且有其著，作有一书，名曰《女则》，计十卷。其文以古妇人得失之事，褒善贬恶，被视为女德之宝典。长孙皇后去世后，后宫有司将《女则》上奏李世民。李世民看后，对近臣道："皇后此书，足以垂范百世。朕非不知天命而为无益之悲，但入宫不复闻规谏之言，失一良佐，故不能忘怀耳！"之后，李世民采纳了长孙皇后遗嘱中的规谏，召见了房玄龄，恢复了他的相位。

想贞观九年（635），太上皇李渊去世时，李世民把母亲的灵柩从寿安陵迁到献陵，风风光光地与父亲合葬，弥补了当年草草安葬母亲之憾；安葬了父母，虽然难受，但尚能自抑，而如今失去皇后之佐，却令他心痛难抑。这心痛，持续了多年。高士廉见皇上如此思念长孙皇后，与房玄龄、王珪等人想出了以桃代李的办法。可让谁来替代长孙皇后？平时李世民喜爱的除了长孙皇后，就是杨广之女杨妃。尽管杨妃美艳聪明，但她哪有长孙皇后之才？哪有长孙皇后的博古通今？哪有能规谏皇上的胆识？后宫没有，只能举国去选。但皇上已把后宫三千多宫女遣出，岂能再选秀？绝对不可能！于是，他们派人暗中去选才女。

贞观十一年（637），这些人果真挑选了两个才貌双全的女子来。不过，她们年纪都尚小。一个是湖州将作监丞徐孝德之女徐惠，才十一岁。此女虽小，但早熟，六尺高的个儿，曲线柔美，鹅蛋脸，柳眉杏眼，那长长的睫毛，特别招人喜爱，红艳艳的樱桃小嘴，谁见谁就会动心。容色美艳只是此女的外在，其内在，那的确是有超人之才能，她出生五个月就会说话，两岁识字，四岁能熟读《论语》《毛诗》，八岁会写文章，其父让她拟《离骚》之体作诗，她写了一首《拟小山篇》："仰幽岩而流盼，抚桂枝以凝想。将千龄兮此遇，荃何为兮独往？"其才华即便是蔡文姬、曹大家何能与之相比，便是须眉曹植又能如何？真乃旷世才女！

另一个是荆州都督武士彟之女武媚娘。此女名为媚娘，长得的确妩媚动人，苗条的身材，轻盈的步履，鹅蛋形的面庞，又黑又俏的眉毛，水汪汪的大眼睛忽闪忽闪似乎会说话，粉嘟嘟的脸蛋，释放着青春的美丽，那鼻端的光彩、红红的嘴唇勾魂摄魄。虽然年仅十四岁，但举止端庄，言语谨慎，很有心计。此女同样才华横溢，五岁能书，七岁能文，九岁赋诗，十一岁时诗文已在当地州县很有名气。

虽然李世民身边多了这两个才女，但都是稚齿嫩姝，哪比得上结发结心的长孙皇后，李世民乐了几天，又沉浸在思念长孙皇后的郁闷之中。杜如晦等人没办法，于贞观十二年（638），把李世民少年时的先生张后裔请来安慰皇上。李世民见到张后裔，果然很高兴，当晚，就为之举办接风盛宴，并请重臣陪宴。在宴席上，李世民问张后裔：

"贞观二年，世民诏师父进京，师父为何避而不奉诏？"

张后裔秉性爽直，亦是皇上的师父，因此，毫不掩饰地说：

"贞观始治，陛下百废待举，老夫不便打扰。老夫多年来闲云野鹤已成习惯，难登大雅之堂。亦怕……"张后裔虽然爽直，但想到这是在皇上面前——尽管皇上是自己往日的学生，但如今是九五至尊，且有陪宴的权贵；这些重臣，都是天子重臣，国之栋梁，自己在这些顶尖人物中又算得了什么——因而欲言又止。李世民见张后裔欲言又止，问：

"师父所怕何事？"

"老夫不敢妄言。"

"师父但讲无妨。"

张后裔见皇上如此说，又想，自己多年归隐，无意官场，即使触犯龙颜，又有何惧，于是说道：

"老夫怕重蹈刘文静之路。"

一提到刘文静，李世民的脸色一下子变了，变得很难看，陪宴的长孙无忌、房玄龄、杜如晦、王珪、温彦博、魏徵等人也都目瞪口呆。张后裔看到这种情景，心想：这真是伴君如伴虎，一句话不入耳，即会有杀身之祸。不过，他又想：圣上即便生气，也不会把我张后裔怎么样，毕竟我张后裔是今上昔日之师，何况我张后裔是庶民一个，得失无所谓。于是，他倒显得很平静。李世民虎着脸皱着眉头，沉默了一会儿，说：

"当年，朕与太上皇起兵反隋，皆赖刘文静之良谋。太上皇登上九五之尊后，很看重裴寂，封之为相，刘文静不服，有怨言。时逢刘文静之妾王氏失宠，她怨恨刘文静，诬其谋反。太上皇命裴寂审理此案，裴寂挟私造冤，朕知刘文静冤枉，苦谏太上皇，但当时薛举兵临城下，太上皇怕刘文静之案引发内乱，执意处死刘文静。贞观三年，朕已查明此案，予之平反，亦使其子刘树义袭其父爵鲁国公。然刘树义恨其父冤死而起兵谋反，朕不得不依律使之伏法。朕对刘文静父子至仁至义，师父为何如此而论？"

"原来如此！"张后裔甚感意外，对自己的冒昧颇为懊悔。

温彦博看张后裔不安，说道：

"张先生有所不知，贞观以来，圣上励精图治，勤政亲民，知人善任，内安外宁。圣上不仅对刘文静如此，且以皇帝大礼葬埋前朝隋炀帝，亲自前去太陵祭奠前朝隋文帝，并为死于创建李唐大业之英烈筑灵台，抚恤家小，亲自书写祭文祭奠。还为隋朝三征高句丽战死异国他乡之亡灵建造招魂台，亦为死于隋末战乱之亡灵建超度台，使亡者释怨不为孤魂野鬼，使生者如愿耕有其田，丰衣足食。如今之大唐，已是天下之乐土矣！"

张后裔听温彦博如此说，愈感尴尬。魏徵见张后裔很尴尬，笑了笑说：

"想我魏徵，昔日曾与圣上为敌，玄武门之后，圣上不仅不计前嫌，还委予重任。魏徵深感圣上知遇之大恩，忠直于圣上，每遇不直不顺之事即诤谏，往往任性犯颜。圣上不仅不罪，反而嘉奖赏赐，古来帝君，谁能如此？"

房玄龄亦真诚地说：

"圣上近贤远佞，兼听清明，政通人和，万民称颂，张先生多虑矣！"

张后裔在这些重臣的佐证下深感失言，说：

"老夫于山野，孤陋寡闻，不知圣上苦衷，愧悟知罪！"

"师父此言差矣，不知者不罪，师父欲为刘文静鸣不平，何罪之有！"李世民举起酒杯，对张后裔道，"师父乃世民少年恩师，无师父授之武艺，世民安能驰骋疆场，夺取天下，世民敬师父一杯！"

"惭愧，惭愧！"张后裔喝了皇上敬的这杯酒，甚觉光彩。

李世民也很高兴，对张后裔说：

"幸蒙师父当年苦心教诲，世民如今未辱没师父之名声乎？"

"惭愧，惭愧，老夫尽沾陛下之光耳！想当年孔老夫子授徒，即便有七十二大贤，亦无一徒居子男之爵位，臣唯有二郎一高徒，贵为九五至尊，老夫知足矣！"

"哈哈哈哈！"听张后裔如此说，李世民不禁朗声大笑。李世民笑了，陪宴的诸大臣也都开心地笑了。

李世民很高兴,当即封张后裔为礼部侍郎。张后裔当年被冷落,而今终被学生重用,极为高兴,向皇上请求去祭奠客山先生。他非常清楚,今日之殊荣,源于客山先生之举荐,因此,他须亲自前去致谢客山先生之亡灵。正巧,李世民亦想去始平郡游猎。于是,李世民在张后裔的陪同下,前往始平郡。

来到始平郡,李世民陪张后裔去武功客山私塾。李世民第一次回故乡时已经祭奠过客山先生,并把客山私塾改建为客山庙。师徒二人来到客山庙,给客山先生神位上了炷香,又来到客山先生坟前,张后裔看了李世民给客山先生题写的诗,对李世民能如此敬重师长很是感佩,深情地说:

"客山兄,你我当年之学生,今已是大唐九五之尊,万国之'天可汗',兄台可含笑九泉矣!"

李世民想起客山先生当年对自己的悉心教诲,不禁潸然泪下。张后裔见李世民如此动情,既感慨亦不安。感慨的是李世民重情重义,不忘恩师,对自己如是,对死去的客山先生亦是如此;不安的是,皇上来此游猎,是为了散心高兴,我怎能惹皇上难受!于是,他对李世民道:

"臣陪圣上去游猎如何?"

李世民听张后裔如此说,转悲为喜,说:

"甚好!"

于是,二人离开了客山坟墓,准备翌日狩猎。李世民吩咐狩猎的将领,从始平之西,武功之东塬,南到渭河布网,北面留一出口。

第二天清早,天空瓦蓝瓦蓝,空中有几朵淡淡白云,如同几只仙鹤悠然翱翔,旭日鲜红,红得耀眼。时值孟冬,秋粮已收,冬田已种,正是狩猎最佳之季节。此时所布的狩猎网东西面已收,李世民立马于渭河滩上,他看到严阵以待的甲士猛将,觉得自己似乎又回到了当年冲锋陷阵的战场。他热血沸腾,挥剑旨令。顿时,鼓声大作,喊声雷动,战旗飘飘,刀戟寒光闪闪,弓响利箭飕飕,霎时,兔哭狐叫狼豹嚎。猎物的嚎叫声中夹杂着军士们的笑声。这一场狩猎,收获颇丰,李世民很是开心。突然,一只白色的野兔出现在李世民面前。李世民甚感奇怪,他猎到很多兔子,但从未见到如此雪白的野兔,于是命令军士:"此兔子勿箭伤,只可追逐。"有皇上旨令,军士谁也不敢伤害此兔子,都在后面追。谁知,这只兔子极善奔跑,从始平之西,跑到武功长宁,又从武功长宁奔到客山之巅,继从客山之巅逃到窦村之北。不但军士追得气喘吁吁,战马也跑得精疲力竭,但还是追不上此兔。李世民一时急,挽弓一箭射去,只听"吱"的一声,白兔在地上拼命挣扎。李世民飞马去捡拾,当他来到跟前,白兔竟然无影无踪。难道朕未射中?他又一想,不会,朕素有百步穿杨之能,岂能射不中一只兔子。再说,朕亲眼见其中箭倒地挣扎,怎会不中?他很纳闷,既射中,如何不见兔子?他百思不得其解,发现前面有一座寺院,他独自走进寺门,寺中央一座大殿,硬脊飞檐,雕梁画栋,云木斗拱,紫红窗门,甚是雄伟壮丽。他走进大殿,殿中有一座貌似观世音菩萨的全身坐像。仔细看去,比观世音菩萨更俊美,瓜子脸,柳眉杏目,双眼皮,长睫毛,玉鼻樱桃小嘴,他越看越觉得似曾相识,他看着想着,恍然大悟,这不就是长孙皇后吗?呜呼,她如何在这里!他正想走上前去问,突然发现神像双手抱着一只雪白的兔子,兔子大腿上带着一支箭,血从伤口往下滴,兔子红红的眼睛泪水汪汪,大口大口喘着粗气。他再仔细看这支箭,正是他射出去的箭。他很吃惊,也很奇怪,正迷茫时,忽然听到空中有说话声:

"你看本座是谁?"

李世民抬头仰望,呀,白衣仙子,手持羊脂玉净水瓶,是观世音菩萨!李世民拱手道:

"原是观世音菩萨,不知菩萨有何吩咐?"

观世音菩萨厉声道:

"李世民可知罪乎?"

李世民大惊:

"我有何罪?"

观世音菩萨怒斥道:

"你滥杀生,竟然不知是罪?"

"滥杀生！"李世民觉得很是委屈，辩解道，"世民每决一死囚，要三次复审，曾几次放死囚回家，并赦免其罪，大唐绝无冤怨，何来滥杀生？"

观世音菩萨正色说："你手刃不下千人之命，念你戡乱创业，济世安民，亦念你为亡者埋骨筑坟，修建灵台祭奠，上天不咎。然你身为九五之尊，岂可滥杀无辜。当年你在客山习武，以燕子为的，而今又率宫廷甲士猛将狩猎，血染黄土，岂不是滥杀无辜？"

听观世音菩萨如此说，李世民方才明白，所谓滥杀无辜，原来是指此异类。他失笑道：

"猎此之物，即是滥杀无辜？"

观世音菩萨见他不以为然，沉声道：

"盘古开天，女娲造人，天造万物，皆有生命，不可以人皇之手，滥杀异类之命，昔日你射杀燕子之时本座已警告，滥杀无辜，小心日后遭报应，你竟置之不理。几年前你病重，乃厉鬼索命，长孙皇后求告上天，折去她之阳寿以延续你之性命，方有你今日康复之体。长孙皇后，前世乃月宫嫦娥，她不仅辅佐你创业，亦母仪后宫，且布德于天下。她以德弥补你之失，亦以她之阳寿换得你今日之生命，然你竟以利箭伤其玉兔，岂不是恩将仇报？罪孽深重？"

听了观世音菩萨这席话，李世民犹如五雷轰顶。他再仔细看殿中的神像，的确是长孙皇后，那熟悉的眼神，那熟悉的面孔使他刻骨铭心。他多年思念长孙皇后之情油然爆发，情不自禁地扑上前，但神像突然消失了，耳畔却响起了长孙皇后熟悉的规谏声："愿二郎亲君子，远小人，纳忠谏，远谄佞，省作役，止游畋，千万莫杀生！"他循声寻找，什么也看不到，大殿不见了，寺院没有了，眼前依然是空旷的荒野之地。他呆呆地望着，细细地回想着刚才的情景。这时，将士赶上前来，见皇上如此发呆，不知发生了什么事。张后裔赶紧走上前，小声问："陛下，发生何事？"李世民清醒了过来，他把方才的事告诉给张后裔。张后裔听后，深为感慨，对李世民说："陛下，既然是观世音菩萨与长孙皇后神灵规谏，即应停止狩猎才是！"李世民叹到："朕本想以狩猎练兵，如不再狩猎，如何练兵？一旦有战争，勇士猛将何来？"张后裔说："日后陛下狩猎，只练兵，不杀生如何？"李世民忧愁顿失，说道："善，如此甚好！日后狩猎，唯练兵，不杀生！"于是，李世民立即罢去狩猎，回了京城。

此后，李世民深悔自己箭伤白兔之过失，便在白兔受伤的地方建了一座寺院，敕命名为"白兔寺"，并在白兔寺旁修建了一座观音堂。白兔寺中所供奉的神主，正是彼时长孙皇后怀抱着的玉兔。白兔寺既是李世民怀念爱妻长孙皇后的见证，亦是告诫世人莫要滥杀生的警示。

这正是：天下万物生有道，莫把弱者作美食。要知后事如何，且听下回分解。

第四十二回

宝塔开光报本立　皇恩浩荡故乡亲

高士廉等人以桃代李的办法果然把李世民对长孙皇后的思念迁移到徐才人身上。这徐才人果然是一代才女，不仅琴棋书画样样精通，诗赋文章更是出众。李世民本是诗书奇才，与之相比，难分伯仲。徐惠入宫不久就被升为婕妤。一次，徐惠看到李世民望着长孙皇后的画像伤心流泪，便也走上前去潸然泪下。李世民很是好奇，问她：

"徐婕妤为何垂泪？"

"妾替长孙皇后落泪。"

"替长孙皇后落泪？"李世民颇为不解，"此话怎讲？"

徐惠含泪吟出几句诗来：

　　侍药病床不解带，求佛折寿予夫君。
　　谁知愿望付流水，可恨爱心成泪痕！
　　汉武不为艳李泪，太宗何苦伤妾心。
　　君王情系国民众，儿女私情莫乱神。

李世民听完徐惠这几句诗，如同当年长孙皇后在对他规谏，泣诉。他恍然醒悟：对，长孙皇后在我患病期间，日夜侍药于侧，求神佛折去她自己的阳寿，保佑我李世民康复，长孙皇后之所为，是期望我健康长寿，为天下民众做好事。而我如今整日沉浸在苦苦思念中，岂不是与她的初衷相悖，辜负了她一片苦心。对，我是天子，我是天下民众掌舵人，我一旦倒下去，济世安民之使命谁来完成？且太子承乾失德，需严加训导。东宫尚弱，目前不仅要加强贞观之治，更需防范塞外薛延陀、突厥、吐蕃、吐谷浑、高昌、高句丽之偷袭。虽然这些藩夷眼下势弱暂时附属进贡，但若大唐失治或处事不当，他们就会寻隙反叛，天下就会大乱。太子德不立，智不敏，日后如何驾驭天下？想到这些，他拭去泪水，看着面前的徐惠，她年轻，美丽，聪慧，恰似当年的长孙皇后。他禁不住走上前，把她紧紧抱在怀里，说：

"爱卿如何知悉朕与长孙皇后往日之事？"

"妾见陛下终日思念长孙皇后，恐陛下龙体受损。于是，问知长孙皇后往日服侍陛下之事。妾虽出身卑微，亦想为陛下分忧。"

"谢爱卿为朕分忧！"李世民终于把对长孙皇后的爱恋完全迁移到了徐惠身上，他很快将徐惠晋封为充容，位列九嫔，经常把她带在身边，对她的偏爱不亚于当年他对长孙皇后之宠。

贞观十六年（642），高僧玄奘从天竺国取经回国。玄奘和尚自贞观三年（629）西行去天竺国取佛经，跋山涉水，不远万里，历经整整十三个春秋，满载而归。李世民曾召见玄奘和尚问及天竺国的国情与佛学；玄奘和尚侃侃而谈，博学睿智，李世民对之颇有好感，封其为长安弘福寺住持。时年，将作大匠阎立德上表，所筑报本寺中的宝塔已竣工，请皇上视察。阎立德是将作大匠窦琎之高徒，窦琎在贞观九年（635）去世，阎立德便接替师父窦琎的筑塔之大任。他不辱师命，如期竣工。报本寺新任住持净空，亦上表请皇上为寺中宝塔命名。于是，李世民带着徐充容、武才人于十一月六日，在一些重臣的陪同下，第六次回故乡武功县。

来到武功县城，一座高塔巍然矗立在眼前，果然是七层四面八角，塔体的青砖与八角檐口的铜铃在阳光照耀下，闪烁着美丽的光彩。李世民的御驾到了报本寺，稷州刺史、始平知府、武功县令早已恭迎。李世民走进报本寺，看到青松、苍柏、翠竹，以及排列整齐的大殿禅舍，很是高兴。这是他李唐皇家当年的旧宅，他就是在此成长成才。这是一块福地、宝地。这块宝地，成就了他们李唐大业，也成就了他李世民这个大唐天子、万国的"天可汗"。他把这块宝地献给了佛门，完成了太穆皇后在世时之愿望。如今，他又在这块既有李唐天子福气又有佛光灵气的宝地上建起雄伟的宝塔。这宝塔，就是他李世民孝敬父母的见证，也是他为天下民众善行孝道的无字诏告。塔已建成，单等开光。李世民走到塔前，仰望宝塔，此塔高有十几丈，雄伟壮丽。他手摸塔体，一色大青砖砌就，缝隙密合紧密，坚固如铁。塔体中空，底层四门，东西方向门洞敞开。李世民走进塔内，塔内有烛光照明。他轻咳一声，塔内回声轰鸣，这轰鸣声惊动了栖息在塔中的飞鸟，顿时，鸟儿扑棱棱拍翅飞动声响起。塔内筑有木制盘旋梯，可攀着木旋梯登上塔顶。李世民抬脚刚刚踩上木旋梯准备拾级而上，随行的内侍徐仁忙劝谏：

"危险，陛下莫上！"

李世民问身边的将作大匠阎立德：

"旋梯是否结实？"

"很结实。不过……"

"不过如何？"

"陛下龙体……"

"无妨！朕戎马半生，至今狩猎不辍，岂在乎攀登几级旋梯？上！"李世民大步登上旋梯。武才人机灵，亦颇有心计，她怕皇上有闪失，急忙说：

"陛下且慢！"

"有何事？"李世民问。

"妾前行为陛下探路如何？"

李世民点了点头，于是，武才人秉烛前行，徐充容于后，搀扶李世民一步一步登上木旋梯。他们小心翼翼地一路上到了顶层，抬头一看，四面有小门洞，东西两面门洞敞开，门洞前有木栅栏防护。李世民扶栏向下俯瞰，不看则罢，这一看，惊叹不已：只见道路上行人如同小虫，房舍恰似农家盛粮食的升斗，街道中的大路细如丝线，真可谓登高一览万物小。他极目远眺，终南山如同一道巨大的翠屏，乾山好似一座高土丘，绕城蜿蜒流动的千里漆水河犹如一条蟒蛇被踩于足下。他再举头仰望，天似乎低了，太阳似乎更近了，自己也如同置身于蓝天白云之上了。李世民很是兴奋，对徐惠道：

"徐充容与武才人皆善诗赋，面对此情此景，能否与朕各抒怀一首？"

徐惠正有此意，甚为高兴，说：

"善！陛下有何规定？"

李世民道：

"每首四句，末一字必须与朕相同。朕作，徐充容与武才人各和一首如何！"

"善哉！"徐惠与武媚娘含笑应诺。

李世民捋须沉思片刻，吟道：

"报本寺心报本塔，七层四面八角翘。塔藏舍利佛光照，普度孝贤尽舜尧。"

徐惠与武媚娘拊掌，徐惠说：

"位置、形状、特色清晰，道出塔之奇伟与建造之非凡意义，乃千古绝唱哉！"

"妙哉，妙哉，绝妙哉！"武媚娘叹羡至极。

"徐充容和来！"李世民催促徐惠。

徐惠思忖片刻，吟道：

"铜铃砖体佛光照，刺破青天万仞高。报本孝贤无语诏，圣君更比古唐尧。"

"佳句！佳句，充容既道出宝塔之奇伟，亦道出朕之用意，不过，说朕有过唐尧，似乎有谀辞之嫌。"李世民嘴上如此说，实则心里极为高兴。他又对武媚娘说，"武才人有何佳句？"

武媚娘腹稿早已作成，她不假思索，开口道：

"梦赴瑶台王母宴，喜随皇上登云霄。圣君报本立人范，小妾衔环知遇尧。"

李世民听武媚娘前两句诗颇为不快，小小才人，竟如此狂妄，欲上天赴王母之宴，随朕步云登天！但听完全诗，特别是结句，颇有结草衔环回报知遇之意，他哈哈笑道：

"武才人天心广袤，既有结草衔环之心，亦不忘赞朕之谀辞，堪为佳句！"

的确，武媚娘天心广袤，尽管太宗宠爱徐惠，她眼下无法取代，但太宗晏驾之后，她武媚娘终于宠冠后宫，且临朝主政，做了中国古代唯一的女皇。李世民虽然在这首诗里已经看出了武媚娘的野心，但他过于爱才，怜香惜玉。武媚娘也的确慧根深厚，比吕稚手段更高明，比任何皇后都工于心计，在唐太宗李世民铸就的贞观之治的金字塔尖上巧妙打磨成了一颗武周璀璨明珠。不知这是李唐江山的悲哀还是福祉。不论如何评述,终归是在中国历史上谱写了一段武周女皇的传奇。

这天晚上,由弘福寺住持玄奘高僧主经。李世民亲临经堂,这是佛门的荣幸,这是帝王弘扬孝道文化的盛典。诵经三天之后,十一月九日正午,宝塔开光。李世民在开光仪式上,既为宝塔题了名,亦说明建造报本塔之意义。这座报本塔,正如徐惠诗中所言,是"报本孝贤无语诏",也正如武才人所说,是"圣君报本立人范"。它不仅彰显了李世民报答父母生养之根本,亦为天下民众树立了慈爱行孝之典范。

宝塔开光之后,李世民了却了报答父母之心愿,但他尚未了却报答乡亲父老之心意,于是,他在十一月十一日这天,宴请了武功乡亲父老。

宴会前,他预先宴请了五品以上官员。这次预宴,李世民吸取了贞观六年(632)九月尉迟敬德在预宴上滋事的教训,早就命中书省和宰相们反复议定出大唐二十四功臣座次。这二十四位功臣的次序如下。

赵国公长孙无忌第一,李世民曾评价长孙无忌"朕能有天下,多是此人之力"。

河间郡王李孝恭第二,他是李世民堂兄,长江以南均受其统领,其战功可与李世民比伯仲。

莱国公杜如晦第三,他是李世民秦王府文学馆十八学士之首。

郑国公魏徵第四,原为李密谋士,后随李密投唐,属太子李建成麾下,玄武门事变之后,归顺了李世民。他对李世民非常忠诚,凡事知无不言,以进谏著称。李世民曾评价说"贞观之前辅佐之功以房玄龄第一,贞观之后以魏徵第一"。

梁国公房玄龄第五,十八岁时本州举进士,授羽骑尉,在渭北投秦王李世民后,为秦王参谋划策,典管书记,是秦王得力的谋士之一。唐武德九年他参与玄武门之变,与杜如晦、长孙无忌、尉迟敬德、侯君集五人并功第一。李世民即位后,房玄龄为中书令,贞观三年二月为尚书左仆射。

申国公高士廉第六,是长孙无忌之舅,善行政与文学,为李世民心腹,是玄武门之变重要参与者。

鄂国公尉迟敬德第七，原为刘武周部将，后投唐，颇受李世民重用，是玄武门之变重要人物，亲手斩杀了太子李建成与齐王李元吉，又率兵逼宫李渊禅位李世民，拥立之功第一。

卫国公李靖第八，他协助李孝恭经营巴蜀，灭萧铣、辅公祏。贞观年间，成功灭了突厥势力，之后又消灭了吐谷浑势力。

宋国公萧禹第九，隋炀帝萧皇后之弟，李渊起兵时投唐，善行政，后与房玄龄、杜如晦不和，仕途不畅。曾被李世民评价为"疾风知劲草，板荡识诚臣"。

褒国公段志玄第十，他忠于李世民，参与了玄武门之变，治军严谨。曾被李世民评价为"真将军也，周亚夫无以加焉"。

夔国公刘宏基第十一，游侠，太原起兵时与长孙顺德一同招募勇士，在义军进攻长安途中的霍邑之战斩杀了隋大将宋老生，之后配合李世民在介休歼灭了宋金刚，常年驻守北境。

蒋国公屈突通第十二，原为隋大将，后投唐，被封为兵部尚书，灭王世充战役中被评为战功第一。

陨国公殷开山第十三，李渊旧部，随李世民灭薛举父子有大功。

谯国公柴绍第十四，李渊女婿，平阳公主之夫，参与了太原起兵和对薛举、刘武周、王世充、窦建德等重要战役，是消灭最后一名反王——梁师都的主将。柴绍之妻平阳公主是李世民的亲姐姐，也是大唐唯一的女将军，战功卓著，李唐初镇守长城一大关隘，此后这个关隘被称作"娘子关"。平阳公主已于武德年间身故，虽未在参评之中，但功绩不亚于李靖。

邳国公长孙顺德第十五，长孙皇后之叔父，太原起兵时与刘宏基招募义兵，有大功，义军进攻长安时为先锋，擒隋主将屈突通，参与了玄武门之变。

郧国公张亮第十六，原为李密部下，后随李世勣投唐。李世民兄弟相争时，拒绝李建成拉拢，有大功。贞观年间，善于行政。

陈国公侯君集第十七，李世民心腹，常年担任幕僚，玄武门之变主要参与者。贞观年间，担任李靖之副将击败吐谷浑，又任主将消灭高昌。

郯国公张公谨第十八，原为王世充部下，后投唐，玄武门之变重要参与者,协助李靖灭突厥。

卢国公程知节第十九,原为瓦岗军勇将,李密失败后投王世充,不被重用,同秦叔宝阵前投唐,玄武门之变重要参与者。

永兴公虞世南第二十,隋奸臣虞世基之弟,善文学,投唐后尽心辅佐李世民。被评为"德行、忠直、博学、文辞、书翰五绝"。

邢国公刘政会第二十一,李渊老部下,李渊举义兵之大功臣,曾任刑部尚书。

莒国公唐俭第二十二,唐家与李家为世交,李渊起兵的功臣,善外交,之后任民部尚书。

英国公李世勣第二十三,原为瓦岗大将,少年从翟让起兵,翟让死后随李密,之后投唐,随李世民灭王世充、窦建德、刘黑闼,又担任主将灭徐圆朗,随李孝恭灭辅公祏,贞观年间与李靖灭突厥,之后十六年守北塞。李世民评价为:"李世勣一将胜于隋炀帝修筑之长城。"之后又担任主将灭了高句丽。

胡国公秦叔宝第二十四,本为张须陀部下,张死后归裴仁基部下,随裴投李密,为瓦岗大将,李密失败后投王世充,不被重用,与程知节一同阵前投唐,每战必冲锋在先,玄武门之变重要参与者。

有了大唐二十四功臣座次,预宴按部就班,肃然有序。预宴之后,君臣与千余武功乡亲共宴。这次盛宴,更胜当年在庆善宫前沙滩之宴,场地于武功县城北关城外,占地三十余亩,开宴时,李世民举杯道:

"当年朕与家人居住于此,承蒙乡亲父老护佑,今日略备淡酒薄肴致谢,不成敬意,乡亲父老请!"说完,李世民一饮而尽,乡亲父老们齐呼"谢陛下隆恩!陛下万岁!万万岁!"如山呼海啸般震荡天地。

之后,李世民高声吟诵:

心系儿时地,情牵故土真。
凤岗德义重,漆水恩泽深。

淡酒酬乡党，薄肴谢至亲。

武功情不了，报本塔凌云。

李世民吟罢，房玄龄首先鼓掌，房玄龄的掌声一响，引起万众雷鸣般掌声。掌声过后，八十岁高龄武功巨儒苏勤赞道：

"圣上亲民，不忘我辈乡党。圣上不仅为太穆皇后建造报本之高塔，亦宴请我等乡党父老，真乃圣皇，'天可汗'！圣上隆恩浩荡！圣上万寿无疆！"

"圣上隆恩浩荡！圣上万寿无疆！万寿无疆！"

之后，李世民对乡亲父老道："感谢乡亲父老情意，朕无以回报，请乡亲父老笑纳朕之微薄赠礼。"接着，李世民高声道："上礼品！"

于是，百余名皇宫卫士捧着礼品分别送给乡亲父老。七十岁以下，每人绢一匹，银五两；七十到九十岁每人绢两匹，银十两；百岁以上老人绢四匹，银二十两。武功的乡亲父老，这天，吃着香喷喷的御宴，喝着美滋滋的御酒，捧着天子送的沉甸甸的御赐礼品，观赏着《功成庆善舞》《九宫之舞》与《破阵舞》。武功的民众，以社会最底层身份赴了天子御宴，得了天子恩赐，谁能不喜？谁能不欢？谁能不从心底里喊出"圣上万岁！万万岁！"的感恩？

"圣上万岁！万万岁！"的喊声惊天动地，回荡在武功上空，震撼万众的心弦，坚固了李唐江山，璀璨了贞观之治。

这正是：爱心换爱心，八两对半斤；德立万民敬，失德众叛亲。要知后事如何，请听下回分解。

第四十三回

一代明君谢世去　千年青史铭传奇

此时，含风殿龙床上，李世民闭目熟睡，他时而含笑，时而皱眉，时而呼吸紧迫，时而坦然打鼾，似乎在做着梦。的确，此时李世民正在做梦：梦见与长孙无瑕大婚之夜对诗时的喜悦，梦见他十六岁那年从军，一计吓退围困杨广的几十万突厥大军的高兴事，梦见十九岁那年他与父兄举义军破长安创建李唐大业的壮举，梦见他率大军南征北战东讨西伐一个个激烈的场面，梦见他在贞观初年与一班名将贤相内安百姓、外平四夷的开心事，梦见一个个塞外大小国王酋长遣使进贡称他李世民为"天可汗"的震撼场面。当年，父母赋予他"济世安民"的使命，他终于完成了。他虽然没有去泰山封禅，但在这梦中，他对天地神灵祭告道：

"我李世民功比尧、舜、商汤、周武、秦皇、汉武，使泱泱中国成为天下民众向往的乐土，我做到了济世安民，我一生无憾矣！"

谁知，正在他于封禅大典上高声表功时，隐太子李建成蓬头垢面向他扑来，厉声大喊：

"李世民，你这贼子，杀兄屠弟，罪恶滔天，拿命来！"

他正想以隐太子当年给他在酒中下毒、几次谋害他的事对质反驳，谁知，隐太子突然自打自脸说：

"我是长兄，我是太子，我不该加害二弟你，我有罪，我罪该万死！感谢二弟大仁大义，追谥我为隐太子！"

隐太子说罢，悲悲戚戚离去。隐太子刚刚离去，巢刺王李元吉满身是血，少了半边脸，披着乱发手持利剑向他扑来，口中大喊：

"李世民，拿命来！"

正在他惊慌之时，李元吉忽又跪在他面前声泪俱下地说：

"我不该妒忌二兄，不该与大兄一起加害你，我死有余辜！感谢二兄未杀我的妻妾，还把明儿过继给我，使我在地狱中还能享子孙香火！"

之后，巢刺王也悲悲戚戚离去。谁知，突然间薛举父子、窦建德、刘武周、王世充等被他手刃的千余魂魄，一个个披头散发，浑身是血，或执刀或持枪，或伸出长着长长指甲的手向他扑过来，把他围在中间，异口同声地大喊：

"李世民，还我等命来！还我等命来！"

看着这么多厉鬼，李世民很是害怕，欲退，无去路；欲逃，被围得水泄不通。正在他发急的时候，这些厉鬼突然齐刷刷地跪在他面前，异口同声地说："感谢圣上给我等修建超度台，使我等孤魂野鬼有了安息之地，也有了转世之机会！"

忽的一下子，这些厉鬼如同来时一样很快消失了。他尚未静下心来，百多万骷髅排着整齐的方阵向他走来，齐齐跪在他面前。他不知这是怎么回事，于是高声问：

"尔等为何如此？"

骷髅们大声说：

"我等为隋炀帝卖命，战死在高句丽，隋炀帝不仁，弃我等不顾。感谢圣上为我等造坟筑招魂台，使我等亡灵回到了中原，能瞑目九泉之下！"

听骷髅们如此说，他才长长吐了口气，原来是隋炀帝几次征伐高句丽战死之冤鬼。这些骷髅也像来时一样，忽然都消失了。

一眨眼，又有千余名浑身是血，雄赳赳气昂昂的厉鬼来到他面前，向他抱拳跪地道：

"谢陛下隆恩，亲自为我等征伐高句丽之英烈哭祭，亦优抚我等家人，我等虽死无憾！"

他一下子想起来了，他之所以征伐高句丽，一是高句丽王盖苏文自以为高句丽王城地处高险，易守难攻，历来不把大唐放在眼里，且经常袭掠大唐附属国和大唐边民，屡犯附属盟国之约，高句丽王盖苏文弑主虐民惨无人道之罪行更令他不能容忍；二是他想为隋炀帝几次征伐高句丽的惨败雪耻。因此，当他决定征伐高句丽时，一呼百应，应募者争先恐后，有未被招募者，竟然自费购置军械随军征战。这与隋炀帝征伐高句丽时，民众为了逃避兵役自残的情景相比，其区别何等鲜明，何等感人！

李世民亲自率军督战，将士争先恐后，英勇杀敌，一路攻城略地，势如破竹。高句丽惨败，唐军很快打到高句丽王城。眼看高句丽王城将被攻破，但由于将军伏爱渎职而受挫，未能破王城彻底灭亡高句丽。当时已是寒冬，雪封冰冻，粮草亦不足，为保全将士生命计，他只好班师回朝。尽管征伐高句丽未能全胜，但攻克高句丽十座城池，斩首其将卒四万，获其民户七万多。高句丽惨败，不得不谢罪求和。这次征伐高句丽之战，大唐只损了近两千将士。他把这些英烈的尸体全部运回大唐，集中在柳城葬埋，并高筑灵台，设太牢行国葬仪式。他亲自为英烈们作祭文，亲自披麻戴孝在英烈灵前哭祭。当时，英烈们的家人非常感动。很多英烈的家中老人说：

"吾子虽战死，然天子亲自为其哭祭，死何所恨！"

想到这里，他对这些阵亡将士说：

"尔等为国而战死，死得其所，朕感谢尔等爱国之壮志，朕为尔等之所做理所应当！"

这些英烈去后，被他处死的张亮、侯君集忽然跪在他面前说：

"圣上待我等至仁至义，我等不该谋反，我等罪该万死，谢圣上未把我等从初唐二十四功臣中删除，谢皇上不罪及我等家人！"

张亮与侯君集刚刚消失，魏徵突然来到他面前，一如生前潇洒率直。他说：

"陛下，臣所举荐杜正伦、侯君集，此二人当时的确杰出，然世事易变，人亦随时势而改变。臣固忠直，然非神人，此二人之后之叛变，臣难以预知。陛下不该因侯君集、杜正伦叛反，一怒之下砸毁陛下亲自为臣撰写之碑文。臣亦感谢陛下知错即改，又复为臣亲自撰写祭文立丰碑！"

魏徵又笑着吟道：

"魏徵本为田舍汉，腹中唯有忠与直。幸逢圣主善纳谏，济世安民万古稀！"他李世民非常感激魏徵。魏徵原是隐太子的谋士，玄武门之变后，他看重魏徵忠直善谋，未杀魏徵，收于麾下。魏徵感激他李世民的知遇之恩，一生效忠于他。他曾对文武百官说："贞观之前，为朕运筹帷幄第一功臣是房玄龄，贞观之后是魏徵。"的确，魏徵是他的一面镜子，他在魏徵面前，难藏一弊。他爱好畋猎，亦喜爱鹰鹞。有一次，他正在玩一只鹞子，被魏徵看见，他害怕魏徵说他李世民玩物丧志，赶紧把鹞子藏于袖中。但谁知魏徵走到他面前，给他讲起历代君王玩物丧志误国的典故，说个没完，故意拖延时间。他当时既不敢不听魏徵的唠叨说教，也不敢把鹞子放出来，时间长了那鹞子竟然被他捂死在袖中。那时，他实在很生气，但事后仔细思量，正因为他害怕魏徵说他玩物丧志，他才能专心贞观之治，才能获贞观之治的大成。今日魏徵已死，对他李世民竟然是如此高的评价，他甚为感动，对魏徵说：

"夫以铜为镜，可以正衣冠；以古为镜，可以知兴替；以人为镜，可以明得失。爱卿一去，朕亡一镜矣！"

魏徵对他拱手长揖道：

"谢陛下隆恩！"

魏徵离去之后，颉利可汗突然跪在他面前，极为感慨地说：

"臣先祖慕中原富有，屡次发动战争掳掠中原民众财富。臣曾侵犯掳掠大唐不以为耻。臣被擒俘之后，陛下不杀，以礼待臣，并封臣官职，使臣能善终。之前中原历朝历代皇帝鄙视鱼肉我等异域民众，故而世代相仇。今陛下以仁以诚待我异域民众，我等岂能忘恩负义？更使臣所敬慕者乃陛下知我异域国民羡慕中原珠宝丝绸与技艺，于是，广开边贸，使我异域民众能与中原通商。如今，我异域民众既可用牛羊毛皮奶酪换取中原珍宝丝绸，互通有无，各得所需，亦能学得制造丝绸技艺，丰富生活。如此一来，我异域国民既不与大唐相仇恨，亦不觊觎大唐珠宝丝绸技艺，亲善大唐，并视大唐中原为福源圣地，从根本上消除了战争。陛下通使、通关、通贸、通婚、通心，视我异域国民如同亲人，我等感恩戴德。陛下不仅是大唐中原民众之明君，亦是天下万国民众之'天可汗'！臣已知往日之罪过，故在九泉之下由衷感恩'天可汗'，愿'天可汗'万寿无疆！"

颉利可汗去后，隋炀帝突然来到他面前，隋炀帝脖子上还套着被勒死时的白绫，哭丧着脸说：

"李世民，我杨广死不瞑目矣，故上告阎君，阎君命我前来问你。为此，我来问你两件事：一是你我同为皇帝，皆欲励精图治，你为何能使李唐内安外宁，万众拥戴，并能荣膺万国'天可汗'之誉，而我杨广却遭万民唾弃，将遗臭万年？二是你我同征高句丽，为何国人与高句丽民众拥戴你，歌赞你？而我却屡战屡败，天怒人怨？"

对隋炀帝这两个问题，他李世民不假思索地说：

"朕所以能及此者，止由五事耳。自古帝王多疾胜己者，朕见人之善，若己有之。人之行能，不能兼备，朕常弃其所短，取其所长。人主往往进贤则欲置诸怀，退不肖则欲推诸壑，朕见贤者则敬之，不肖者则怜之，贤与不肖各得其所。人主多恶正直，阴诛显戮，无代无之，朕践祚以来，正直之士，比肩于朝，未尝黜责一人。自古皆贵中华，贱夷、狄，朕独爱之如一，故其种落依朕如父母。此五者，朕所以成就今日之功也。"

杨广听后，感慨道：

"惭愧惭愧，原来如此！"

接着，杨广又问：

"你我征伐高句丽，胜败为何如此悬殊？"

他李世民坦然道：

"征战者，君民共同之战也。顺乎军民心意之战，乃为正义之战。正义之战，军民为之奋死而战，故能胜。朕征伐高句丽盖苏文，因盖苏文掠我边民，攻略欺辱弱小邻国，对其国内弑贤君虐良民，无视我天可汗属国之纲纪，朕屡劝诫，然而盖苏文置之不理，故朕与宰相们多次廷议，而后决议伐高句丽。征伐高句丽盖苏文，我君臣一体，军民一心。朕征伐高句丽盖苏文，唯在歼灭盖苏文以及好战一伙政客，对高句丽民众秋毫未犯。是故我大唐将士争先恐后，势如破竹；高句丽民众亦焚香道迎。此乃正义之战。正义之战，岂能不胜乎？你所发动几次对高句丽之战，皆为你一人好大喜功而已，百官反对，军民悖逆，乃是无义之战。无义之战，岂能胜乎？即使侥幸得胜，又有何意义！"

杨广听后，仰天长叹：

"杨广知罪也,非是天下民众背叛我,而是我杨广背叛天下民众哉!非是天下民众杀我杨广,而是我杨广自绝于天下民众矣!"

李世民见杨广如此痛心沮丧,颇为怜悯,大声道:

"天罚炀,世民爱莫能助,但世民已恢复萧氏隋朝皇后身份,并将二老合葬于江都。望表叔父在九泉之下洗心革面,早日转世善良人家!"

杨广捂着面孔大哭而去,李世民也大声道:

"一路走好!"

李世民这一大叫,将自己从梦中惊醒。他甚觉口渴,于是坐了起来。其实,李世民已昏迷了几天,此时突然坐了起来,倒让守在他身边泪水涟涟的徐惠大吃一惊,忙问:

"嗟乎,陛下醒矣!"

"朕口渴!"

徐惠急忙倒了一杯热水,用口试了试水温,双手捧到李世民面前。李世民喝了口水,甚觉舒畅,问徐惠:

"朕睡了多时?"

"整整三天。"

"三天!"李世民很是吃惊,他一下子想起来了,自己病了很多日子,太子与徐充容日夜守在他身边,太子李治忧愁得都有白头发了,自己怎么会一下子好起来了?他脑中突然闪出一个词"回光返照"!他并不怕死,只怕有些重要的事来不及安排。于是,他忙对徐惠说:"宣太子!"不一会儿,李治匆匆赶来。李世民让李治坐在他面前,对他说:

"治儿,千万切记,水所以载舟,亦所以覆舟,民犹水也,君犹舟也。爱民则民众拥戴,祸民则民众摒弃。汝日后主政,切记凡事必爱民惠民,江山方能稳固。木从绳则正,君纳谏则圣。人非圣贤,言行必有所失。能虚怀纳谏方能矫正所失。"

李治一边聆听一边流泪,他很清楚,这是父亲的遗嘱。他怕父亲死去,但又不得不面对现实。父亲之病,已是医药不治。他必须把父亲创建的李唐大业继承下来,必须把父亲的遗言铭记下来,要让父亲含笑九泉。于是,他把泪水拭去，对父亲说：

"儿刻记于心！"

李世民又小声道：

"贞观初年，我身边有许多贤相名将辅佐，故能成就内安外宁之大成。如今杜如晦、文彦博、王珪、魏徵、李孝恭、段志玄、屈突通、殷开山、长孙顺德、张公瑾、刘政会、李靖、秦叔宝等人已身故，但尚有房玄龄、褚遂良、李世勣与汝舅父长孙无忌，此四人无有二心。李世勣是出将入相之大才，此人性直多谋，但汝与之无恩，恐不能怀服。我今黜之，若其即行，俟我死，汝于后用为仆射，亲任之；若徘徊顾望，当杀之耳。另外，突厥、高昌、高句丽、吐蕃、吐谷浑、西域诸国与星岛大小酋长，尔辈觊觎我大唐者，皆慕我大唐珠宝丝绸与技艺。如今四夷皆服我大唐，尊我为万国'天可汗'。日后，汝既须严防尔辈叛反袭边，亦应广开边贸，勉励商贾贩运，互通有无，各取所需。如此既可互利，亦可消除四夷觊觎我大唐之祸心。"

当天，李世民即诏令李世勣出为叠州都督。李世勣受诏之后，家也不回就只身去赴任。

贞观二十三年（649）五月乙巳，李世民病危，召长孙无忌及褚遂良入卧内。李世民对二人说：

"朕今悉以后事托付于公辈。太子仁孝，公辈所知，需善辅导之，望公辈莫负朕之所托！"

"请陛下放心，臣等肝脑涂地辅佐殿下！"长孙无忌与褚遂良跪在李世民面前发誓。之后李世民命褚遂良草拟诏书，传位于太子李治。

李世民把朝政一切安排妥当之后，把徐惠叫到面前，不无怜惜地说：

"长孙皇后仙逝以后，后宫有许多朕喜爱之女，然最喜爱者莫过汝。汝年轻多才，贤淑仁德，亦能真诚规谏朕之失误，日后须自珍自保！"

"陛下莫弃妾！陛下万岁之时亦是妾随侍之日！"徐惠泪流满面起誓。

"不可轻生，朕向来爱惜生命，切莫陷朕于不仁不义！"

李世民安排好了后事，日暮之时，他忽然看到南海观世音菩萨来到他面前，对他说：

"陛下不负佛祖使命，济世安民。陛下之贞观大治，不仅中土民众拥戴，天下万国君民皆诚心拥戴！陛下不仅治国有方，亦能以德孝齐家，同时为世人高树报本之塔，布德孝于天下，堪为人世帝王之表率。陛下正果已修成，本座领如来法旨，恭迎文殊菩萨归位！"观世音菩萨躬身向李世民行礼。李世民顿感身轻如烟，飘然而起。当他立于云端时，突然听到长安城中哭声震天，哭声过后，整个天地间忽然响起嘹亮的歌声：

圣明天子唐太宗，济世安民无量功。
飞马提枪平乱世，修文偃武靖边廷。
虚怀纳谏贞观治，以史正身德善兴。
千古帝王李世民，中华王道留英名！

听到这悠扬的歌声，李世民热泪盈眶，他跪在云端，向世人大声说道：

"李世民一生济世安民，人神共助，虽死无憾，感谢神州父老乡亲送行！"

此时此刻，夕阳红艳，霞光满天，天宫琼楼玉宇交相辉映。李世民踩着祥云与观世音菩萨比肩向西天而去。这正是：

唐代太宗李世民，贞观大治山河新。
虚怀纳谏九州赞，偃武修文四海亲。
王道赢得天可汗，圣明铸就帝王辰。
内安外附丝绸路，青史留名华夏神！